Speth
Boller
Hartmann
Härter
Waltermann

Wirtschaftslehre
für das berufliche Gymnasium
Technische Richtung (TG)

W0038919

Speth
Boller
Hartmann
Härter
Waltermann

Wirtschaftslehre
für das berufliche Gymnasium
Technische Richtung (TG)

Merkur

Verlag Rinteln

Wirtschaftswissenschaftliche Bücherei für Schule und Praxis
Begründet von Handelsschul-Direktor Dipl.-Hdl. Friedrich Hutkap †

Verfasser:

Dr. Hermann Speth, Dipl.-Handelslehrer, Wangen im Allgäu

Dr. Eberhard Boller, Dipl.-Handelslehrer, Siegen

Gernot B. Hartmann, Dipl.-Handelslehrer, Emmendingen

Friedrich Härter, Dipl.-Volkswirt, Sexau

Aloys Waltermann, Dipl.-Kaufmann Dipl.-Handelslehrer, Fröndenberg

* * * *

7. Auflage 2015

© 2004 by MERKUR VERLAG RINTELN

Gesamtherstellung:

MERKUR VERLAG RINTELN Hutkap GmbH & Co. KG, 31735 Rinteln

E-Mail: info@merkur-verlag.de
             lehrer-service@merkur-verlag.de

Internet: www.merkur-verlag.de

ISBN 978-3-8120-**0520-3**

Vorwort zur 1. Auflage

Das vorliegende Lehrbuch richtet sich an Schülerinnen und Schüler des beruflichen Gymnasiums technischer Richtung. Es orientiert sich dabei an den Eckwerten und Vorgaben des Bildungsplans „Wirtschaftslehre" für Gymnasien technischer Richtung (TG) des Landes Baden-Württemberg, der seit dem Schuljahr 2008/09 gültig ist. Das Lehrbuch umfasst alle geforderten Lerngebiete und Lerninhalte der **Jahrgangsstufen 1 und 2.**

Für die Arbeit mit dem vorliegenden Lehrbuch möchten wir Sie auf Folgendes hinweisen:

- Zweck dieses Buches ist es, das komplizierte und abstrakte Stoffgebiet allen Schülerinnen und Schülern zu erschließen. Aus diesem Grund haben wir darauf geachtet, komplexe Themengebiete in kleinere Lerneinheiten mit anschließender zielgerichteter Übungsphase zu gliedern.

- Das Lehrbuch soll helfen, die Lerninhalte in Allein-, Partner- oder Teamarbeit zu erarbeiten, Entscheidungen zu treffen, diese zu begründen und die Ergebnisse verbal oder schriftlich zu präsentieren.

- Zur Vertiefung dienen neben zahlreichen Aufgabenstellungen besonders hervorgehobene Merksätze zu Begrifflichkeiten und Zusammenfassungen. Die Merksätze und Zusammenfassungen sind auch dazu geeignet, die Lerninhalte im Schnelldurchlauf zu wiederholen.

- Zahlreiche Abbildungen, Schaubilder, Beispiele, Begriffsschemata, Gegenüberstellungen und Internet-Adressen erhöhen die Anschaulichkeit und Einprägsamkeit der Informationen.

- Fachbegriffe und Fremdwörter werden grundsätzlich im Text oder in Fußnoten erklärt.

- Ein ausführliches Stichwortverzeichnis hilft, Begriffe und Erläuterungen schnell aufzufinden.

- Von den möglichen Wahlthemen werden in diesem Lehrbuch die Themen „Wirtschaftspolitik" und „Kollektives Arbeitsrecht" dargestellt.

- Der Lehrplan verlangt, dass die volkswirtschaftlichen Wahlthemen an aktuellen Beispielen zu behandeln sind. Da dies ein Lehrbuch nicht leisten kann, werden in diesem Lehrbuch nur die beiden betriebswirtschaftlichen Wahlthemen dargestellt.

Wir hoffen, mit der Vorlage dieses Buches die erforderlichen Unterrichtshilfen für die praktische Umsetzung der Lerninhalte geben zu können.

Wir wünschen uns eine gute Zusammenarbeit mit allen Benutzern dieses Buches und sind für jede Art von Anregungen und Verbesserungsvorschlägen im Voraus dankbar.

Die Verfasser

Vorwort zur 7. Auflage

Im Rahmen der 7. Auflage wurden die Texte durchgesehen und wo erforderlich aktualisiert. Seitenverschiebungen wurden nicht vorgenommen. Eine parallele Verwendung von 6. und 7. Auflage ist problemlos möglich.

Die Verfasser

Inhaltsverzeichnis

4 Markt und Preis

5 Wirtschaftsordnungen

6   Kosten- und Leistungsrechnung

7 Wahlthema: Bewertung und Entlohnung der Arbeitsleistung

8 Wahlthema: Kollektives Arbeitsrecht

1 Unternehmung

1.1 Gesamtwirtschaftliche Einordnung der Unternehmen

1.1.1 Begriff Unternehmen und die Leistung von Unternehmen

In der Regel bezieht ein Unternehmen von vorgelagerten Unternehmen eine Reihe von **Vorleistungen** (Werkstoffe verschiedener Art, Maschinen, Werkzeuge, Strom, Wasser, Erfindungen, Entwürfe, Dienstleistungen usw.). Man nennt diese Vorleistungen **betriebliche Mittel**.

Durch den **Einsatz der eigenen Leistung** verändert das Unternehmen die übernommenen betrieblichen Mittel so, dass sie für eine weitere Verwendung in der nachgelagerten Stufe geeignet sind. Das Ergebnis der eigenen Leistung sind **Sachgüter** (z. B. Lebensmittel, Kleidung, Fahrzeuge) oder **Dienstleistungen** (z. B. Transporte, Beratung durch einen Rechtsanwalt), die anderen Unternehmen wiederum als „betriebliche Mittel" dienen oder aber unverändert dem menschlichen Bedarf (Konsum) zugeführt werden können. Die wirtschaftliche Leistung des Unternehmens – und damit auch seine Berechtigung – ergibt sich daraus, dass es übernommene betriebliche Mittel einem **neuen Zweck** zuführt.

- Ein **Unternehmen**[1] ist eine planvoll organisierte Wirtschaftseinheit, in der Sachgüter und Dienstleistungen beschafft, erstellt und abgesetzt werden.
- Die **Leistung eines Unternehmens** besteht darin, durch **eigene Anstrengungen** die **übernommenen betrieblichen Mittel** (Vorleistungen) für **weitere Zwecke** geeignet zu machen.

1.1.2 Betrieblicher Leistungsprozess am Beispiel des Industriebetriebs

(1) Begriff Industriebetrieb

Im **Industriebetrieb** verbinden sich
- **soziale Elemente (Menschen)** mit
- **technischen Elementen (Anlagen)** und
- **Werkstoffen,** um
- auf **ingenieurwissenschaftlicher Grundlage**
- **Sachgüter** mit dazugehörigen **Dienstleistungen**

zu schaffen.

Durch den Verkauf der Sachgüter soll ein **Erfolg** erzielt werden.

---

1 Die Begriffe Unternehmen und Betrieb werden hier aus Vereinfachungsgründen gleichbedeutend (synonym) verwendet.

(2) Modell eines industriellen Sachleistungsprozesses

Angenommen, eine Möbelfabrik stellt lediglich Labormöbel her.

Zu beschaffen sind (neben den bereits vorhandenen bebauten und unbebauten Grundstücken, Maschinen, Fördereinrichtungen und der Betriebs- und Geschäftsausstattung):

- **Rohstoffe**: Holz, Spanplatten, Kunststofffurniere;
- **Vorprodukte** (Fertigteile, Fremdbauteile): Scharniere, Schlösser;
- **Hilfsstoffe**: Lacke, Farben, Schrauben, Muttern, Nägel;

- **Betriebsstoffe**: Schmiermittel, Reinigungsmittel.

Außerdem sind die erforderlichen Mitarbeiter, sowie die notwendigen Geldmittel, die zum Teil aus Erlösen (dem Umsatz), zum Teil aus Krediten und Beteiligungen bestehen, bereitzustellen.

Die Fertigerzeugnisse werden anschließend geprüft und bis zur Auslieferung in das Fertigerzeugnislager genommen.

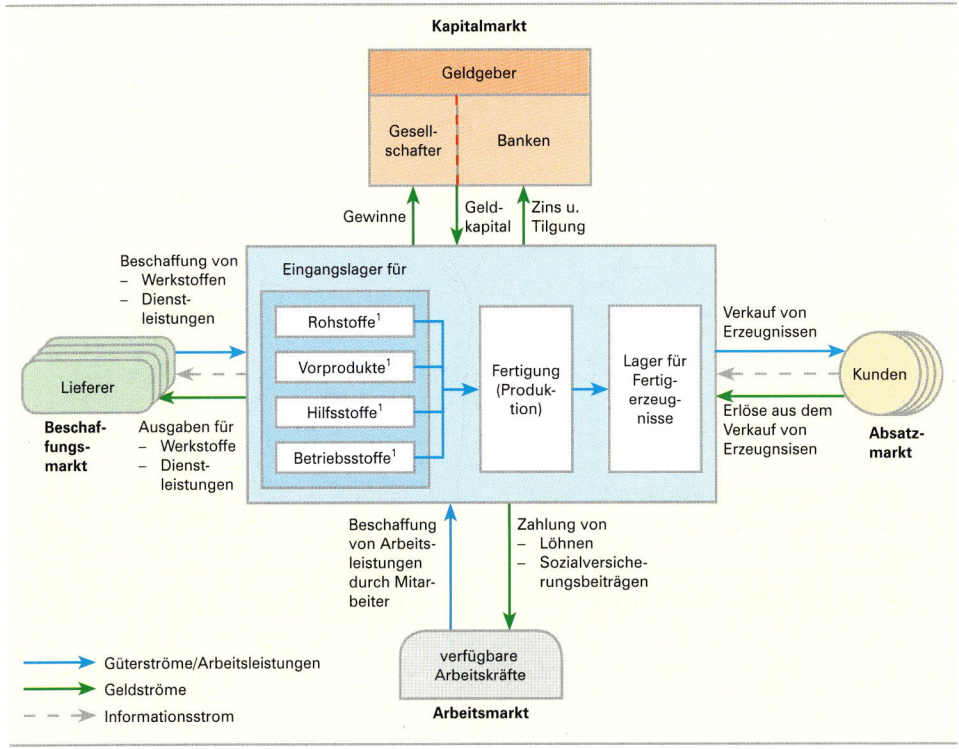

---

1 – **Rohstoffe** werden nach der Bearbeitung oder Verarbeitung wesentliche Bestandteile der Fertigerzeugnisse, z. B. Eisen und Stahl im Maschinenbau; Wolle und Baumwolle in der Textilindustrie.
– **Vorprodukte** sind Teile oder Baugruppen (zusammengesetzte Teile) von Vorlieferern, z. B. Schlösser in einer Möbelfabrik, Autositze für die Automobilindustrie, Elektromotoren in der Maschinenindustrie.
– **Hilfsstoffe** sind Stoffe, die bei der Bearbeitung verbraucht werden, um das Erzeugnis herzustellen, die aber nicht als wesentliche Bestandteile der Fertigerzeugnisse zu betrachten sind, z. B. Farben in der Tapetenherstellung oder Lacke, Schrauben, Muttern, Nieten in der Automobilindustrie.
– **Betriebsstoffe** dienen dazu, die Maschinen zu „betreiben", z. B. Schmierstoffe, Kühlmittel, Reinigungsmittel. Sie gehen nicht in das fertige Produkt ein.

1.1.3 Weitere Unternehmenstypen

Die folgende Gliederung der Betriebe richtet sich an den **Hauptaufgaben des jeweiligen Betriebs (Wirtschaftsbereichs)** aus, z. B. Rohstoffgewinnung, Verarbeitung, Kauf und Verkauf von Waren usw.

Wirtschafts-bereiche[1]	Arten der Betriebe (Gewerbearten)		
	Sachziele	Bezeichnung	Beispiele
Erzeugung	Rohstoffgewinnung	Anbaubetriebe	land- und forstwirtschaftliche Betriebe
		Abbaubetriebe	Bergwerke, Kiesgruben, Steinbrüche, Fischereibetriebe
Weiter-verarbeitung	Verarbeitung	Investitionsgüter-betriebe	Werkzeugfabriken, Maschinenfabriken
		Konsumgüterbetriebe	Kleiderfabriken, Fabriken für Tiefkühlkost, Möbelfabriken, Autohersteller
Verteilung	Kauf und Verkauf von Waren	Handelsbetriebe	Einzelhandelsunternehmen, Großhandelsunternehmen
	Transport	Verkehrsbetriebe	Eisenbahnunternehmen, Nah- und Fernverkehrsunternehmen
Sonstige Dienstleistungen ■ **Zahlung**	Durchführung des Zahlungsverkehrs, Gewährung von Krediten	Kreditinstitute (Banken)	Sparkassen, Volksbanken, Geschäftsbanken, Postbank
■ **Versicherungen**	Risikoübernahme	Versicherungs-betriebe	Haftpflichtversicherungen, Kfz-Versicherungen, Lebensversicherungen
■ **Beratung**	Unterstützung in rechtlichen und wirtschaftlichen Fragen	Beratungsbetriebe	Rechtsanwälte, Steuerberater, Werbeagenturen

- ■ **Anbau-, Abbau-, Investitionsgüter-** und **Konsumgüterbetriebe** stellen **Sachgüter** bereit.
- ■ Betriebe, die **keine Sachgüter** produzieren, stellen **Dienstleistungen** bereit.

1.1.4 Bedeutung der Wirtschaftssektoren im Rahmen der gesamtwirtschaftlichen Leistungserstellung

(1) Begriff Bruttoinlandsprodukt (BIP)

Die Ergebnisse des Wirtschaftsprozesses einer Volkswirtschaft für eine bestimmte Periode (z. B. ein Jahr) werden von der **volkswirtschaftlichen Gesamtrechnung (VGR)** erfasst. Sie

---

1 Siehe auch S. 16.

liefern den Trägern der Wirtschaftspolitik wichtige Informationen u. a. darüber, was die eingeleiteten wirtschaftspolitischen Maßnahmen bewirkt haben. Ein wichtiger Maßstab hierfür ist die Entwicklung des Bruttoinlandsprodukts.

> Das **Bruttoinlandsprodukt (BIP)** ist ein **Maß** für die wirtschaftliche Leistung einer Volkswirtschaft in einem bestimmten Zeitraum. Es misst den Wert der **im Inland** hergestellten **Waren und Dienstleistungen** (Wertschöpfung), soweit diese nicht als Vorleistungen für die Produktion anderer Waren und Dienstleistungen verwendet werden.

Das BIP wird in jeweiligen Preisen und preisbereinigt errechnet. Auf Vorjahrespreisbasis wird die „reale" Wirtschaftsentwicklung im Zeitablauf **frei von Preiseinflüssen** dargestellt. Die **Veränderungsrate** des **preisbereinigten** BIP dient als **Messgröße** für das **Wirtschaftswachstum** einer Volkswirtschaft. Das BIP ist damit die **wichtigste Größe** der volkswirtschaftlichen Gesamtrechnungen.

(2) Bedeutung der Wirtschaftssektoren innerhalb einer Volkswirtschaft

Untergliedert man die verschiedenen Zweige einer **arbeitsteiligen** Wirtschaft in **vertikaler** Richtung, so lassen sich folgende Wirtschaftsbereiche unterscheiden:

Wirtschaftsbereiche	Erläuterungen	
Erzeugung (primärer Sektor)	Die Funktion dieses Sektors ist die **Bereitstellung** von Rohstoffen. Hierzu zählen beispielsweise land- und forstwirtschaftliche Betriebe, Fischereien, Bergbauunternehmen, Kiesgruben, erdöl- und erdgasfördernde Betriebe.	
Weiterverarbeitung (sekundärer Sektor)	Gegenstand dieser Unternehmen ist die **Umwandlung** der Rohstoffe in Investitions- und Konsumgüter.	
Verteilung (tertiärer Sektor)	Unternehmen dieser Wirtschaftsstufe übernehmen die **Verteilung** der Güter vom Produzenten bis zum Endverbraucher. Hierzu zählen in erster Linie Handelsbetriebe.	
sonstige Dienstleistungsbetriebe	Die Übernahme von **Hilfsfunktionen** bei der Erzeugung, Weiterverarbeitung und Verteilung von Gütern obliegt den Dienstleistungsunternehmen, die **ebenfalls** dem **tertiären Sektor** zugerechnet werden (z. B. Kreditinstitute, Versicherungen, Verkehrsbetriebe).	

(3) Bedeutung der Wirtschaftssektoren in der Bundesrepublik Deutschland

Die Bedeutung der einzelnen Wirtschaftssektoren **verändert** sich im Zeitablauf. Wie nachfolgende Abbildung zeigt, hat sich auch in Deutschland in den letzten zweihundert Jahren eine deutliche Verlagerung vom primären zum sekundären und schließlich zum tertiären Sektor vollzogen. Nicht ohne Grund spricht man hierzulande nicht mehr von der Industrie-, sondern von der **Dienstleistungsgesellschaft,** da mittlerweile **mehr als zwei Drittel aller Arbeitsplätze** im tertiären Sektor angesiedelt sind. Die Ursachen für diesen **Strukturwandel** sind sehr vielschichtig, wie beispielsweise: Veränderung der Nachfrage, neue Technologien oder Produktivitätsfortschritte.

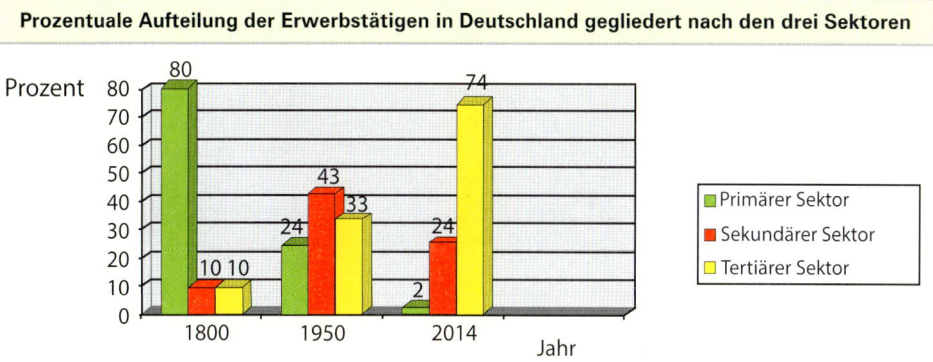

Prozentuale Aufteilung der Erwerbstätigen in Deutschland gegliedert nach den drei Sektoren

Welchen **Anteil** die **Beschäftigten dieser Sektoren** im Jahr 2014 zum Bruttoinlandsprodukt unseres Landes beisteuerten, dokumentiert die nachfolgende Abbildung, wobei anzumerken ist, dass die Bereiche öffentliche und private Dienstleister, Finanzierung, Vermietung und Unternehmensdienstleister sowie Handel, Gastgewerbe und Verkehr dem tertiären Sektor zuzurechnen sind.

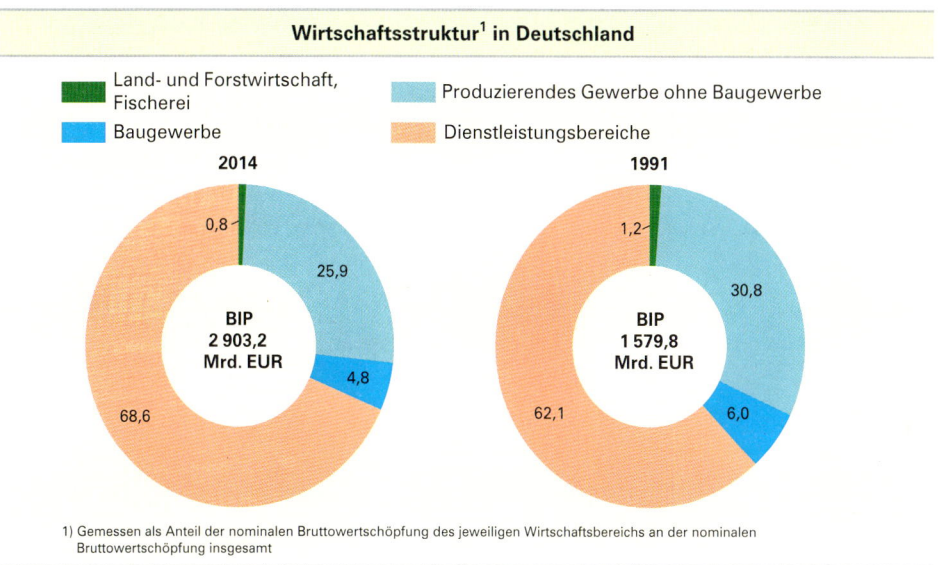

Wirtschaftsstruktur[1] in Deutschland

1) Gemessen als Anteil der nominalen Bruttowertschöpfung des jeweiligen Wirtschaftsbereichs an der nominalen Bruttowertschöpfung insgesamt

Quelle: Statistisches Bundesamt, Bruttoinlandsprodukt 2014 für Deutschland, Begleitmaterial zur Pressekonferenz, Wiesbaden 2015.

2 Speth u.a. - ISBN 978-3-8120-0520-3

- **Unternehmen** sind Wirtschaftseinheiten, die planvoll handeln. Sie beschaffen Sachgüter und Dienstleistungen, stellen hieraus gegebenenfalls eigene Erzeugniss her und verkaufen ihre Leistungen.

- **Industrieunternehmen** zeichnen sich dadurch aus, dass sie auf der Grundlage von besonderen Kenntnissen ingenieurwissenschaftlicher Art Sachgüter herstellen und diese verkaufen.

- Ihre Hauptfunktionen bestehen in **Beschaffung, Produktion, Absatz** und **Finanzierung**.

- Die **Wirtschaftsbereiche** werden gegliedert in:

  - Erzeugung (primärer Sektor),

  - Weiterverarbeitung (sekundärer Sektor),

  - Verteilung (tertiärer Sektor),

  - sonstige Dienstleistungsbetriebe.

- Das **Bruttoinlandsprodukt (BIP)** misst den Wert der im Inland hergestellten Waren und Dienstleistungen (Wertschöpfung), soweit diese nicht wieder als Vorleistungen für die Produktion anderer Waren und Dienstleistungen verwendet werden.

- Aus dem Bruttoinlandsprodukt lässt sich neben der **Wirtschaftsentwicklung (dem Wirtschaftswachstum)** auch die **Bedeutung der einzelnen Wirtschaftssektoren** innerhalb einer Volkswirtschaft aufzeigen.

Übungsaufgabe

1
1. Unternehmen und Industrieunternehmen stehen zueinander im Verhältnis eines Ober- zu einem Unterbegriff. Erklären Sie, was beide gemeinsam haben und worin der Unterschied liegt!

2. Nennen Sie die Hauptaufgaben eines Industriebetriebs und bilden Sie hierfür jeweils Beispiele aus Ihrer Erfahrungswelt!

3. Interpretieren Sie das nebenstehende Schaubild!

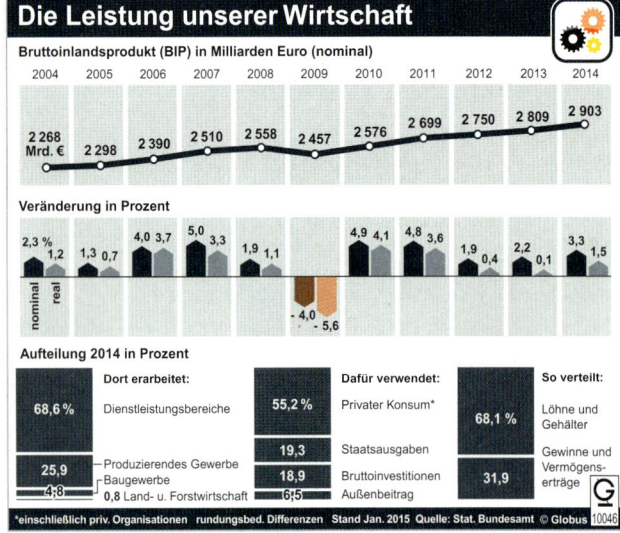

Die Leistung unserer Wirtschaft

Bruttoinlandsprodukt (BIP) in Milliarden Euro (nominal)

2004	2005	2006	2007	2008	2009	2010	2011	2012	2013	2014
2 268 Mrd. €	2 298	2 390	2 510	2 558	2 457	2 576	2 699	2 750	2 809	2 903

Veränderung in Prozent

nominal / real: 2,3 % / 1,2 — 1,3 / 0,7 — 4,0 / 3,7 — 5,0 / 3,3 — 1,9 / 1,1 — -4,0 / -5,6 — 4,9 / 4,1 — 4,8 / 3,6 — 1,9 / 0,4 — 2,2 / 0,1 — 3,3 / 1,5

Aufteilung 2014 in Prozent

Dort erarbeitet:		Dafür verwendet:		So verteilt:	
68,6 %	Dienstleistungsbereiche	55,2 %	Privater Konsum*	68,1 %	Löhne und Gehälter
25,9	Produzierendes Gewerbe	19,3	Staatsausgaben	31,9	Gewinne und Vermögenserträge
4,8	Baugewerbe	18,9	Bruttoinvestitionen		
0,8	Land- u. Forstwirtschaft	6,5	Außenbeitrag		

*einschließlich priv. Organisationen rundungsbed. Differenzen Stand Jan. 2015 Quelle: Stat. Bundesamt © Globus 10046

1.2 Unternehmensziele

1.2.1 Begriff Unternehmensziele

Die Unternehmensziele leiten sich aus dem Unternehmensleitbild ab. Sie geben der Unternehmensleitung, den Bereichs- und Gruppenleitern bzw. den Mitarbeitern eine Orientierung für die Steuerung und Kontrolle der betrieblichen Prozesse. Damit diese Orientierung zweifelsfrei möglich ist, sind die Unternehmensziele **eindeutig zu formulieren** und **verbindlich festzulegen**. Eine pauschale Vorgabe von Zielen reicht nicht aus, um sämtliche Aktivitäten in den einzelnen Unternehmensbereichen zu steuern und zu koordinieren.

Unternehmensziele beschreiben einen zukünftigen, erstrebenswerten Zustand des Unternehmens, den der zuständige Entscheidungsträger anzustreben hat.

Die Zielformel **SMART** fasst kompakt und einprägsam zusammen, welche Eigenschaften Unternehmensziele haben sollen. Dabei steht jeder Buchstabe für eine bestimmte Eigenschaft.

S	spezifisch, simpel	Das Ziel soll genau beschrieben, einfach formuliert und für alle nachvollziehbar sein.
M	messbar	Festgelegte Kennzahlen müssen es erlauben, dass die Erreichung des Ziels gemessen werden kann.
A	akzeptiert	Das formulierte Ziel muss übereinstimmen mit den Wertvorstellungen des Unternehmensleitbildes.
R	realistisch	Das Ziel darf nicht utopisch und damit demotivierend sein. Vielmehr benötigen die Mitarbeiter das Gefühl, dass das Ziel erreichbar ist.
T	terminiert	Der Zeithorizont, in welchem das Ziel zu erreichen ist, muss festgelegt sein.

1.2.2 Gliederung der Unternehmensziele nach dem angestrebten Erfolg des Unternehmens

Die Ziele der Unternehmen nach dem angestrebten Erfolg sind dreifacher Art: Zum einen möchten die Unternehmen einen Erfolg erzielen **(ökonomische Ziele)**, zum anderen tragen die Unternehmen Verantwortung gegenüber ihren Mitarbeitern **(soziale Ziele)** und gegenüber der Umwelt **(ökologische Ziele)**.

Betrachtet man das Unternehmen unter dem Gesichtspunkt des angestrebten Erfolgs, so ist festzuhalten: Das Unternehmen ist ein

- ökonomisches,
- ökologisches und
- sozial (viele Interessengruppen befriedigendes)

verantwortlich handelndes System.

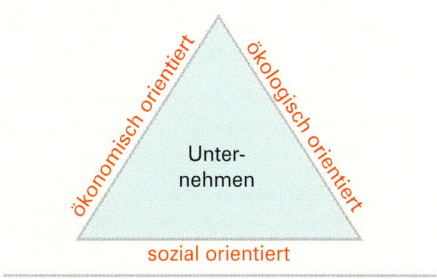

(1) Ökonomische (wirtschaftliche) Ziele

Langfristige Gewinn- maximierung	Maximaler Gewinn heißt, die größtmögliche Differenz zwischen Umsatz- erlösen und Kosten anzustreben. Das **ökonomische Prinzip** kommt zum Tragen. Es besagt: Mit **gegebenen Mitteln** ist der **größtmögliche Erfolg** zu erzielen (**Maximalprinzip**) bzw. ein **geplanter Erfolg** ist mit dem **geringsten Einsatz an Mitteln** anzustreben (**Minimalprinzip**).
Umsatz- maximierung	Umsatzsteigerungen werden durch die Stärkung der eigenen Wettbe- werbsposition und Verdrängung der Konkurrenten vom Markt erreicht.
Streben nach Marktmacht	Insbesondere etablierte[1] Unternehmen schützen sich durch den Aufbau hoher Markteintrittsbarrieren vor neuen Anbietern, z.B. durch aggres- sive Preispolitik. Ein Existenzgründer muss entweder eine völlig neue Geschäftsidee haben, gleich „groß" ins Geschäft einsteigen oder einen Kostennachteil hinnehmen.
Sicherung der Liquidität[2]	Die Preispolitik soll die jederzeitige Zahlungsfähigkeit des Unternehmens erhalten.
Streben nach einem hohen Qualitätsstandard	Der Erreichung dieses Ziels dienen Ausgaben für Forschung und Entwick- lung sowie ein umfangreiches Qualitätsmanagement.
Kunden- zufriedenheit	Kundenorientierung und die damit verbundene Kundenzufriedenheit wird u.a. durch intensive Marktforschung erreicht. Das Halten auch ertrags- schwacher Produkte im Produktprogramm erhöht außerdem die Kunden- treue.
Mitarbeiter- zufriedenheit	Die Mitarbeiterzufriedenheit soll insbesondere durch Förderung und Wei- terbildung der Mitarbeiter, durch Übergabe von Verantwortung sowie durch Maßnahmen zur Arbeitsplatzsicherung errreicht werden.

(2) Ökologische[3] Ziele (Nachhaltigkeit)[4]

Die zunehmenden Belastungen der natür- lichen Umwelt durch Emissionen und die notwendige Schonung der nicht regenerier- baren Ressourcen (Roh- und Energiestoffe) erfordern eine konsequente umweltbezo- gene Abfallvermeidung, Abfallminderung und einen Wiedereinsatz aller recyclingfä- higen Abfälle.[5] Zudem ist bei der Produk- tion auf eine Reduzierung von Lärmbelästi-

- Abfallvermeidung,
- Benutzung umweltfreundlicher Werk- stoffe,
- Produktion recycelbarer Produkte,
- Verminderung von Produktionsemissi- onen,
- Reduzierung von Lärmbelastungen,
- Nutzung erneuerbarer Energien.

---

1 **Etablieren:** festsetzen, einen sicheren Platz gewinnen.

2 **Liquidität:** Zahlungsfähigkeit.

3 Die **Ökologie** ist die Wissenschaft von den Wechselwirkungen zwischen den Lebewesen untereinander und ihren Beziehungen zur übrigen Umwelt.

4 Ökologische Ziele sind Bestandteil der Forderung nach **Nachhaltigkeit.** Zum Begriff Nachhaltigkeit siehe Ausführungen auf S. 183 f.

5 Unter ökologischen Gesichtspunkten sind **Abfälle** im engeren Sinne ausschließlich die nicht mehr verwendbaren und nicht mehr verwertbaren (recyclingunfähigen) festen bzw. verfestigten Reststoffe, die deshalb umweltverträglich zu entsorgen sind. Im weiteren Sinne gehören jedoch auch die unvermeidbaren absatzfähigen Nebenprodukte der Produktion sowie die recyclingfähigen Wieder- einsatzstoffe der Produktion und die materiellen Konsumgüter (**Wertstoffe**) zu den Abfällen.

gungen sowie auf eine Verminderung von Produktionsemissionen[1] zu achten. Dies gilt nicht nur für die bei der Produktion angefallenen Rückstände der eingesetzten Produktionsfaktoren und Produktionsausschussmengen, sondern gleichermaßen für die Konsumgüter (z.B. Möbel, Elektrogeräte, Autos). Wenn diese Konsumgüter z.B. durch ihren Verschleiß oder wegen ihrer technischen Überholung nicht mehr genutzt werden können, so sollten diese ebenfalls wieder als Produktionsfaktoren in den Leistungsprozess zurückgeführt werden können.

(3) Soziale Ziele

Neben wirtschaftlichen und ökologischen Zielen verfolgen die Unternehmen auch soziale Ziele. Von sozialen Zielen wird dann gesprochen, wenn ein Unternehmen zum einen die Zahlung eines **gerechten Lohns** sowie die **Arbeitsplatzerhaltung** in den Mittelpunkt seiner Unternehmenspolitik stellt und zum anderen seinen Mitarbeitern **Sozialleistungen** gewährt. Durch die Zahlung von Sozialleistungen möchte das Unternehmen insbesondere das Folgende erreichen:

- **Wirtschaftliche Besserstellung der Arbeitnehmer** (z.B. Urlaubsgeld, Wohnungshilfe, Zuschüsse zur Werkskantine, Jubiläumsgeschenke).
- **Ausgleich familiärer Belastungsunterschiede** (z.B. Familienzulage, Geburts- und Heiratsbeihilfen).
- **Altersabsicherung und Absicherung gegen Risiken des Lebens** (z.B. Pensionszahlungen, Krankheitsbeihilfen, Beihilfe zur Rehabilitation).
- **Förderung geistiger und sportlicher Interessen** (z.B. Werksbücherei, Kurse zur Weiterbildung, Sportanlagen).

Mit den sozialen Zielen verfolgen die Betriebe in aller Regel auch wirtschaftliche Ziele. Die am häufigsten anzutreffenden **wirtschaftlichen Motive,** die ein Unternehmen mit der Gewährung freiwilliger betrieblicher Sozialleistungen verfolgt, sind

- Steigerung der Leistung der Arbeit,
- Bindung der Arbeitnehmer an das Unternehmen,
- Sicherung von Einflussmöglichkeiten auf die Arbeitnehmer,
- Steuerersparnisse bzw. Steuerverschiebungen.

Alle Unternehmensziele sind so zu formulieren, dass mit all denen, mit denen das Unternehmen in Kontakt tritt (z.B. Lieferanten, Kunden) fair umgegangen wird. Außerdem hat das Unternehmen bei der Formulierung der Unternehmensziele darauf zu achten, dass künftige Generationen überall eine lebenswerte Umwelt vorfinden und ihre Bedürfnisse befriedigen können **(Gesichtspunkt der Nachhaltigkeit).**

---

1 **Emission:** (emittere [lat.]) bedeutet so viel wie Aussendung, Freilassung, Ausströmen z.B. von luft- und wasserverunreinigenden Stoffen (z.B. Chemikalien, Stäube usw.). Die auf die Umwelt (z.B. Menschen, Tiere, Pflanzen) einwirkenden (eindringenden) oder dort bereits vorhandenen Schadstoffkonzentrationen werden Immissionen genannt.

(4) Beispiel für die Formulierung von Unternehmenszielen

Unternehmensziele einer Sportwarenfabrik

Kundenbedürfnisse im Mittelpunkt

Die Kundenbedürfnisse stehen im Mittelpunkt. Wir nehmen die Interessen unserer Kunden ernst und streben hohe Kundenzufriedenheit und langfristige Kundenbeziehungen an. Wir liefern pünktlich.

Wirtschaftlich solide und verantwortungsvoll

■ Wir setzen hohe Maßstäbe an die Qualität der eigenen Leistung und an den Service. Wir entwickeln unsere Produkte kundenorientiert und innovativ. Dies erreichen wir durch langfristige Partnerschaften mit zuverlässigen, innovativen Lieferanten. Wir gefährden niemals die Sicherheit unserer Kunden. Wir möchten Erwartungen übertreffen. Wir halten uns bei all unseren Aktivitäten an das Gesetz.

■ Bei der Gewinnerzielung übernehmen wir soziale und ökologische Verantwortung gegenüber den im Unternehmen tätigen Menschen, den Kapitalgebern und Kunden. Wir streben die langfristige Sicherung und finanzielle Unabhängigkeit unseres Unternehmens an.

Wir bringen den Mitarbeitern Respekt entgegen

Wir erreichen unsere Erfolge durch kompetente Mitarbeiter, deren Qualifikation wir intensiv fördern. Der Führungsstil ist von dem Ziel einer hohen Arbeitsmotivation, Arbeitszufriedenheit und Arbeitsqualität geprägt. Die Kommunikation zwischen den Mitarbeitern ist ehrlich und korrekt.

Verantwortungsvoller Umgang mit der Natur

Wir berücksichtigen bei unseren Planungen und Investitionsentscheidungen systematisch ökologische Anforderungen des Umwelt- und Klimaschutzes. Wir wollen hierdurch einen Beitrag zum zukunftsfähigen Leben und Wirtschaften in unserer Gesellschaft leisten.

Soziale Verantwortung in der Region

Wir sehen uns als gute Bürger, die sich für das soziale und kulturelle Leben insbesondere in unserer Region engagieren. Wir fördern daher ausgewählte Projekte und Initiativen. Darüber hinaus unterstützen wir Mitarbeiter, wenn sie sich für den sozialen Zusammenhalt und eine bessere Lebensqualität einsetzen.

1.2.3 Zielharmonie und Zielkonflikt

(1) Begriffe Zielkonflikt und Zielharmonie

■ **Zielkonflikt:** Die Verfolgung eines wirtschaftlichen und/oder ökologischen Ziels beeinträchtigt oder verhindert die Erreichung eines anderen wirtschaftlichen und/oder ökologischen Ziels.

■ **Zielharmonie:** Die Förderung eines wirtschaftlichen/ökologischen Ziels begünstigt zugleich die Förderung eines oder mehrerer anderer wirtschaftlicher/ökologischer Ziele.

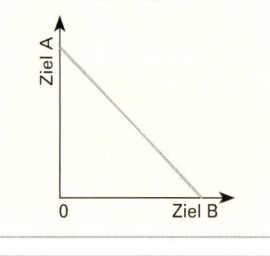

Die Ansichten darüber, ob zwischen den ökonomischen, ökologischen und sozialen Zielen grundsätzlich ein **Zielkonflikt** oder eine **Zielharmonie** besteht, sind in der Wissenschaft und Wirtschaftspraxis unterschiedlich.

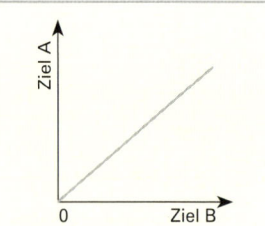

(2) Zielharmonie zwischen ökologischen und ökonomischen Unternehmenszielen

Bisherige Untersuchungen zeigen weitgehend übereinstimmend, dass zumindest in den größeren von Umweltproblemen besonders betroffenen Unternehmen (Branchen) zwischen den **ökologischen** und **ökonomischen Unternehmenszielen** grundsätzlich eine sich gegenseitig ergänzende, fördernde Zielbeziehung **(Zielharmonie)** besteht.

Dies ist deshalb der Fall, weil gerade der Umweltschutz vielfältige Innovationsmöglichkeiten (z. B. Entwicklung und Anwendung umweltschonender, Rohstoffe sparender Technologien; Chancen von Innovationsgewinnen) bietet.

In dem Ausmaß, in dem es den Unternehmen gelingt, ihre Umweltschutzziele zu verwirklichen, erhöht sich z. B. auch deren Umsatz, ihr Umsatzanteil am gesamten Markt, ihre Marktmacht, ihr langfristiger Gewinn und das Produkt- und Firmenimage in der Öffentlichkeit. Dadurch werden die Unternehmensexistenz und die Arbeitsplätze gesichert, neue Arbeitsplätze geschaffen sowie die Wettbewerbsfähigkeit verbessert.

(3) Zielkonflikte/Zielharmonie zwischen ökonomischen und sozialen Unternehmenszielen

Häufig bestehen dagegen **Zielkonflikte** zwischen den **ökonomischen** und den **sozialen Zielen**. Strebt ein Unternehmen z. B. zugleich Arbeitsplatzsicherung und Kostensenkung an, kann ein Zielkonflikt vorliegen, weil durch den Einsatz von kostensparenden Maschinen Arbeitskräfte „freigesetzt", d. h. entlassen werden müssen.

Ein Beispiel für **Zielharmonie** zwischen ökonomischen und sozialen Zielen ist das konjunkturelle Kurzarbeitergeld (Kug).[1] Angesichts einer globalen Rezession und sinkender Absatzzahlen bestünde die übliche Reaktion der Anpassung im Abbau von Arbeitsplätzen. Viele Unternehmen verzichten jedoch darauf und wählen dagegen das Instrument der Kurzarbeit. Dies bindet die Arbeitskräfte an das Unternehmen und erspart diesem beim beginnenden Aufschwung die Suche nach den knappen Fachkräften.

Zusammenfassung

■ **Unternehmensziele** sind Maßstäbe – angestrebte Ereignisse oder Zustände –, an denen unternehmerisches Handeln gemessen werden kann.

■

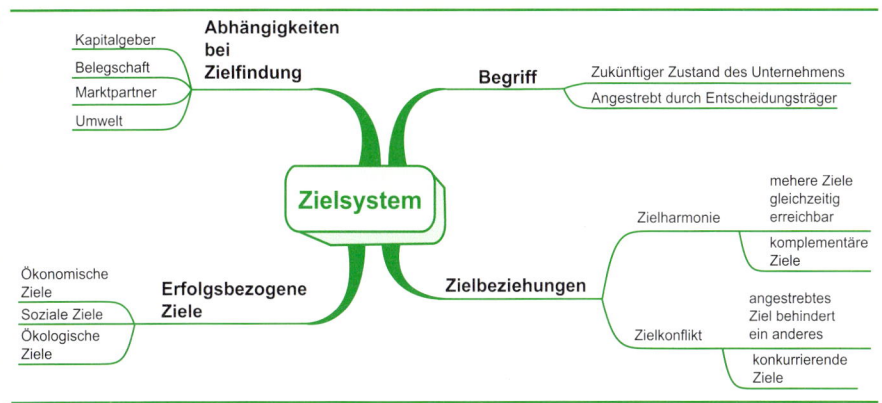

---

1 **Konjunkturelles Kurzarbeitergeld (Kug)** wird gewährt, wenn in Betrieben oder Betriebsabteilungen die regelmäßige betriebsübliche wöchentliche Arbeitszeit infolge wirtschaftlicher Ursachen oder eines unabwendbaren Ereignisses vorübergehend verkürzt wird.

- Zu den **ökonomischen Zielen** siehe Tabelle auf S. 20.

- Um die immer knapper werdenden nicht regenerierbaren/natürlichen Ressourcen (z. B. primäre Roh- und Energiestoffe) und die Mülldeponien zu schonen, muss die Unternehmenspolitik **ökologische Ziele** formulieren, die auf einen möglichst **sparsamen Einsatz von Stoffen** und den **Einsatz von abfallarmen Stoffen** zur Vermeidung und Minderung von zu entsorgenden Reststoffen ausgerichtet sind.

- **Soziale Unternehmensziele** verfolgen den Zweck, den Arbeitnehmern eine umfassende Besserstellung zukommen zu lassen. Sie können vom Arbeitgeber freiwillig erbracht oder gesetzlich vorgeschrieben sein.

- Unter mehreren als wünschenswert erkannten Zielen kann ein **Zielkonflikt** (Konkurrenzbeziehung) oder eine **Zielharmonie** bestehen.

- **Zielkonflikte** ergeben sich z. B. aus den verschiedenen **Anspruchsgruppen** eines Unternehmens und deren Interessen.

Übungsaufgabe

2

1. Entscheiden Sie, welche(s) der nachgenannten Ziele zu den ökonomischen Zielen, den ökologischen Zielen, den sozialen Zielen gehören (gehört)!

   1.1 Gewinnziel,
   1.2 Streben nach Macht und/oder Prestige,
   1.3 Gewinnung politischen Einflusses,
   1.4 Umsatzsteigerung,
   1.5 Erhöhung des Marktanteils,
   1.6 Unternehmenswachstum,
   1.7 Verminderung der Umweltbelastungen,
   1.8 Arbeitsplatzsicherung,

   1.9 Streben nach Unabhängigkeit,
   1.10 Versorgung der Bevölkerung mit lebensnotwendigen Erzeugnissen oder Dienstleistungen,
   1.11 Verpflichtung gegenüber Familientradition,
   1.12 Kostendeckung,
   1.13 Kostensenkung.

2. Nennen Sie ein Beispiel für eine Zielkombination, bei der ein Zielkonflikt besteht!

3. Nennen Sie ein Beispiel für eine Zielkombination, bei der Zielharmonie besteht!

4. Zwischen dem Umweltschutzziel und den ökonomischen und sozialen Zielen ergeben sich teils konkurrierende und teils komplementäre Beziehungen.

   Aufgaben:

   Begründen Sie, welcher Zielkonflikt bzw. welche Zielharmonie zwischen dem Umweltschutzziel und den nachstehend genannten Zielen besteht!

   4.1 Langfristige Gewinnmaximierung,
   4.2 Sicherung und Vermehrung der Arbeitsplätze,
   4.3 Verbesserung des Unternehmensimages.

5. Frank Mahle hat vor Kurzem die Werkzeugfabrik seines Vaters übernommen. Er beabsichtigt, einige Änderungen vorzunehmen. Insbesondere will Frank Mahle neben dem Unternehmensziel „Betriebserhaltung" auch das Ziel „Umweltbewusstsein" verstärkt verfolgen.

   Aufgaben:

   5.1 Erläutern Sie die genannten Unternehmensziele!
   5.2 Nennen Sie außerdem zwei weitere Unternehmensziele!

1.3 Ökonomisches Prinzip

(1) Notwendigkeit des wirtschaftlichen Handelns

Den unbegrenzten Bedürfnissen des Menschen stehen nur begrenzte Mittel (knappe Güter) gegenüber. Aus der Knappheit der Gütervorräte folgt, dass der Mensch bestrebt sein muss, mit den vorhandenen Gütern vernünftig (z. B. sparsam) umzugehen, um die bestmögliche Bedürfnisbefriedigung zu erzielen. Der Mensch ist gezwungen zu wirtschaften.

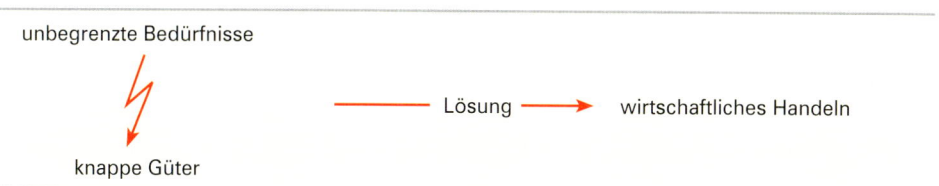

- Unter **Wirtschaften** versteht man ein planvolles menschliches Handeln, um eine optimale Bedürfnisbefriedigung zu erreichen.

- Sind die Bedürfnisse größer als die Gütermenge, die zu ihrer Befriedigung bereitsteht, liegt **Knappheit** vor.

(2) Begriff ökonomisches Prinzip

Bei vernünftigem (rationalem) Verhalten erfolgt das Bewirtschaften der knappen Güter nach dem sogenannten **ökonomischen Prinzip**. Zur Umsetzung des wirtschaftlichen Handelns sind zwei Handlungsmöglichkeiten denkbar:

- **Maximalprinzip**

Das **Maximalprinzip** besagt: Mit den **gegebenen Mitteln** ist der **größtmögliche (maximale) Erfolg (Nutzen)** anzustreben.

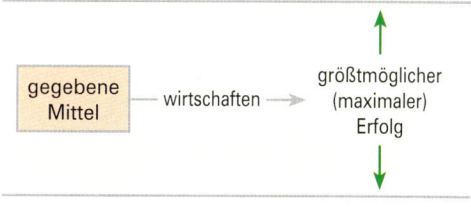

Beispiel:

Das Lebensmittelhaus Hans Wetzel e. Kfm. setzt sich zum Ziel, mit der vorhandenen Anzahl an Mitarbeitern den größtmöglichen Gewinn zu erzielen.

- **Minimalprinzip**

Das **Minimalprinzip** besagt: Einen **geplanten Erfolg** (Nutzen) mit dem **geringsten (minimalen) Einsatz an Mitteln** zu erreichen.

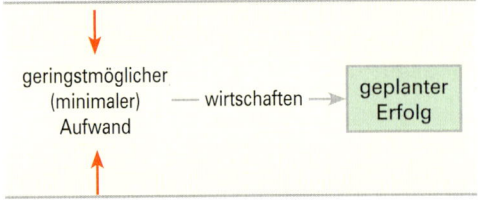

Unsinnig, d. h. logisch nicht umsetzbar, wäre die Formulierung des ökonomischen Prinzips dergestalt, dass mit geringstmöglichen Mitteln ein größtmöglicher Erfolg angestrebt werden soll. So ist es beispielsweise undenkbar, ohne jeglichen Lernaufwand alle Prüfungsaufgaben richtig zu beantworten.

Zusammenfassung

- Unter **Wirtschaften** versteht man ein planvolles menschliches Handeln, um eine optimale Bedürfnisbefriedigung zu erreichen. Bei derartigem Verhalten erfolgt das Bewirtschaften der knappen Güter nach dem **ökonomischen Prinzip.**

- Wirtschaftssubjekte, die ihr **gesamtes** Handeln ausschließlich an dem ökonomischen Prinzip ausrichten, bezeichnet man als „**Homo oeconomicus**".

Übungsaufgabe

3
1. Nennen Sie zwei eigene Beispiele für das Handeln nach dem ökonomischen Prinzip
   1.1 im privaten Haushalt und
   1.2 im wirtschaftlichen Betrieb!

2. Begründen Sie, warum Minimalprinzip und Maximalprinzip zwei Ausprägungen des wirtschaftlichen Prinzips darstellen!

3. Beurteilen Sie diese Formulierung des ökonomischen Prinzips!
   „Mit möglichst geringem Aufwand an Mitteln soll der größtmögliche Erfolg erzielt werden."

4. Zwischen dem ökonomischen Prinzip und den Prinzipien der Humanisierung der Arbeit und der Schonung der Natur besteht ein inneres Spannungsverhältnis.
   Aufgaben:
   4.1 Formulieren Sie ein Beispiel, wo es zwischen diesen Prinzipien zu Spannungen kommen kann!
   4.2 Diskutieren Sie die Frage, ob zwischen den drei Prinzipien eine Abstufung nach der Dringlichkeit möglich ist!

1.4 Rechtsformen

1.4.1 Rechtliche Grundlagen der Unternehmen

1.4.1.1 Kaufmann

(1) Begriff Kaufmann

> **Kaufmann** im Sinne des HGB[1] ist, wer ein Handelsgewerbe betreibt [§ 1 I HGB].

Was ein Handelsgewerbe ist, sagt § 1 II HGB. Danach ist jeder Gewerbebetrieb ein Handelsgewerbe, wenn er nach Art oder Umfang einen in kaufmännischer Weise eingerichteten Geschäftsbetrieb erfordert. Merkmale eines kaufmännisch eingerichteten Geschäftsbetriebs sind z. B. doppelte Buchführung, Erreichen eines bestimmten Umsatzes, mehrere Beschäftigte, Produktvielfalt (Sach- und/oder Dienstleistungen), Gewinnziel und Zahl der Betriebsstätten.

(2) Formen des Kaufmanns

■ **Istkaufmann**

> Ein **Gewerbetreibender,** dessen Unternehmen eine **kaufmännische Einrichtung** erforderlich macht, ist **in jedem Fall Kaufmann,** gleichgültig, ob er bereits im Handelsregister eingetragen ist oder nicht. Man spricht deswegen auch von einem **Istkaufmann** [§ 1 HGB].

Der Istkaufmann ist **verpflichtet,** sich mit seiner Firma und mit sonstigen wichtigen Merkmalen seines Handelsgewerbes (z. B. Niederlassungsort, Zweck des Unternehmens, Gesellschafter) in das Handelsregister eintragen zu lassen. Die Eintragung erklärt nach außen, dass es sich um ein kaufmännisches Unternehmen handelt. Die Eintragung wirkt nur noch **deklaratorisch.**[2] Dies besagt, dass die Rechtswirkung schon vor der Eintragung in das Handelsregister eingetreten ist.

■ **Kannkaufmann**

> Ein **Kleinbetrieb** ist **kein Kaufmann** und unterliegt daher **nicht** den **Vorschriften des HGB.** Ein Kleingewerbetreibender **kann** sich aber in das Handelsregister eintragen lassen. Mit der Eintragung erlangt er die Kaufmannseigenschaft. Ein Kleingewerbetreibender ist daher **Kannkaufmann.**

Auch die Inhaber land- und forstwirtschaftlicher Betriebe und/oder ihrer Nebenbetriebe haben die Möglichkeit, sich ins Handelsregister eintragen zu lassen. Voraussetzung ist, dass diese Betriebe einen nach Art und Umfang in kaufmännischer Weise eingerichteten Geschäftsbetrieb erfordern.

---

1 HGB: Handelsgesetzbuch. Das Handelsrecht ist das Sonderprivatrecht für den Kaufmann.

2 Deklaratorisch (lat.): erklärend, rechtserklärend. Deklaration (lat.): Erklärung, die etwas Grundlegendes enthält.

Bei einem Kannkaufmann wirkt die Handelsregistereintragung **konstitutiv.**[1] Dies bedeutet, dass die Kaufmannseigenschaft erst mit der Handelsregistereintragung erworben wird.

■ Kaufmann kraft Rechtsform

Kaufmann kraft Rechtsform **(Formkaufmann)** sind die juristischen Personen des Handelsrechts ohne Rücksicht auf die Art des betriebenen Geschäftes und der Betriebsgröße [§ 6 HGB].

Wichtige Beispiele für einen Kaufmann kraft Rechtsform sind die Gesellschaft mit beschränkter Haftung (GmbH) sowie die Aktiengesellschaft (AG), die mit der Eintragung in das Handelsregister Kaufmann werden. Beim Formkaufmann wirkt die Handelsregistereintragung **konstitutiv,** d. h., die Rechtswirkung tritt erst mit der Eintragung in das Handelsregister ein.

1.4.1.2 Handelsregister

(1) Begriff Handelsregister

Das **Handelsregister** ist ein amtliches, öffentliches, elektronisch geführtes Verzeichnis aller Kaufleute eines Amtsgerichtsbezirks. Für die Führung des Handelsregisters sind die Amtsgerichte zuständig.

- ■ Für die **Anmeldungen zur Eintragung** ist eine **öffentliche Beglaubigung** (z. B. durch einen Notar) erforderlich.
- ■ Die für die Anmeldung erforderlichen **Unterlagen** sind **elektronisch einzureichen.**

Die Handelsregistereintragungen werden **elektronisch bekannt gemacht.** Auskünfte über die Eintragungen (z. B. Registerblätter, Gesellschafterlisten und Satzungen) können über das gemeinsame Justizportal aller Bundesländer (www.justiz.de) online eingesehen werden.[2] Zudem kann jeder auf elektronischem Wege (kostenpflichtig) Abschriften und Registerausdrucke erhalten.[3]

Das Handelsregister genießt **öffentlichen Glauben.** Zum Schutz des Vertrauens Dritter auf die bekannt gemachten Handelsregistereintragungen gilt die **Vermutung der Richtigkeit** der Handelsregistereintragungen (Vertrauensschutz).

---

1 Konstitutiv (lat.): rechtsbegründend, rechtschaffend. Konstitution (lat.): Verfassung, Rechtsbestimmung.

2 Die Einsichtnahme „vor Ort" ist grundsätzlich bei jedem Amtsgericht über ein Terminal möglich.

3 Außerdem besteht ein Unternehmensregister, das als bündelndes Portal über die Informationen des Handelsregisters hinaus alle wirtschaftlich relevanten Daten über Unternehmen zugänglich macht (www.unternehmensregister.de).

(2) Abteilungen des Handelsregisters

Das Handelsregister besteht aus zwei Abteilungen:

Abteilung A	Hier werden u. a. eingetragen: die Einzelkaufleute, die OHG und die KG.
Abteilung B	Hier wird u. a. eingetragen: die GmbH.

(3) Löschung

Die Löschung der Eintragung erfolgt dadurch, dass die Eintragung rot unterstrichen wird. Auf diese Weise können alle früheren Eintragungen zurückverfolgt werden.

1.4.1.3 Firma

(1) Begriff Firma

> Die **Firma** ist der im Handelsregister **eingetragene Name,** unter dem ein Kaufmann sein **Handelsgewerbe betreibt,** seine **Unterschrift abgibt, klagt und verklagt** werden kann.

Das Recht an einer bestimmten Firma ist gesetzlich geschützt. Das Gesetz schützt den Inhaber einer Firma beispielsweise davor, dass ein anderer Kaufmann am selben Ort eine nicht deutlich abweichende Firma annimmt. Bei unrechtmäßiger Firmenführung durch ein anderes Unternehmen kann der Geschädigte die Unterlassung des Gebrauchs der Firma und unter bestimmten Voraussetzungen auch Schadensersatz verlangen.

(2) Firmenarten

Wenn die oben genannten vier Voraussetzungen erfüllt sind, können die einzutragenden Unternehmen zwischen folgenden Firmenarten wählen:

Firmenarten	Erläuterungen	Beispiele
Personen-firmen	Sie enthalten einen oder mehrere Personennamen.	■ Carola Müller OHG, ■ Schneider & Bauer KG
Sachfirmen	Sie sind dem Zweck (dem Gegenstand) des Unternehmens entnommen.	■ Vereinigte Göttinger Lebensmittelfabriken GmbH, ■ Bielefelder Metallwarenfabrik AG
Fantasie-firmen	Sie sind erdachte Namen.	■ Fantasia Verlagsgesellschaft mbH, ■ Impex OHG
Gemischte Firmen	Sie enthalten sowohl einen oder mehrere Personennamen, einen dem Gegenstand (Zweck) des Unternehmens entnommenen Begriff und/oder einen Fantasienamen. Gemischte Firmen kommen sowohl bei Einzelunternehmen, Personengesellschaften und Kapitalgesellschaften vor.	■ Dyckerhoff Zementwerke Aktiengesellschaft, ■ Arzneimittelgroßhandlung Peter & Schmid OHG, ■ Fantasia Ferienpark GmbH

Eine Firma besteht entweder nur aus einem **Firmenkern** oder aus einem Firmenkern und einem **Firmenzusatz** oder mehreren Firmenzusätzen.

(3) Rechtsformzusätze

Zwingend vorgeschrieben sind die folgenden **Rechtsformzusätze**:

- Die Firma der **Einzelkaufleute** muss die Bezeichnung „eingetragener Kaufmann" bzw. „eingetragene Kauffrau" enthalten. Allgemein verständliche Abkürzungen dieser Bezeichnungen sind zulässig (z. B. e. K., e. Kfm., e. Kfr.).
- Die Firma der **Personengesellschaften** muss die Bezeichnung „offene Handelsgesellschaft" bzw. „Kommanditgesellschaft" aufweisen. Allgemein verständliche Abkürzungen dieser Bezeichnungen wie z. B. OHG bzw. KG sind zulässig.
- Die Firma der **Aktiengesellschaften** muss die Bezeichnung „Aktiengesellschaft", die Firma der **Gesellschaften mit beschränkter Haftung** müssen die Bezeichnung „Gesellschaft mit beschränkter Haftung" enthalten. Eine allgemein verständliche Abkürzung dieser Bezeichnung ist zulässig (z. B. AG bzw. GmbH).

Freiwillige Firmenzusätze haben die Aufgabe, den Informationsgehalt einer Firma zu verstärken.

(4) Haftung bei Übernahme

Wer ein Handelsgeschäft erwirbt und dieses unter **Beibehaltung der bisherigen Firma** mit oder ohne Beifügung eines das Nachfolgeverhältnis andeutenden Zusatzes fortführt, **haftet für alle** im Betrieb des Geschäfts begründeten **Verbindlichkeiten des früheren Inhabers**. Eine abweichende Vereinbarung ist Dritten gegenüber nur wirksam, wenn sie in das Handelsregister eingetragen und bekannt gemacht oder von dem Erwerber bzw. dem Veräußerer dem Dritten mitgeteilt wurde.

Wird die **Firma nicht fortgeführt,** haftet der Erwerber für die früheren Geschäftsverbindlichkeiten grundsätzlich nur dann, wenn ein **besonderer Verpflichtungsgrund** vorliegt, insbesondere wenn die Übernahme der Verbindlichkeiten vom Erwerber in handelsüblicher Weise (z. B. durch Rundschreiben) bekannt gemacht worden ist.

Zusammenfassung

Formen des Kaufmanns		
Istkaufmann	**Kannkaufmann**	**Kaufmann kraft Rechtsform (Formkaufmann)**
Alle Gewerbebetriebe, die einen in kaufmännischer Weise eingerichteten Geschäftsbetrieb benötigen	■ Kleinbetriebe ■ Land- und forstwirtschaftliche Betriebe, die nach Art und Umfang eine kaufmännische Einrichtung benötigen	Juristische Personen des Handelsrechts
Die Eintragung ins Handelsregister ist Pflicht	Die Eintragung ins Handelsregister ist freiwillig	Die Eintragung ins Handelsregister ist Pflicht
Eintragung wirkt deklaratorisch	Eintragung wirkt konstitutiv	

- Die **Firma** eines Kaufmanns ist sein im Handelsregister eingetragener Name, unter dem er seine Geschäfte betreibt und seine Unterschrift abgibt.
- Man unterscheidet **Personen-, Sach-, Fantasie-** und **gemischte Firmen**.

4

1. Katja Stehlin übernimmt für verschiedene Verlage Setzarbeiten. Sie hat zwei Teilzeitangestellte beschäftigt. Ihr Gewerbebetrieb erfordert keinen nach Art oder Umfang in kaufmännischer Weise eingerichteten Geschäftsbetrieb. Dennoch möchte sich Katja Stehlin ins Handelsregister eintragen lassen.

   Aufgaben:

   1.1 Machen Sie drei Vorschläge für einen Firmennamen!

   1.2 Erläutern Sie, was unter dem Begriff Firma zu verstehen ist!

   1.3 Katja Stehlin möchte wie folgt firmieren:

   > Die Texterfassung e. Kfr.

   Beurteilen Sie, ob diese Firma zulässig ist!

   1.4 Auf den Rat eines Bekannten hin meldet Katja Stehlin beim Amtsgericht folgende Firma an:

   > Die Texterfassung
   > Inh. Katja Stehlin e. Kfr.

   Die Eintragung erfolgt am 24. Mai 20..

   Zeigen Sie auf, welche rechtliche Wirkung die Handelsregistereintragung für Katja Stehlin hat!

2. Der Installateurmeister Ernst Kopf hat vor Jahren einen kleinen Reparaturbetrieb gegründet, der sich gut entwickelte. Heute beschäftigt er fünf Gesellen und zwei Angestellte. Sein Betrieb ist kaufmännisch voll durchorganisiert. Im Handelsregister ist Ernst Kopf nicht eingetragen.

   Aufgaben:

   2.1 Beurteilen Sie, ob Ernst Kopf Kaufmann ist!

   2.2 Der Steuerberater Klug macht Ernst Kopf darauf aufmerksam, dass er seinen Gewerbebetrieb ins Handelsregister eintragen lassen muss.

   Machen Sie einen Vorschlag, wie die Firma lauten könnte!

   2.3 Ernst Kopf lässt sich am 15. Februar 20.. unter der Firma Ernst Kopf e. K. – Installateurfachbetrieb ins Handelsregister eintragen.

   Prüfen Sie, welche rechtliche Wirkung die Handelsregistereintragung hat!

3. Entscheiden Sie folgenden Rechtsfall:

   Der Angestellte Fritz Kugel erwirbt die Lebensmittelfabrik Karl Klein e. K. Die neue Firma lautet Fritz Kugel e. Kfm., Lebensmittelfabrik. Mit dem ehemaligen Inhaber Klein vereinbart Fritz Kugel, dass dieser die restlichen Verbindlichkeiten an die Lieferer persönlich zu begleichen habe. Karl Klein zahlt nicht. Bei Fälligkeit der Verbindlichkeiten verlangen die Gläubiger die Begleichung der Verbindlichkeiten von Fritz Kugel.

   Untersuchen Sie, ob Fritz Kugel zahlen muss!

4. Die Wirkung von Handelsregistereintragungen kann deklaratorisch oder konstitutiv sein.

   Aufgaben:

   4.1 Erklären Sie, was jeweils hierunter zu verstehen ist!

   4.2 Geben Sie an, bei welchem Kaufmann die Handelsregistereintragung deklaratorisch, bei welchem konstitutiv wirkt!

1.4.2 Rechtsformen im Überblick

(1) Begriff Rechtsformen

Die **Rechtsform** stellt die Rechtsverfassung eines Unternehmens dar. Sie regelt die Rechtsbeziehungen innerhalb des Unternehmens und zwischen dem Unternehmen und Dritten.

(2) Überblick über die Rechtsformen

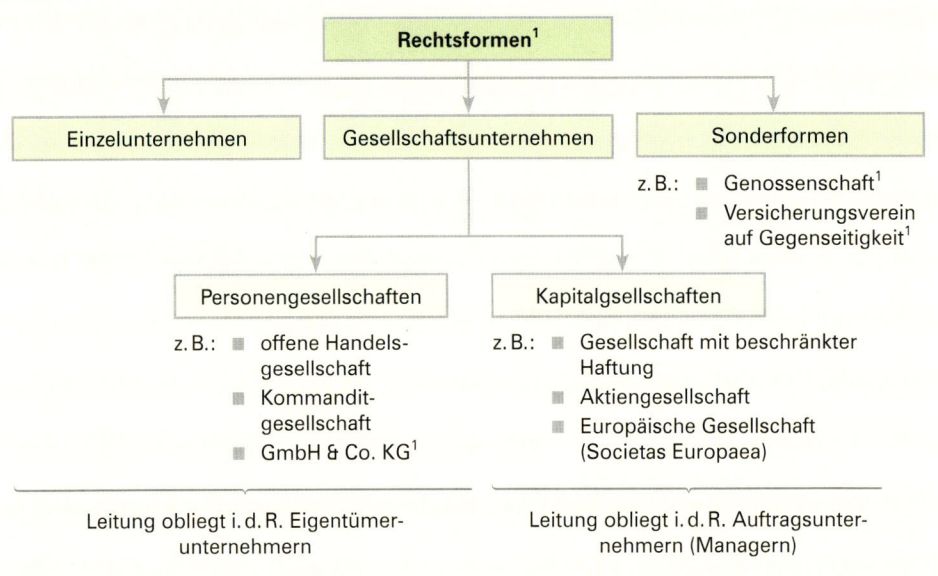

1.4.3 Einzelunternehmung

(1) Begriff Einzelunternehmer

Einzelunternehmer ist, wer es selbst „unternimmt", Geschäfte in **eigenem Namen** und auf **eigene Rechnung** mit **vollem Risiko** zu tätigen und hierzu sein **eigenes Geld- und Sachkapital** einsetzt.

---

1 Im Folgenden wird auf die Genossenschaft, den Versicherungsverein auf Gegenseitigkeit sowie auf die GmbH & Co. KG nicht eingegangen.
Der Lehrplan sieht nur einen kurzen Überblick über die einzelnen Unternehmensformen vor. Wir beschränken uns daher auf einen Vergleich hinsichtlich Begriff, Firmierung, Kapitalaufbringung und Haftung.

(2) Firma

Die Firma des Einzelunternehmers richtet sich i.d.R. nach dem Vor- und Zunamen des Einzelunternehmers. Sie muss die Bezeichnung „eingetragener Kaufmann" bzw. „eingetragene Kauffrau" oder eine allgemein verständliche Abkürzung dieser Bezeichnung enthalten.

(3) Eigenkapital und Haftung

Eigenkapital-aufbringung	Das Eigenkapital stellt der Einzelunternehmer zur Verfügung. Über die **Höhe des aufzubringenden Eigenkapitals** gibt es **keine gesetzliche Vorschrift**.
Haftungs-verhältnisse[1]	Der Einzelunternehmer haftet für alle Verbindlichkeiten des Unternehmens mit seinem Geschäfts- und sonstigen Privatvermögen **unbeschränkt** und **unmittelbar**.

1.4.4 Offene Handelsgesellschaft (OHG)

1.4.4.1 Begriff und Firma

(1) Begriff

Die **offene Handelsgesellschaft (OHG)** ist eine **Gesellschaft,** deren Zweck auf den Betrieb eines **Handelsgewerbes** unter **gemeinschaftlicher Firma** gerichtet ist und bei der die **Haftung keines Gesellschafters gegenüber den Gesellschaftsgläubigern beschränkt ist** [§ 105 I HGB].

(2) Firma

Die Firma, unter der die OHG ihre Rechtsgeschäfte abschließt (z. B. Kauf-, Miet-, Arbeitsverträge), muss die Bezeichnung „offene Handelsgesellschaft" oder eine allgemein verständliche Abkürzung dieser Bezeichnung enthalten.

---

1 Die Haftung betrifft die Rechtsbeziehung des Unternehmens mit außenstehenden Dritten und damit das **Außenverhältnis**.

3 Speth u.a. - ISBN 978-3-8120-0520-3

1.4.4.2 Eigenkapitalaufbringung und Haftung

(1) Eigenkapitalaufbringung

Die Eigenkapitalaufbringung erfolgt durch die OHG-Gesellschafter.

Die Kapitaleinlagen können in Geld, in Sachwerten und/oder in Rechtswerten geleistet werden (z. B. Buchgeld, Gebäude, Grundstücke, Maschinen, Patente). Die Summe der geleisteten Kapitaleinlagen bildet als gemeinschaftliches Vermögen der Gesellschaft ein Sondervermögen und steht den Gesellschaftern zur **gesamten Hand** zu. Das **persönliche Eigentum** der Gesellschafter an ihren Einlagen **erlischt**. Die **Einlagen der Gesellschafter** werden **gemeinschaftliches Vermögen (Gesamthandsvermögen)** aller Gesellschafter. Ein einzelner Gesellschafter kann damit nicht mehr über seinen Kapitalanteil verfügen. Grundstücke werden im Grundbuch auf die OHG eingetragen. Alle Gesellschafter können nur noch gemeinsam über den einzelnen Gegenstand verfügen.

Die Kapitalaufbringung durch die OHG-Gesellschafter betrifft das **Innenverhältnis** der OHG. Unter Innenverhältnis versteht man die **Rechtsbeziehungen der Gesellschafter**

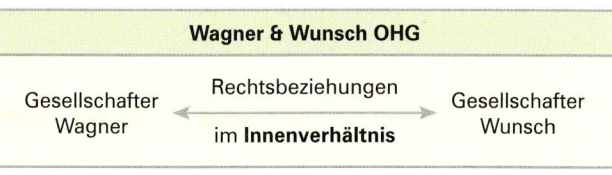

untereinander. Innerhalb der Gesellschaft gelten zunächst die **Vereinbarungen des Gesellschaftsvertrages**. Ist ein Sachverhalt im Gesellschaftsvertrag nicht geregelt, gelten die **Bestimmungen des HGB**.

(2) Haftung

Die Haftung betrifft das **Außenverhältnis** der OHG. Unter Außenverhältnis versteht man die Rechtsbeziehungen der Gesellschafter gegenüber **außenstehenden Dritten**. Im Außenverhältnis **gelten grundsätzlich die Bestimmungen des HGB**.

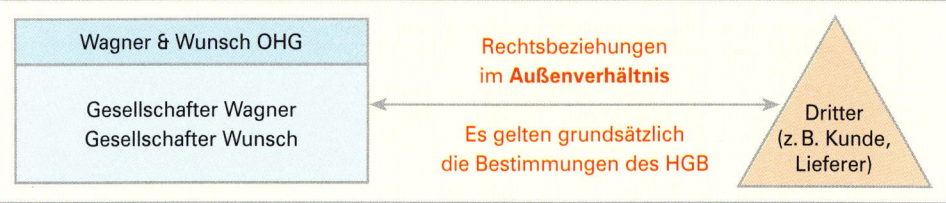

Da die OHG gewissermaßen aus der Zusammenarbeit mehrerer Einzelunternehmer entsteht, entspricht die Haftung der OHG-Gesellschafter der eines Einzelunternehmers.

Die OHG-Gesellschafter haften

unbeschränkt	Die OHG-Gesellschafter haften mit ihrem Geschäfts- **und** mit ihrem Privatvermögen.
unmittelbar	Die Gläubiger (z. B. die Lieferanten) können die Forderungen nicht nur der OHG gegenüber, sondern zugleich unmittelbar (direkt) gegenüber **jedem** OHG-Gesellschafter geltend machen. Dies bedeutet, dass jeder einzelne Gesellschafter durch die Gesellschaftsgläubiger verklagt werden kann. Der Gesellschafter kann nicht verlangen, dass der Gläubiger zuerst gegen die OHG klagt. Eine „Einrede der Vorausklage" steht dem Gesellschafter nicht zu.
gesamt-schuldnerisch („solidarisch")	Jeder Gesellschafter haftet persönlich (allein) für die gesamten Schulden der Gesellschaft [§ 128 I HGB], nicht jedoch für die privaten Schulden der übrigen Gesellschafter.

Tritt ein Gesellschafter aus, haftet er noch fünf Jahre für die Verbindlichkeiten der OHG, die zum Zeitpunkt seines Ausscheidens bestanden.

Zusammenfassung

- Bei den **Einzelunternehmen** werden alle wichtigen Unternehmerfunktionen und Risiken vom Einzelunternehmer wahrgenommen, dem auch der Gewinn allein zusteht und der auch entstehende Verluste allein zu tragen hat.

- Wichtige **wirtschaftliche Voraussetzungen** sind, dass bei der Gründung und für die laufende Geschäftstätigkeit des Unternehmens (z.B. für den Einkauf, die Lagerhaltung, die Leistungserstellung und den Verkauf) ausreichend Finanzmittel vorhanden sind und das Unternehmen seine Leistungen auch langfristig mit Gewinn verkaufen kann.

- Das **Haftungsrisiko** ist aufgrund der unbeschränkten und unmittelbaren alleinigen Haftung des Einzelunternehmers für die Geschäftsverbindlichkeiten hoch.

- Die **Kreditwürdigkeit** der Einzelunternehmen hängt vor allem von der persönlichen Zuverlässigkeit sowie von den beruflichen Fähigkeiten und Kenntnissen der Einzelunternehmer ab.

- Einzelunternehmen verfügen grundsätzlich nur über ein **relativ niedriges Eigenkapital**. Aufgrund des niedrigen, den Gläubigern haftenden Eigenkapitals besteht für die Einzelunternehmen eine beschränkte Kreditbeschaffungsmöglichkeit.

- Die **OHG** ist u. a. durch folgende **Merkmale** charakterisiert:
  - Zusammenschluss von mindestens zwei Personen,
  - Handelsgewerbe,
  - gemeinschaftliche Firma,
  - unbeschränkte, unmittelbare und gesamtschuldnerische Haftung aller Gesellschafter.

- Die **Firma** muss die Bezeichnung „offene Handelsgesellschaft" oder eine allgemein verständliche Abkürzung dieser Bezeichnung enthalten.

- Das Eigenkapital wird von den OHG-Gesellschaftern aufgebracht. Die Summe der geleisteten Kapitaleinlagen bildet als **gemeinschaftliches Vermögen** der Gesellschaft ein Sondervermögen und steht den Gesellschaftern zur gesamten Hand zu (Gesamthandsvermögen).

- Die OHG-Gesellschafter **haften unbeschränkt, unmittelbar** und **gesamtschuldnerisch** (solidarisch).

5 Max Augustin, Angestellter eines Softwareunternehmens, möchte sich selbstständig machen und als Einzelunternehmer Softwareprogramme erstellen und anbieten.

Aufgaben:

1. 1.1 Nennen Sie drei persönliche Voraussetzungen, die Max Augustin mitbringen sollte, um das Softwareunternehmen erfolgreich führen zu können!

   1.2 Nennen Sie drei Gründe, die Max Augustin zur Wahl dieser Rechtsform veranlasst haben könnten!

   1.3 Nennen Sie die Abteilung des Handelsregisters, in welche die Firma Max Augustin e. Kfm., Softwareprogramme eingetragen wird!

2. Nennen und beurteilen Sie je drei Vor- und Nachteile des Einzelunternehmens

   2.1 aus der Sicht der Arbeitnehmer,

   2.2 aus der Sicht des Einzelunternehmers!

6 Frank Strobel, 40 Jahre alt, ist seit 15 Jahren im Verkauf des Autohauses Hans Stolz tätig, davon 10 Jahre als Verkaufsleiter. Strobel ist bereit, sich mit einem Grundstück im Wert von 380 000,00 EUR am Unternehmen zu beteiligen. Er möchte als gleichberechtigter Partner mitarbeiten und volle Verantwortung mitübernehmen. Stolz und Strobel entschließen sich zur Gründung einer OHG.

Aufgaben:

1. Untersuchen Sie, ob die bisherige Firma Kfz-Reparaturwerkstatt Hans Stolz e. Kfm. fortgeführt werden kann!

2. Nach einigen Jahren nehmen Stolz und Strobel Karsten Stang als neuen Gesellschafter in die OHG auf. Einige Wochen später wendet sich die Langinger KG, Lieferer für Autozubehör, mit ihrer Forderung über 9 700,00 EUR direkt an den neuen Gesellschafter. Dieser lehnt die Zahlung ab.

   Beurteilen Sie die folgenden Argumente und begründen Sie Ihre Antwort:

   2.1 Die Langinger KG soll sich direkt an die OHG wenden.

   2.2 Die Verbindlichkeit sei von Stolz eingegangen worden, also müsse im Zweifel dieser zahlen.

   2.3 Die Verbindlichkeit stamme aus der Zeit vor seinem Eintritt in die Gesellschaft.

   2.4 Die Haftung austretender OHG-Gesellschafter ist gesetzlich nicht geregelt.

7 Die Herren Meier, Schmidt und Kunz betreiben gemeinsam eine Möbelfabrik als OHG.

Aufgaben:

1. Nennen Sie zwei Gründe, die die Gesellschafter veranlasst haben könnten, die Gesellschaftsform der OHG zu wählen!

2. Nennen Sie vier Beispiele, wie die Firma lauten könnte!

3. Herr Meier und Herr Schmidt kaufen am 24. November 20.. gegen den Willen von Herrn Kunz ein zusätzliches Lagergebäude.

   3.1 Begründen Sie, ob die OHG an diesen Vertrag gebunden ist!

   3.2 Der Verkäufer des Lagergebäudes verlangt am 25. November 20.. von Herrn Kunz die Bezahlung der gesamten Kaufsumme. Dieser lehnt entschieden ab. Er glaubt, ausreichende Gründe zu haben. Erstens war er gegen diesen Kauf. Zweitens müsse sich der Gläubiger doch erst einmal an die OHG wenden und, wenn diese nicht zahle, an die

Gesellschafter, die den Kaufvertrag unterzeichnet haben. Drittens sehe er gar nicht ein, dass er alles zahlen solle. Wenn überhaupt, so zahle er höchstens den ihn betreffenden Anteil an der Kaufsumme, nämlich ein Drittel.

Nehmen Sie zu diesen Aussagen Stellung!

3.3 Am 30. Juni des folgenden Jahres scheidet Herr Kunz wegen bestehender Differenzen aus der Gesellschaft aus. Am 30. September des gleichen Jahres wendet sich der Verkäufer des Lagergebäudes erneut an ihn und fordert ihn auf, den noch offenen Restbetrag von 12 000,00 EUR zu bezahlen.

Prüfen Sie die Rechtslage!

1.4.5 Kommanditgesellschaft (KG)

1.4.5.1 Begriff und Firma

(1) Begriff

- Die **Kommanditgesellschaft (KG)** ist eine **Gesellschaft** (Zusammenschluss von mindestens zwei Personen),

  - deren Zweck auf den Betrieb eines **Handelsgewerbes** unter **gemeinschaftlicher Firma** gerichtet ist und

  - bei der die **Haftung von mindestens einem Gesellschafter**[1] gegenüber den Gesellschaftsgläubigern auf den Betrag einer bestimmten Vermögenseinlage **beschränkt ist (Kommanditisten),** während **die anderen Gesellschafter** (mindestens ein Gesellschafter) den Gesellschaftsgläubigern gegenüber **unbeschränkt haften (Komplementäre)** [§ 161 I HGB].

- Die Kommanditgesellschaft ist eine **Personengesellschaft.**

Es gibt bei der KG mindestens einen Gesellschafter (Komplementär), der nach den Vorschriften des OHG-Rechts haftet, und mindestens einen Gesellschafter (Kommanditist), dessen Haftung beschränkt ist. In der Praxis macht der Vorteil der Haftungsbeschränkung für die Kommanditisten die große Attraktivität der KG im Vergleich mit der OHG aus.

(2) Firma

Die Firma der KG muss die Bezeichnung „Kommanditgesellschaft" oder eine allgemein verständliche Abkürzung dieser Bezeichnung (z. B. KG) enthalten.

Beispiele:

Müller und Moser sind Vollhafter (Komplementäre), Krause ist Teilhafter (Kommanditist). Mögliche Firmen sind z. B.: Müller & Moser KG; Müller Kommanditgesellschaft; Emmendinger Import KG; Emmendinger Import-Export KG.

---

1 Die KG muss mindestens einen Komplementär aufweisen. Tritt der einzige (letzte) Komplementär aus der KG aus, so führt dies zur Auflösung der KG. Führen die Kommanditisten die Gesellschaft ohne (neuen) Komplementär fort, dann wird die KG grundsätzlich zu einer OHG, d. h., die Kommanditisten haften beschränkt.

1.4.5.2 Eigenkapitalaufbringung und Haftung

Beachte:

Für die **Komplementäre** gelten die gleichen Bestimmungen wie für die persönlich haftenden Gesellschafter einer OHG, d.h., es werden die für die OHG geltenden gesetzlichen Vorschriften angewendet. Die eigenständige Regelung der KG in den §§ 162ff. HGB befasst sich nur mit der **Sonderstellung des Kommanditisten.**

(1) Eigenkapitalaufbringung

Komplementär und Kommanditist sind verpflichtet, die im Gesellschaftsvertrag übernommene Kapitaleinlage bereitzustellen. Die vertraglich festgelegten Kapitaleinlagen **(Pflichteinlagen)** können in Geld, in Sachwerten und/oder in Rechtswerten erfolgen.

Die vertraglich festgelegte **Haftsumme (Hafteinlage) des Kommanditisten** ist in das Handelsregister einzutragen. Wenn nichts anderes vereinbart ist, ist die Haftsumme und die Pflichteinlage des Kommanditisten gleich hoch. Die Höhe der Haftsumme kann aber auch von der Pflichteinlage abweichen.

Die fristgerechte Leistung der übernommenen Kapitaleinlage betrifft das **Innenverhältnis.**

(2) Haftung

Die Haftung der KG betrifft das **Außenverhältnis.** Sie ist im HGB für Komplementäre und Kommanditisten unterschiedlich geregelt.

Komplementär	Er haftet wie ein OHG-Gesellschafter **unbeschränkt, unmittelbar** und **gesamtschuldnerisch** (solidarisch). Eine vertragliche Vereinbarung zwischen den Komplementären, durch die die Haftung beschränkt wird (z.B. auf den übernommenen Kapitalanteil), ist im **Außenverhältnis ungültig.**
Kommanditist ■ nach Eintragung der KG ins Handelsregister	▣ Soweit die Kommanditisten ihre vertraglich bestimmte und im Handelsregister **eingetragene Einlage geleistet** haben, haften sie mit ihrer Einlage nur mittelbar **(Risikohaftung).**[1] ▣ Soweit ein Kommanditist seine **Einlage** nach Eintragung **noch nicht geleistet** hat, haftet er den Gesellschaftsgläubigern **persönlich in Höhe der ausstehenden Einlage.**
■ bei Eintritt in eine bestehende KG	Tritt ein Kommanditist in eine bestehende KG ein, so haftet der beitretende Kommanditist gegenüber einem gutgläubigen Dritten **in der Zeit zwischen seinem Eintritt und der Eintragung der Kapitaleinlage** in das Handelsregister **persönlich und unbeschränkt.**

---

1 Nach der Eintragung der Kapitaleinlage ins Handelsregister haftet der Kommanditist nicht mehr für die Verbindlichkeiten der Gesellschaft. Das einzige Risiko, das der Kommanditist eingeht, ist, dass er den Wert seiner Kapitaleinlage teilweise oder ganz verliert.

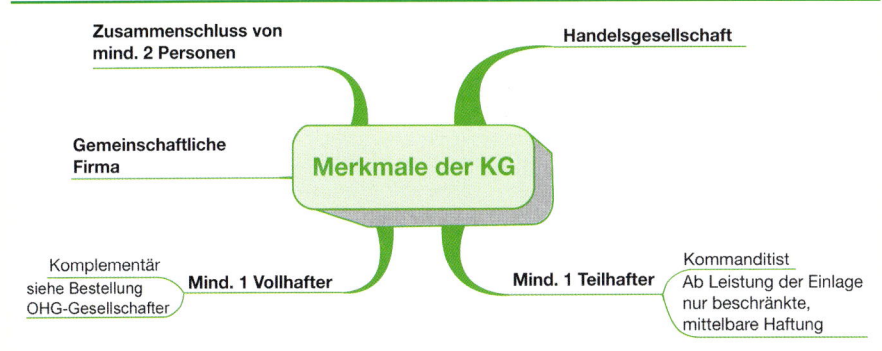

8

1. Die bisherige Einzelunternehmerin Gerda Metzger e. Kfr. möchte sich aus Altersgründen aus der Unternehmensführung zurückziehen. Zusammen mit ihren beiden Töchtern Eva und Gerlinde gründet sie eine KG. Kapitalmäßig möchte Gerda Metzger noch im Unternehmen verbleiben.

   Aufgaben:

   1.1 Nennen Sie Gründe, die Gerda Metzger dazu bewogen haben könnten, eine KG zu gründen!

   1.2 Erklären Sie anhand der angeführten Personen, wie man die Gesellschafter bei dieser Rechtsform bezeichnet! Stellen Sie dar, welche Haftung die angeführten Personen übernehmen!

   1.3 Bilden Sie ein Beispiel dafür, wie die Firma der KG lauten könnte!

2. Häufig wird eine OHG in eine KG umgewandelt, wenn ein OHG-Gesellschafter stirbt.

   Aufgabe:

   Nennen Sie hierfür Gründe!

3. Kommanditgesellschaften sind oft „Familiengesellschaften", d. h., die Gesellschafter sind miteinander verwandt.

   Aufgabe:

   Begründen Sie diese Tatsache!

4. Unterscheiden Sie die OHG von der KG im Hinblick auf das Gesellschafterrisiko (Haftung)!

5. Soweit der Kommanditist seine vertraglich bestimmte und im Handelsregister eingetragene Einlage geleistet hat, haftet er mit seiner Einlage nur mittelbar.

   Aufgabe:

   Erläutern Sie diesen Sachverhalt!

6. Der Kommanditist Franz Wägele ist am 15. Januar 20.. in die Fritz Hutter KG eingetreten. Seine Pflichteinlage beträgt 500 000,00 EUR. Am 20. Februar zahlt er 300 000,00 EUR auf das Geschäftsbankkonto ein. Den Restbetrag will er am 30. Mai überweisen. Am 20. Mai wird Franz Wägele vom Finanzamt aufgefordert, die für die KG fällige Umsatzsteuerschuld in Höhe von 210 000,00 EUR zu überweisen.

   Aufgabe:

   Begründen Sie, ob Franz Wägele die fällige Umsatzsteuerschuld bezahlen muss!

1.4.6 Gesellschaft mit beschränkter Haftung (GmbH)

1.4.6.1 Begriff und Firma

(1) Begriff GmbH

- Die **Gesellschaft mit beschränkter Haftung (GmbH)** ist eine **Handelsgesellschaft mit eigener Rechtspersönlichkeit (juristische Person[1])**.

- Die Gesellschafter sind mit einem oder mehreren Geschäftsanteilen an der Gesellschaft beteiligt, **ohne persönlich** für die Verbindlichkeiten der Gesellschaft **zu haften** [§ 13 I, II GmbHG].

- Unternehmensformen, bei denen nur das Gesellschaftsvermögen der juristischen Person haftet, nennt man **Kapitalgesellschaften**. Die GmbH ist eine Kapitalgesellschaft.

Die **GmbH** hat **selbstständige Rechte und Pflichten**. Mithilfe ihrer Organe (z. B. des Geschäftsführers) ist es möglich, Rechtsgeschäfte abzuschließen. Sie kann z. B. Eigentum an Grundstücken erwerben und vor Gericht klagen und verklagt werden. Die GmbH ist Gläubiger und Schuldner, nicht etwa die GmbH-Gesellschafter. Die **GmbH-Gesellschafter** statten die GmbH lediglich mit **Eigenkapital** aus, indem sie sich mit Geschäftsanteilen am Stammkapital der GmbH beteiligen.

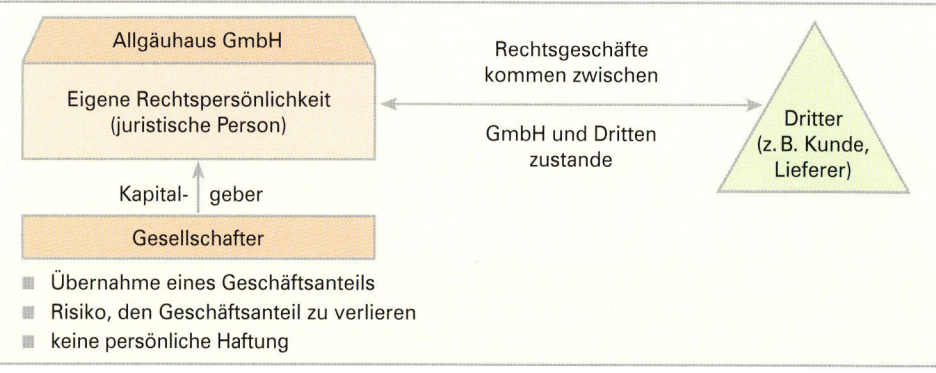

Die GmbH ist eine rechtliche Konstruktion, durch die unternehmerisches Kapital in einer juristischen Person verselbstständigt und die Haftung auf das Gesellschaftsvermögen begrenzt wird. Dies eröffnet Eigenkapitalgebern (Gesellschaftern) die Möglichkeit, ihr Risiko auf das eingesetzte Kapital zu begrenzen sowie ihre persönliche Haftung zu vermeiden. Es kommt zu einer rechtlichen **Trennung von Unternehmens- und Privatvermögen**.

---

1 **Juristische (rechtliche) Personen** sind „künstliche" Personen, denen der Staat die Eigenschaft von Personen kraft Gesetzes verliehen hat. Sie sind damit rechtsfähig, d. h. Träger von Rechten und Pflichten. Zu den Einzelheiten siehe S. 49.

(2) Firma

Die **Firma** der GmbH muss die Bezeichnung **„Gesellschaft mit beschränkter Haftung"** oder eine allgemein verständliche Abkürzung dieser Bezeichnung (z. B. GmbH) enthalten.

1.4.6.2 Eigenkapitalaufbringung und Haftung

(1) Eigenkapitalaufbringung

Geschäftsanteil	Ein Geschäftsanteil ist der nominale Anteil am Stammkapital der GmbH. Er ist mit einem Nennbetrag versehen. Die **Nennbeträge** der einzelnen Geschäftsanteile können unterschiedlich hoch sein, müssen jedoch auf **volle Euro** lauten. Jeder Gesellschafter beteiligt sich im Rahmen der Errichtung (Gründung) der GmbH mit einem oder mehreren Geschäftsanteilen. **Beispiel:** Florian Habel, Konstantin Schopel und Lasse Landmann wollen eine GmbH gründen. In dem Gesellschaftsvertrag setzen sie das Stammkapital auf 25 000,00 EUR fest. Florian Habel, der auch zum Geschäftsführer der GmbH bestimmt wird, übernimmt einen Geschäftsanteil mit einem Nennbetrag in Höhe von 15 000,00 EUR (Geschäftsanteil Nr. 1). Die beiden anderen Gesellschafter übernehmen jeweils einen Geschäftsanteil mit einem Nennbetrag in Höhe von 5 000,00 EUR (Geschäftsanteile Nr. 2 und 3). Die Summe der Nennbeträge aller Geschäftsanteile muss mit der Höhe des Stammkapitals übereinstimmen. Geschäftsanteile können jederzeit – ohne dass eine Genehmigung der übrigen Gesellschafter eingeholt werden muss – veräußert werden. Der Wert der Geschäftsanteile kann steigen oder fallen, je nachdem wie erfolgreich die Geschäftstätigkeit der GmbH verläuft.
Stammeinlagen	Der Betrag, der auf einen Geschäftsanteil zu leisten ist, wird als Stammeinlage bezeichnet. Die Höhe der zu **leistenden Einlage** richtet sich nach dem bei der Gründung der Gesellschaft im Gesellschaftsvertrag festgesetzten Nennbetrag des Geschäftsanteils.
Stammkapital	Dies ist der in der Satzung festgelegte **Gesamtbetrag aller Geschäftsanteile**. Das Stammkapital muss mindestens 25 000,00 EUR betragen. Das Stammkapital wird in der offenzulegenden Bilanz als „gezeichnetes Kapital" ausgewiesen.

(2) Haftung

Die **Gesellschafter** der GmbH **haften nicht** für die Verbindlichkeiten der Gesellschaft. Als juristische Person des Handelsrechts (Kapitalgesellschaft) **haftet lediglich die GmbH selbst.** Das einzige Risiko, das der GmbH-Gesellschafter eingeht, ist, dass er den Wert seines Geschäftsanteils teilweise oder ganz verliert. Das Letztere ist der Fall, wenn die GmbH wegen Überschuldung oder Zahlungsunfähigkeit aufgelöst wird, also kein Eigenkapital mehr übrig bleibt. Die GmbH-Gesellschafter übernehmen daher nur eine **„Risikohaftung"**.[1]

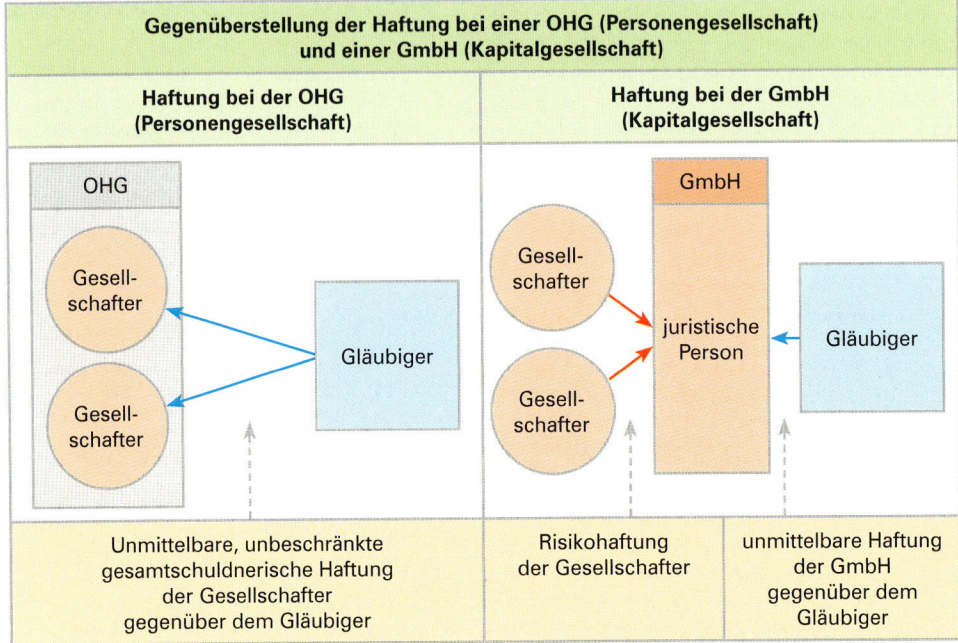

Gegenüberstellung der Haftung bei einer OHG (Personengesellschaft) und einer GmbH (Kapitalgesellschaft)	
Haftung bei der OHG (Personengesellschaft)	**Haftung bei der GmbH (Kapitalgesellschaft)**
Unmittelbare, unbeschränkte gesamtschuldnerische Haftung der Gesellschafter gegenüber dem Gläubiger	Risikohaftung der Gesellschafter / unmittelbare Haftung der GmbH gegenüber dem Gläubiger

1.4.6.3 Unternehmergesellschaft als Sonderform der GmbH

Höhe des Kapitals	Die **Unternehmergesellschaft** (UG, „Mini-GmbH")[2] kann mit **einem geringeren Stammkapital** als dem Mindeststammkapital von 25 000,00 EUR gegründet werden [§ 5 a I GmbHG]. Das Stammkapital kann somit zwischen 1,00 EUR und 24 999,00 EUR liegen. **Sacheinlagen sind ausgeschlossen.**
Firma	Die **Unternehmergesellschaft** muss in der Firma den Rechtsformzusatz **„Unternehmergesellschaft (haftungsbeschränkt)"** oder **„UG (haftungsbeschränkt)"** führen.
Anmeldung zum Handelsregister	Die Anmeldung einer Unternehmergesellschaft zur Handelsregistereintragung kann erst erfolgen, wenn das **Stammkapital in voller Höhe eingezahlt** ist.
Gewinnausschüttung	Die Unternehmergesellschaft darf ihre **Gewinne** – sofern sie welche erzielt – **zu höchstens drei Viertel** an die Gesellschafter **ausschütten.** Sie muss **ein Viertel** des um einen Verlustvortrag aus dem Vorjahr geminderten Jahresüberschusses **ansparen, bis sie das Mindestkapital** von 25 000,00 EUR erreicht hat. Der angesparte Betrag ist in eine gesetzliche Rücklage einzustellen.

---

1 Vgl. auch S. 47.

2 Die Unternehmergesellschaft ist **keine eigene Rechtsform**, sondern lediglich eine besondere Variante der GmbH.

	Die Rücklage darf nur verwandt werden zur **Erhöhung des Stammkapitals,** zum **Ausgleich eines Jahresfehlbetrags,** soweit er nicht durch einen Gewinnvortrag aus dem Vorjahr gedeckt ist, oder zum **Ausgleich eines Verlustvortrags aus dem Vorjahr,** soweit er nicht durch einen Jahresüberschuss gedeckt ist.
Umwandlung in eine GmbH	Wenn das Mindestkapital von 25 000,00 EUR erreicht ist, kann die Unternehmergesellschaft in eine „gewöhnliche" GmbH umgewandelt werden. Die UG ist als „Einbahnstraße" konzipiert. Das bedeutet, dass die UG nur im Rahmen einer **Erstgründung** errichtet werden kann und daher insbesondere eine Zurückführung der GmbH in eine UG nicht möglich ist.

Zusammenfassung

- Die **GmbH** ist durch folgende **Merkmale** charakterisiert: (1) juristische Person; (2) Handelsgesellschaft; (3) Gesellschafter sind mit Geschäftsanteilen am Stammkapital beteiligt; (4) keine persönliche Haftung der Gesellschafter.

- Das **Stammkapital** beträgt mindestens 25 000,00 EUR. Es ergibt sich aus der **Summe aller Geschäftsanteile.**

- Die **Unternehmergesellschaft** – eine Sonderform der GmbH – kann auch mit einem geringeren Stammkapital als dem Mindeststammkapital von 25 000,00 EUR gegründet werden.

- Jeder Gesellschafter übernimmt eine bestimmte Zahl an **Geschäftsanteilen.** Jeder Geschäftsanteil ist wiederum mit einem **Nennbetrag** versehen. Der Nennbetrag jedes Geschäftsanteils muss auf volle EUR lauten. Die Summe der Nennbeträge aller Geschäftsanteile muss mit dem Stammkapital übereinstimmen.

- Die **Firma der GmbH** muss die Bezeichnung „Gesellschaft mit beschränkter Haftung" oder eine allgemein verständliche Abkürzung dieser Bezeichnung enthalten.

  Die **haftungsbeschränkte Unternehmergesellschaft** muss in der Firma den Rechtsformzusatz „Unternehmergesellschaft (haftungsbeschränkt)" oder „UG (haftungsbeschränkt)" führen.

- Als juristische Person des Handelsrechts **haftet die GmbH** in Höhe des Stammkapitals selbst. Die Gesellschafter der GmbH haften nur indirekt, d. h., sie riskieren den Wert ihres Geschäftsanteils teilweise oder ganz zu verlieren **(Risikohaftung).**

Übungsaufgaben

9 1. Die Heinz Kern OHG betreibt eine Großhandlung für Medizintechnik. Sie soll in eine GmbH umgewandelt werden. Gleichzeitig soll der bisherige Verkaufsleiter Fritz Dick als Gesellschafter in die neue GmbH aufgenommen werden.

Aufgaben:

1.1 Ermitteln Sie, wodurch sich die Personengesellschaft von der Kapitalgesellschaft unterscheidet!

1.2 Nennen Sie zwei Gründe, die für die Wahl der Gesellschaftsform GmbH sprechen!

1.3 Nennen Sie die finanziellen Voraussetzungen, die für die Anmeldung zur Eintragung der GmbH in das Handelsregister gegeben sein müssen!

1.4 Unterbreiten Sie zwei Vorschläge, wie die Firma der neuen GmbH lauten könnte!

1.5 Erklären Sie die Haftungsverhältnisse bei der GmbH und der OHG!

2. Unterscheiden Sie zwischen Stammkapital, Stammeinlage und Geschäftsanteil!

3. Beschreiben Sie, wie die Mindesteinzahlung der Gesellschafter im GmbHG geregelt ist!

4. An den Heidelberger Impfstoffwerken GmbH sind beteiligt:
   - Adam mit einem Geschäftsanteil von 25 000,00 EUR,
   - Brecht mit einem Geschäftsanteil von 30 000,00 EUR und
   - Czerny mit einem Geschäftsanteil von 45 000,00 EUR.

   Aufgabe:

   Berechnen Sie das Stammkapital!

10 Franz Hirschfeldt, gelernter Schlosser, und Annegret Grabisch, gelernte Bürokauffrau, wollen gemeinsam ihre Kenntnisse und Fertigkeiten selbstständig am Markt anbieten. Sie lassen bei der Notarin Elke Romländer das folgende Musterprotokoll beurkunden.

Urk.-Nr. 0001

Heute, den *15. November 20..* erschienen vor mir, *Elke Romländer,* Notar/in mit dem Amtssitz in *Stuttgart,*

Herr/~~Frau~~[1]

Hirschfeldt, Franz, geb. am 20.03.1975 in Oldenburg, wohnhaft Gerberstraße 12, 70178 Stuttgart, PA-Nr. 10029990,[2]

~~Herr~~/Frau[1]

Grabisch, Annegret, geb. am 10.04.1980 in Esslingen, wohnhaft Eibenweg 8, 73732 Esslingen, PA-Nr. 26394029,[2]

Herr/Frau[1]

....

.... [2]

1. Die Erschienenen errichten hiermit nach § 2 Abs. 1a GmbHG eine Gesellschaft mit beschränkter Haftung unter der Firma *Hirschfeldt Reparaturdienstleistungen UG (haftungsbeschränkt)* mit Sitz in *Stuttgart.*

2. Gegenstand des Unternehmens ist *die Erbringung von Reparaturdiensten.*

3. Das Stammkapital der Gesellschaft beträgt *5 000,00 EUR (i. W. Fünftausend Euro)* und wird wie folgt übernommen:

   Herr/~~Frau~~[1] *Hirschfeldt, Franz,* übernimmt einen Geschäftsanteil mit einem Nennbetrag in Höhe von *4 000,00 EUR (i. W. Viertausend Euro)* (Geschäftsanteil Nr. 1),

   ~~Herr~~/Frau[1] *Grabisch, Annegret,* übernimmt einen Geschäftsanteil mit einem Nennbetrag in Höhe von *1 000,00 EUR (i. W. Eintausend Euro)* (Geschäftsanteil Nr. 2).

   Die Einlagen sind in Geld zu erbringen, und zwar sofort in voller Höhe/~~zu 50 % sofort~~, im Übrigen sobald die Gesellschafterversammlung ihre Einforderung beschließt.[3]

4. Zum Geschäftsführer der Gesellschaft wird Herr/~~Frau~~[4] *Hirschfeldt, Franz,* geboren am *20.03.1975,* wohnhaft in *Stuttgart, Gerberstraße 12,* bestellt. Der Geschäftsführer ist von den Beschränkungen des § 181 des Bürgerlichen Gesetzbuchs befreit.

5. Die Gesellschaft trägt die mit der Gründung verbundenen Kosten bis zu einem Gesamtbetrag von 300,00 EUR, höchstens jedoch bis zum Betrag ihres Stammkapitals. Darüber hinausgehende Kosten tragen die Gesellschafter im Verhältnis der Nennbeträge ihrer Geschäftsanteile.

6. Von dieser Urkunde erhält eine Ausfertigung jeder Gesellschafter, beglaubigte Ablichtungen die Gesellschaft und das Registergericht (in elektronischer Form) sowie eine einfache Abschrift das Finanzamt – Körperschaftsteuerstelle – .

7. Die Erschienenen wurden ~~vom Notar~~/von der Notarin insbesondere auf Folgendes hingewiesen:

    ....

    ....

Hinweise:

1 Nichtzutreffendes streichen. Bei juristischen Personen ist die Anrede Herr/Frau wegzulassen.

2 Hier sind neben der Bezeichnung des Gesellschafters und den Angaben zur notariellen Identitätsfeststellung ggf. der Güterstand und die Zustimmung des Ehegatten sowie die Angaben zu einer etwaigen Vertretung zu vermerken.

3 Nichtzutreffendes streichen. Bei der Unternehmergesellschaft muss die zweite Alternative gestrichen werden.

4 Nichtzutreffendes streichen.

Aufgaben:

1. Prüfen Sie, ob dieses Musterprotokoll den rechtlichen Anforderungen entsprechend erstellt wurde!

2. Nehmen Sie Stellung, aus welchem Grund der Gesetzgeber eine notarielle Beurkundung eines Gesellschaftsvertrags bzw. eines Musterprotokolls bei der Gründung einer GmbH festgelegt haben mag!

1.4.7   Aktiengesellschaft (AG)

1.4.7.1   Begriff und Firma

(1)   Begriff

Die Aktiengesellschaft ist eine **juristische Person,** d. h. eine Personenvereinigung, der das Aktiengesetz die Eigenschaft einer Person verleiht. Dies bedeutet, dass die Aktiengesellschaft ab ihrer Eintragung in das Handelsregister **rechtsfähig** ist. Sie selbst ist es, die Rechtsgeschäfte abschließt, klagen oder verklagt werden kann. Die Aktiengesellschaft ist Gläubiger oder Schuldner, nicht etwa ihre Geldgeber, die Aktionäre. Die Aktionäre statten die AG lediglich mit Eigenkapital aus, indem sie sich mit Einlagen (Aktien) am Grundkapital der AG beteiligen. Die Beteiligung an einer Aktiengesellschaft wird von einem Großteil der Aktionäre als eine (zeitweilige) Kapitalanlage angesehen, mit der Aussicht, einen Anteil am Gewinn der Aktiengesellschaft zu erhalten bzw. einen Kursgewinn zu erzielen.

Die **Aktiengesellschaft** ist eine **Handelsgesellschaft mit eigener Rechtspersönlichkeit (juristische Person),** deren Gesellschafter (Aktionäre) **mit Einlagen an dem in Aktien** zerlegten **Grundkapital** beteiligt sind, **ohne persönlich für die Verbindlichkeiten** der Gesellschaft zu **haften.**

Die **juristischen Folgerungen** aus dieser Ausgangssituation sind:

- die Verselbstständigung des angesammelten Eigenkapitals in einer **juristischen Person mit Ausschluss der persönlichen Haftung der Gesellschafter,**
- die Zerlegung des Eigenkapitals in **standardisierte Anteile (Aktien)** und deren rechtlich erleichterte Übertragbarkeit,
- die **Verwaltung der Aktiengesellschaft durch Organe** und eine daran anknüpfende **komplizierte Unternehmensverfassung,**
- mannigfaltige **Schutzvorschriften für Aktionäre und Gläubiger.**

Die genannten Begriffsmerkmale machen die Aktiengesellschaft zur geeigneten Unternehmungsform zur Sammlung und zum risikoabhängigen wirtschaftlichen Einsatz einer Vielzahl kleinerer Kapitalien. Gleichzeitig erlaubt die Börse eine kurzfristige Rückführung des individuellen Kapitaleinsatzes in liquide Mittel trotz langfristiger Bindung des investierten Kapitals.

(2) Firma

Die Firma der AG muss die Bezeichnung Aktiengesellschaft oder eine allgemein verständliche Abkürzung dieser Bezeichnung (z. B. AG) enthalten.

Beispiele:
Stuttgarter Motorenwerke Aktiengesellschaft; Karlsruher Spiegelglas Aktiengesellschaft; Volkswagenwerk Aktiengesellschaft; Mitter & Töchter AG; Spielwarenfabrik Spiwa AG.

1.4.7.2 Eigenkapitalaufbringung und Haftung

(1) Eigenkapitalaufbringung

Das Eigenkapital (Grundkapital) wird von den Aktionären aufgebracht. Bei der **Gründung** kann das Kapital in Form von Geld (Bargründung) oder in Form von Sachen und Rechten (Sachgründung) eingezahlt werden.

Bargründung	Hier erfolgt die Übernahme der Aktien gegen Geldeinzahlungen. Gesetzlich ist ein Mindestnennbetrag des Grundkapitals (Summe der auf den **Nennbetragsaktien** aufgedruckten Nennwerte) von 50 000,00 EUR vorgeschrieben.
Sachgründung	Hier bringen die Aktionäre statt der Geldeinlagen **Sacheinlagen** (z.B. Einbringung von Patenten und/oder Grundstücken) ein oder die AG tätigt **Sachübernahmen** (z.B. Übernahme von Gebäuden oder Maschinen). Sacheinlagen bzw. Sachübernahmen müssen in der Satzung festgehalten werden.

Der übernommene Anteil am Grundkapital wird in Aktien verbrieft. Der Mindestnennwert einer **Nennbetragsaktie** beträgt 1,00 EUR. Höhere Nennbeträge müssen auf volle Euro lauten. Der auf eine **Stückaktie** (Aktie ohne Nennbetrag) entfallende anteilige Betrag des Grundkapitals darf 1,00 EUR nicht unterschreiten.

Benötigt die Kapitalgesellschaft in der Folgezeit frisches Kapital, so kann eine Kapitalerhöhung durchgeführt werden. Dabei wird das Grundkapital

erhöht, indem neue Aktien in der Regel gegen Geldzahlung ausgegeben werden.

(2) Haftung

Wer Aktien bei einer Gründung übernimmt oder über die Wertpapierbörse kauft, haftet nicht für die Verbindlichkeiten der Gesellschaft. Als juristische Person haftet lediglich die Aktiengesellschaft selbst. Das einzige Risiko, das der Aktionär eingeht, ist, dass er einen Kursverlust erleidet oder dass er im Extremfall den Wert der gesamten Aktien verliert. Das Letztere ist der Fall, wenn die Aktiengesellschaft z. B. wegen Überschuldung aufgelöst wird, also kein Eigenkapital mehr übrig bleibt. Man sagt daher, dass die Aktionäre lediglich eine **Risikohaftung** übernehmen.

Zusammenfassung

- Die **AG** ist vor allem durch folgende **Merkmale** charakterisiert: (1) juristische Person; (2) Handelsgesellschaft; (3) Aktionäre sind mit Einlagen am Grundkapital beteiligt; (4) keine persönliche Haftung der Aktionäre.
- Die **Firma** der AG muss die Bezeichnung „Aktiengesellschaft" oder eine allgemein verständliche Abkürzung dieser Bezeichnung enthalten.
- Das **gezeichnete Kapital (Grundkapital)** ist in **Nennbetragsaktien** oder **Stückaktien** (nennwertlose Aktien) zerlegt. Diese Aktien verbriefen z. B. ein **Anteilsrecht am Eigenkapital der AG** und **Mitgliedschaftsrechte**.
- Der Aktionär übernimmt lediglich eine **Risikohaftung**.

Übungsaufgabe

11 1. Die Franz Schneider OHG liefert seit Langem Tuche an die Kleiderfabrik Schorndorf AG. In letzter Zeit erfolgen die Zahlungen der Schorndorf AG nur schleppend, die Bezahlung einiger Rechnungen steht trotz mehrmaliger Mahnungen aus. Die Franz Schneider OHG will daher die Aktionäre der Schorndorf AG auf Zahlung verklagen.

Nehmen Sie im Zusammenhang mit diesem Fall zu folgenden Fragen Stellung:

Aufgaben:

1.1 Begründen Sie, ob die Franz Schneider OHG die Aktionäre der Schorndorf AG auf Zahlung verklagen kann!

1.2 Erläutern Sie, wer haftet, falls die Aktionäre nicht haften!

2. Nennen Sie Gründe, auf die es zurückzuführen ist, dass die meisten großen Unternehmen die Rechtsform der Aktiengesellschaft (AG) aufweisen!

3. Aktiengesellschaften können sich durch Ausgabe von Aktien Finanzmittel beschaffen.

   Aufgaben:

   3.1 Erklären Sie den Begriff Nennwert!

   3.2 Nennen Sie die Hauptaufgabe, die die Aktie hat!

   3.3 Begründen Sie, warum eine Aktie mit einem Nennwert von 5,00 EUR auf 98,00 EUR steigen kann!

4. Beschreiben Sie, wie sich eine Aktiengesellschaft bei ihrer Gründung das erforderliche Eigenkapital beschaffen kann!

5. Nennen Sie die Aufgaben, die das Handelsregister hat und wo es geführt wird! Nennen Sie die Rechtswirkung, die die erfolgte Handelsregistereintragung für die AG hat!

6. Vergleichen Sie die Haftung der Gründer vor dem Entstehen einer AG mit der Haftung eines OHG-Gesellschafters!

7. Nennen Sie Vorteile, die die GmbH gegenüber der OHG besitzt!

8. Nennen Sie Vorteile, die die GmbH gegenüber der AG besitzt!

   Vergleichen Sie hierbei die Eigenkapitalaufbringung bei der GmbH und AG!

9. Beschreiben Sie die Haftung eines Gesellschafter einer OHG und AG!

10. Ein Vorteil der AG besteht darin, dass das Aktienkapital seitens der Gesellschafter unkündbar ist.

    Erläutern Sie diese Aussage!

11. Erläutern Sie, warum es für eine AG leichter ist als für Gesellschaften mit beschränkter Haftung, größere Kapitalbeträge aufzubringen!

12. Begründen Sie, ob ein Lieferer von einem Aktionär, der 10 000 Aktien zu je 5,00 EUR besitzt, den Rechnungsbetrag in Höhe von 2 000,00 EUR verlangen kann!

2 Recht

2.1 Rechts- und Geschäftsfähigkeit

2.1.1 Rechtsfähigkeit

(1) Begriff Rechtsfähigkeit

Rechtsfähigkeit ist die Fähigkeit von Personen, Träger von Rechten und Pflichten sein zu können.

Rechtsfähig sind natürliche Personen (Menschen) und juristische Personen. Man nennt die **Personen** auch **Rechtssubjekte**.[1]

(2) Natürliche Personen

Natürliche Personen sind **alle Menschen**. Der Gesetzgeber verleiht ihnen **Rechtsfähigkeit**.

Beispiele:

Das Recht des Erben, ein Erbe antreten zu dürfen. – Das Recht des Käufers, Eigentum zu erwerben. – Die Pflicht, Steuern zahlen zu müssen. (Das Baby, das ein Grundstück erbt, ist Steuerschuldner, z. B. in Bezug auf die Grundsteuer.)

Die **Rechtsfähigkeit des Menschen** (der **natürlichen Personen**) **beginnt** mit der Vollendung der Geburt [§ 1 BGB] und **endet** mit dem Tod. **Jeder Mensch** ist rechtsfähig.

(3) Juristische Personen[2]

Juristische Personen sind „künstliche" Personen, denen der Staat die Eigenschaft von Personen kraft Gesetzes verliehen hat. Sie sind damit rechtsfähig, d. h. Träger von Rechten und Pflichten.

Beispiele für juristische Personen sind:

- **privatrechtliche Personenvereinigungen** (z. B. eingetragene Vereine, Gesellschaft mit beschränkter Haftung [GmbH], Aktiengesellschaft [AG]),
- **Vermögensmassen** (z. B. Stiftungen),
- **Körperschaften des öffentlichen Rechts** (z. B. Ärzte- und Rechtsanwaltskammern, Gemeinden, Handwerkskammern, öffentlich-rechtliche Hochschulen) und
- **Anstalten des öffentlichen Rechts** (z. B. öffentliche Rundfunkanstalten).

---

1 Die „Gegenstände" des Rechtsverkehrs (z. B. Abschluss und Erfüllung von Verträgen) bezeichnet man als **Rechtsobjekte**. Hierzu gehören die **Sachen** als körperliche Gegenstände und die **Rechte** (z. B. Miet- und Pachtrechte, Patent- und Lizenzrechte).

2 Juristisch: rechtlich.

4 Speth u.a. - ISBN 978-3-8120-0520-3

2.1.2 Geschäftsfähigkeit

(1) Begriff Geschäftsfähigkeit

> **Geschäftsfähigkeit** ist die Fähigkeit von Personen, Willenserklärungen rechtswirksam abgeben, entgegennehmen (empfangen) und widerrufen zu können.

Zum Schutz Minderjähriger hat der Gesetzgeber die folgenden Vorschriften erlassen.

(2) Gesetzliche Regelungen zur Geschäftsfähigkeit

■ **Geschäftsunfähigkeit**

Kinder vor Vollendung des siebten Lebensjahres sind **geschäftsunfähig** [§ 104, Nr. 1 BGB]. Den Kindern sind Menschen, die sich in einem dauernden Zustand krankhafter Störung der Geistestätigkeit befinden, gleichgestellt.

Rechtsfolge:

Geschäftsunfähige können keine rechtswirksamen Willenserklärungen abgeben. Verträge mit Kindern und Geschäftsunfähigen sind **immer nichtig,** d. h. von vornherein ungültig.

Da Geschäftsunfähige keine Rechtsgeschäfte abschließen können, brauchen sie einen **Vertreter,** der für sie handeln kann. Bei Kindern sind dies in der Regel kraft Gesetzes die Eltern. Man bezeichnet die Eltern daher auch als „**gesetzliche Vertreter".**

■ **Beschränkte Geschäftsfähigkeit**

Minderjährige, die zwar das siebte Lebensjahr, aber noch nicht das achtzehnte Lebensjahr vollendet haben, sind **beschränkt geschäftsfähig** [§ 106 BGB].

Rechtsgeschäfte mit einem beschränkt Geschäftsfähigen bedürfen der **Zustimmung des gesetzlichen Vertreters.**

- ■ Diese Zustimmung kann **im Voraus** erteilt werden. Sie heißt dann **Einwilligung.**
- ■ Sie kann aber auch **nachträglich** gegeben werden. Die nachträglich erfolgte Zustimmung heißt **Genehmigung.**

Rechtsfolge:

Solange die Genehmigung des gesetzlichen Vertreters fehlt, ist ein durch den beschränkt Geschäftsfähigen abgeschlossenes **Rechtsgeschäft schwebend unwirksam.** Dies bedeutet, dass z. B. ein Vertrag (noch) nicht gültig, wohl aber genehmigungsfähig ist. Wird die **Genehmigung verweigert,** ist der Vertrag von Anfang an ungültig. Wird sie erteilt, ist der Vertrag **von Anfang an wirksam.**

Keiner Zustimmung bedürfen folgende Rechtsgeschäfte:

- Verträge, die dem beschränkt Geschäftsfähigen lediglich einen **rechtlichen Vorteil** bringen.
- Verträge, bei denen die vertragsgemäßen Leistungen (z. B. die Kaufpreiszahlung) mit Mitteln erfüllt werden, die der beschränkt geschäftsfähigen Person vom gesetzlichen Vertreter zur freien Verfügung oder zur Erfüllung des Vertrags oder mit Zustimmung des gesetzlichen Vertreters von einem Dritten (z. B. den Großeltern, Patenonkel) überlassen wurden **(Taschengeldparagraf)** [§ 110 BGB].
- Rechtsgeschäfte, welche die **Eingehung, Erfüllung oder Aufhebung eines Dienst- oder Arbeitsverhältnisses** betreffen, wenn der gesetzliche Vertreter des Minderjährigen diesen zur Eingehung eines Dienst- oder Arbeitsverhältnisses ermächtigt hat [§ 113 I, S. 1 BGB].
- Rechtsgeschäfte, die der **Betrieb eines selbstständigen Erwerbsgeschäfts** (z. B. Handelsgeschäfts) mit sich bringt, wenn der gesetzliche Vertreter den beschränkt geschäftsfähigen Minderjährigen mit der erforderlichen Genehmigung des Familiengerichts zum selbstständigen Betrieb eines Erwerbsgeschäfts ermächtigt hat [§ 112 I, S. 1 BGB].

■ **Unbeschränkte Geschäftsfähigkeit**

Personen, die das achtzehnte Lebensjahr vollendet haben, sind **unbeschränkt geschäftsfähig**. Ausnahmen bestehen nur für Menschen, die sich in einem dauernden Zustand krankhafter Störung der Geistestätigkeit befinden.

Rechtsfolge:

Die unbeschränkte Geschäftsfähigkeit bedeutet, dass von dem Erklärenden (der natürlichen Person) jedes Rechtsgeschäft, soweit dies gesetzlich erlaubt ist, rechtsgültig abgeschlossen werden kann. Eine Zustimmung gesetzlicher Vertreter und/oder die Genehmigung eines Familiengerichts ist nicht (mehr) erforderlich.

Zusammenfassung

- **Rechtsfähigkeit** bedeutet, Rechte und Pflichten haben zu können.
- **Unbeschränkte Geschäftsfähigkeit** bedeutet, Rechtsgeschäfte ohne Zustimmung des gesetzlichen Vertreters abschließen, ändern und auflösen zu können.
- **Beschränkte Geschäftsfähigkeit** bedeutet, dass Rechtsgeschäfte eines beschränkt Geschäftsfähigen grundsätzlich der Zustimmung des gesetzlichen Vertreters bedürfen. Ausgenommen sind folgende Rechtsgeschäfte:

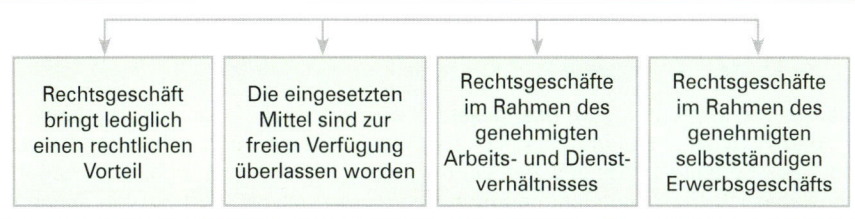

| Rechtsgeschäft bringt lediglich einen rechtlichen Vorteil | Die eingesetzten Mittel sind zur freien Verfügung überlassen worden | Rechtsgeschäfte im Rahmen des genehmigten Arbeits- und Dienstverhältnisses | Rechtsgeschäfte im Rahmen des genehmigten selbstständigen Erwerbsgeschäfts |

- **Geschäftsunfähigkeit** heißt, dass die Willenserklärungen geschäftsunfähiger Personen rechtlich unerheblich sind. Geschäftsunfähige können z. B. keine Rechtsgeschäfte abschließen und auflösen.

12 1. Unterscheiden Sie die Begriffe Rechtsfähigkeit und Geschäftsfähigkeit!

2. Erklären Sie, welche Rechtsgeschäfte eine beschränkt geschäftsfähige Person ohne Einwilligung des gesetzlichen Vertreters abschließen darf! Bilden Sie hierzu jeweils ein eigenes Beispiel!

3. Begründen Sie, warum das BGB bei den Stufen der Geschäftsfähigkeit feste Altersgrenzen zugrunde legt! Nennen Sie die Altersgrenzen!

4. Erklären Sie, welche Rechtsfolgen eintreten, wenn geschäftsunfähige, beschränkt geschäftsfähige oder voll geschäftsfähige Personen Willenserklärungen abgeben!

5. Lösen Sie folgende Rechtsfälle! Prüfen Sie jeweils die Rechtslage und begründen Sie Ihre Lösungen ausführlich mit den gesetzlichen Vorschriften (§§) des BGB!

   Aufgaben:

   5.1 Ein Kranker, der sich in einem Zustand dauernder Störung der Geistestätigkeit befindet, erhält von seinem Bruder ein Mietshaus geschenkt. Der Kranke wird Eigentümer des Hauses und wegen der Mieteinkünfte steuerpflichtig.

   5.2 Das Finanzamt verlangt von einem 4 Jahre alten Kind die Bezahlung rückständiger Steuern.

6. Der 17-jährige Schüler Franz entnimmt seiner Sparbüchse 400,00 EUR und kauft sich davon ein Notebook, welches er auch gleich mitnimmt.

   Aufgaben:

   Erläutern Sie die Rechtslage, wenn

   6.1 keine Einwilligung der Eltern vorliegt,

   6.2 eine Einwilligung der Eltern vorliegt,

   6.3 die Eltern den Kauf nachträglich genehmigen,

   6.4 die Eltern nach Aufforderung durch den Verkäufer

       6.4.1 die Genehmigung verweigern,

       6.4.2 schweigen,

       6.4.3 erst nach drei Wochen den Kauf genehmigen und das Notebook inzwischen (ohne dass dies die Eltern wissen konnten) stark beschädigt ist!

7. Die 8-jährige Monika erhält von ihrer Großmutter einen sehr wertvollen Ring geschenkt. Erklären Sie, ob Monika den Ring ohne Zustimmung ihrer Eltern behalten kann, und ob Monika auch ohne Zustimmung der Eltern Eigentümerin des Rings werden kann!

8. Der 17-jährige Auszubildende Karl wohnt und arbeitet mit Zustimmung seiner Eltern in Stuttgart, während seine Eltern in Mannheim zu Hause sind.

   Aufgaben:

   8.1 Am Monatsende ist die Miete zu zahlen. Begründen Sie, ob Karl aus rechtlicher Sicht mit seiner Ausbildungsvergütung sein Zimmer bezahlen darf!

   8.2 Karl möchte sich von seiner Vergütung einen Laptop kaufen. Erläutern Sie die Rechtslage!

   8.3 Erklären Sie, ob Karl, falls er von seinem Onkel ohne Wissen seiner Eltern 750,00 EUR geschenkt bekommt, einen Laptop kaufen kann!

   8.4 Begründen Sie, wie im Fall 8.1 zu entscheiden ist, wenn Karl von zu Hause fortgelaufen ist und seit mehreren Monaten ohne Wissen der Eltern unter falschem Namen in Tübingen arbeitet!

2.2 Rechtsgeschäfte

2.2.1 Zustandekommen und Arten von Rechtsgeschäften

2.2.1.1 Willenserklärung als wesentlicher Bestandteil eines Rechtsgeschäfts

Wir schließen tagtäglich Verträge ab, ohne uns dessen bewusst zu sein. Wenn wir beim Bäcker Brot kaufen, liegt ein Kaufvertrag vor. Mieten wir ein Zimmer oder eine Wohnung, haben wir einen Mietvertrag abgeschlossen. Leihen wir unserem Freund ein paar Euro, handelt es sich um einen Gelddarlehensvertrag. In jedem dieser Fälle handelt es sich um ein Rechtsgeschäft.

(1) Willenserklärungen und Rechtsgeschäfte

Wenn wir Rechtsgeschäfte abschließen wollen (z. B. einen Kauf tätigen möchten), müssen wir unseren Willen äußern (erklären). Dies geschieht durch sogenannte **Willenserklärungen**.

- **Rechtsgeschäfte** kommen durch **Willenserklärungen** zustande.
- **Willenserklärungen** sind solche Äußerungen (Handlungen) einer Person (oder mehrerer Personen), die mit der Absicht vorgenommen werden, eine **rechtliche Wirkung** herbeizuführen.

(2) Bestandteile und Äußerungsformen der Willenserklärung

Die Willenserklärung besteht aus dem **Willen** (dem Motiv), der den Erklärenden zu einer Willensäußerung veranlasst, und der tatsächlichen **Erklärung**.

- **Willenselemente** sind der Handlungswille und der Geschäftswille.

Handlungswille	Die Erklärung muss **gewollt** sein. Keine Willenserklärung liegt z. B. vor, wenn eine Erklärung unter Zwang oder unter Drogeneinfluss abgegeben wird.
Geschäftswille	Der Erklärende muss eine **rechtsverbindliche Wirkung** beabsichtigen. Eine ausgesprochene Einladung ins Theater ist z. B. keine Willenserklärung.

- Der Handlungs- und Geschäftswille allein genügt nicht, wenn dieser nicht erklärt wird. Die **Erklärung** des Willens kann abgegeben werden durch:

unmittelbare Handlungen	Unmittelbare oder ausdrückliche Willenserklärungen (mündlich, fernmündlich, schriftlich, per FAX, E-Mail).
mittelbare (schlüssige) Handlungen	Konkludente[1] Willenserklärungen (z. B. Einsteigen in die Straßenbahn, Münzeinwurf in einen Automaten, Kopfnicken auf ein Angebot).
ausnahmsweise Schweigen	Grundsatz: Schweigen gilt als Ablehnung. Schweigen gilt z. B. als Zustimmung, wenn dies vertraglich vereinbart war.

---

1 Konkludent (lat.): was eine bestimmte Schlussfolgerung zulässt.

2.2.1.2 Arten von Rechtsgeschäften

(1) Einseitige Rechtsgeschäfte

 Rechtsgeschäfte, die nur **eine Willenserklärung** benötigen, bezeichnet man als **einseitige Rechtsgeschäfte.**

Einseitige Willenserklärungen können nicht empfangsbedürftig oder empfangsbedürftig sein.

■ Bei **nicht empfangsbedürftigen Willenserklärungen (nicht empfangsbedürftigen Rechtsgeschäften)** ist die Willenserklärung rechtswirksam, sobald sie **abgegeben worden ist.** Zu den nicht empfangsbedürftigen Rechtsgeschäften zählen das Testament, die Aufgabe des Eigentums, die Stiftung.

Beispiel:

Das **Testament** ist eine vom Erblasser (Person, durch deren Tod die Erbschaft auf den Erben übergeht) einseitig getroffene Verfügung von Todes wegen, in der dieser in der Regel seine Erben bestimmt. Das Testament ist bereits mit der Niederschrift rechtswirksam und nicht erst dann, wenn der Erbe das Testament empfangen oder gelesen hat.

■ Bei **empfangsbedürftigen Willenserklärungen (empfangsbedürftigen Rechtsgeschäften)** ist die Willenserklärung erst rechtswirksam, wenn sie demjenigen **zugegangen ist,** für den sie bestimmt ist. Zu den empfangsbedürftigen Rechtsgeschäften zählen die Kündigung, die Anfechtung, die Mahnung oder der Rücktritt.

Beispiel:

Eine **Kündigung** ist erst dann rechtswirksam, wenn sie dem Erklärungsempfänger rechtzeitig zugegangen ist. Durch eine rechtswirksame Kündigung wird ein Dauerschuldverhältnis (z. B. ein Mietvertrag, ein Arbeitsverhältnis) aufgelöst.

Beim Zugang der empfangsbedürftigen Willenserklärung ist zu unterscheiden, ob sie unter Anwesenden oder unter Abwesenden abgegeben wird.

Unter Anwesenden	Wenn die Erklärung des Willens unter Anwesenden erfolgt, so fallen die Äußerung der Willenserklärung und die Wahrnehmung der Willenserklärung zeitlich zusammen. Unter Anwesenden abgegebene Willenserklärungen sind deshalb mit ihrer **Abgabe rechtswirksam.**
Unter Abwesenden	Unter Abwesenden abgegebene Willenserklärungen sind erst zu dem Zeitpunkt rechtswirksam, in welchem sie dem Empfänger zugehen, von dem ab er somit normalerweise von ihnen **Kenntnis nehmen kann.** Die Willenserklärung muss in den Herrschaftsbereich des Empfängers gelangt sein. Ob er die Willenserklärung liest, ist seine Sache.

Solange eine Willenserklärung **noch nicht rechtswirksam** geworden ist, kann sie **widerrufen** werden. Es reicht, wenn der Widerruf dem Empfänger spätestens gleichzeitig mit der Erklärung zugeht.

(2) Zweiseitige Rechtsgeschäfte

Rechtsgeschäfte, die zu ihrer Gültigkeit **mindestens zwei sich inhaltlich deckende Willenserklärungen benötigen,** sind **mehrseitige (zweiseitige) Rechtsgeschäfte.** Sie werden allgemein als **Verträge** bezeichnet.

Alle Verträge haben gemeinsam, dass sie durch **Antrag (1. Willenserklärung)** und **Annahme (2. Willenserklärung)** zustande kommen.

Beispiel: Abschluss eines Kaufvertrags[1]

1. Willenserklärung [Antrag] Angebot zum Kauf des Pkw	Bei inhaltlicher Übereinstimmung Kaufvertrag	2. Willenserklärung [Annahme] Annahme zum Kauf des Pkw

Mit dem Abschluss z. B. eines Kaufvertrags ist nichts weiter bewirkt, als dass sich

■ der Verkäufer verpflichtet hat, die verkaufte Sache dem Käufer frei von Sach- und Rechtsmängeln zu liefern (zu übergeben und zu übereignen), und

■ der Käufer die Verpflichtung eingegangen ist, die gekaufte Sache abzunehmen und vor allem zu bezahlen.

Der Abschluss des Kaufvertrags ist daher ein **Verpflichtungsgeschäft,** dem ein **Erfüllungsgeschäft** folgen muss.

Fortführung des Beispiels:

Verpflichtungsgeschäft: Übernahme von Rechten und Pflichten

Pflichten des Verkäufers (Rechte des Käufers) [§ 433 I BGB]	Kaufvertrag	Pflichten des Käufers (Rechte des Verkäufers) [§ 433 II BGB]

■ Der bestellte Pkw muss mängelfrei und fristgemäß übergeben werden.

■ Das Eigentum an dem Pkw muss auf den Käufer übertragen werden.

■ Der bestellte Pkw muss abgenommen werden.

■ Der ordnungsgemäß gelieferte Pkw muss vereinbarungsgemäß bezahlt werden.

---

1 Zu Einzelheiten siehe S. 73 ff.

Erfüllungsgeschäft: Erfüllung der eingegangenen Verpflichtungen

Das Verpflichtungsgeschäft erlischt, wenn die geschuldeten Leistungen nach den Vereinbarungen des Kaufvertrags gegenüber dem **Gläubiger erfüllt sind.**

Dies ist der Fall, wenn die mängelfreie und fristgemäße Übergabe und Übereignung des Pkw durch den Verkäufer sowie die Abnahme des Pkw und die Kaufpreiszahlung durch den Käufer vereinbarungsgemäß erfolgt sind.

- Durch das Verpflichtungsgeschäft ist:
  - der **Verkäufer** zum einen **Schuldner** (er schuldet die Übergabe und Übereignung der mangelfreien Sache) und zum anderen **Gläubiger** (er hat Anspruch darauf, dass der Käufer die gelieferte Sache abnimmt und bezahlt).
  - der **Käufer** zum einen **Schuldner** (er schuldet die Abnahme der Sache und die Zahlung des Kaufpreises) und zum anderen **Gläubiger** (er hat Anspruch auf die Übergabe und Übereignung der mangelfreien Sache durch den Verkäufer).
- Wenn die Pflichten durch die Vertragsparteien vereinbarungsgemäß erfüllt sind, **erlischt das Verpflichtungsgeschäft.**

(3) Einseitig und mehrseitig vepflichtende Verträge

Je nachdem, ob sich aus den abgeschlossenen Verträgen nur für einen oder für beide Vertragspartner (Vertragsparteien) Leistungsverpflichtungen ergeben, unterscheidet man folgende Vertragsarten:

Rechtsgeschäfte	Erläuterungen	Beispiele
Einseitig verpflichtende Verträge	Sie liegen vor, wenn nur einem Vertragspartner eine Verpflichtung zur Leistung auferlegt ist.	Ein einseitig verpflichtender Vertrag ist der Schenkungsvertrag. Der Schenker verpflichtet sich, dem Beschenkten das Geschenk zu übergeben und zu übereignen, während der Beschenkte keine Gegenleistung zu erbringen hat.
Mehrseitig verpflichtende Verträge	Es handelt sich um Rechtsgeschäfte, bei denen jeder Vertragsteil zu einer Gegenleistung als Entgelt für die Leistung des anderen Vertragsteils verpflichtet ist. Die weitaus meisten Rechtsgeschäfte sind zweiseitig verpflichtende Verträge.	■ Kaufvertrag, ■ Mietvertrag, ■ Pachtvertrag, ■ Darlehensvertrag, ■ Berufsausbildungsvertrag und ■ Reisevertrag.

2.2.2 Form der Rechtsgeschäfte

(1) Formfreiheit und Formzwang

■ **Formfreiheit**

Formfreiheit bedeutet, dass die Rechtsgeschäfte in jeder möglichen Form abgeschlossen werden können. Im Rahmen unserer
geltenden Rechtsordnung besteht für die
weitaus meisten Rechtsgeschäfte der Grundsatz der Formfreiheit.

■ **Formzwang**

Abweichend von dem Grundsatz der Formfreiheit gibt es bestimmte Gruppen von Rechtsgeschäften, für die das Gesetz bestimmte Formen vorschreibt **(gesetzliche Formen),** oder
für die zwischen den Vertragsparteien eine bestimmte Form vereinbart wurde (**vertragliche Formen** genannt). Dieser sogenannte Formzwang dient vor allem

■ der **Beweissicherung,**

■ dem **Schutz vor voreiligen Verpflichtungen** (z.B. des Schenkers und des Bürgen) und

■ einer genauen **Abgrenzung zwischen unverbindlichen Vorverhandlungen und verbindlichen
Aufzeichnungen** (z.B. beim Testament und Erbvertrag).

(2) Gesetzliche Formen

■ **Schriftform** [§ 126 BGB]

Die Schriftform verlangt, dass die Erklärung
niedergeschrieben und vom Erklärenden
**eigenhändig durch Namensunterschrift
oder mittels notariell beglaubigtem Hand-
zeichen unterzeichnet** wird. Bei mehrseiti-
gen Rechtsgeschäften (z.B. Verträgen) muss
die Vertragsurkunde grundsätzlich von allen
Vertragsparteien unterschrieben sein.

■ **Elektronische Form** [§ 126 a BGB]

Die **gesetzliche Schriftform** kann grundsätzlich (soweit im Gesetz nichts Abweichendes
bestimmt ist) durch die **elektronische Form
ersetzt werden**. Zur Rechtswirksamkeit
muss der Aussteller der Erklärung seinen
Namen hinzufügen und das elektronische
Dokument mit einer qualifizierten elektro-
nischen Signatur nach dem Signaturgesetz
versehen werden.

■ Textform [§ 126 b BGB]

Die Textform verlangt, dass die Erklärung in einer Urkunde abgegeben, die Person des Erklärenden genannt und der Abschluss der Erklärung durch eine Nachbildung der Namensunterschrift (Faksimile) oder anders erkennbar gemacht wird. Dabei muss eine dauerhafte Wiedergabe der Schriftzeichen beim Empfänger möglich sein. Geeignet hierfür sind z. B. eine Website im Internet, eine E-Mail oder ein Computerfax.

Mögliche Anwendungsbereiche:

- Belehrung über das Widerrufsrecht beim Fernabsatzvertrag[1] seitens des Unternehmens gegenüber dem Verbraucher,
- Garantieerklärungen beim Verbrauchsgüterkauf.[2]

■ Öffentliche Beglaubigung [§ 129 BGB]

Die öffentliche Beglaubigung ist eine Schriftform, bei der die **Echtheit der eigenhändigen Unterschrift des Erklärenden** von einem Notar beglaubigt wird. Der Notar beglaubigt nur die Echtheit der Unterschrift, nicht jedoch den Inhalt der Urkunde. Die öffentliche Beglaubigung wird durch die notarielle Beurkundung der Erklärung ersetzt.

Mögliche Anwendungsbereiche:

Anmeldungen
- zum Handelsregister,
- zum Vereinsregister und
- zum Güterrechtsregister.

Beispiel für die Beglaubigung einer Unterschrift

> **Urkundenrolle Nummer: 333**
>
> Vorstehende, vor mir vollzogene (bzw. anerkannte) Unterschrift des Herrn Franz Müller, Kaufmann, wohnhaft in Karlsruhe, Benzstraße 57, geboren am 1. Januar 1952, beglaubige ich. Herr Müller wies sich durch seinen Personalausweis aus.
>
> Karlsruhe, den 5. März 20..
> (Ort und Datum)

■ Notarielle Beurkundung [§ 128 BGB]

Sie erfordert ein Protokoll, in welchem der Beurkundungsbeamte die vor ihm abgegebenen Erklärungen beurkundet. Die Willenserklärungen werden also in einer öffentlichen Urkunde aufgenommen. Der Notar beurkundet die **Unterschrift** und den **Inhalt der Erklärungen**.

Mögliche Anwendungsbereiche:

- Grundstückskaufverträge,
- Schenkungsversprechen,
- Erbverzichtsverträge,
- Erbverträge.

■ Rechtsgeschäfte, die **nicht** in der vom **Gesetz vorgeschriebenen Form** erfolgt sind, sind grundsätzlich **nichtig**[3] [§ 125, S. 1 BGB].

---

1 Vgl. hierzu S. 103 f.

2 Vgl. hierzu S. 89.

3 Zur Nichtigkeit vgl. Kapitel 2.2.3.1, S. 61.

- Wird die in einem Rechtsgeschäft **vereinbarte Form** nicht eingehalten, hat dies im Zweifel ebenfalls die Nichtigkeit dieses Rechtsgeschäfts zur Folge. Hierdurch sollen die Rechtssubjekte zur Einhaltung der Formvorschriften gezwungen werden.

Zusammenfassung

- **Rechtsgeschäfte** kommen durch Willenserklärungen zustande.

- **Willenserklärungen** sind solche Äußerungen einer Person (oder mehrerer Personen), die mit der Absicht abgegeben werden, eine **rechtliche Wirkung** herbeizuführen.

- Willenserklärungen können **nicht empfangsbedürftig** oder **empfangsbedürftig** sein.

- Die meisten Willenserklärungen sind **empfangsbedürftig,** d.h., sie sind an bestimmte Personen zu richten. Sie werden rechtswirksam, wenn sie der Erklärungsempfänger rechtzeitig erhalten hat.

- Die Willenserklärung ist **rechtswirksam**:
  - bei **Abwesenden**: wenn sich die Willenserklärung im Zugriffsbereich des Empfängers befindet.
  - bei **Anwesenden**: mit der Abgabe der Willenserklärung.

- Zu unterscheiden sind **einseitige** und **zweiseitige Rechtsgeschäfte**.

- Für bestimmte Gruppen von Rechtsgeschäften schreibt das Gesetz (z.B. BGB) eine bestimmte Form vor **(gesetzlicher Formzwang)**. Zu den gesetzlichen Formen zählen die **gesetzliche Schriftform**, die **elektronische Form**, die **Textform**, die **öffentliche Beglaubigung** und die **notarielle Beurkundung**.

- Rechtsgeschäfte, die nicht in der vom Gesetz vorgeschriebenen Form erfolgt sind, sind **grundsätzlich nichtig** (ungültig).

Übungsaufgaben

13
1. Erklären Sie den Begriff „Rechtsgeschäft"!

2. Begründen Sie, ob in folgenden Fällen eine Willenserklärung vorliegt! Wenn ja, geben Sie an in welcher Form die jeweilige Willenserklärung geäußert wurde!
   2.1 Sie werden von Ihrem Onkel zu einer Ferienfahrt eingeladen.
   2.2 Sie steigen in Stuttgart mit gültigem Fahrschein in die Straßenbahn ein.
   2.3 Sie möchten mit Ihrem Freund nach dem Kinobesuch mit dem Taxi nach Hause fahren. Durch „Handheben" veranlassen Sie ein vorbeifahrendes Taxi zu halten, in das Sie dann unter Angabe Ihrer Wohnung einsteigen.
   2.4 Sie entnehmen in einem Selbstbedienungsladen im Regal lagernde Waren und legen diese auf das Laufband der Kasse.

3. Prüfen Sie, ob ein- oder zweiseitige Rechtsgeschäfte vorliegen und wie die Willenserklärungen abgegeben wurden!
   3.1 Der Hauseigentümer schließt mit Ihren Eltern einen Vertrag über die Benutzung von Wohnräumen ab.
   3.2 Thomas Müller steigt in Stuttgart in die U-Bahn ein.

3.3 Renate Kaiser bestellt bei amazon.de eine Konzertfilm-DVD.

3.4 Der Angestellte Max Lehmann kündigt seinen Arbeitsvertrag.

3.5 Herr Thein verliert seinen wertvollen Ring und lässt öffentlich bekanntgeben, dass er dem ehrlichen Finder 150,00 EUR Finderlohn zahlt (man nennt dies „Auslobung"; siehe § 657 BGB).

3.6 Ein Unternehmen nimmt eine ohne Auftrag gelieferte Maschine in Betrieb.

4. Begründen Sie, inwieweit es rechtlich von Bedeutung ist, ob eine empfangsbedürftige Willenserklärung unter Anwesenden oder unter Abwesenden abgegeben wurde!

5. Erklären Sie den Unterschied zwischen Verpflichtungsgeschäft und Erfüllungsgeschäft!

6. Lösen Sie folgende Rechtsfälle (begründen Sie Ihre Antworten):

6.1 Ein Arbeitgeber kündigt einem Angestellten. Die schriftliche Kündigung erfolgt mit Übergabe-Einschreiben vom 16. August. Am 19. August erhält der Angestellte die Kündigung per Einschreiben von der Zustellkraft der Deutschen Post AG ins Haus gebracht. Stellen Sie dar, wann ein Widerruf der Kündigung spätestens beim Angestellten hätte eingetroffen sein müssen!

6.2 Sie sind als Auszubildende(r) beim Möbelfachgeschäft Mann GmbH in Stuttgart beschäftigt. Herr Mann gibt Ihnen den Auftrag, bei der Möbelfabrik Ilse Huber e. Kfr. in Uslar bei Hannover 8 Wohnzimmerschränke nach Katalog Nr. W/41.1 zu bestellen. Am 24. April wird die schriftliche Bestellung um 18:00 Uhr zur Post gebracht. Am nächsten Morgen kommt Herr Mann zu Ihnen und beauftragt Sie, die Bestellung zu widerrufen. Er habe festgestellt, dass von den bestellten Schränken noch genügend im Lager stehen. Prüfen Sie, ob Sie die Bestellung noch widerrufen können; wenn ja, stellen Sie dar, wie Ihnen dies gelingen könnte!

14 1. Erklären Sie anhand selbst gebildeter Beispiele, in welcher Form Willenserklärungen abgegeben werden können!

2. Begründen Sie die Notwendigkeit gesetzlicher Formvorschriften!

3. Erklären Sie, welchen Zweck die Vertragsparteien verfolgen, wenn diese für die abzuschließenden Rechtsgeschäfte eine bestimmte Form vereinbaren!

4. Die Eheleute Hans und Irma Holzmann besitzen mehrere Grundstücke. Sie wollen ihrer Tochter Heike an deren 18. Geburtstag ein Grundstück übertragen.

Aufgabe:

Nennen Sie die Form, welcher die Übertragung des Grundstücks bedarf!

5. Karin Weber hat bis zum 31. März d. J. bei der Kreditbank AG gearbeitet. Ihr wurde versehentlich kein Arbeitszeugnis erteilt. Jetzt ruft sie in der Personalabteilung dieser Bank an und bittet darum, ihr möglichst sofort ein Arbeitszeugnis per FAX oder E-Mail zu übermitteln.

Aufgabe:

Prüfen Sie, ob dieses Verfahren grundsätzlich für diesen Zweck einsetzbar ist! Lesen Sie hierzu § 630 BGB! Begründen Sie Ihre Antwort!

6. Erläutern Sie, welchen Zweck das BGB verfolgt, wenn es bestimmt, dass Rechtsgeschäfte, die nicht in der vorgeschriebenen gesetzlichen Form erfolgt sind, grundsätzlich nichtig sind!

2.2.3 Nichtigkeit und Anfechtbarkeit von Rechtsgeschäften

2.2.3.1 Nichtigkeit von Rechtsgeschäften

Rechtsgeschäfte, die nach dem **Gesetz nichtig** sind, gelten als **von Anfang an ungültig.**

Die Rechtsordnung verweigert Rechtsgeschäften, die nach dem Gesetz ungültig sind, jede Rechtsfolge. Sie möchte damit von derartigen Rechtsgeschäften (Willenserklärungen) abschrecken. Die Rechtssubjekte sollen von vornherein wissen, dass sie die Erfüllung nichtiger Rechtsgeschäfte gerichtlich nicht erzwingen können.

Die folgenden **Mängel** führen dazu, dass Verträge von Anfang an nichtig sind:

Arten der Mängel	Beispiele
Mangel in der Geschäftsfähigkeit	■ Rechtsgeschäfte von Geschäftsunfähigen; ■ Rechtsgeschäfte **beschränkt Geschäftsfähiger,** sofern die **Zustimmung vom gesetzlichen Vertreter verweigert wird,** die Ausnahmeregelung des Taschengeldparagrafen nicht vorliegt und das Rechtsgeschäft dem beschränkt Geschäftsfähigen nicht ausschließlich rechtliche Vorteile bringt.
Mangel im rechts-geschäft-lichen Willen	■ Zum Schein abgegebene Willenserklärungen (**„Schein-geschäfte"**), die ein anderes Rechtsgeschäft verdecken sollen, z. B. Grundstückskaufvertrag über 230 000,00 EUR, wobei mündlich ein Kaufpreis von 280 000,00 EUR vereinbart wird, um Grunderwerbsteuer zu sparen;[1] ■ offensichtlich nicht ernst gemeinte Willenserklärungen (**„Scherz-geschäfte"**), z. B. das Angebot eines Witzbolds, seine Fahrkarte zum Mond für 5 000,00 EUR verkaufen zu wollen; ■ Rechtsgeschäfte, die im **Zustand der Bewusstlosigkeit** oder **vorübergehender Störung der Geistestätigkeit** abgeschlossen werden, z. B. ein Betrunkener verkauft sein Auto.

---

1 Das Scheingeschäft (Kaufvertrag über 230 000,00 EUR) ist nichtig. Das gewollte Geschäft wäre gültig, wenn die Formerfordernisse gewahrt worden wären. Da in diesem Beispiel aber nur eine mündliche Absprache vorliegt, ist das gewollte Geschäft wegen Form-mangels ebenfalls nichtig. Der Mangel wird aber durch eine nachfolgende Übereignung durch Einigung (Auflassung) und Grund-bucheintragung des Grundstücks geheilt, sodass der Käufer 280 000,00 EUR zu zahlen hat.

Arten der Mängel	Beispiele
Mangel im Inhalt des Rechtsgeschäfts	■ Rechtsgeschäfte, die ihrem **Inhalt nach gegen ein gesetzliches Verbot verstoßen**, z. B. Rauschgift- und Waffengeschäfte. ■ Rechtsgeschäfte, die ihrem **Inhalt nach gegen die guten Sitten verstoßen**, insbesondere Wuchergeschäfte. Ein Wuchergeschäft liegt vor, wenn die Zwangslage (z. B. Notlage), die Unerfahrenheit, ein mangelndes Urteilsvermögen oder eine erhebliche Willensschwäche (z. B. der Leichtsinn) eines anderen vorsätzlich ausgenutzt wird **(subjektiver Tatbestand)** und ein auffälliges Missverhältnis zwischen der Leistung und Gegenleistung besteht **(objektiver Tatbestand)**.
Mangel in der Form	Rechtsgeschäfte, die gegen die **gesetzlichen Formvorschriften verstoßen** (z. B. ein mündlich abgeschlossener **Verbraucherdarlehensvertrag**), sind grundsätzlich nichtig.

2.2.3.2 Anfechtbarkeit von Rechtsgeschäften (Willenserklärungen)

■ Die Anfechtung ist eine **empfangsbedürftige Willenserklärung (ein einseitiges Rechtsgeschäft)**.

■ **Anfechtbare Rechtsgeschäfte** sind **bis zu der erklärten Anfechtung** voll **rechtswirksam** (gültig). **Nach einer rechtswirksamen** (gesetzlich zugelassenen und fristgemäßen) **Anfechtung** wird das Rechtsgeschäft jedoch **von Anfang an ungültig** [§ 142 I BGB].

Die **Anfechtung** ist eine **empfangsbedürftige Willenserklärung** (ein **einseitiges Rechtsgeschäft**).

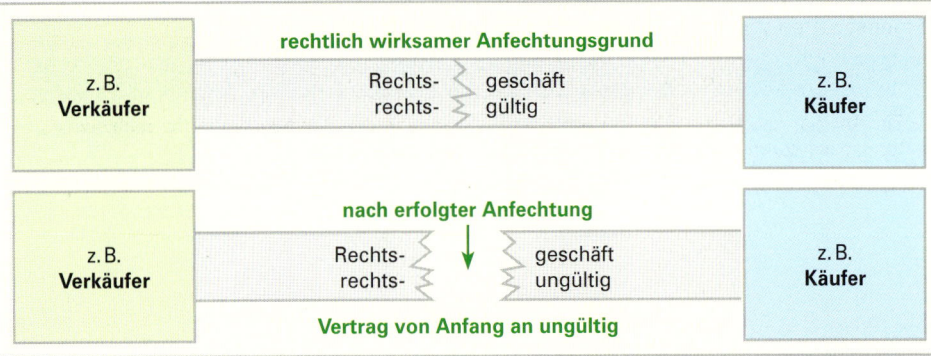

(1) Anfechtung wegen Irrtums

Eine Anfechtung wegen Irrtums ist nur bei folgenden gesetzlich geregelten Fällen möglich [§§ 119, 120 BGB]:

Formen des Irrtums	Beispiele
Irrtum in der Erklärungs- handlung Hier verspricht oder verschreibt sich der Erklärende.	Der Verkäufer eines Autos will dieses für 12 000,00 EUR anbieten, schreibt in seinem Angebot jedoch nur 10 000,00 EUR.
Irrtum über den Erklärungs- inhalt In diesem Fall hat sich der Erklärende über den Inhalt seiner Willenserklärung geirrt.	Herr Segmüller besucht in Köln die Messe „InterKarneval". Beim Besuch einer Gaststätte liest er auf der Speisekarte „Halver Hahn". Erfreut bestellt er in Erwartung eines halben Hähnchens.[1]
Irrtum bei der Übermittlung einer Willenserklärung	Ein Vertreter übermittelt ein Angebot falsch. Statt des richtigen Angebotspreises von 500,00 EUR enthält das Fax nur einen Preis von 50,00 EUR, weil sich die Sekretärin des Vertreters vertippt hat.
Irrtum über verkehrswesentli- che Eigenschaften einer Person oder einer Sache	Eine Bank stellt einen Kassierer ein, über den sie nachträglich erfährt, dass dieser bereits Unterschlagungen bei seinem früheren Arbeitgeber begangen hat.[2]

In den genannten Fällen muss die Anfechtung unverzüglich[3] nach Entdeckung des Anfechtungsgrunds erfolgen. Der Anfechtende (der Irrende) ist höchstens zum Ersatz des Schadens verpflichtet, den der andere dadurch erlitten hat, dass er auf die Gültigkeit der Erklärung vertraute (sogenannter **Vertrauensschaden**).[4]

Beachte:

Nicht anfechtbar sind:

Rechtsgeschäfte, die aufgrund eines **rechtsunerheblichen** Irrtums im Beweggrund **(Motivirrtum)** abgeschlossen worden sind (ausgenommen bei verkehrswesentlichen Eigenschaften von Personen und Sachen [§ 119 II BGB]).

Beispiel:

Ein Anleger kauft eine Aktie in der Erwartung, dass deren Kurs steigt. Sinkt der Kurs, kann er den Kaufvertrag nicht rechtswirksam anfechten.

---

1 Ein „Halver Hahn" ist in Köln ein Roggenbrötchen.

2 Hier liegt ein **rechtserheblicher Motivirrtum** vor. Unter einem Motiv versteht man in diesem Zusammenhang einen Beweggrund, einen Antrieb, eine Handlung vorzunehmen oder zu unterlassen.

3 **Unverzüglich** bedeutet **ohne schuldhaftes Zögern**.

4 Wenn die Erfüllung des Kaufvertrags bereits erfolgt ist (Übergabe und Übereignung der Kaufsache, Zahlung des Kaufpreises), sind Verkäufer und Käufer verpflichtet, das Geld bzw. die Ware wegen ungerechtfertigter Bereicherung wieder herauszugeben.

(2) Anfechtung wegen arglistiger Täuschung

Eine arglistige Täuschung liegt beim **Vorspiegeln falscher** oder bei der **Unterdrückung wahrer Tatsachen** vor.

Die Anfechtung wegen arglistiger Täuschung muss innerhalb eines Jahres nach Entdeckung der Täuschung erfolgen.

- Ein Verkäufer verkauft einen Unfallwagen, verschweigt dem Käufer jedoch den Unfall, da dieser den Wagen bei Kenntnis des Unfalls nicht gekauft hätte. Der Käufer kann den Kaufvertrag wegen arglistiger Täuschung durch den Verkäufer anfechten.

- Ein Werbekaufmann wird aufgrund gefälschter Zeugnisse als Werbeleiter angestellt. Das Unternehmen kann den Anstellungsvertrag nach Kenntnis der Täuschung anfechten.

- Ein Kunde erhält unter Vorlage unwahrer Bauunterlagen einen Bankkredit. Die Bank kann den Kreditvertrag anfechten.

(3) Anfechtung wegen widerrechtlicher Drohung

Damit eine widerrechtliche Drohung vorliegt, müssen folgende Tatbestandsmerkmale vorliegen: Dem Erklärungsempfänger wird, falls er sich weigert, ein „Übel" (z. B. eine Körperverletzung) angedroht. Die Drohung muss widerrechtlich sein und der Drohende muss sich außerdem bewusst sein, dass seine Drohung den Willensentschluss des Bedrohten herbeiführt oder mitbestimmt hat.

Die Anfechtung wegen widerrechtlicher Drohung muss innerhalb eines Jahres vom Wegfall der Zwangslage gerechnet erfolgen.

Beispiele:

- Ein Räuber droht Ihnen: „Geld her oder das Leben!"

- Ein Gläubiger droht: „Bezahlung der Schulden oder das Leben"; oder er droht „sanft": „Wenn Sie nicht zahlen, erzähle ich Ihrer Frau, dass ich Sie am letzten Sonntag mit Ihrer Sekretärin gesehen habe."

Beachte:

Eine **Widerrechtlichkeit** liegt **nicht** vor, wenn der Erklärende ein Recht auf eine Erklärung des anderen hat und er ihn hierzu mit angemessenen Mitteln zwingt.

Beispiel:

Der Gläubiger droht dem säumigen Schuldner damit, ihn – falls er nicht leistet – „zu verklagen" oder „den Kaufvertrag durch Rücktritt aufzulösen".

2.2.4 Vertragsfreiheit

(1) Begriff Vertragsfreiheit

Die Rechtsordnung der Bundesrepublik Deutschland beruht auf dem **Grundsatz der Vertragsfreiheit**. Das bedeutet, dass jedermann in eigener Verantwortung darüber entscheiden kann, ob, wann und mit wem er ein Rechtsgeschäft abschließen will **(Abschlussfreiheit)** bzw. ob und wann ein für eine bestimmte oder unbestimmte Zeit abgeschlossener Vertrag wieder aufgelöst werden soll **(Auflösungsrecht)**. Weiterhin hat jedermann das Recht, mit anderen in gegenseitiger Übereinstimmung den Inhalt der Rechtsgeschäfte frei auszuhandeln **(Inhaltsfreiheit)**.

In der Bundesrepublik Deutschland ist die Vertragsfreiheit im Grundgesetz [GG] verfassungsrechtlich verbrieft [Art. 2 GG]. Auch das BGB geht vom Grundsatz der Vertragsfreiheit aus.

(2) Kriterien der Vertragsfreiheit

Die Vertragsfreiheit ist durch folgende wesentliche **Merkmale** gekennzeichnet:

Abschlussfreiheit (Vertragseingehungsfreiheit)	Die Abschlussfreiheit besagt, dass jedes Rechtssubjekt in **eigener Verantwortung** selbst darüber entscheiden kann, ob, wann und mit welchem anderen Rechtssubjekt es ein Rechtsgeschäft (z. B. einen Vertrag) abschließen will oder nicht abschließen will. Die Rechtssubjekte werden nicht zum Abschluss von Rechtsgeschäften gezwungen. Es besteht somit **kein Abschlusszwang** (kein Kontrahierungszwang).
Auflösungsrecht	Wurden Rechtsgeschäfte für eine bestimmte oder auf unbestimmte Zeit abgeschlossen (z. B. ein Miet- oder Dienstvertrag), so ist es den Vertragspartnern grundsätzlich möglich, diese Rechtsgeschäfte im Rahmen der hierüber getroffenen Vereinbarungen auch wieder **aufzulösen** (z. B. den Miet- oder Dienstvertrag unter Wahrung bestimmter gesetzlicher oder vertraglich vereinbarter Fristen zu kündigen).
Gestaltungsfreiheit (Inhaltsfreiheit, Vertragsgestaltungsfreiheit)	Diese beinhaltet das Recht der Rechtssubjekte, über den Inhalt der abgeschlossenen Rechtsgeschäfte **selbst bestimmen** zu können. Bei vorliegender Gestaltungsfreiheit ist mithin der Inhalt von Rechtsgeschäften nicht gesetzlich vorgeschrieben.

Gesetzliche Bestimmungen über den Inhalt von Rechtsgeschäften werden erst angewendet, wenn die Vertragspartner hierüber keine Vereinbarungen getroffen haben. Mangels vertraglicher Vereinbarungen gelten dann die gesetzlichen Bestimmungen.[1]

Unsere Rechtsordnung enthält in vielen Gesetzen **zwingende Rechtsnormen,** die dem Gestaltungswillen der Vertragspartner entzogen sind, die somit nicht durch Vereinbarungen (Verträge) abgeändert werden können.[2]

---

1 Beispiel: Bei Gattungswaren sind bei fehlenden Vereinbarungen über die Güte und Beschaffenheit der gekauften Waren, Handelsgüter bzw. Sachen mittlerer Art und Güte zu liefern.

2 Am Beispiel der Nichtigkeit von Rechtsgeschäften (Willenserklärungen) wurden die Grenzen der Vertragsfreiheit näher erläutert. Die Vertragsfreiheit wird weiterhin durch besondere Vorschriften des BGB und durch weitere Gesetze zum Schutz des Verbrauchers (z. B. Produkthaftungsgesetz, Produktsicherheitsgesetz) eingeschränkt.

5 Speth u.a. - ISBN 978-3-8120-0520-3

- **Nichtige Rechtsgeschäfte** sind von Anfang an nichtig (ungültig). Sie kommen erst gar nicht zustande. Das BGB versagt ihnen jede Rechtswirkung (Rechtsfolge).

- Rechtsgeschäfte (Willenserklärungen), die einen der nachfolgenden Mängel aufweisen, sind **von Anfang an nichtig.**

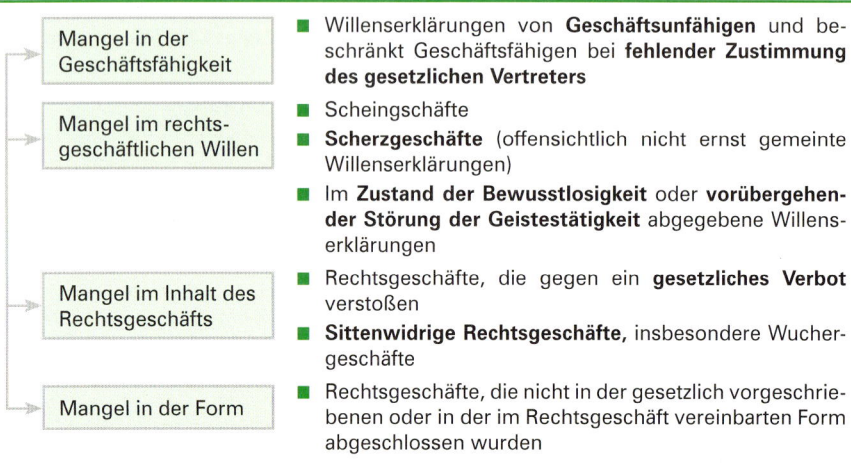

Mangel in der Geschäftsfähigkeit	■ Willenserklärungen von **Geschäftsunfähigen** und beschränkt Geschäftsfähigen bei **fehlender Zustimmung des gesetzlichen Vertreters**
Mangel im rechtsgeschäftlichen Willen	■ Scheingeschäfte ■ **Scherzgeschäfte** (offensichtlich nicht ernst gemeinte Willenserklärungen) ■ Im **Zustand der Bewusstlosigkeit** oder **vorübergehender Störung der Geistestätigkeit** abgegebene Willenserklärungen
Mangel im Inhalt des Rechtsgeschäfts	■ Rechtsgeschäfte, die gegen ein **gesetzliches Verbot** verstoßen ■ **Sittenwidrige Rechtsgeschäfte,** insbesondere Wuchergeschäfte
Mangel in der Form	■ Rechtsgeschäfte, die nicht in der gesetzlich vorgeschriebenen oder in der im Rechtsgeschäft vereinbarten Form abgeschlossen wurden

- **Anfechtbare Rechtsgeschäfte** sind bis zur Anfechtung voll rechtswirksam (gültig).

- Nach einer rechtswirksamen (gesetzlich zugelassenen und fristgemäßen) **Anfechtung** werden die anfechtbaren **Rechtsgeschäfte rückwirkend, d. h. von Anfang an, ungültig.**

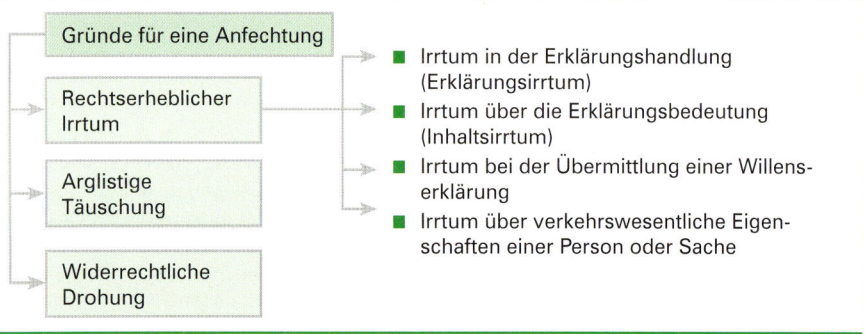

Gründe für eine Anfechtung	
Rechtserheblicher Irrtum	■ Irrtum in der Erklärungshandlung (Erklärungsirrtum) ■ Irrtum über die Erklärungsbedeutung (Inhaltsirrtum) ■ Irrtum bei der Übermittlung einer Willenserklärung ■ Irrtum über verkehrswesentliche Eigenschaften einer Person oder Sache
Arglistige Täuschung	
Widerrechtliche Drohung	

- Das Grundgesetz garantiert **Vertragsfreiheit,** d. h. Abschlussfreiheit („ob und mit wem"), Auflösungsrecht („wie lange"), Inhaltsfreiheit („was") und in der Regel auch Formfreiheit („wie").

15   1. Erläutern Sie, worin sich Nichtigkeit und Anfechtbarkeit von Rechtsgeschäften, insbesondere hinsichtlich der Rechtsfolgen unterscheiden!

2. Erklären Sie, welchen Zweck das BGB mit der Nichtigkeit bestimmter Rechtsgeschäfte verfolgt!

3. Erklären Sie den Unterschied zwischen Scheingeschäft und Scherzgeschäft!

4. Erklären Sie, unter welchen Voraussetzungen ein sittenwidriges Rechtsgeschäft vorliegt!

5. Bilden Sie vier verschiedenartige „Irrtumsfälle", die eine Anfechtung des Irrenden zulassen!

6. Begründen Sie, warum bei einem Motivirrtum grundsätzlich keine Anfechtung möglich ist, in bestimmten Fällen das BGB jedoch dem Irrenden eine Anfechtung wegen eines Motivirrtums nicht verweigert!

7. Erklären Sie die Tatbestände einer „arglistigen Täuschung" und „widerrechtlichen Drohung"!

8. Entscheiden Sie in folgenden Rechtsfällen und begründen Sie Ihre Lösung!

   8.1 Der Landkreis Freiburg nimmt das preisgünstige Angebot der Mannheimer Baugesellschaft mbH über 18,2 Mio. EUR zum Bau eines neuen Berufsschulzentrums an. Nach Abschluss des Werkvertrags[1] stellt die Mannheimer Baugesellschaft mbH fest, dass sie sich bei der Abgabe ihres Kostenvoranschlags (Angebots) geirrt hat. Die voraussichtliche Entwicklung der Einkaufspreise für die benötigten Baumaterialien (Zement, Ziegel, Kies, Baustahl usw.) wurde falsch eingeschätzt. Durch die angezogene Baukonjunktur sind die Preise der Baumaterialien stärker als erwartet gestiegen. Ein kostendeckendes Angebot müsste 20 Mio. EUR betragen. Die Mannheimer Baugesellschaft mbH ficht deshalb ihr Angebot über 18,2 Mio. EUR wegen Irrtums in der Erklärungshandlung nach § 119 I BGB an.

   8.2 Der Mannheimer Baugesellschaft mbH ist bei der Addition der Angebotssumme ein Fehler unterlaufen und deshalb beträgt der Angebotspreis nicht 20 Mio. EUR, sondern nur 18,2 Mio. EUR.

   8.3 Zimmermann kauft von Schulze ein Grundstück. In dem notariell beurkundeten Kaufvertrag wird ein Kaufpreis von 85 000,00 EUR angegeben, obgleich sich Zimmermann und Schulze darüber einig sind, dass 142 000,00 EUR gezahlt werden sollen. Kommt ein Kaufvertrag zustande? Lesen Sie hierzu die §§ 117 I, 311 b I, 125 BGB!

   8.4 Konrad kauft aufgrund eines schriftlichen Angebots – „einmalige Gelegenheit" – von Bergmann eine antike Kredenz.[2] Als Anzahlung überlässt er Bergmann einen Barocktisch zum Preis von 600,00 EUR. Bei Lieferung stellt Konrad fest, dass er von dem Möbel eine falsche Vorstellung hatte. Unter „Kredenz" verstand er eine Vitrine. Er ficht den Kaufvertrag an und fordert den Barocktisch zurück.

   8.5 Herr Huber möchte seinem Nachbarn, Herrn Schreiner, schriftlich einen gebrauchten Pkw für 8 500,00 EUR zum Verkauf anbieten, vertippt sich jedoch und schreibt statt 8 500,00 EUR nur 6 500,00 EUR. Schreiner nimmt das Angebot an. Der Wagen wird am folgenden Tag übergeben. Als Schreiner kurz darauf bezahlen will, klärt sich alles auf. Prüfen Sie die Rechtslage!

   8.6 Herr Huber bekommt seinen Pkw nicht los. Unter der Drohung, er werde ihn wegen Fahrens ohne Führerschein anzeigen, zwingt Huber seinen Freund Wolf zur Unterschrift des Vertrags. Der Wagen wird übergeben und sofort bezahlt.

   Erläutern Sie, was Wolf, dessen Mut erst einige Zeit später erwacht, gegen Huber unternehmen kann!

9. 9.1 Nennen Sie die Freiheiten, die die im Grundgesetz verbriefte Vertragsfreiheit beinhaltet!

   9.2 Bilden Sie für jedes Freiheitsmerkmal ein geeignetes Beispiel!

---

1 Beim **Werkvertrag** verpflichtet sich der **Unternehmer** zur **Herstellung** des versprochenen Werks und der **Besteller** zur Entrichtung der vereinbarten Vergütung. Der Unternehmer schuldet den **versprochenen Erfolg,** nicht die Arbeitsleistung.

2 Kredenz: Anrichte, Schranktisch.

2.3 Wichtige Vertragsarten des Bürgerlichen Gesetzbuches[1]

Werkvertrag [§§ 631 ff. BGB]	Abschluss zwischen **Unternehmer** und **Besteller**. Der Unternehmer verpflichtet sich zur **Herstellung** des versprochenen (vereinbarten) **Werks** und der Besteller zur Entrichtung der vereinbarten Vergütung. Der Unternehmer schuldet den **versprochenen Erfolg**, nicht die Arbeitsleistung an sich. Hierin liegt der Unterschied zum Dienstvertrag, der allein die Dienstleistung als solche zum Gegenstand hat. **Beispiel:** Das Werkvertragsrecht bezieht sich z. B. auf unbewegliche Sachen (z. B. Errichten von Gebäuden), auf Verträge, deren Gegenstand keine Sachen sind (z. B. Erstellen von Gutachten, Planungsleistungen, künstlerische Aufführungen) und auf „reine" Reparaturaufträge (z. B. Reparatur eines Autos).
Werklieferungs-vertrag [§ 651 BGB]	Auf Verträge über die Lieferung noch **herzustellender** (oder zu **erzeugender**) beweglicher Sachen (z. B. Herstellung eines Möbelstücks aus dem vom Besteller oder Schreiner gelieferten Holz) finden die **Vorschriften über den Kauf** Anwendung. Der Unternehmer schuldet den **versprochenen Arbeitserfolg**.
Mietvertrag [§§ 535 ff. BGB]	Abschluss zwischen **Mieter** und **Vermieter**. Der Vermieter verpflichtet sich, dem Mieter gegen **Entgelt** (Mietzins) die vermietete bewegliche und unbewegliche Sache während der Mietzeit zum **Gebrauch** zu überlassen. Keine Fruchtziehung, d. h. keine Gewinnerzielung mit der Mietsache. **Beispiele:** Vermietung einer Datenverarbeitungsanlage. – Vermietung eines Einfamilienhauses.
Pachtvertrag [§§ 581 ff. BGB]	Abschluss zwischen Pächter und Verpächter. Der Verpächter verpflichtet sich, dem Pächter den Gebrauch des verpachteten Gegenstands und den Genuss der Früchte (den Ertrag) während der Pachtzeit zu gewähren. Der Pächter ist verpflichtet, dem Verpächter den vereinbarten Pachtzins zu zahlen. Auch Rechte können Gegenstand eines Pachtvertrags sein. **Beispiele:** Verpachtung eines landwirtschaftlich genutzten Ackers. – Verpachtung eines Ladengeschäfts. – Verpachtung der Nutzungsrechte aus einem Patent.
Leihvertrag [§§ 598 ff. BGB]	Abschluss zwischen **Verleiher** und **Entleiher**. Der Verleiher verpflichtet sich, dem Entleiher den Gebrauch der Sache **unentgeltlich** zu gestatten. Der Entleiher ist verpflichtet, die geliehene Sache nach Ablauf der bestimmten Zeit zurückzugeben. **Beispiel:** Die Schülerin Eva S. leiht ihrer Freundin ein Buch.

---

1 Zum Arbeitsvertrag siehe S. 193 ff., zum Kaufvertrag S. 73 ff.

Darlehens-vertrag [§§ 488 ff. BGB]	Das BGB kennt zwei Arten von Darlehensverträgen, den (Geld-)Darlehensvertrag und den Sachdarlehensvertrag. ■ **(Geld)-Darlehensvertrag:** Vertragsparteien sind der Darlehensgeber und der Darlehensnehmer. Durch den Darlehensvertrag wird der Darlehensgeber verpflichtet, dem Darlehensnehmer einen Geldbetrag in der vereinbarten Höhe zur Verfügung zu stellen. Der Darlehensnehmer übernimmt die Verpflichtung, den ihm vom Darlehensgeber überlassenen Geldbetrag bei Fälligkeit zurückzuerstatten und – falls es sich nicht um ein unentgeltliches Darlehen handelt – den geschuldeten Zins zu zahlen.
[§§ 607 ff. BGB]	■ **Sachdarlehensvertrag:** Hier verpflichtet sich der Darlehensgeber dem Darlehensnehmer vertretbare Sachen (oder Wertpapiere) zu überlassen. Der Darlehensnehmer ist bei Fälligkeit zur Rückerstattung von Sachen (bzw. Wertpapieren) gleicher Art, Güte und Menge verpflichtet. Auch das Sachdarlehen kann entgeltlich oder unentgeltlich sein.

Beispiele:

Effekten (z. B. Aktien, Staatsanleihen), Edelmetalle (z. B. Gold, Silber, Kupfer), standardisierte Produkte, sodass sie börsenmäßig gehandelt werden können (z. B. Baumwolle, Getreide), Mehl eines bestimmten Typs (z. B. Weizenmehl Type 405), Superbenzin bleifrei, Serienmaschinen, Kunstdrucke.

Übungsaufgabe

16 1. Prüfen Sie, welche Verträge zwischen den Vertragspartnern abgeschlossen wurden. Begründen Sie Ihre Entscheidung!

1.1 Beim Backen des „Geburtstagskuchens" stellen Sie fest, dass Sie vergessen haben, Butter einzukaufen. Sie gehen deshalb zur Nachbarin Müller und borgen sich zwei Pfund Butter.

1.2 Ihr Vater holt die zum Geburtstag eingeladene Oma mit dem Auto ab. Unterwegs „baut" Ihr Vater einen Unfall, weshalb das Auto zur Reparatur in die Werkstatt abgeschleppt wird. Ihr Vater erteilt dem Inhaber, Herrn Ketterer, gleich den Reparaturauftrag, um die entstandene „Blechbeule" auszubessern. Herr Ketterer nimmt den Auftrag an.

1.3 Auf Vorschlag Ihres Bruders Karl holt sich Ihr Vater für einen Tag bei einem Autoverleiher einen Pkw. Bei Rückgabe des Wagens zahlt Ihr Vater 70,00 EUR.

1.4 Von Ihrer Oma erhalten Sie zum Geburtstag einen Ring geschenkt.

1.5 Um bei der Geburtstagsfeier tüchtig tanzen zu können, stellt Ihnen Ihr Freund Franz seine Stereoanlage zur Verfügung.

1.6 Mit dem von den Eltern und Großeltern erhaltenen Geld kaufen Sie sich am nächsten Tag zwei Compact Disc.

1.7 Mit den restlichen 840,00 EUR „buchen" Sie beim Reiseunternehmen Sonnenschein eine Studienfahrt nach Italien.

1.8 Die Holzer OHG nimmt bei ihrer Bank ein Darlehen über 15 000,00 EUR, Laufzeit zwei Jahre, Zinssatz 6 %, auf, um eine notwendige Gebäudereparatur durchführen zu können.

2. Geben Sie bei den Verträgen 2.1 bis 2.5 jeweils an, um welche der Vertragsarten A bis G es sich handelt!

A Werkvertrag B Gelddarlehensvertrag C Leihvertrag D Kaufvertrag
E Mietvertrag F Pachtvertrag G Sachdarlehensvertrag

2.1 Der Einzelhändler Brand bringt seinen Geschäftswagen in die Werkstatt, um die Bremsanlage reparieren zu lassen.

2.2 Für die Zeit der Reparatur des eigenen Wagens besorgt sich der Einzelhändler Brand einen Wagen der Autoverleih Evis GmbH. Bei der Rückgabe des Wagens zahlt Herr Brand 75,00 EUR.

2.3 Dem Nachbarn ist das Benzin ausgegangen. Er bittet Herrn Brand: „Kann ich bis morgen aus Ihrem Reservekanister 10 Liter Benzin haben?" Er bekommt das Benzin und füllt am nächsten Tag den Kanister wieder auf.

2.4 Herr Brand übernimmt in einem Vorort die Räume und die gesamten Ladeneinrichtungen eines bereits bestehenden Geschäfts. Der Eigentümer und bisherige Geschäftsinhaber bekommt monatlich 2 600,00 EUR für die Überlassung.

2.5 Herr Brand nimmt das Sonderangebot einer Schokoladenfabrik an und bestellt 600 Tafeln Schokolade.

2.4 Besitz und Eigentum

2.4.1 Besitz und dessen Übertragung

Besitz ist die **tatsächliche Gewalt** über eine Sache [§ 854 BGB].

Der Besitz wird bei **beweglichen Sachen** durch **Übergabe,** bei **unbeweglichen Sachen** durch **Gebrauchsüberlassung** verschafft.

2.4.2 Eigentum und dessen Übertragung

(1) Begriff Eigentum

Eigentum im Privatrecht [BGB] ist die **rechtliche Verfügungsgewalt** einer Person über Sachen [§ 903 BGB].

(2) Eigentumsübertragung an beweglichen Sachen

Wir unterscheiden vier Möglichkeiten der Eigentumsübertragung an beweglichen Sachen:

Ausgangssituation	Eigentumsübertragung durch	Beispiele
Ware ist beim Verkäufer (Eigentümer).	**Einigung** und **Übergabe.** [§ 929, S. 1 BGB]	Die Inhaberin des Modegeschäfts Frieda Fröhlich e. Kfr. übergibt Frau Schnurr das gekaufte Kleid. Mit der Einigung und der Übergabe des Kleids ist Frau Schnurr Eigentümerin geworden.

Ausgangssituation	Eigentumsübertragung durch	Beispiele
Ware ist bereits beim Käufer.	**Einigung,** dass das Eigentum auf den Käufer übergehen soll. [§ 929, S. 2 BGB]	Herr Schmidt hat sich von einem Fernsehfachgeschäft einen LCD-Fernseher ins Wohnzimmer stellen lassen, um diesen auszuprobieren. Nach 8 Tagen teilt er dem Händler mit, dass er das Gerät erwerben möchte. Stimmt der Händler zu, wird Herr Schmidt Eigentümer des Geräts. Der Eigentumsübergang hat nichts damit zu tun, ob Herr Schmidt das Gerät bereits bezahlt hat oder nicht.
Käufer soll Eigentümer werden, Verkäufer bleibt Besitzer.	**Einigung** und **Besitzkonstitut** (d. h. Veräußerer bleibt im Besitz der Sache). [§§ 929, S. 1, 930 BGB]	Frau Schlank ist begeisterte Reiterin. Sie kauft einem Pferdezüchter ein Reitpferd ab mit der Vereinbarung, das Pferd in den Stallungen des Züchters zur dortigen Pflege zu lassen. Frau Schlank ist Eigentümerin (und „mittelbare" Besitzerin), der Pferdezüchter ist unmittelbarer Besitzer des Pferdes.
Verkäufer (Eigentümer) ist nicht im Besitz der Sache.	**Einigung** und **Abtretung des Herausgabeanspruchs** an den Käufer. [§§ 929, S. 1, 930 BGB]	Der Heizölhändler Gebhard Schwarze e. Kfm. in Lindau hat das von ihm gekaufte Heizöl bei einer Lagergesellschaft in Kempten gelagert. Er verkauft mehrere tausend Liter Heizöl an einen Heizölhändler in Landsberg. Damit der Landsberger Heizölhändler das gekaufte Heizöl bei der Lagergesellschaft in Kempten abholen kann, muss er Eigentümer sein. Dies wird er durch Einigung und Abtretung des Herausgabeanspruchs.

(3) Eigentumsübertragung an unbeweglichen Sachen

Ausgangssituation	Eigentumsübertragung durch	Beispiel
Verkäufer verkauft ein Grundstück bzw. Gebäude.	**Einigung (Auflassung)** und **Eintragung des Eigentumsübergangs im Grundbuch.** [§§ 925 I , 873 I BGB]	Die Einigung zwischen dem Eigentümer und dem Erwerber ist ein zweiseitiges Rechtsgeschäft mit dem Inhalt, dass das Eigentum vom bisherigen Eigentümer (Verkäufer) auf den Käufer übergehen soll. Da ein Grundstück nicht wie eine bewegliche Sache „übergeben" werden kann, tritt anstelle der körperlichen Übergabe die Eintragung ins Grundbuch, aus dem jeder, der ein berechtigtes Interesse hat, ersehen kann, wie die Eigentumsverhältnisse bei einem bestimmten Grundstück sind.

- Unter **Besitz** versteht man die **tatsächliche Gewalt** über eine Sache. („Besitz hat man.")

- Unter **Eigentum** versteht man das Recht, über eine Sache (oder eine Forderung) im Rahmen der gesetzlichen Vorschriften frei verfügen zu können. („Eigentum gehört einem.")

- Wichtige **Möglichkeiten des Eigentumserwerbs** sind
  - an **beweglichen Sachen**:

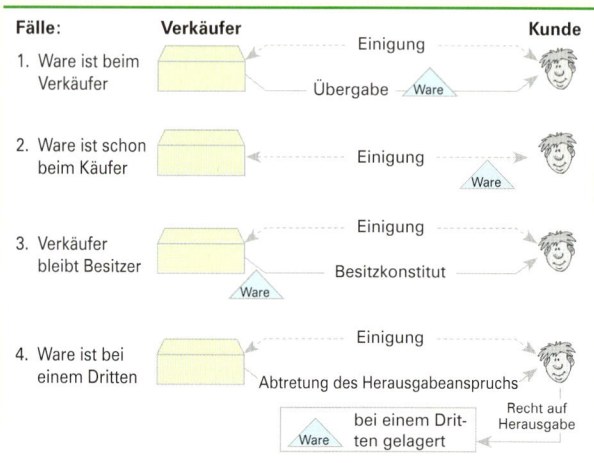

  - an **unbeweglichen Sachen**: Einigung (Auflassung) und Eintragung im Grundbuch.

Übungsaufgabe

17   1. In den nachfolgenden Abbildungen sind symbolisch zwei verschiedene Möglichkeiten der Eigentumsübertragung durch Rechtsgeschäft dargestellt.

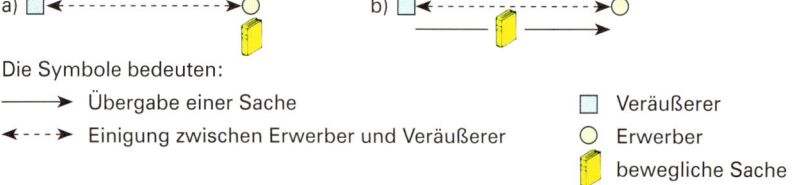

Die Symbole bedeuten:

⟶ Übergabe einer Sache   ☐ Veräußerer

◄ - - ► Einigung zwischen Erwerber und Veräußerer   ○ Erwerber

                                                                                  bewegliche Sache

Aufgaben:

1.1 Beschreiben Sie, welche rechtsgeschäftlichen Möglichkeiten der Eigentumsübertragung dargestellt werden!

1.2 Erklären Sie, durch welche Vereinbarung im Kaufvertrag sich der Verkäufer das Verfügungsrecht über die Ware bis zum Zahlungseingang sichern kann!

2. Herr Schmidt hat sich ein Einfamilienhaus gebaut. Er nennt sich jetzt stolz „Hausbesitzer".

Aufgabe:

Beschreiben Sie, inwiefern dieser Ausdruck zutreffend ist, inwiefern nicht! Begründen Sie, wie Ihre Antwort lautet, wenn Herr Schmidt das Haus mietet!

3. Begründen Sie, warum Eigentum nicht gleich Vermögen ist!

4. Das Eigentum wird vom Gesetz grundsätzlich geschützt. Klären Sie, ob dies auch für den Besitz zutrifft!

2.5 Kaufvertrag

2.5.1 Begriff und Abschluss eines Kaufvertrags (Verpflichtungsgeschäft)

(1) Begriff Kaufvertrag

Die nachfolgenden Ausführungen beschränken sich auf den zweiseitigen Handelskauf.

- Der **zweiseitige Handelskauf (Kaufvertrag)** ist ein Kauf, den beide Vertragspartner als **Unternehmer (Kaufleute)** für ihre **geschäftlichen** Zwecke abschließen.

- Der Handelskauf kommt durch **inhaltlich übereinstimmende,** rechtsgültige **Willenserklärungen** von mindestens **zwei Kaufleuten** und durch rechtzeitigen Zugang der zweiten Willenserklärung beim Erklärungsempfänger zustande.

(2) Möglichkeiten des Kaufvertragsabschlusses

- **Der Verkäufer macht ein verbindliches Angebot, der Käufer bestellt (unter Bezugnahme auf das Angebot) rechtzeitig und ohne Änderung.**

Der Kaufvertrag ist zustande gekommen (geschlossen), sobald der Verkäufer die Bestellung erhalten hat und diese ihm **rechtzeitig zugegangen** ist.

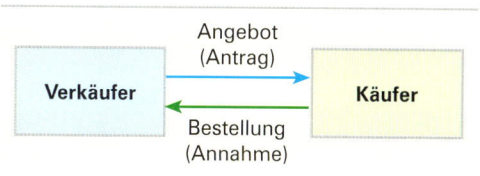

- **Der Käufer bestellt ohne vorhergehendes verbindliches Angebot des Verkäufers und der Verkäufer nimmt die Bestellung rechtzeitig und ohne Änderung an.**

Dies kann z.B. der Fall sein, wenn der Käufer den Verkäufer (seine Waren, Preise) aus früheren Lieferungen kennt und aufgrund gültiger Verkaufsprospekte mit Preislisten oder aufgrund eines freibleibenden (unverbindlichen) Angebots bestellt.

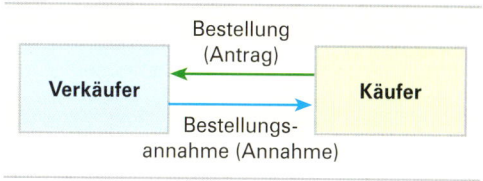

Der Kaufvertrag ist zustande gekommen, sobald die Bestellungsannahme des Verkäufers dem Käufer rechtzeitig zugegangen ist.

■ **Der Verkäufer macht ein verbindliches Angebot, der Käufer bestellt jedoch zu spät oder mit Abänderungen des Angebots, z. B. mit kürzerer Lieferzeit, höheren Mengen, niedrigeren Preisen.**

Der Kaufvertrag kommt erst zustande, wenn der Verkäufer die verspätete oder abgeänderte Bestellung des Käufers (neuer Antrag) angenommen hat, d. h. durch die Bestellungsannahme des Verkäufers und nach deren rechtzeitigem **Zugang** beim Käufer.

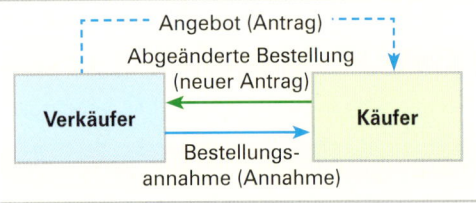

Die Bestellungsannahme ist deshalb erforderlich, weil die verspätete Annahme eines Antrags oder eine Annahme mit Erweiterungen, Einschränkungen oder sonstigen Änderungen als Ablehnung gilt, verbunden mit einem neuen Antrag.

(3) Bindung an den Antrag

Gibt ein Unternehmer einen **Antrag** (z. B. ein Angebot) **ohne Einschränkung** ab, so ist er an diesen Antrag gebunden.

Bindungsfristen	Erläuterungen	Beispiele
Gesetzliche Bindungsfrist unter Anwesenden (auch fernmündlich)	Der Antrag muss sofort, d. h. solange das Gespräch dauert, angenommen werden.	Verlässt z. B. ein Kunde einen Laden, weil er sich noch nicht zum Kauf der angebotenen Waren entschließen kann und deshalb weitere Geschäfte aufsucht, muss er mit dem Verkauf der ihm angebotenen Ware an einen anderen Kunden rechnen.
Gesetzliche Bindungsfrist unter Abwesenden[1]	Die Bindungsfrist für den Verkäufer besteht, solange er unter regelmäßigen Umständen mit dem Eingang der Antwort (z. B. Bestellung) rechnen kann. Dabei muss der Antrag mindestens mit dem gleich schnellen Nachrichtenmittel angenommen werden wie er abgegeben wurde.	Ein Antrag per E-Mail erfordert z. B. mindestens eine Annahme (Bestellung) auf gleichem Weg. Ein Briefantrag im Expressdienst erfordert mindestens eine Annahme durch den Expressdienst.
Vertragliche Bindungsfrist	Die Annahme bei einem befristeten Antrag kann nur **innerhalb der gesetzten Frist** erfolgen. Die Annahme muss dem Anbieter bis zur gesetzten Frist zugegangen sein.	Der vorliegende Antrag ist gültig bis zum 28. Juli 20..

---

1 Die Annahmefrist setzt sich zusammen aus der Zeit für die **Übermittlung** des Antrags, einer angemessenen **Überlegungs-** und **Bearbeitungszeit** beim Empfänger und der Zeit für die **Übermittlung der Antwort** an den Anbieter.

Bindungsfristen	Erläuterungen	Beispiele
Freiklauseln	Der Verkäufer kann die Bindung an den Antrag durch Freiklauseln ausdrücklich ganz ausschließen oder einschränken.	Der vorliegende Antrag ist unverbindlich. Zwischenverkauf vorbehalten.

2.5.2 Inhalt des Kaufvertrags

2.5.2.1 Art, Güte, Menge und Beschaffenheit der Produkte

(1) Art der Produkte

Genaue Bezeichnung der Produkte wie z. B. Verpackungsmaschine MX3, Faxgerät SF 515 usw.

(2) Güte (Qualität) und Umweltverträglichkeit der Produkte

Hinsichtlich der **Produktqualität** sind insbesondere Angaben zu machen in Bezug auf die **Haltbarkeit** (z. B. bei Lebensmitteln), auf den **Geschmack** (z. B. Wein, Schokolade), auf die äußere Form (z. B. Möbel, Büromaschinen, Autos), auf die **Leistungsfähigkeit** (z. B. Maschinen), auf **Menge und Art des Energieverbrauchs** (einschl. Benzin und Strom), auf **Abgas** (gr. CO_2), auf die **Nutzungsdauer** (z. B. Maschinen, Autos), auf die **Belastungsfähigkeit** (z. B. Zerbrechlichkeit von Glas oder Kunststoff) usw.

Zu beachten ist, dass nicht die schlechthin bestmögliche Qualität zu beschaffen ist, sondern die Qualität, die dem gewünschten Zweck entspricht.

Immer wichtiger bei der Entscheidungsfindung der Käufer ist die Frage der **Umweltverträglichkeit** der einzukaufenden Produktionsanlagen und Werkstoffe. Entscheidend hierfür sind nicht allein ethische, sondern vielmehr auch wirtschaftliche Gründe, denn durch die Verschärfung der Gesetze, die dem Schutz der Umwelt dienen (z. B. Bundes-Immissionsschutzgesetz, Wasserhaushaltsgesetz, Kreislaufwirtschaftsgesetz, Bundesnaturschutzgesetz, Umwelthaftungsgesetz), wurde die Haftung der Unternehmen für ihre Produkte und ihre Produktionsstätten ständig erhöht.

> **Beispiel:**
>
> Es ist nicht nötig (und überdies zu teuer), in eine Maschine, die für eine Nutzungsdauer von 10 Jahren gebaut ist, Teile mit einer Lebensdauer von 15, 20 oder noch mehr Jahren einzubauen.

So leitet z. B. das Umwelthaftungsgesetz allein aus dem Betrieb einer Anlage eine Schadensersatzpflicht für Umweltschäden ab. Wir sprechen hier von einer **verschuldensunabhängigen Gefährdungshaftung**.

(3) Menge der Produkte

Die Warenmenge muss genau definiert sein.

> **Beispiele:**
>
> 5 t Kohle, 2 000 l Heizöl, 2 Stück Vieh, 30 m^3 Boden, 150 kg Weizen.

(4) Preis der Ware

■ **Rabatte (Abschläge)**

Der Preis der Ware muss **unbedingt** im Kaufvertrag angegeben werden. Häufig kann der Käufer noch Rabatte (Abschläge) aushandeln. Der **Rabatt** ist ein Preisnachlass, der unabhängig von der Zahlungsfrist gewährt wird.

Mengenrabatt	Preisnachlass, der bei Abnahme größerer Mengen gewährt wird. Steigt der Rabattsatz mit zunehmenden Abnahmemengen an, spricht man von „Staffelrabatt".
Sonderrabatt	Preisnachlass, der aus besonderen Anlässen (z. B. Geschäftsjubiläen) oder aufgrund einer einmaligen Vereinbarung mit dem Kunden eingeräumt wird.
Treuerabatt	Preisnachlass, der langjährigen Kunden gewährt wird.
Naturalrabatt	Indirekter (mittelbarer) Preisnachlass, indem der Kunde eine unberechnete Draufgabe erhält (z. B. ein Kunde erhält zu den gekauften fünf Artikeln noch einen Artikel zusätzlich ohne Berechnung).

■ **Boni (Einzahl: Bonus)**

Hier handelt es sich um einen Preisnachlass, der **nachträglich** gewährt wird. Ein Bonus liegt z. B. vor, wenn der Verkäufer seinem Kunden bei Erreichen einer bestimmten Umsatzsumme im vergangenen Geschäftsjahr eine Rückvergütung leistet.

2.5.2.2 Zahlungs- und Lieferungsbedingungen

(1) Zahlungsbedingungen

■ **Skonti (Einzahl: Skonto)**

Unter **Skonto** versteht man einen Preisnachlass, der dann gewährt wird, wenn der Schuldner innerhalb einer bestimmten Frist bezahlt.

Beispiel:

„3 % Skonto bei Zahlung innerhalb von 10 Tagen, 30 Tage netto ab Rechnungsdatum". (Zweck: Anreiz für den Kunden, früher zu zahlen, d. h. in diesem Fall am 10. anstatt am 30. Tag.)

■ **Zahlungsfristen**

- ■ Ist im **Kaufvertrag** der **Zahlungszeitpunkt nicht bestimmt** und dieser auch nicht aus den Umständen des Rechtsgeschäfts zu entnehmen, muss der **Käufer sofort nach Übergabe der Ware bezahlen**.
- ■ Ist nichts anderes vereinbart, muss der Geldschuldner **alle Aufwendungen** tragen, die mit der **Zahlung verbunden** sind.

Es können auch Zahlungsbedingungen vereinbart werden, die von der gesetzlichen Regelung abweichen:

- **Teilweise oder vollständige Zahlung vor der Lieferung.** Die Zahlungsbedingungen können z. B. lauten: „Nur gegen Vorauskasse", „Nur gegen Vorauszahlung", „Anzahlung $1/3$ des Kaufpreises bei Bestellung, $1/3$ bei Lieferung, $1/3$ drei Monate nach Erhalt der Ware".
- **Zahlung nach der Lieferung.** In diesem Fall erhält der Käufer ein Zahlungsziel. Die Klauseln im Kaufvertrag können z. B. lauten: „Zahlbar innerhalb 4 Wochen nach Rechnungserhalt", „Zahlbar innerhalb 8 Tagen mit 2 % Skonto", „14 Tage Ziel".

(2) Lieferungsbedingungen

■ Beförderungsaufwendungen

Ist im Kaufvertrag nichts anderes vereinbart, so hat der **Käufer** grundsätzlich die **Beförderungsaufwendungen** (z. B. Frachten, Porti) **zu bezahlen.**[1] Möglich ist eine für den Verbraucher günstigere Regelung (z. B. Lieferung frei Haus).

■ Verpackungsaufwendungen

Eine unmittelbare Vorschrift darüber, wer die Verpackungsaufwendungen zu tragen hat, sieht das BGB nicht vor. § 448 I BGB sagt aber, dass der Käufer die Kosten der Abnahme und der Versendung der Sache nach einem anderen Ort als dem Leistungsort[1] zu tragen habe.

Ist im Kaufvertrag nichts anderes vereinbart, trägt der **Käufer** die **Aufwendungen für die Verpackung.**

Im Geschäftsleben sind nähere Vereinbarungen über die Frage, wer die Aufwendungen für die Verpackung tragen soll, zweckmäßig. In einem Kaufvertrag könnten sich z. B. folgende Angaben finden:

- „32,00 EUR je Verkaufspackung", d. h., die Verpackung wird nicht getrennt berechnet.
- „Leihpackung! Bei Rücksendung erhalten Sie $2/3$ des berechneten Werts gutgeschrieben." In diesem Fall trägt der Käufer einen Teil des Verpackungsaufwands.
- Eine andere handelsübliche Klausel ist „brutto für netto", abgekürzt „bfn" (z. B. auf Farbdosen), d. h., der Kunde zahlt das Verpackungsgewicht (Tara) wie das Inhaltsgewicht (Nettogewicht).

■ Lieferfrist

Ist im Kaufvertrag die Leistungszeit nicht bestimmt und diese auch nicht aus den Umständen des Rechtsgeschäfts zu entnehmen, muss der **Verkäufer** auf Verlangen des **Käufers sofort liefern.**

---

1 Vgl. hierzu S. 79.

2.5.2.3 Leistungsort und Gerichtsstand

■ **Begriff Leistungsort**

Bei einem Kaufvertrag muss – wie bei jedem anderen Vertrag auch – feststehen, wo der Schuldner seine geschuldete Leistung zu erbringen hat.

Leistungsort ist der Ort, an dem die Warenschuld des Verkäufers bzw. die Geldschuld des Käufers erfüllt wird. Leistungsort ist nach der gesetzlichen Regelung der Wohn- bzw. Geschäftssitz des Warenschuldners (Verkäufer) bzw. des Geldschuldners (Käufer). Der Leistungsort wird auch als Erfüllungsort bezeichnet.[1]

Beispiel:

Hat der Verkäufer seine gewerbliche Niederlassung in Kaiserslautern und der Käufer seine Niederlassung in Pforzheim, so ist der gesetzliche Leistungsort für den Warenschuldner Kaiserslautern, der gesetzliche Leistungsort für den Geldschuldner Pforzheim.

■ **Arten von Leistungsorten**

Leistungsorte	Erläuterungen	Beispiele
Gesetzlicher Leistungsort	Da es mit dem Abschluss des Kaufvertrags **zwei Schuldner** gibt (Verkäufer → Warenschuldner; Käufer → Geldschuldner), gibt es auch **zwei gesetzliche Leistungsorte.** Der gesetzliche Leistungsort für den **Verkäufer** und den **Käufer** ist ihr **Wohnsitz** oder – bei gewerblichen Schulden – der **Ort ihrer gewerblichen Niederlassung** zum Zeitpunkt der Entstehung des Schuldverhältnisses (z. B. zum Zeitpunkt des Abschlusses des Kaufvertrags).	Hat der Verkäufer seine gewerbliche Niederlassung in Stuttgart und der Käufer seine Niederlassung in Biberach, so ist der gesetzliche Leistungsort für den Warenschuldner Stuttgart, der gesetzliche Leistungsort für den Geldschuldner Biberach.
Vertraglicher Leistungsort	Käufer und Verkäufer haben die Möglichkeit, den Leistungsort vertraglich zu regeln **(vertraglicher Leistungsort).**	Die Maschinenfabrik Kaiser KG in Ludwigsburg und die Schlosserei Raimann GmbH in Mannheim vereinbaren Ludwigsburg als Leistungsort für beide Vertragsparteien.
Natürlicher Leistungsort	Dieser Leistungsort wird durch die Umstände, insbesondere durch die Natur des Schuldverhältnisses bestimmt.	Werksverträge über Reparaturarbeiten im Haus des Auftraggebers, sogenannte Handkäufe in Ladengeschäften.

■ **Bedeutung des Leistungsorts für den Warenschuldner (Verkäufer)**

Der Leistungsort bezeichnet den Ort, an dem sich der Schuldner von seiner Leistungspflicht befreit. Aus diesem Grund sind **Warenschulden** gesetzlich **im Zweifel**[2] **Holschulden.**

---

1 Aus Vereinfachungsgründen werden die beiden Begriffe synonym verwandt.

2 **Im Zweifel** bedeutet, dass es sich um eine Auslegungsregel handelt, die dann nicht gilt, wenn durch vertragliche Vereinbarungen oder Gesetz (z. B. Steuergesetz) etwas anderes bestimmt ist.

Wenn nichts anderes vereinbart ist, „reisen die Waren auf Gefahr und Kosten des Käufers".

Der **Käufer** trägt somit beim gesetzlichen Leistungsort mit der **Übergabe** der **Kaufsache** das **Transportrisiko** (Gefahr des

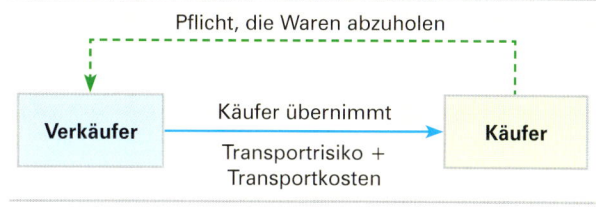

zufälligen Untergangs oder der zufälligen Verschlechterung der Ware auf dem Weg vom Verkäufer zum Käufer) und die **Transportkosten**.[1]

Werden die Waren **mit dem unternehmenseigenen Fahrzeug transportiert,** dann befinden sich die Waren beim Transport noch in der Verfügungsgewalt des Verkäufers. Deswegen hat in diesem Fall der Verkäufer erst erfüllt, wenn die Waren dem Käufer übergeben worden sind.

Das Gleiche gilt übrigens für den sogenannten **„Fernkauf".** Hier haben Käufer und Verkäufer als Leistungsort den **Wohn- bzw. Niederlassungsort des Käufers** vereinbart (vertraglicher Leistungsort). Folglich hat der Verkäufer erst dann erfüllt, wenn die Ware beim Empfänger eingetroffen ist.

■ Bedeutung des Leistungsorts für den Geldschuldner (Käufer)

Der gesetzliche Leistungsort für den Zahlungsschuldner ist in der Regel dessen Wohn- bzw. Niederlassungsort. Der Zahlungsschuldner (Geldschuldner) hat jedoch das geschuldete Geld im Zweifel auf seine **Gefahr** und **seine Kosten** dem Gläubiger an dessen Wohn- bzw. Geschäftssitz zu übermitteln. **Geldschulden** sind demnach gesetzlich **im Zweifel Schickschulden.** Bei einer Zahlung durch Banküberweisung muss der geschuldete Betrag am vereinbarten Zahlungstermin dem Konto des Gläubigers gutgeschrieben sein, wenn das Entstehen von Verzugszinsen vermieden werden soll.

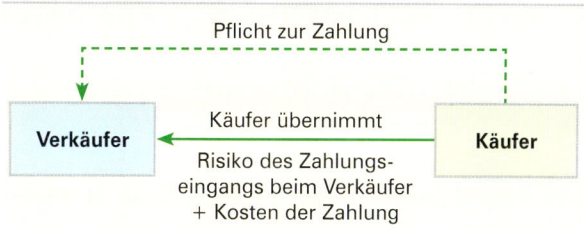

Wurde als Zahlungstermin „spätestens 20. Juni 20.." vereinbart, hat der Käufer fristgemäß bezahlt, wenn der geschuldete Betrag dem Konto des Gläubigers rechtzeitig, d.h. am 20. Juni 20.., gutgeschrieben wurde. Seine Vertragspflicht hat der Käufer also erst voll erfüllt, wenn der Gläubiger den angewiesenen Betrag erhalten hat [§ 362 I BGB].

---

1 Beim **Versendungskauf** [§ 447 BGB] trägt der Käufer die Transportkosten ab Versandstation des Verkäufers.

■ **Bedeutung des Leistungsorts für den Gerichtsstand und über dessen Bestehen**

Für Streitigkeiten aus einem Vertragsverhältnis und über dessen Bestehen ist das Gericht des Ortes zuständig, an dem die streitige Verpflichtung zu erfüllen ist, also der Leistungsort.

> Der gesetzliche Leistungsort zieht den **gesetzlichen Gerichtsstand** nach sich.

Dies bedeutet, dass der **Käufer** (wenn er klagen will) den Verkäufer bei dem **Gericht** verklagen muss, das für den **Leistungsort des Verkäufers** zuständig ist. Will hingegen der **Verkäufer** den Käufer verklagen (z. B. auf Zahlung des Kaufpreises), so muss er die Klage bei dem **Gericht** einreichen, das für den **Leistungsort des Käufers** zuständig ist.

Beachte:

Zum Käuferschutz sind Vereinbarungen über den Gerichtsstand mit Nichtkaufleuten grundsätzlich unzulässig. Vertragliche Vereinbarungen über den Gerichtsstand sind daher nur unter **Kaufleuten** möglich.

2.5.2.4 Allgemeine Geschäftsbedingungen

(1) Begriff „Allgemeine Geschäftsbedingungen"

> **A**llgemeine **G**eschäftsbedingungen **[AGB]** sind **vorformulierte Vertragsbedingungen, die eine** Vertragspartei (z. B. der Einzelhändler) der anderen Vertragspartei (den Kunden) bei Abschluss eines Vertrags stellt.

Werden „Allgemeine Vertragsbedingungen" zwischen den Vertragsparteien im Einzelnen ausgehandelt, liegen keine AGB vor. Solche **Individualvereinbarungen** gehen den AGB immer vor.

Beispiel:

In den allgemeinen Geschäftsbedingungen eines Unternehmens steht: „Liefertermine sind unverbindlich". Haben sich Käufer und Verkäufer auf den Liefertermin 15. Juli geeinigt, so gilt diese Vereinbarung.

(2) Allgemeine Geschäftsbedingungen und Verbraucherschutz

■ **Gültigkeit der allgemeinen Geschäftsbedingungen**

Ein „Trick" mancher Verwender allgemeiner Geschäftsbedingungen ist, diese möglichst klein[1] in für Kunden unverständlicher juristischer Sprache in einer blassen Farbe auf die Rückseite der Angebote oder gar Auftragsbestätigungen bzw. Rechnungen zu drucken. Solche Unterschiebungen sind nach dem BGB verboten.

---

1 Deswegen werden die AGB in der Umgangssprache auch als das „Kleingedruckte" bezeichnet.

Allgemeine Geschäftsbedingungen werden nur dann **Vertragsbestandteil,** wenn

- der Verwender (z. B. der Einzelhändler) beim Vertragsabschluss die andere Vertragspartei **ausdrücklich** auf sie hinweist,
- der **andere Vertragspartner in zumutbarer Weise vom Inhalt der AGB Kenntnis nehmen kann** und
- mit deren Geltung **einverstanden** ist.

■ Vorschriften zum Verbraucherschutz

Die nachfolgende Tabelle enthält Beispiele für unwirksame AGB-Klauseln

Klauseln	Erläuterungen	Beispiele
Überraschende Klauseln	Es sind Klauseln, mit denen der Verwender nicht zu rechnen braucht.	Der Käufer eines Pkw wird verpflichtet, den Service allein beim verkaufenden Autohaus durchführen zu lassen.
Kurzfristige Preiserhöhungen	Räumen die allgemeinen Geschäftsbedingungen die Möglichkeit ein, dass bei einer Warenlieferung innerhalb von 4 Monaten nach Abschluss des Kaufvertrags eine kurzfristige Preiserhöhung erlaubt ist, so ist diese für Verbraucher unwirksam.	In einem am 2. März abgeschlossenen Kaufvertrag über die Lieferung eines Pkw ist als Liefertermin der 15. Mai festgelegt. Eine in der Zwischenzeit eingetretene Preiserhöhung ist für den Käufer ohne Bedeutung.
Leistungsverweigerungsrecht	Ein Gewährleistungsausschluss[1] bei neu hergestellten Waren und eine Einschränkung des Leistungsverweigerungsrechts sind unwirksam.	■ Die AGB eines Elektrofachgeschäfts legen fest, dass der Kunde im Fall einer zu Recht bestehenden Beanstandung lediglich ein Recht auf Beseitigung des Mangels haben soll. ■ Die AGB eines Baumarkts enthalten folgende Klausel: „Bei Ratenkäufen entbindet auch eine berechtigte Reklamation den Käufer nicht von seiner Verpflichtung zur pünktlichen Ratenzahlung."
Haftungsausschluss bei Verletzung von Leben, Körper, Gesundheit und bei grobem Verschulden	Der Anspruch auf Schadensersatz wegen **Verletzung des Lebens, des Körpers** oder **der Gesundheit** kann nicht ausgeschlossen werden. Auch die Haftung für **sonstige Schäden** kann für vorsätzliche oder grobe Fahrlässigkeit nicht ausgeschlossen werden. **Ausgeschlossen** werden kann jedoch ein Schadensersatzanspruch, der auf einer **einfachen Fahrlässigkeit** beruht, sofern der Schaden untypisch für den Vertrag ist.	Eine Fahrradfabrik schließt in ihren AGB einen Schadensersatzanspruch für Verletzungen wegen eines Materialfehlers aus.

---

1 Zu **Gewährleistungsrechten** zählen z. B. das Recht auf Mängelbeseitigung oder Ersatzlieferung, Rücktritt vom Kaufvertrag und das Recht auf Schadensersatz. Zu Einzelheiten siehe S. 87 ff.

81

6 Speth u. a. - ISBN 978-3-8120-0520-3

Klauseln	Erläuterungen	Beispiele
Pauschalierung von Schadenersatzansprüchen	Eine Schadenspauschalierung ist stets unwirksam, wenn dem anderen Vertragsteil z.B. nicht ausdrücklich der Nachweis gestattet wird, dass ein Schaden oder eine Wertminderung gar nicht oder nur in wesentlich niedrigerer Höhe eingetreten ist.	In den AGB einer Autovermietung steht: Bei jedem Unfall, bei dem ein Schaden an dem gemieteten Pkw entsteht, wird, ohne dass der Vermieter einen Nachweis zu führen hat, ein Mindestentgelt von 750,00 EUR fällig.

2.5.2.5 Vertragspflichten von Verkäufer und Käufer (Erfüllungsgeschäft)

(1) Vertragspflichten des Verkäufers

Die **Erfüllung** des **Kaufvertrags** durch den **Verkäufer** umfasst die Lieferung und die Eigentumsübertragung an den Käufer.

Lieferung (Besitzbeschaffung durch Übergabe der Kaufsache an den Käufer)	Ist eine Zeit für die Leistung weder bestimmt noch aus den Umständen zu entnehmen, so kann der Gläubiger (z.B. Käufer) die vertragliche Leistung **sofort verlangen,** der Schuldner (z.B. Verkäufer) sie **sofort bewirken.** In der Regel wird die Leistungszeit zwischen dem Käufer und Verkäufer vertraglich geregelt.
Eigentumsübertragung an den Käufer	Im Normalfall erfolgt die Eigentumsübertragung zeitgleich mit der Lieferung.

(2) Vertragspflichten des Käufers

Die **Erfüllung** des **Kaufvertrags** durch den **Käufer umfasst**

- die **Abnahme des Kaufgegenstands** (meistens eine Nebenpflicht) und
- die **Zahlung des Kaufpreises** (Hauptpflicht).

■ Abnahme des Kaufgegenstands

Vertragsgemäß gelieferte Waren muss der Käufer **abnehmen** (körperliche Entgegennahme.

> **Beachte:**
>
> Bereits bei der Übergabe der Ware muss der Käufer die Unversehrtheit der Verpackung, die Übereinstimmung der gelieferten Stückzahlen, Gewichte und/oder Volumeneinheiten mit den auf den Warenbegleitpapieren (Lieferscheine, Frachtbriefe) angegebenen Zahlen und, soweit möglich, die unverpackten Waren selbst prüfen.

Ist von vornherein erkennbar, dass die Waren beschädigt oder unvollständig sind, ist die Abnahme zu verweigern. In diesem Fall wird vom Überbringer eine Bescheinigung über den festgestellten Mangel verlangt **(Tatbestandsaufnahme).**

■ **Zahlung des Kaufpreises**

Der Käufer ist verpflichtet, dem Verkäufer den vereinbarten Kaufpreis zu zahlen. Außerdem übernimmt er im Zweifel die Gefahr und die Kosten der Geldübertragung. Die Zahlungsart ist in der Regel dem Käufer überlassen.

Zusammenfassung

■ Ein **Kaufvertrag** kommt durch mindestens zwei **inhaltlich übereinstimmende, rechtsgültige** und **rechtzeitig** aufeinanderfolgende empfangsbedürftige Willenserklärungen zustande.

■ Durch den Abschluss eines Kaufvertrags ist zunächst ein gegenseitiges Schuldverhältnis entstanden, das zu gegenseitigen Leistungen verpflichtet, das sogenannte **Verpflichtungsgeschäft**.

■ Dem **Verpflichtungsgeschäft** muss das **Erfüllungsgeschäft** folgen, weil erst durch das Erfüllungsgeschäft die tatsächlichen Rechtsänderungen (z. B. Besitz- und Eigentumsübertragung), d. h. die Erfüllung erfolgt.

■ Der **Verkäufer** ist **verpflichtet,** dem **Käufer** die **verkaufte Sache** in der richtigen Art und Weise, mängelfrei, rechtzeitig und am richtigen Ort **zu übergeben** und dem **Käufer** das **Eigentum** an dem **Kaufgegenstand** frei von Rechtsmängeln zu **übertragen**.

■ Der **Käufer** ist **verpflichtet,** den vereinbarten **Kaufpreis** zu **zahlen** und die ordnungsgemäß (mängelfrei) gelieferte **Kaufsache abzunehmen**.

■ Ist über die **Leistungszeit** nichts vereinbart und ist diese auch nicht aus den Umständen des Rechtsgeschäfts zu entnehmen, kann der Gläubiger die vereinbarte Leistung sofort verlangen, der Schuldner sie sofort bewirken.

■ Wichtige Inhalte des Kaufvertrags sind:

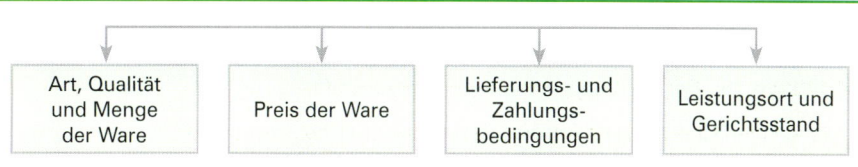

| Art, Qualität und Menge der Ware | Preis der Ware | Lieferungs- und Zahlungsbedingungen | Leistungsort und Gerichtsstand |

■ Der **Leistungsort** ist der Ort, an dem die geschuldete **Leistung zu erbringen** ist.

■ Der **gesetzliche Leistungsort** gilt nur, wenn kein Leistungsort vereinbart ist und ein Leistungsort auch nicht durch die Natur bzw. die Umstände des Schuldverhältnisses bestimmt wird. Er liegt grundsätzlich beim **Wohnsitz** bzw. **Niederlassungsort des Schuldners** zurzeit der Entstehung des Schuldverhältnisses.

■ Der Leistungsort hat folgende **Bedeutung**:

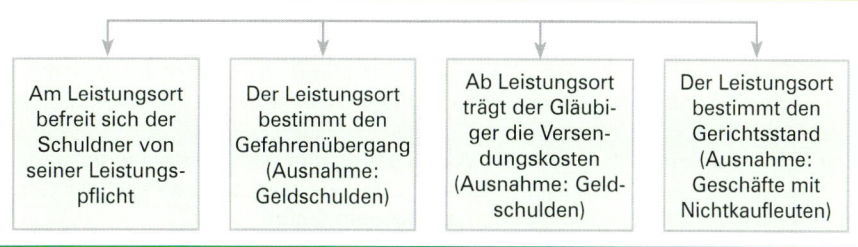

| Am Leistungsort befreit sich der Schuldner von seiner Leistungspflicht | Der Leistungsort bestimmt den Gefahrenübergang (Ausnahme: Geldschulden) | Ab Leistungsort trägt der Gläubiger die Versendungskosten (Ausnahme: Geldschulden) | Der Leistungsort bestimmt den Gerichtsstand (Ausnahme: Geschäfte mit Nichtkaufleuten) |

- **Allgemeine Geschäftsbedingungen [AGB]** haben den Zweck, für die Unternehmen günstige und über längere Zeit gleichbleibende Vertragsbedingungen zu schaffen.

- Um die wirtschaftlich schwächeren **Verbraucher vor einer möglichen unangemessenen Benachteiligung** durch die Unternehmer **zu schützen,** hat der Gesetzgeber die Vertragsfreiheit durch **besondere Vorschriften** zu den allgemeinen Geschäftsbedingungen eingeschränkt.

- Vertragsgemäß gelieferte Waren muss der Käufer **abnehmen.** Bei einem zweiseitigen Handelskauf muss der Käufer die erhaltenen Waren **unverzüglich untersuchen** und **festgestellte Mängel unverzüglich rügen.**

- Der Käufer ist verpflichtet, dem Verkäufer den vereinbarten **Kaufpreis zu zahlen** und die gekaufte **mängelfreie Sache abzunehmen.**

Übungsaufgaben

18
1. Beschreiben Sie, unter welchen Bedingungen ein Kaufvertrag bereits mit der Bestellung zustande kommt!

2. Beschreiben Sie, unter welchen Bedingungen ein Kaufvertrag erst mit der Bestellungsannahme zustande kommt!

3. Die Lehmann Maschinenfabrik GmbH macht der Bruno Bernhard OHG unter dem 24. April 20.. ein vollständiges Verkaufsangebot über eine Bohrmaschine zum Preis von 3 100,00 EUR. Unter Bezugnahme auf das Angebot bestellt die Bruno Bernhard OHG unter dem 28. Mai 20.. zum Preis von 3 100,00 EUR. Die Lehmann Maschinenfabrik GmbH nimmt die Bestellung der Bruno Bernhard OHG vom 28. Mai 20.. am 2. Juli 20.. an.

   Aufgabe:

   Stellen Sie dar, wie im vorliegenden Fall ein Kaufvertrag zustande kommt!

4. Erklären Sie den Unterschied zwischen Verpflichtungsgeschäft und Erfüllungsgeschäft!

5. Erläutern Sie die Bedeutung des gesetzlichen Leistungsorts für den Warenschuldner!

6. Formulieren Sie die Abweichungen, die beim gesetzlichen Leistungsort zwischen Waren- und Geldschulden bestehen!

7. Die Möbelfabrik Franz Baier e. K. bestellt aufgrund eines freibleibenden Angebots Eichenholz bei dem Sägewerk Wattenbach GmbH.

   Aufgaben:

   7.1 Erläutern Sie, wie der Kaufvertrag zwischen den beiden Unternehmen zustande kommt!

   7.2 Nennen Sie die Pflichten, die die Möbelfabrik Franz Baier e. K. aus diesem Kaufvertrag hat!

   7.3 Begründen Sie, wo sich der gesetzliche Leistungsort für die Holzlieferung befindet!

8. Betrachten Sie die nachstehende Skizze! Begründen Sie, in welchen Fällen (8.1, 8.2) der Käufer den Kaufpreis für die auf dem Transport durch den Unfall vernichtete oder beschädigte Ware zahlen muss! Prüfen Sie, ob der Verkäufer nochmals liefern muss!

   Aufgaben:

   8.1 Über den Leistungsort wurden keine Vereinbarungen getroffen.

8.2 Der vereinbarte Leistungsort ist Freiburg.

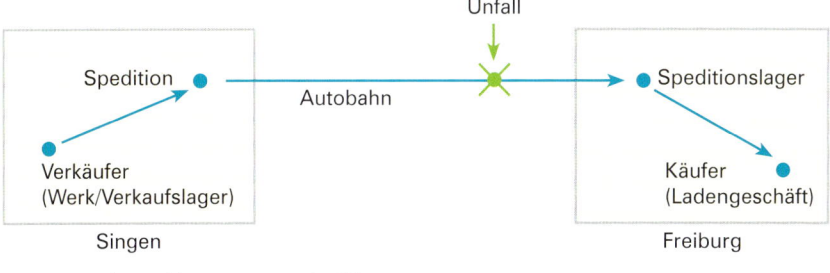

geplanter Transportweg der Ware

8.3 Prüfen Sie, wie die Rechtslage wäre, wenn der Käufer die Ware abholt und der Unfall auf der Wegstrecke zwischen dem Werk des Verkäufers und der Bahnstation des Verkäufers passieren würde!

19 1. Erläutern Sie die Bedeutung der „Allgemeinen Geschäftsbedingungen"

   1.1 aus der Sicht eines Unternehmers,

   1.2 aus der Sicht der Käufer (insbesondere der Konsumenten)!

2. Die allgemeinen Geschäftsbedingungen der Lampenfabrik Hell GmbH sollen neu formuliert werden.

   Aufgaben:

   2.1 Prüfen Sie, ob folgende Formulierung möglich ist!

   – „Erfolgen Preiserhöhungen 8 Wochen nach Vertragsabschluss, gelten die neuen Preise."

   – „Liefertermine sind unverbindlich. Wir bemühen uns jedoch um eine pünktliche Lieferung."

   – „Wir erkennen Reklamationen bei offensichtlichen Mängeln nur an, wenn sie einen Tag nach Warenempfang abgesandt werden."

   2.2 Erläutern Sie, unter welchen Voraussetzungen die AGB Vertragsbestandteil werden!

3. Prüfen Sie, ob folgende Klauseln in allgemeinen Geschäftsbedingungen gegenüber Nichtkaufleuten rechtswirksam sind: Lesen Sie hierzu §§ 308, 309 BGB! Besorgen Sie sich den Gesetzestext aus dem Internet!

   Aufgaben:

   3.1 „Wir sind berechtigt, die vereinbarte Leistung zu ändern oder von ihr abzuweichen."

   3.2 „Erfolgt die Lieferung nicht zum vereinbarten Termin, so kann uns der Käufer eine dreimonatige Nachfrist setzen mit der Erklärung, dass er nach deren fruchtlosem Ablauf vom Kaufvertrag zurücktreten werde."

   3.3 „Wir sind jederzeit berechtigt, vom Kaufvertrag zurückzutreten."

   3.4 „Kleinere fabrikationstechnisch bedingte Farbabweichungen müssen wir uns vorbehalten."

   3.5 „Verlangt ein Käufer aufgrund berechtigter Reklamation Nacherfüllung, müssen wir eine Nutzungsgebühr in Höhe von 50 % des Barverkaufspreises verlangen."

   3.6 „Bis zur Auslieferung des Kaufgegenstandes eintretende Preiserhöhungen gehen zulasten des Käufers."

   3.7 „Verlangt der Kunde Nachbesserungen, muss er die dadurch entstehenden Aufwendungen, insbesondere Fahrt-, Arbeits- und Materialkosten, tragen."

   3.8 Aus der AGB einer Reinigung: „Für Schäden haften wir nur bis zum 10-Fachen des Reinigungspreises."

2.6 Vertragsstörungen

2.6.1 Begriff Leistungsstörungen

Leistungsstörungen treten auf, wenn die Vertragsparteien ihre vertraglichen Verpflichtungen nicht erfüllen.

Mögliche Leistungsstörungen beim Kaufvertrag sind:

- **Mangelhafte Lieferungen** (Schlechtleistung)
- **Lieferungsverzug** (Nicht-Rechtzeitig-Lieferung)
- **Zahlungsverzug** (Nicht-Rechtzeitig-Zahlung)
- **Abnahmeverzug** (Nicht-Rechtzeitig-Abnahme)[1]

2.6.2 Mangelhafte Lieferung (Schlechtleistung)

2.6.2.1 Begriff und Arten von Mängeln

Eine **mangelhafte Lieferung** liegt vor, wenn

- eine im Kaufvertrag vereinbarte Sache (Leistung) von Verkäufer an den Käufer **übergeben und übereignet** und
- die Sache (Leistung) **mit Mängeln behaftet** ist.

Dies stellt eine **Pflichtverletzung** dar [§ 280 I BGB]. Es handelt sich um einen **Schuldnerverzug.**

Es sind folgende **Arten von Mängeln** zu unterscheiden:

Mängelarten	Erläuterungen	Beispiele
Sachmängel	▪ Mängel in der Beschaffenheit	Im Kaufvertrag ist vereinbart, dass die maximale Leistung der Stanzmaschine 1 200 Teile je Maschinenstunde betragen soll. Die tatsächliche Leistung der Stanzmaschine beträgt jedoch nur 1 080 Teile je Maschinenstunde.
	▪ Fehlerhafte Montageanleitung	Der Käufer übernimmt den Zusammenbau eines Büroschranks. Aufgrund einer falschen Montageanleitung gelingt der Zusammenbau nicht. Außerdem werden einige Elemente beschädigt.
	▪ Falschlieferung oder Lieferung einer Mindermenge	▪ Anstelle der bestellten 100 Silberlöffel werden 100 Silbermesser geliefert (Falschlieferung). ▪ Statt 20 Stück eines bestimmten Smartphones werden nur 15 Stück geliefert (Minderlieferung).

---

1 Auf den Annahmeverzug wird im Folgenden nicht eingegangen.

Mängelarten	Erläuterungen	Beispiele
Rechtsmängel	Ein Rechtsmangel liegt vor, wenn ein Dritter in Bezug auf die Sache Rechte gegen den Käufer geltend machen kann, die im Kaufvertrag nicht vereinbart wurden.	Der Verkauf von Marken-Jeans ohne Lizenz stellt einen Rechtsmangel dar, da dem Käufer verschwiegen wird, dass die Rechte Dritter (hier Recht an einer Marke) verletzt werden.

2.6.2.2 Rechte des Käufers (Gewährleistungsrechte)

(1) Rechte ohne Fristsetzung

■ **Nacherfüllung** [§ 439 BGB]

Ohne Fristsetzung kann der Käufer auf **Nacherfüllung** bestehen. Dabei kann der **Käufer** nach **seiner Wahl** die **Beseitigung des Mangels** oder die **Lieferung einer mangelfreien Sache (Ersatzlieferung)** verlangen. Er hat hierfür dem Verkäufer eine angemessene[1] Zeit einzuräumen. Die Aufwendungen, die zum Zweck der Nacherfüllung anfallen, hat der Verkäufer zu tragen. Der **Verkäufer** kann allerdings die Leistung **verweigern,** wenn die vom Käufer gewählte Art der Nacherfüllung für ihn nur mit **unverhältnismäßigen Kosten** verbunden ist.

> **Beispiel:**
>
> Einfache Quarzuhren lassen sich häufig nur mit unverhältnismäßigem Aufwand reparieren, soweit dies nicht ohnehin technisch ausgeschlossen ist. Entscheidet sich der Käufer dafür, die Beseitigung des Mangels zu verlangen, kann der Verkäufer dies ablehnen und stattdessen eine andere mangelfreie Uhr liefern.

■ **Schadensersatz neben der Leistung** [§ 280 I BGB]

Neben dem Recht auf Nacherfüllung hat der Käufer **zusätzlich** noch einen **Anspruch auf Schadensersatz neben der Leistung. Voraussetzungen** für den einfachen Schadensersatz sind: **Pflichtverletzung** und **Verschulden des Verkäufers**. Die Art der Pflichtverletzung ist völlig unerheblich (z. B. schlecht, zu viel oder zu wenig, am falschen Ort geleistet, Verletzung einer Haupt- oder einer Nebenpflicht).

Steht die Pflichtverletzung fest, muss der **Gläubiger** (z. B. das Industrieunternehmen gegenüber dem Rohstoffhändler [Warenschuldner]) beweisen, dass er die **Pflichtverletzung nicht zu vertreten** hat.

Schadensersatz neben der Leistung wird der Käufer verlangen, wenn er den Kaufgegenstand behält und einen eventuell angefallenen Schaden ersetzt haben will.

> **Beispiel:**
>
> Die Franz Sauber KG kauft eine Autowaschanlage. Wie der Verkäufer bei Übergabe fahrlässig nicht bemerkt, ist die Wasserleitung der Anlage defekt. Die Franz Sauber KG kann die Anlage drei Tage lang nicht einsetzen und erleidet einen Gewinnausfall von 800,00 EUR. Die Franz Sauber KG kann (ohne Fristsetzung) Ersatz des Betriebsausfallschadens verlangen.

---

1 **Angemessen** besagt, dass die Frist so lange sein muss, dass der Schuldner die Leistung tatsächlich noch erbringen kann. Allerdings muss sie dem Schuldner nicht ermöglichen, mit der Leistungserbringung erst zu beginnen. Der Schuldner soll nur die Gelegenheit bekommen, die bereits in Angriff genommene Leistung zu beenden.

(2) Rechte nach Ablauf einer angemessenen Fristsetzung (erfolglose Nacherfüllung)

■ **Rücktritt vom Kaufvertrag** [§§ 323–326 BGB]

Der Gläubiger kann von einem Vertrag zurücktreten, wenn eine **Pflichtverletzung des Schuldners** vorliegt und die **Frist zur Nacherfüllung erfolglos abgelaufen** ist. Eine vom Käufer verlangte Nacherfüllung durch Mängelbeseitigung gilt z.B. grundsätzlich dann als erfolglos, wenn der Verkäufer **zweimal** vergeblich eine Nachbesserung versucht hat [§ 440, S. 2 BGB]. Das Rücktrittsrecht des Käufers ist **nicht von einem Verschulden des Verkäufers abhängig**.

Wegen der einschneidenden Wirkung des Rücktritts wird das **Rücktrittsrecht eingeschränkt**. Der Rücktritt des Gläubigers ist z.B. ausgeschlossen, wenn im Falle der Schlechtleistung die **Pflichtverletzung** des Schuldners **unerheblich** ist.

Im Falle des Rücktritts sind die empfangenen **Leistungen zurückzugewähren** und der gezogene **Nutzen herauszugeben**.

> **Beispiel:**
>
> Die Heinz Fromm KG hat für das Weihnachtsgeschäft eine bestimmte Hi-Fi-Anlage gekauft und zum vereinbarten Termin auch erhalten. Die Anlage ist jedoch defekt. Weil diese Anlage nicht mehr hergestellt wird und der Lieferer auch keinen Ersatz auf Lager hat, verlangt die Heinz Fromm KG zunächst eine Reparatur der Anlage. Weil die Anlage auch nach einer zweimaligen Reparatur noch nicht einwandfrei funktioniert, tritt die Heinz Fromm KG vom Kaufvertrag zurück.

> **Beispiel:**
>
> Befindet sich an einem neuen Pkw ein kleiner Kratzer unter der Motorhaube, ist kein Rücktritt möglich, weil die Schlechtleistung unerheblich ist.

> **Beispiel:**
>
> Ein Käufer, der einen mangelhaften Pkw erhalten und genutzt hat, muss zum einen den Pkw zurückgeben und zum anderen sich vom Verkäufer ein Nutzungsentgelt anrechnen lassen.

■ **Minderung** [§ 441 BGB]

Der Käufer kann den Kaufpreis durch eine Erklärung gegenüber dem Verkäufer herabsetzen, d.h. **Minderung** verlangen. Minderung bedeutet, dass der Kaufpreis der Sache um den Betrag gekürzt wird, um den der Mangel den Wert der Sache, gemessen am Kaufpreis, mindert.

Minderung wird in der Regel verlangt, wenn die Sache nur kleinere Mängel aufweist, sodass der Käufer die Sache weiter verwenden (z.B. verarbeiten oder weiterveräußern) kann.

> **Beispiel:**
>
> Eine Musikanlage, die von einem Medienhaus für 300,00 EUR bar gekauft wurde, leistet nicht wie vertraglich vorgesehen 50 Watt, sondern nur 40 Watt. Da es nicht innerhalb einer gesetzten Frist zur Nacherfüllung durch den Lieferer kommt, verlangt das Medienhaus Minderung. Eine Musikanlage mit einer Leistung von 40 Watt könnte es für 200,00 EUR erwerben. Dem Medienhaus steht ein Minderungsanspruch in Höhe von 100,00 EUR zu.

Ist ein zusätzlicher Schaden entstanden und liegt ein Verschulden des Verkäufers vor, kann der Käufer neben der Minderung auch noch Schadensersatz neben der Leistung verlangen.

■ **Schadensersatz statt der Leistung** [§§ 280 I, III; 281 BGB]

Einen Schadensersatz statt der Leistung wählt der Käufer, wenn er den gelieferten Kaufgegenstand zurückgibt und ihm ein Schaden entstanden ist. Abgedeckt wird sowohl der eigentliche Mangelschaden als auch ein sich anschließender eventueller Mangelfolgeschaden. Mit der Forderung nach Schadensersatz statt der Leistung verliert der Käufer seinen Anspruch auf die Leistung.

Sonderregelungen zu den Gewährleistungsrechten beim Verbraucherkaufvertrag

Begriff Verbrauchsgüterkauf

Der Verbrauchsgüterkauf ist durch **vier Merkmale** definiert:

- Es muss ein **Kaufvertrag** vorliegen.
- Der **Verbraucher** muss der **Käufer** sein.
- Der **Unternehmer** muss der **Verkäufer** sein.
- Der **Kaufgegenstand** muss eine **bewegliche Sache** sein.

Gefahrübergang

Beim Verbrauchsgüterkauf tritt der Gefahrübergang erst ein, wenn der Verbraucher die Kaufsache erhalten hat. Der Unternehmer hat somit den Untergang der Kaufsache bzw. alle Mängel bis zur Übergabe an den Käufer zu vertreten. Eine **Beschaffenheitsvereinbarung** „gekauft wie gesehen" ist **unzulässig** [§ 475 I, S. 1 BGB].

Beweislast

Dem Verbraucher ist es oft nicht möglich, einem Unternehmer zu beweisen, dass die Kaufsache bereits bei deren Übergabe mangelhaft war. Beim **Verbrauchsgüterkauf** besteht deshalb eine sogenannte **Beweislastumkehr** [§ 476 1. HS BGB].

Zunächst muss **der Käufer beweisen,** dass innerhalb von 6 Monaten nach Gefahrübergang **ein Mangel aufgetreten** ist. Beweist der Käufer, dass ein Mangel sich innerhalb dieses Zeitraums nach Gefahrübergang zeigt, so wird vermutet, dieser habe schon vor dem Gefahrübergang bestanden. Der **Verkäufer** muss somit das **Entstehen des Mangels nach Gefahrübergang nachweisen**. Diese Beweislastumkehr gilt auch beim Verbrauchsgüterkauf gebrauchter Sachen.

Die Vermutung eines bei der Übergabe der Sache bereits vorhandenen Sachmangels gilt nicht, wenn die Sache z. B. Schäden aufweist, die offensichtlich durch unsachgemäße Verwendung oder Gewalteinwirkung verursacht sind.

Die zwingende Rechtsvorschrift der Beweislastumkehr kann weder einzelvertraglich noch durch allgemeine Geschäftsbedingungen ausgeschlossen werden.

Weisen die Dichtungen am Dachfenster Einschnitte und mechanische Verletzungen auf, wird man davon ausgehen dürfen, dass die Art des Mangels gegen die Vermutung eines Herstellerfehlers spricht.

Ausschluss der Gewährleistungsrechte

Ein mit einem **Unternehmer** erfolgter **einzelvertraglicher Ausschluss** der Gewährleistungsrechte (Nacherfüllung, Rücktritts- und Minderungsrecht) des Verbrauchers oder ein Ausschluss durch allgemeine Geschäftsbedingungen der Unternehmen ist **rechtswirksam nicht möglich** [§ 475 I BGB]. Nicht ausgeschlossen werden kann ein Ausschluss oder die Beschränkung des Anspruchs auf Schadensersatz [§ 475 III BGB].

Zusammenfassung

- Eine **mangelhafte Lieferung** liegt vor, wenn die im Kaufvertrag vereinbarte Leistung zum **Zeitpunkt** der **Übergabe (Gefahrübergang)** der Sache mit einem **Sach-** und/oder einem **Rechtsmangel** behaftet ist.

- Zu den Mängelarten siehe Tabelle S. 86 f.

- Bei der Lieferung mangelhafter Sachen hat der Käufer folgende **Gewährleistungsrechte**:

  I. Ohne Fristsetzung: Nacherfüllung

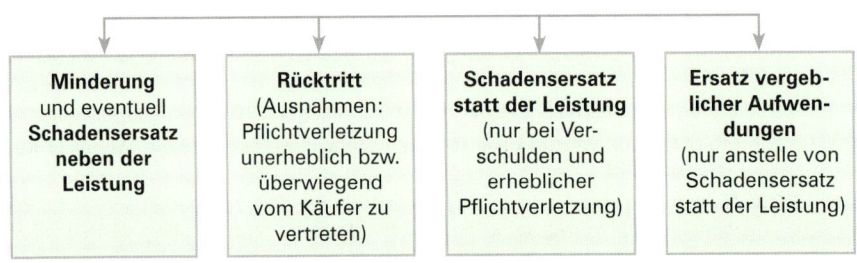

■ **Ersatzlieferung** (Ausnahme: z. B. unverhältnismäßige Kosten) und ■ **Schadensersatz neben der Leistung** (nur bei Verschulden)	■ **Mängelbeseitigung** (Ausnahme: z. B. unverhältnismäßige Kosten) und ■ **Schadensersatz neben der Leistung** (nur bei Verschulden)

  II. Nach Ablauf der gesetzten angemessenen Frist (erfolglose Nacherfüllung)

Minderung und eventuell **Schadensersatz neben der Leistung**	**Rücktritt** (Ausnahmen: Pflichtverletzung unerheblich bzw. überwiegend vom Käufer zu vertreten)	**Schadensersatz statt der Leistung** (nur bei Verschulden und erheblicher Pflichtverletzung)	**Ersatz vergeblicher Aufwendungen** (nur anstelle von Schadensersatz statt der Leistung)

- Für den **Verbrauchsgüterkauf** gelten Sonderregelungen, die zu einer **rechtlichen Besserstellung des Verbrauchers** führen. Sie betreffen den **Gefahrübergang** und die **Beweislast**.

20   1. Begründen Sie, warum der Verkäufer auch für Sachmängel haftet, die ohne sein Verschulden entstanden sind!

2. Nennen Sie die Gewährleistungsrechte, die der Käufer bei einer mangelhaften Lieferung hat!

3. Überlegen Sie, warum der Käufer bei mangelhafter Lieferung nicht zunächst statt Nacherfüllung zu verlangen, vom Kaufvertrag zurücktreten oder Minderung des Kaufpreises verlangen kann!

4. Erläutern Sie, unter welchen wirtschaftlichen Voraussetzungen Sie Mängelbeseitigung, Ersatzlieferung oder den Rücktritt vom Kaufvertrag verlangen würden!

5. Das Möbelhaus Klaus Walter e. K. bestellt bei der Möbelfabrik Fuchs GmbH 50 Stühle in Kirschbaumholz.

   Bei der Überprüfung der Stühle wurde festgestellt:
   – Fünf Stühle wurden in Nussbaum geliefert.
   – Drei Stühle weisen leichte Lackfehler auf.

   Aufgaben:

   5.1 Nennen Sie die Mängelarten, um die es sich bei den Fällen (1) und (2) handelt!

   5.2 Entscheiden Sie begründet, welches Recht Ihrer Meinung nach das Möbelhaus Klaus Walter e. K. geltend machen sollte!

   5.3 Prüfen Sie, was das Möbelhaus Klaus Walter e. K. unternehmen muss, um diese Rechte nicht zu verlieren!

6. Bei der Überprüfung einer Getreidesendung stellt der Händler fest, dass 40 % des Getreides feucht sind. Das Getreide kann an die Mühlen nur weiterverkauft werden, wenn es unter erheblichem Aufwand getrocknet wird.

   Aufgaben:

   6.1 Nennen Sie den vorliegenden Mangel!

   6.2 Nennen und begründen Sie zwei Gewährleistungsrechte, die aufgrund der Feuchtigkeit des Getreides geltend gemacht werden können!

21   Die Großhandlung Weber OHG in Ravensburg erhielt am 12. Februar von der Fahrradfabrik Adler GmbH in Ulm folgendes Angebot:

Herrenfahrräder „Diamant" zu 190,00 EUR je Stück, Preis freibleibend. Die Großhandlung bestellte am 18. Februar 20 Fahrräder zum Preis von 190,00 EUR je Stück.

Die Lieferung erfolgte am 20. März. Die Fahrradfabrik berechnet 200,00 EUR je Stück und begründet die Preissteigerung mit erhöhten Lohnkosten.

Aufgaben:

1. Begründen Sie, welchen Preis die Großhandlung Weber OHG bezahlen muss!

2. Bei der Warenabnahme wurde festgestellt, dass bei zwei Fahrrädern der Rahmen verzogen ist. Ein Fahrrad weist starke Lackschäden auf.[1]

   2.1 Prüfen Sie, innerhalb welcher Frist diese Mängel gerügt werden müssen!

   2.2 Erläutern Sie, welche gesetzlichen Rechte die Großhandlung Weber OHG geltend machen kann!

   2.3 Nennen Sie das Gericht, welches örtlich für eine Klageerhebung zuständig wäre, wenn im Kaufvertrag keine vertragliche Vereinbarung getroffen worden ist!

   2.4 Die Großhandlung Weber OHG macht auch einen Schadensersatzanspruch geltend wegen entgangenen Gewinns. Nehmen Sie dazu Stellung und begründen Sie Ihre Meinung!

---

1 Lösen Sie die Aufgaben 2.1 bis 2.4 unter der Annahme, dass ein rechtswirksamer Kaufvertrag zustande gekommen ist.

22

1. Franz Fuchs hat am 8. April 20.. im Baumarkt Baufix KG einen neuen Rasenmäher gekauft. Am 22. Mai 20.. brach beim Rasenmähen der Gashebel ab. Nun verlangt er von der Baufix KG einen neuen Rasenmäher.

Aufgaben:

1.1 Erklären Sie, warum der Rasenmäher wegen des Abbrechens des Gashebels einen Sachmangel hat!

1.2 Begründen Sie, wie die Baufix KG auf die Forderung von Herrn Fuchs nach einem neuen Rasenmäher reagieren kann!

1.3 Angenommen, die Baufix KG lehnt alle Gewährleistungsrechte von Herrn Fuchs ab. Sie verweist auf ihre allgemeinen Geschäftsbedingungen, in denen sich folgende Klausel befindet:

> „Unsere Produkte unterliegen einer strengen Qualitätskontrolle. Rechte wegen Mängeln an unseren Produkten können nur gegenüber den Herstellern geltend gemacht werden."

Zeigen Sie mit Paragrafenangabe auf, ob die Baufix KG einen Anspruch von Herrn Fuchs auf Nachlieferung und/oder Schadensersatz ablehnen darf!

2. Falko Luchs fährt mit seinem neuen Rennrad auf einer Trainingsfahrt steil bergab. Als plötzlich der rechte Bremsgriff (Hinterradbremse) abbricht, stürzt er schwer. Ein entgegenkommendes Auto muss, um Schlimmeres zu verhindern, ausweichen und fährt dabei gegen einen Baum. Schaden am Auto: 3 500,00 EUR. Falko Luchs muss im Krankenhaus behandelt werden. Kosten des Krankenhausaufenthaltes: 4 800,00 EUR.

Aufgabe:

Überprüfen Sie, welche Ansprüche/Rechte Falko Luchs gegen wen geltend machen kann!

3. Frau Neugebauer kauft am 16. Mai einen teuren Pelzmantel beim Kleiderhaus Wiederhold GmbH. Am 31. Mai stellt sie fest, dass der Mantel an einigen Stellen Mottenfraß aufweist. Am 1. Juni ruft Frau Neugebauer ihre Freundin an und fragt diese um Rat. Diese meint, dass es sich zwar um einen Verbrauchsgüterkauf handle, dass aber die zwei Wochen betragende Widerrufsfrist vorüber sei, sodass Frau Neugebauer wohl nichts mehr machen könne.

Aufgaben:

3.1 Beurteilen Sie, ob bzw. inwieweit die Freundin von Frau Neugebauer Recht hat!

3.2 Frau Neugebauer ist mit dem Rat ihrer Freundin nicht zufrieden. Sie will sich noch anderweitig erkundigen. Da keiner ihrer Bekannten so richtig Bescheid weiß, wendet sie sich erst nach ihrem Auslandsurlaub Anfang Juli an das Kleiderhaus Wiederhold GmbH und verlangt mutig die Lieferung eines mangelfreien Mantels. Der Verkäufer teilt ihr mit, dass Reklamationen nur binnen 14 Tagen entgegengenommen werden (über der Kasse hängt ein mit diesem Hinweis versehenes Schild). Außerdem – so meint er – hätte Frau Neugebauer sofort nach Entdeckung des Schadens rügen müssen.

Nehmen Sie zu den Äußerungen des Verkäufers Stellung!

2.6.3 Lieferungsverzug (Nicht-Rechtzeitig-Lieferung)

2.6.3.1 Begriff und Voraussetzungen des Lieferungsverzugs

(1) Begriff

Ein **Lieferungsverzug** liegt vor, wenn der Schuldner seine geschuldete Leistung **nicht** oder **nicht rechtzeitig erfüllt** und er diese Nichtleistung oder zu späte **Leistung zu vertreten** (verschuldet) hat.

(2) Voraussetzungen

■ **Möglichkeit der Leistung**

Die Nachholbarkeit der Leistung muss grundsätzlich noch möglich sein. Ist die Nachholbarkeit nicht mehr möglich, dann liegt kein Lieferungsverzug, sondern eine Unmöglichkeit der Leistung vor.[1]

■ **Fälligkeit der Leistung (Lieferung)**

Unter Fälligkeit einer Leistung versteht man den Zeitpunkt, von dem ab der Gläubiger eine Leistung (z.B. der Käufer die Übergabe und Übereignung der Kaufsache) verlangen kann.

■ **Verschulden des Verkäufers**

Zu **vertreten** hat der Verkäufer die unterbliebene Leistung, wenn die Lieferungsverzögerung durch **fahrlässiges**[2] oder **vorsätzliches Handeln des Verkäufers** eingetreten ist.

■ **Mahnung des Verkäufers (Lieferers) durch den Käufer**

Mahnung erforderlich [§ 286 I, S. 1 BGB]	Ist der **Kalendertag,** an dem der Verkäufer die Übergabe und Übereignung der Kaufsache zu leisten hat, **kalendermäßig nicht genau bestimmt** (z.B. eine Bestellung zur „sofortigen Lieferung", „sobald wie möglich", „ab 20. Juli 20..."), so muss der Verkäufer durch eine **Mahnung** in **Verzug** gesetzt werden.	
Mahnung nicht erforderlich [§ 286 III BGB]	▪ **Kalendermäßige Bestimmtheit der Leistungszeit.** In diesem Fall ist die Leistungszeit gesetzlich oder vertraglich kalendermäßig so (genau) bestimmt, dass hierdurch als Leistungszeit ein **bestimmter Kalendertag** festgelegt ist (z.B. Warenlieferung am 24. April 20.., Lieferung Ende Mai 20..). ▪ **Kalendermäßige Bestimmbarkeit der Leistungszeit.** Eine kalendermäßige Bestimmbarkeit der Leistungszeit ist gegeben, wenn sich die Leistungszeit **berechnen lässt.** ▪ **Ernsthafte und endgültige Verweigerung** der **geschuldeten Leistung** durch den Verkäufer (Schuldner).	**Beispiele:** ■ Die Lieferung der Kaufsache erfolgt innerhalb von vierzehn Kalendertagen nach Bestelldatum. ■ Der Kaufpreis ist sechs Kalendertage nach dem Rechnungsdatum zu zahlen. ■ Spätestens 30 Kalendertage, nach dem Beurkundungsdatum des Grundstückskaufvertrags, ist der Kaufpreis auf das vom Verkäufer angegebene Konto zu überweisen.

---

1 In diesem Fall ist der Anspruch auf Leistungserfüllung ausgeschlossen [§ 275 I BGB].

2 Wer fahrlässig handelt, der handelt schuldhaft. **Fahrlässigkeit** liegt vor, wenn die im Verkehr (z.B. Straßenverkehr) erforderliche Sorgfalt nicht beachtet wird.

(3) Erweiterte Haftung (Verantwortlichkeit) des Schuldners (Verkäufers) während des Verzugs

Nach dem Eintritt des Lieferungsverzugs haftet der Verkäufer nicht nur für Vorsatz und jede (auch leichte) Fahrlässigkeit. Er haftet während des Verzugs auch für **Zufall** (z. B. für die durch Zufall eingetretene Unmöglichkeit der Leistung), es sei denn, dass der Schaden auch bei rechtzeitiger Leistung eingetreten sein würde [§ 287 BGB].

2.6.3.2 Rechte des Käufers

(1) Rechte, die der Käufer ohne Fristsetzung geltend machen kann

■ Bestehen auf Vertragserfüllung (Lieferung)

Da der Verkäufer seiner Leistungspflicht aus dem Kaufvertrag noch nicht nachgekommen ist, hat der Käufer das Recht, weiterhin auf **Vertragserfüllung** zu bestehen.

■ Bestehen auf Vertragserfüllung (Lieferung) und Schadensersatz wegen Verzögerung der Leistung (Lieferung)

Besteht der Käufer auf Erfüllung der Leistung und möchte er gleichzeitig den durch die Verzögerung der Leistung verursachten Schaden ersetzt haben, so kann er zusätzlich noch **Schadensersatz wegen Verzögerung der Leistung** verlangen.

> **Beispiel:**
>
> Der Einzelhandelskaufmann Ludwig Bühler e. K. hätte den bei der Göppinger Elektrogesellschaft mbH zum Preis von 500,00 EUR gekauften Kühlschrank an Frau Anna Bergmann zu 800,00 EUR weiterverkaufen können. Abzüglich aller Kosten hätte Ludwig Bühler einen Gewinn von 240,00 EUR erzielen können. Wegen Verzugs der Göppinger Elektrogesellschaft mbH scheitert der Weiterverkauf. Der Einzelhandelskaufmann Ludwig Bühler kann 240,00 EUR entgangenen Gewinn als Verzugsschaden geltend machen.

(2) Rechte, die der Käufer nach erfolglosem Ablauf einer dem Verkäufer gesetzten angemessenen Frist[1] zur Leistung oder Nacherfüllung geltend machen kann

■ Rücktritt vom Kaufvertrag

Der Käufer kann vom Kaufvertrag zurücktreten, wenn die dem Verkäufer vorher gesetzte angemessene Frist zur Leistung oder Nacherfüllung erfolglos abgelaufen ist. Obwohl der Käufer vom Vertrag zurücktritt, kann er **Ersatz verlangen** für den Schaden, der ihm aufgrund des Verzugs entstanden ist [§ 325 BGB].

> **Beispiel:**
>
> Der Vertragspartner liefert nach Ablauf der angemessenen Frist nicht. Der Käufer tritt vom Kaufvertrag zurück, weil er die bestellte Sache inzwischen anderweitig zu einem günstigeren Preis kaufen kann. Trotz des nicht mehr bestehenden Vertrags wird der Warenschuldner (Verkäufer) mit den bereits entstandenen Verzugskosten belastet.

---

1 **Angemessen** ist eine Frist, wenn der Verkäufer die Leistung innerhalb der gesetzten Frist erbringen kann, ohne jedoch die geschuldete Kaufsache erst selbst anfertigen oder bei einem anderen Lieferanten kaufen zu müssen.

■ **Schadensersatz statt der Leistung**

Ist die Leistung oder Nacherfüllung nach Ablauf der gesetzten angemessenen Frist nicht erfolgt, so kann der Käufer **Schadensersatz statt der Leistung** verlangen. Ersatzfähig sind in diesem Fall insbesondere die Mehrkosten eines **Deckungsgeschäfts.** Daneben kann der Käufer auch Ersatz für solche Schäden verlangen, die dadurch entstanden sind, dass er Aufträge nicht ausführen kann und es daraufhin zu Gewinneinbußen kommt (entgangener Gewinn). Verlangt der Käufer Schadensersatz statt der Leistung, hat er keinen Anspruch mehr auf die Leistung [§ 281 IV BGB].

Zusammenfassung

■ Ein **Lieferungsverzug** liegt vor, wenn ein Verkäufer seine geschuldete Leistung nicht oder nicht rechtzeitig erfüllt und er diese Nichtleistung oder zu späte Leistung verschuldet hat.

■ **Voraussetzungen der Lieferung** sind:
  ■ Fälligkeit der Leistung,
  ■ Verschulden des Verkäufers,
  ■ Mahnung.

■ Eine **Mahnung** ist z. B. in folgenden Fällen **nicht erforderlich**:
  ■ Die Leistungszeit ist kalendermäßig bestimmt oder bestimmbar.
  ■ Die geschuldete Leistung wird durch den Verkäufer (Schuldner) ernsthaft und endgültig verweigert.

■ **Rechtsfolge des Lieferungsverzugs:**
  Erweiterte Haftung (Verantwortlichkeit) des säumigen Verkäufers während des Verzugs, auch für Zufall (z. B. höhere Gewalt).

■

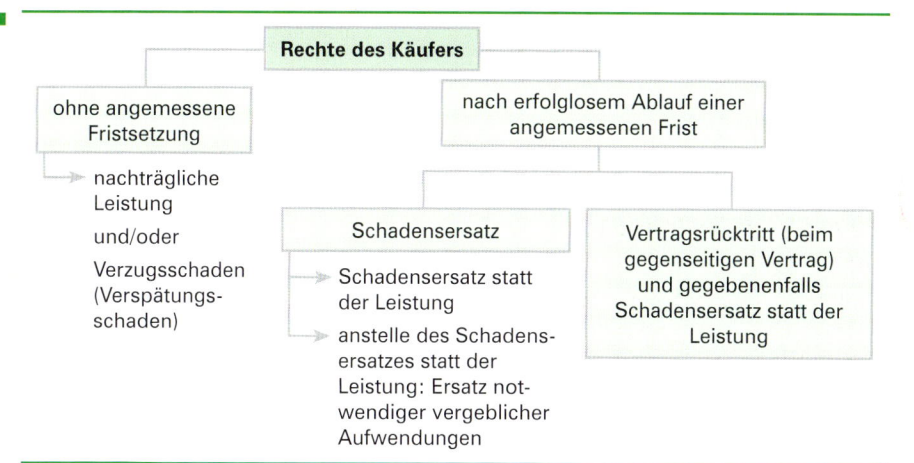

23 1. Die Holzhandlung Hubert Spieß e. Kfm. bestellte am 15. März aufgrund eines verbindlichen Angebots vom 13. März bei der Holzgroßhandlung Spallek GmbH 60 m³ Eichenschnittholz. Lieferung: sofort. Nach 14 Tagen ist die Lieferung noch nicht erfolgt. Es liegt ein Versehen der Versandabteilung vor.

Aufgaben:

1.1 Prüfen Sie, ob die Holzgroßhandlung Spallek GmbH in Verzug ist! Begründen Sie Ihre Entscheidung!

1.2 Prüfen Sie, ob sich die Rechtslage ändert, wenn die Holzgroßhandlung Spallek GmbH die Lieferung bis 25. März fix zugesagt hat! [1]

1.3 Wir gehen davon aus, dass die Lieferung bis zum 25. März hätte erfolgen müssen (Fall 1.2), die Lieferung aber noch nicht bei der Holzhandlung Hubert Spieß e. Kfm. eingetroffen ist. Nennen Sie die Rechte, die der Holzhandlung Hubert Spieß e. Kfm. mit und ohne Fristsetzung zustehen, falls die Holzgroßhandlung Spallek GmbH in Verzug ist!

1.4 Formulieren Sie, von welchem Recht die Holzhandlung Hubert Spieß e. Kfm. voraussichtlich Gebrauch machen wird, wenn – ausgehend von Fall 1.3 – der Preis für Eichenschnittholz inzwischen gefallen ist!

2. Begründen Sie, ob der Käufer beim Lieferungsverzug vom Kaufvertrag zurücktreten und zusätzlich noch Schadensersatz verlangen kann!

3. Erläutern Sie, unter welchen wirtschaftlichen Bedingungen der Käufer beim Lieferungsverzug:

3.1 nur auf Erfüllung der vertraglichen Verpflichtungen bestehen,

3.2 Erfüllung und Verzugsschaden fordern,

3.3 vom Kaufvertrag zurücktreten und

3.4 Schadensersatz statt der Leistung verlangen wird!

4. Entscheiden Sie bei folgenden Angaben der Leistungszeit, ob der Verkäufer vom Käufer durch eine Mahnung in Verzug gesetzt werden muss!

4.1 Heute in drei Monaten,	4.5 14 Tage nach Weihnachten 20..,
4.2 im Juli 20..,	4.6 8 Tage nach Abruf,
4.3 im Laufe des März 20..,	4.7 sofort,
4.4 am 28. Juli 20..,	4.8 20 Tage nach Erhalt der Auftragsbestätigung.

5. Das Sägewerk Gnädinger e. Kfm. hat am 29. Juni 20.. 60 m³ Eichenschnittholz zu liefern. Weil Gnädinger den Termin vergessen hat, liefert er nicht vereinbarungsgemäß. Am 4. Juli 20.. verbrennt sein Holzlager durch Brandstiftung.

Aufgabe:

Prüfen Sie, ob Gnädinger hierdurch von seiner Leistungspflicht befreit ist!

6. Die Thorsten Stiefenhofer KG (Verkäufer) und Maria Kieble e. Kfr. (Käuferin) vereinbaren im Kaufvertrag den 20. April 20.. als Liefertermin.

Maria Kieble e. Kfr. schreibt der Thorsten Stiefenhofer KG am 10. April 20.., sie würde sich in Lieferungsverzug befinden, da die Lieferung bis jetzt noch nicht bei ihr eingegangen sei.

Aufgaben:

6.1 Raten Sie der Thorsten Stiefenhofer KG, was sie Maria Kieble e. Kfr. schreiben soll!

---

1 Ein **Fixkauf** liegt dann vor, wenn mit der genauen Einhaltung bzw. Nichteinhaltung des vereinbarten Liefertermins das Geschäft steht oder fällt. Die Einhaltung der vereinbarten Lieferzeit muss ein so wesentlicher Bestandteil des Kaufvertrags sein, dass eine nachträgliche Leistung nicht mehr als Erfüllung des Vertrags angesehen werden kann.

6.2 Die Thorsten Stiefenhofer KG hat bis 20. April 20.. (vereinbarter Liefertermin) nicht geliefert. Begründen Sie, ob sich die Thorsten Stiefenhofer KG in Lieferungsverzug befindet, wenn sie die Kaufsache wegen eines mehrwöchigen Streiks nicht produzieren kann!

„Ich weiß auch nicht, warum unser Verkäufer ..."

Über den Versuch eines Kunden, bestellte Möbel auch geliefert zu bekommen.

Der Kunde, der an einem schönen Mittwoch morgen am 23. August ein Möbelhaus betritt, wendet sich an einen Verkäufer: „Guten Tag, ich hätte gerne die 4 Regalteile dort, diesen Schreibtisch, beides in Kirschbaum, und dazu noch einen solchen Bürostuhl." Zunächst irritiert über die Entschlussfreudigkeit des Kunden, greift der Verkäufer sofort zum Auftragsbuch, nimmt die Wünsche entgegen, rechnet den Gesamtpreis aus und weist den Kunden auf die übliche Anzahlung von 20 % hin. „Kein Thema", sagt der Kunde. Bis zu diesem Zeitpunkt also nahezu ein Bilderbuchfall. Dann versteigt sich der Verkäufer zu einer Äußerung, die sich im nachhinein als fatal[1] erweisen sollte: „Dieser Hersteller liefert nach meinen Erfahrungen sehr zügig, die Möbel sind in ungefähr drei Wochen da."

Am 19. September mahnt der Kunde das Möbelhaus an, um sich nach dem Verbleib seiner Möbel zu erkundigen, auf die er bereits seit einer Woche wartet. Die Antwort: „Der Hersteller hat uns die Lieferung der Möbel bis zum Ende dieser Woche, also bis zum 24. September versprochen. Wir liefern Ihnen dann unverzüglich am 27. September."

Nächster Anruf des Kunden am 28. September. Eine Schreckensnachricht: Die Möbel sollen jetzt erst in der 41. Woche ankommen, also Mitte Oktober, glatte 4 Wochen nach dem vorgesehenen Termin. Als der Kunde seinen Unmut darüber äußert, entgegnet ihm seine Gesprächspartnerin, sie „könne ja nichts dafür", wenn der Hersteller nicht pünktlich liefere. „Ich vermittle doch nur zwischen Ihnen und dem Hersteller." Der Käufer stellt klar: „Ich will die Möbel bis zum 5. Oktober haben!"

Am 5. Oktober sind die Möbel endlich beim Kunden eingetroffen. Beim Auspacken stellt der Kunde fest, dass die Möbel bis in das kleinste Teil nach Lego-Art zerlegt sind, kein Teil ist montiert. Zum Zusammenbau der Regale benötigt der Kunde vier Stunden.

Den Höhepunkt bildet jedoch der Schreibtisch: In den Holzplatten sind nicht einmal Löcher gebohrt! „Wie soll ich denn die Schrauben hineindrehen ohne Löcher?", stöhnt der Kunde. Entnervt wendet er sich seiner letzten Neuerwerbung zu. Endlich klappt alles. Der Bürostuhl ist äußerst bequem. Am nächsten Tag sitzt der Käufer auf seinem Stuhl und ruft wieder beim Möbelhaus an, um seinen Schreibtisch zu reklamieren. Plötzlich bricht die Rückenlehne ab und er stürzt schwer zu Boden und bricht sich beide Arme.

Quelle: In Anlehnung an Martin T. Roth, FAZ 28.11.2000.

Aufgaben:

1. Beschreiben Sie verbal oder mithilfe einer Skizze, wie in vorliegendem Fall ein Kaufvertrag zustande kommt!

2. Der Kunde wartet auf seine Möbel.
   2.1 Begründen Sie, ab wann das Möbelhaus in Verzug ist!
   2.2 Nennen Sie die Rechte, die der Kunde zu diesem Zeitpunkt hat!
   2.3 Prüfen Sie, was der Käufer mit seiner Fristsetzung am 28. September erreicht!

3. Beurteilen Sie die Aussage: „Ich vermittle doch nur zwischen Ihnen und dem Hersteller" aus rechtlicher Sicht!

4. Begründen Sie, ob der Kunde die Zeit zum Aufbau der Regale dem Möbelhaus in Rechnung stellen kann!

5. Erklären Sie, um welchen Sachmangel es sich beim Fehlen von Montagebohrungen handelt!

---

1 Fatal: verhängnisvoll.

7 Speth u.a. - ISBN 978-3-8120-0520-3

2.6.4 Zahlungsverzug (Nicht-Rechtzeitig-Zahlung)

2.6.4.1 Begriff und Eintritt des Zahlungsverzugs

(1) Begriff

Nach dem „Gesetz zur Bekämpfung von Zahlungsverzug im Geschäftsverkehr" vom 29. Juli 2014 dürfen bei allen **Geschäften zwischen Unternehmen**[1] nur noch Zahlungsfristen von maximal 60 Tagen[2] vertraglich vereinbart werden [§ 271 a I BGB]. Die Zahlungsfrist beginnt zum Zeitpunkt

- des **Empfangs der Leistung** (z. B. Waren) oder
- des **Rechnungszugangs** oder
- des in der Rechnung **genannten Zeitpunkts**.

Ein Schuldner gerät mit seiner geschuldeten Zahlung **in Verzug**,[3] wenn

- der **Gläubiger** seinen Teil des **Vertrags erfüllt** hat,
- der **Gläubiger** den fälligen Betrag **nicht oder nicht rechtzeitig** erhalten hat und
- der **Schuldner** den Zahlungsverzug **verschuldet**[4] hat.

(2) Eintritt des Zahlungsverzugs

- **Zahlungszeitpunkt nach dem Kalender genau bestimmt oder berechenbar**

Ist der **Zahlungszeitpunkt** nach dem Kalender **genau bestimmt** oder lässt sich der Zahlungszeitpunkt **kalendermäßig genau berechnen,** so tritt der Zahlungsverzug **unmittelbar nach Überschreiten** des genau bestimmten oder berechneten Zahlungstermins ein [§ 286 II, Nr. 1, 2 BGB].

Ein **Zahlungstermin** ist nur dann **genau bestimmt,** wenn er auf einem **Gesetz** oder **Urteil** beruht oder **vertraglich vereinbart** ist. Eine Leistungszeit kann also nicht durch eine einseitige Erklärung bestimmt werden. Durch den bloßen Aufdruck des Zahlungstermins durch den Verkäufer auf einer Rechnung kann somit der Zahlungstermin nicht festgelegt werden.

> **Beispiel für einen genau bestimmten Zahlunszeitpunkt:**
>
> Im Vertrag ist vereinbart: *„Der Kaufpreis ist bis zum 15. Januar auf das vom Verkäufer genannte Konto zu überweisen."* Der Käufer kommt mit Ablauf des 15. Januars in Verzug.

> **Beispiel für einen kalendermäßig berechenbaren Zahlunszeitpunkt:**
>
> Im Vertrag ist vereinbart: *„Der Kaufpreis ist innerhalb von zehn Kalendertagen nach Rechnungsdatum zu leisten."* Ist die Rechnung auf den 17. Juni datiert, dann ist der Käufer mit Ablauf des 27. Juni in Zahlungsverzug.

---

1 Diese Regelung gilt **nicht** für Geschäfte mit Verbrauchern.

2 Im Einzelfall können längere Zahlungsfristen vereinbart werden, sofern sie **ausdrücklich getroffen** werden und den **Gläubiger nicht grob benachteiligen.**

3 Der Zahlungsverzug ist ein Schuldnerverzug.

4 Ein Verschulden wird bei Zahlungsverzug immer unterstellt.

■ **Zahlungszeitpunkt nicht genau bestimmt (vereinbart) und nicht berechenbar**

Ist der Zahlungszeitpunkt weder genau bestimmt noch kalendermäßig berechenbar, dann kommt der Käufer in Zahlungsverzug, wenn er auf eine vom Verkäufer **nach der Fälligkeit erfolgte Mahnung** nicht zahlt [§ 286 I, S. 1 BGB].

Beachte:

Verzichtet der Verkäufer auf eine Mahnung oder verweigert der Käufer die Zahlung ernsthaft und endgültig, so befindet sich der Käufer **spätestens 30 Tage nach Fälligkeit und Zugang einer Rechnung** in Zahlungsverzug [§ 286 III, S. 1 BGB].[1]

Beispiel:

Heinz Strom erhält am 2. August 20.. von der Tele-KG Esslingen eine Rechnung über einen gelieferten Fernseher. Bei Nichtzahlung ist Heinz Strom **ohne Mahnung am 2. September 20..** in Zahlungsverzug.

Erhält Heinz Strom am 17. August eine **Mahnung** der Tele-KG Esslingen wegen Nichtzahlung, dann ist er **ab dem 17. August** in Zahlungsverzug, sofern er auf die Mahnung hin nicht zahlt.

Der **Verkäufer kann** somit **wählen,** ob er z. B.

■ nach Zugang einer Rechnung beim Käufer durch eine **rasche Mahnung nach Fälligkeit** schon **vor Ablauf von 30 Tagen** den Zahlungsverzug herbeiführen will oder ob er

■ durch **bloßes Zuwarten** den Verzug **erst nach 30 Tagen** eintreten lässt.

2.6.4.2 Rechte des Verkäufers

(1) Rechte ohne Fristsetzung

■ **Anspruch auf Verzugszinsen** [§ 288 BGB]

Eine Geldschuld ist während des Verzugs zu verzinsen. Der Verzugszinssatz für Entgeltforderungen aus Rechtsgeschäften, an denen ein **Verbraucher nicht beteiligt** ist, beträgt für das Jahr **neun** Prozentpunkte **über dem Basiszinssatz.**[2] Ist ein Verbraucher an dem Rechtsgeschäft beteiligt, beträgt der Aufschlag **fünf** Prozenpunkte.

■ **Schadensersatz wegen Verzögerung der Leistung** [§§ 280 I, II; 286 BGB]

Ist der Schuldner (z. B. der Käufer) in Zahlungsverzug, so ist der Gläubiger (z. B. der Verkäufer) berechtigt, den angemessenen Ersatz **aller** durch den Zahlungsverzug des Schuldners bedingten **Verzugsschäden** zu fordern. Der Gläubiger kann beispielsweise die Erstattung der Kosten eines Inkassobüros[3] und des Verwaltungsaufwands, die zur Geltendmachung der Forderung erforderlich waren, sowie der Gerichtskosten und der Anwaltskosten verlangen. Der Anspruch auf **Schadensersatz wegen Verzögerung der Leistung** tritt neben den Erfüllungsanspruch, d. h., der Gläubiger kann weiterhin die Zahlung fordern und gegebenenfalls den Käufer auf Zahlung verklagen.

---

1 Die **30-Tage-Regelung** gilt nur für **Entgeltforderungen,** nicht jedoch für Sachforderungen.

2 Der **Basiszinssatz** wird jeweils zum 1. Januar bzw. zum 1. Juli von der Europäischen Zentralbank bestimmt.

3 **Inkasso:** Einzug von Geldforderungen.

(2) Gläubigerrechte nach erfolglosem Ablauf einer angemessenen Frist zur Zahlung[1]

Rechte des Gläubigers	Erläuterungen	Beispiele
Rücktritt vom Kaufvertrag [§ 323 BGB]	Der Verkäufer ist berechtigt, vom Kaufvertrag zurückzutreten. Trotz des Rücktritts ist der Verkäufer berechtigt, zusätzlich noch Schadensersatz zu verlangen.	Ein Käufer zahlt nicht. Der Verkäufer tritt vom Kaufvertrag zurück, wenn er diesem Käufer Waren geliefert hat, die er anderweitig zu einem höheren Preis verkaufen kann. Der Käufer wird jedoch z.B. mit Rücknahmekosten (z.B. Frachtkosten) und Verzugszinsen belastet.
Schadensersatz statt der Leistung [§§ 280 I, III; 281 BGB]	Lehnt der Verkäufer die verspätete Zahlung ab und besteht auf Ersatz des entstandenen Schadens, so kann er nach Ablauf einer erfolglosen angemessenen Fristsetzung Schadensersatz statt der Leistung verlangen.	Ein Käufer zahlt nicht. Der Verkäufer nimmt die Ware zurück und verkauft sie anderweitig, jedoch zu einem niedrigeren Preis. Den Preisunterschied, die Rücknahmekosten und gegebenenfalls weitere entstandene Verzugskosten (z.B. Verzugszinsen) hat der Käufer zu tragen.

Zusammenfassung

■ Wenn ein Schuldner (z.B. der Käufer als Schuldner des Kaufpreises) seine Zahlungsverpflichtungen nicht wie vereinbart oder gesetzlich bestimmt rechtzeitig erfüllt, dann kommt er in **Zahlungsverzug.**

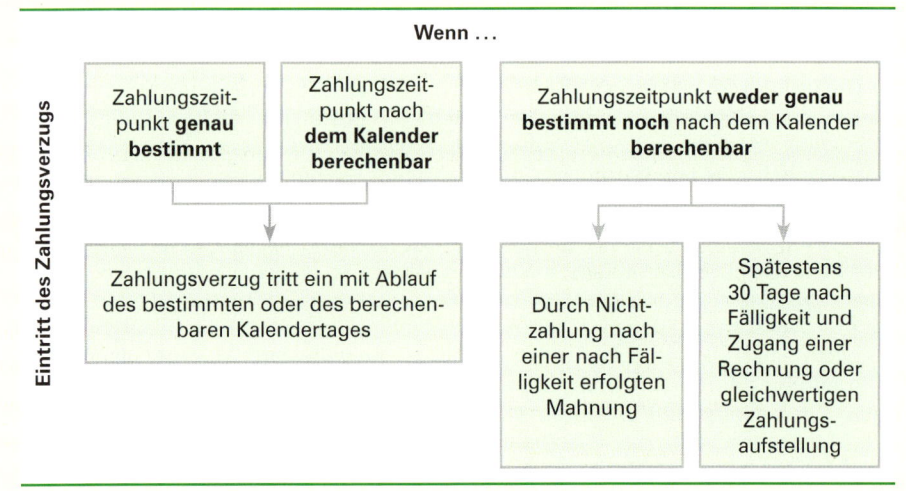

---

1 Beim Zahlungsverzug ist eine Fristsetzung nicht erforderlich, wenn z.B. der Käufer die Zahlung ernsthaft und endgültig verweigert oder ein Fixgeschäft vorliegt.

25 1. Erklären Sie die Rechtsfolgen des Zahlungsverzugs!

2. Begründen Sie, warum „Verschulden" keine Voraussetzung des Zahlungsverzugs ist!

3. Die Baumaschinenhandlung Feutbeiner e. Kfm. erhält am 2. Juni 20.. von ihrem Lieferer folgende Rechnung: 44 000,00 EUR zuzüglich 19 % USt. Laut Vertrag ist die Rechnung zahlbar innerhalb von 10 Tagen ab Rechnungsdatum mit 2 % Skonto oder 30 Tage netto Kasse. Rechnungsdatum ist der 1. Juni 20..

Aufgaben:

Begründen Sie, ob Feutbeiner e. Kfm. in Zahlungsverzug ist, wenn

3.1 er den Rechnungsbetrag abzüglich 2 % Skonto am 12. Juni 20.. überweist,

3.2 er die Rechnung ohne Skonto am 15. Juli 20.. bezahlt hat!

4. Rechnungsdatum: 10. Mai 20.. Der Rechnungseingang erfolgt zusammen mit der Warenlieferung am 12. Mai 20..

Aufgaben:

Prüfen Sie, ab wann sich der Käufer in Zahlungsverzug befindet, wenn folgende Zahlungsbedingungen als vertraglich vereinbart gelten:

4.1 sofort,

4.2 20 Tage ab heute,

4.3 am 20. Mai 20..,

4.4 14 Tage ab Rechnungszugang!

26 Jan Svenson, Inhaber des Feinkostgeschäfts Jans Spezialitätenhaus e. K., lieferte am 17. Mai 20.. im Rahmen des Party-Bringdienstes ein Menü für 40 Personen an die Eheleute Britta und Alfred Menke, Gesellschafter der Menke OHG, für ihre private Geburtstagsfeier zum Preis von 1 980,00 EUR, zahlbar 14 Tage nach Rechnungserhalt. Die Rechnung ging bei den Eheleuten Menke am 20. Mai 20.. ein.

Am 20. Juni 20.. haben die Eheleute Menke immer noch nicht bezahlt. Jan Svenson schickt ihnen deshalb am 24. Juni 20.. eine Mahnung und verlangt Zahlung bis zum 30. Juni 20.. einschließlich der gesetzlichen Verzugszinsen. Als Basiszinssatz werden 4,26 % angenommen.

Aufgaben:

1. Prüfen Sie, ob Jan Svenson Verzugszinsen von den Eheleuten Menke verlangen kann! Wenn ja, berechnen Sie die Höhe der Verzugszinsen!

2. Erläutern Sie, ob sich die Rechtslage ändert, wenn die Eheleute das Menü für eine Jubiläumsfeier der Menke OHG bestellt und die Rechnung bis zum 30. Juni 20.. nicht bezahlt hätten!

2.7 Fernabsatz

2.7.1 Fernabsatzgeschäfte

Warenbestellungen und Dienstleistungen, die per Telefon, Brief, Fax oder E-Mail erfolgen, bezeichnet man als **Fernabsatzgeschäfte**. Hierzu zählen insbesondere:

E-Commerce	Electronic Commerce bezeichnet Geschäftsvorgänge, bei denen die Beteiligten auf elektronischem Wege, insbesondere auf dem Weg über das Internet, ihre Geschäfte anbahnen und abwickeln.
	Man unterscheidet dabei verschiedene Partner-Transaktionen:
	▪ **B2C**: Business to Consumer. Die Geschäftsbeziehung berührt auf der Verkäuferseite ein Unternehmen, auf der Käuferseite eine Privatperson.
	▪ **B2B**: Business to Business. Beide Partner sind Unternehmen.
	▪ **B2A/B2G**: Business to Administration/Business to Government, z.B. Steuererklärungen, Steuervoranmeldungen über das Programm **Elster** (**El**ektronische **Steuerer**klärungen), Anträge auf Erlass eines Mahnbescheides, Ausschreibungen für Handwerksleistungen.
Versandhandel	Ist eine Betriebsform des Einzelhandels, bei der Waren durch Verwendung von Fernkommunikationsmitteln, vor allem mithilfe von Katalogen oder Vertretern, angeboten und dem Käufer nach Bestellung durch die Post oder auf anderem Wege zugestellt werden.
Callcenter	Callcenter werden z.B. im Banken- und Versicherungsbereich, in Versandhäusern, beim Direct-Banking eingesetzt, bei denen eine telefonische Beratung oder ein Verkauf möglich ist.

Rechtliche Grundlage für den Abschluss von Fernabsatzgeschäften ist der **Fernabsatzvertrag.**

2.7.2 Begriff Fernabsatzvertrag

(1) Merkmale des Fernabsatzvertrags

Fernabsatzverträge sind

- Verträge über die **Lieferung von Waren** oder über die **Erbringung von Dienstleistungen,** die
- zwischen einem **Unternehmer** und einem **Verbraucher**
- unter **ausschließlicher Verwendung** von „**Fernkommunikationsmitteln**"
- im Rahmen eines für den Fernabsatz organisierten **Vertriebs- oder Dienstleistungssystems** abgeschlossen werden [§ 312 c I BGB].

Fernkommunikationsmittel sind z. B. Briefe, Kataloge, Telefonanrufe, Telefaxe, Internet-Homepages, SMS-Nachrichten, E-Mails.[1] Der Fernabsatzvertrag knüpft allein an die **Art und Weise seines Abschlusses** und nicht an einem bestimmten Vertragsinhalt an.

Beispiel:

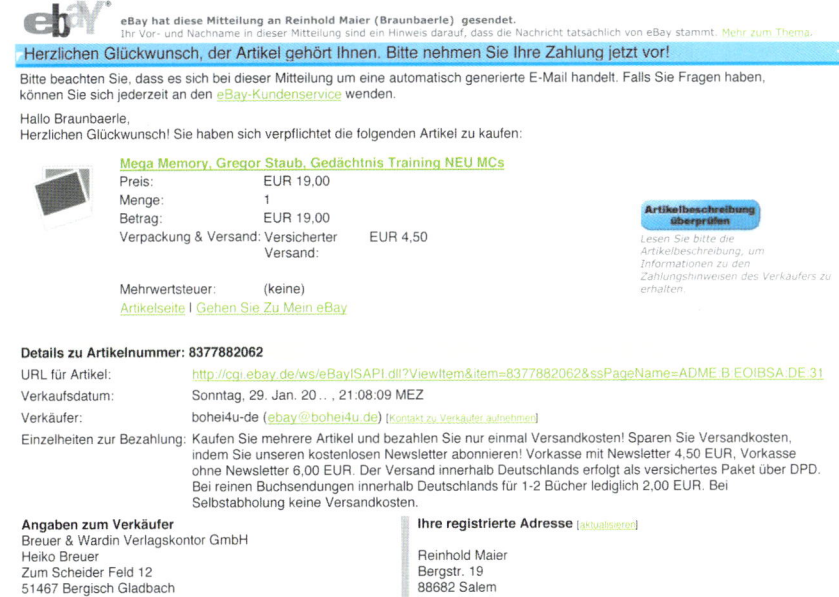

Entscheidend für das Vorliegen eines Fernabsatzvertrages ist das Schlüsselwort „**ausschließlich**".

---

1 Zwischen Unternehmer und Verbraucher dürfen z. B. folgende Bereiche nicht in der Form eines Fernabsatzvertrags abgeschlossen werden: Vermittlung von Versicherungen, Immobiliengeschäfte, Fernunterricht, Lieferung von Lebensmitteln, Getränken und sonstigen Haushaltsgegenständen des täglichen Bedarfs.

- Wenn ein Vertragsabschluss zwar über Fernkommunikationsmittel, etwa per Telefon, angebahnt, dann aber infolge eines persönlichen Vertreterbesuchs beim Kunden abgeschlossen wird, kann dies nicht mehr als „ausschließlich" bezeichnet werden und es gelten nicht die Vorschriften über Fernabsatzverträge.

- Die Vorschriften zu Fernabsatzverträgen gelten auch dann nicht, wenn der Vertragsabschluss nicht im Rahmen eines speziell für den Fernabsatz organisierten Vertriebs- oder Dienstleistungssystems erfolgt. Wird also nur ausnahmsweise oder gelegentlich eine Bestellung per Telefon angenommen und dann per Postversand abgewickelt, dann liegt ebenfalls kein Fernabsatzvertrag vor.

Ob ein Fernabsatzvertrag vorliegt, hängt daher von den **Bedingungen des einzelnen Falls** ab.

(2) Internetauktionen

Internetauktionen fallen in der Regel unter die Gesetzgebung des Fernabsatzrechts. Nach der aktuellen Rechtsprechung sind Internetauktionen (Onlineauktionen) keine Versteigerungen, weil der Zuschlag **nicht zum absolut höchsten Gebot** erfolgt, sondern zu einem **festgelegten**

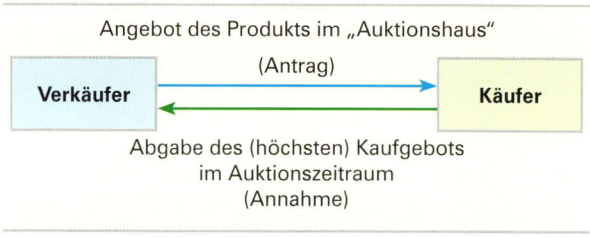

Angebot des Produkts im „Auktionshaus"
(Antrag)

Verkäufer → Käufer

Abgabe des (höchsten) Kaufgebots
im Auktionszeitraum
(Annahme)

Zeitpunkt. Es kommt bei Internetauktionen nicht darauf an, ob noch höhere Angebote gekommen wären, vielmehr entscheidet allein das höchste Angebot zum zuvor festgelegten Verkaufszeitpunkt. Damit gilt für Internetauktionen das **Kaufrecht**. Das **Angebot in einer Onlineauktion** ist die rechtsverbindliche **erste Willenserklärung (Antrag)**, die **Abgabe des höchsten Kaufgebots** innerhalb des Auktionszeitraums die rechtsverbindliche **zweite Willenserklärung (Annahme)**.

Da auf Online-Auktionsplattformen (z. B. eBay) im Prinzip jeder seine Waren anbieten kann, ist jeweils die Frage zu klären, ob der Verkäufer Unternehmer oder Verbraucher ist. Hier gilt: Wer **planmäßig** und **regelmäßig** Waren bei Auktionsplattformen anbietet, gilt als **Unternehmer**. Dies gilt auch dann, wenn der Verkäufer seine Waren nebenberuflich im

Beispiel:

Eine Verkäuferin in einem Textilgeschäft, die privat Einkaufstaschen und Stofftiere näht und diese planmäßig und regelmäßig im Internet zum Kauf anbietet, gilt bei Onlineauktionen als Unternehmerin.

Internet anbietet (sogenannte Powerseller). Ist der Verkäufer bei Internetauktionen Unternehmer und der Käufer Verbraucher, so liegt ein Verbrauchsgüterkauf vor.

2.7.3 Widerrufsrecht

(1) Begriff Widerrufsrecht und Beispiel einer Widerrufsbelehrung

Dem Verbraucher steht ein **14-tägiges Widerrufsrecht** zu [§ 312 g i. V. m. § 355 I BGB]. Die Widerrufsfrist **beginnt mit dem Erhalt der Ware**. Den **Widerruf muss der Verbraucher** gegenüber dem Unternehmer **ausführlich erklären**. Aus Gründen der Beweissicherheit sollte grundsätzlich per E-Mail, Fax oder auf dem Postweg und nicht am Telefon widerrufen werden. In der Praxis genügt es für einen wirksamen Widerruf, der Rücksendung ein Widerrufsschreiben oder -formular beizulegen.

Beispiel einer vorvertraglichen Widerrufsbelehrung

Widerrufsrecht[1]

Sie haben das Recht, binnen vierzehn Tagen ohne Angabe von Gründen diesen Vertrag zu widerrufen. Die Widerrufsfrist beträgt vierzehn Tage ab dem Tag, an dem Sie oder ein von Ihnen benannter Dritter die Waren in Besitz genommen haben bzw. hat.

Um Ihr Widerrufsrecht auszuüben, müssen Sie uns (Mustermann GmbH, Musterstraße 1, 12345 Musterstadt, Tel.: 0123/12345; Fax: 0123/12345, E-Mail-Adresse: max@ mustermann.de) mittels einer eindeutigen Erklärung (z.B. Brief, Telefax oder E-Mail) über Ihren Entschluss informieren, diesen Vertrag zu widerrufen. Nutzen Sie unser Muster-Widerrufsformular auf www.mustermannsshop.de, so werden wir Ihnen unverzüglich per E-Mail eine Bestätigung über den Eingang Ihres Widerrufs übermitteln.

Zur Wahrung der Widerrufsfrist reicht es aus, dass Sie die Mitteilung über die Ausübung des Widerrufsrechts vor Ablauf der Widerrufsfrist absenden.

Folgen des Widerrufs

Wenn Sie diesen Vertrag widerrufen, haben wir Ihnen alle Zahlungen, die wir von Ihnen erhalten haben, einschließlich der Lieferkosten der Standardlieferung, spätestens binnen vierzehn Tagen ab dem Tag zurückzuzahlen, an dem die Mitteilung über Ihren Widerruf dieses Vertrags bei uns eingegangen ist. Für diese Rückzahlung verwenden wir dasselbe Zahlungsmittel, das Sie eingesetzt haben, es sei denn, mit Ihnen wurde ausdrücklich etwas anderes vereinbart. In keinem Fall werden Ihnen wegen dieser Rückzahlung Entgelte berechnet.

Wir können die Rückzahlung verweigern, bis wir die Waren wieder zurückerhalten haben oder bis Sie den Nachweis erbracht haben, dass Sie die Waren zurückgesandt haben.

Sie müssen die Waren unverzüglich und in jedem Fall spätestens binnen vierzehn Tagen ab dem Tag, an dem Sie uns über den Widerruf dieses Vertrags unterrichten, an uns zurücksenden oder übergeben. Die Frist ist gewahrt, wenn Sie die Waren vor Ablauf der Frist von vierzehn Tagen absenden.

Sie tragen die unmittelbaren Kosten der Rücksendung der Waren.

Für einen etwaigen Wertverlust der Waren müssen Sie nur aufkommen, wenn dieser Wertverlust auf einen zur Prüfung der Beschaffenheit, Eigenschaften und Funktionsweise der Waren nicht notwendigen Umgang zurückzuführen ist.

(2) Rückabwicklung nach Widerruf

Bei Widerruf muss der Kaufvertrag binnen **14 Tagen rückabgewickelt** werden [§ 357 BGB].

Das bedeutet, dass der **Käufer** die Ware **innerhalb von 14 Tagen zurücksenden** und der **Unternehmer** den **Kaufpreis in der gleichen Zeit zurückerstatten** muss. Allerdings darf der Händler die Rückerstattung des Kaufpreises so lange verweigern, bis er die **Ware zurückerhalten** hat oder der Verbraucher **nachweist**, dass er die **Ware abgesandt** hat [§ 357 IV BGB].

---

1 Vgl. www.haendlerbund.de; 17.02.2014.

(3) Hin- und Rücksendekosten

Bis zur Höhe einer günstigen **Standardsendung** muss der **Unternehmer** dem Verbraucher die **Hinsendungskosten** bei einem Widerruf **erstatten** [§ 357 II BGB].

Für die **Rücksendung** trägt **grundsätzlich der Verbraucher die Kosten,** vorausgesetzt, der Unternehmer hat ihn hierüber vorab **unterrichtet.** Für den Unternehmer besteht auch die Möglichkeit, die Kosten der Rücksendung freiwillig zu übernehmen [§ 357 VI BGB].

Beachte:

- **Kein Widerrufsrecht** besteht bei bestimmten Fernabsatzverträgen, z. B. bei schnell verderblichen Waren, Sonderanfertigungen, Audio-/Videoaufzeichnungen und Software (sofern die gelieferten Datenträger vom Verbraucher entsiegelt wurden), Lieferung von Zeitungen, Zeitschriften und Illustrierten [§ 312 d IV BGB].

- Von den **verbraucherschützenden Rechtsvorschriften** zu den Fernabsatzverträgen darf grundsätzlich **nicht zum Nachteil des Verbrauchers** abgewichen werden.

Zusammenfassung

- Wichtige **Fernabsatzgeschäfte** sind
    - der E-Commerce,
    - der Versandhandel und
    - das Callcenter.
- **Fernabsatzverträge** werden unter ausschließlicher Verwendung von Fernkommunikationsmitteln (z. B. Briefe, Faxe, E-Mails) zwischen einem Unternehmen und einem Verbraucher geschlossen.
- **Internetauktionen** fallen in der Regel unter die Gesetzgebung des Fernabsatzrechts.
- Neben den üblichen Einzelheiten (Beschreibung der Leistung, Lieferungs- und Zahlungsbedingungen) sind die Anschrift des Unternehmers und eine Widerrufsbelehrung **zwingende Bestandteile** des Fernabsatzvertrags.
- Der Verbraucher hat im Normalfall ein gesetzliches **Widerrufsrecht** innerhalb von 14 Tagen. Er muss jedoch nach dem Gesetz die Kosten der Rücksendung tragen.

Übungsaufgabe

27 1. Ein Versandunternehmen schreibt auf seinen Katalog mit dicken Lettern: „Bei uns haben Sie 30 Tage Rückgabe- bzw. Rücktrittsrecht".

Aufgaben:

  1.1 Erklären Sie, warum das Rücktritts- bzw. Rückgaberecht bei Katalogbestellungen wichtig ist!

  1.2 Erläutern Sie, inwiefern das Versandunternehmen dem Verbraucher entgegenkommt!

2. 2.1 Erläutern Sie unter Angabe des Gesetzesparagrafen den Begriff des Fernabsatzvertrags!

  2.2 Nennen Sie zwei Fälle, in denen die Vorschriften des Fernabsatzvertrags keine Anwendung finden, obwohl die jeweiligen Verträge mithilfe von Fernkommunikationsmitteln abgeschlossen worden sind!

2.3 Erläutern Sie die Rechtsfolgen, die sich für den Verbraucher ergeben, wenn er einen abgeschlossenen Fernabsatzvertrag fristgerecht widerruft!

3. Prüfen Sie, in welchen Fällen die Vorschriften des BGB über Fernabsatzverträge Anwendung finden!

   3.1 Unternehmen kaufen Waren von anderen Unternehmen im Internet (B2B; business to business).

   3.2 Ein Verbraucher schließt im Internet mit einer Versicherungsgesellschaft einen Kfz-Versicherungsvertrag für seinen neuen Pkw ab.

   3.3 Klara Müller ruft bei ihrem Bäcker an und bestellt zur Lieferung frei Haus täglich 10 Brötchen. Da Frau Müller in der Nachbarschaft wohnt, ist der Bäcker ausnahmsweise dazu bereit.

   3.4 Sie bestellen telefonisch bei einem Pizza-Service drei Pizzen zur Lieferung frei Haus.

   3.5 Sie bestellen durch Fax beim Versandhaus Schön GmbH einen Bademantel nach den Katalogbedingungen.

   3.6 Sie bestellen im Anschluss an eine Fernsehwerbung das dort angebotene Fahrrad durch Anruf bei der in der Sendung angegebenen Rufnummer.

4. Sie haben am 15. März d. J. bei der Internetfirma Computer-Versand GmbH nach deren Katalog ein Notebook zum Preis von 418,00 EUR bestellt. Die Lieferung erfolgt nach vier Werktagen. Nachdem Sie das Notebook am Empfangstag gestartet haben, um dessen Qualität zu prüfen, entschließen Sie sich, dieses unter Berufung auf das BGB wieder zurückzugeben. Am nächsten Tag senden Sie das Notebook per Post unfrei an den Versender zurück.

   Nach einer Woche erhalten Sie von der Computer-Versand GmbH einen Brief mit der Aufforderung, den Kaufpreis von 418,00 EUR und die bisher entstandenen Versandkosten in Höhe von 14,00 EUR innerhalb von 7 Tagen zu überweisen, da Ihre Rücksendung der Ware nicht berechtigt gewesen sei.

   Aufgaben:

   4.1 Begründen Sie, ob Sie das Notebook abnehmen und die entstandenen Kosten zahlen müssen!

   4.2 Prüfen Sie, ob sich die rechtliche Situation ändert, wenn Sie anstelle des Notebooks ein versiegeltes Softwareprogramm bei der Computer-Versand GmbH bestellt, getestet und zurückgegeben hätten!

5. Fritz Häring arbeitet hauptamtlich als Werkzeugmacher. In seiner Freizeit stellt er Mause- und Marderfallen her und bietet diese regelmäßig auf einer Internetplattform an. Da die Schließautomatik nicht in jedem Fall einwandfrei funktioniert, steht in den Lieferbedingungen der Satz: „Die Lieferung erfolgt unter Ausschluss jeglicher Haftung."

   Aufgaben:

   5.1 Nehmen Sie Stellung zu dieser Lieferbedingung!

   5.2 Begründen Sie, ob sich die rechtliche Situation ändert, wenn Fritz Häring seine Mause- und Marderfallen nur gelegentlich und in großen Zeitabständen auf einer Internetplattform anbietet!

3 Finanzierung

3.1 Begriff Finanzierung und Übersicht über die Finanzierungsarten

(1) Begriff Finanzierung

Zur Durchführung von Investitionen muss Kapital beschafft und bereitgestellt werden. Dies ist Aufgabe der Finanzierung.

> **Finanzierung** ist die Bereitstellung von finanziellen Mitteln zur Durchführung der betrieblichen Leistungsprozesse sowie aller sonstigen finanziellen Vorgänge.[1]

(2) Arten der Finanzierung

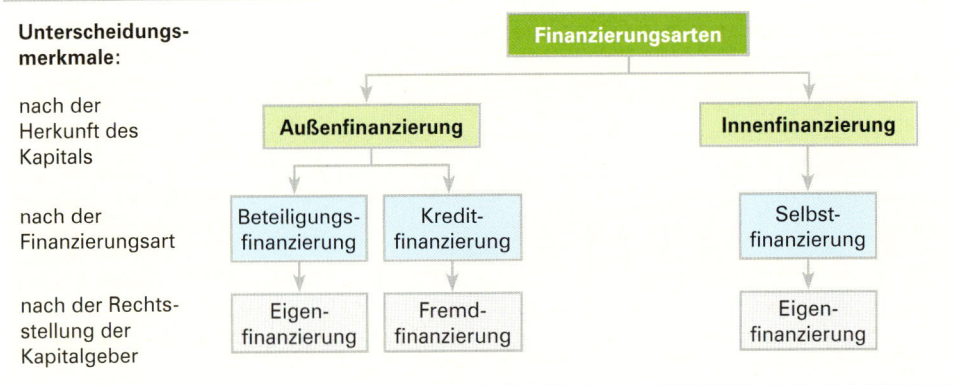

Erläuterungen zu den Finanzierungsarten

■ **Außenfinanzierung**

Fließt dem Unternehmen Kapital von außen zu, also nicht aus dem betrieblichen Umsatzprozess, sondern aus Kapitaleinlagen der Gesellschafter und/oder Kapitalgewährungen durch Gläubiger, so liegt eine **Außenfinanzierung** vor.

Beteiligungs-finanzierung	Sie ist gegeben, wenn dem Unternehmen Eigenkapital durch den Unternehmer bzw. durch die Gesellschafter von Personengesellschaften oder durch den Ersterwerb von Anteilen an Kapitalgesellschaften zugeführt wird.
Kreditfinanzierung	Sie ist gegeben, wenn dem Unternehmen Fremdkapital (z. B. von Banken) von außen zugeführt wird.

---

1 Z. B. Gründung, Kapitalerhöhung, Sanierung, Liquidation.

■ **Innenfinanzierung als Selbstfinanzierung**

Werden die Gewinne, die den Eigenkapitalgebern zustehen, nicht ausgeschüttet, sondern für zusätzliche Investitionen herangezogen, so erhöht sich das Vermögen und das Eigenkapital. Die Finanzierung aus Gewinnen bezeichnet man auch als **Selbstfinanzierung**. Diese Finanzierungsform führt zu **Eigenkapital**.

3.2 Innenfinanzierung – dargestellt am Beispiel der Selbstfinanzierung

(1) Begriff Selbstfinanzierung

Verbleibt ein Teil des Gewinnes in dem Unternehmen erhöht sich das Eigenkapital. Dies ist ein von dem Unternehmen selbst erwirtschafteter Mittelzuwachs.

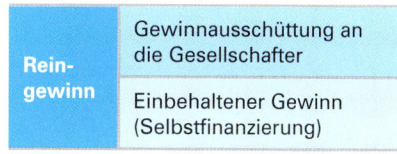

| Rein-gewinn | Gewinnausschüttung an die Gesellschafter |
| | Einbehaltener Gewinn (Selbstfinanzierung) |

Selbstfinanzierung ist die Bereitstellung von **Finanzmitteln** aus dem **Gewinn des Unternehmens**.

(2) Beispiel: Selbstfinanzierung bei der KG

Eine **Selbstfinanzierung** liegt bei der KG vor, wenn der **Gewinn** (Teile des Gewinnes) **der Komplementäre** (des Komplementärs) **nicht ausgeschüttet** wird.

Die **Höhe des Selbstfinanzierunganteils** der einzelnen Komplementäre hängt von der **Höhe des Gesamtgewinnes** und der **Regelung der Gewinnverteilung** ab.

Beispiel:

An der Wagner KG ist Fritz Wagner als Komplementär mit 400 000,00 EUR und Elisabeth Vollmar als Kommanditistin mit 100 000,00 EUR beteiligt. Von der Kommanditeinlage der Frau Vollmar sind 8 000,00 EUR noch nicht eingezahlt. Im abgelaufenen Geschäftsjahr, das mit dem Kalenderjahr übereinstimmt, wurde ein Gewinn in Höhe von 82 000,00 EUR erzielt. Der Komplementär Fritz Wagner entnahm im Laufe des Geschäftsjahres für private Zwecke insgesamt 55 000,00 EUR.

Der Gesellschaftsvertrag enthält unter anderem folgende Regelungen:

§ 4 Vom erzielten Jahresgewinn erhält jeder Gesellschafter 6 % auf das eingezahlte Kapital. Rückständige Einlagen sind mit 6 % zu verzinsen. Ein danach verbleibender Restgewinn wird im Verhältnis 4 : 1 verteilt.

§ 5 Ein Verlust wird im Verhältnis 2 : 1 getragen.

Aufgaben:

1. Berechnen Sie für jeden Gesellschafter

   1.1 die 6 %ige Verzinsung des Kapitalanteils sowie

   1.2 den Anteil am Restgewinn!

2. Stellen Sie eine Gewinnverteilungstabelle auf (mit Angabe der Kapitalbeträge am Ende des Geschäftsjahres sowie des an Frau Vollmar auszuzahlenden Gewinnanteils)!

3. Berechnen Sie die Selbstfinanzierung der Wagner KG!

Lösungen:

Zu 1.1: Berechnung der Kapitalverzinsung

Wagner:	6 % von 400 000,00 EUR für 360 Tage	=	24 000,00 EUR
Vollmar:	6 % Habenzinsen von 92 000,00 EUR für 360 Tage	=	5 520,00 EUR
−	6 % Sollzinsen von 8 000,00 EUR für 360 Tage	=	480,00 EUR
	Zinsanteil		5 040,00 EUR

Zu 1.2: Berechnung des Anteils am Restgewinn

Jahresgewinn		82 000,00 EUR
− Verzinsung Komplementär Wagner	24 000,00 EUR	
− Verzinsung Kommanditistin Vollmar	5 040,00 EUR	29 040,00 EUR
= Restgewinn		52 960,00 EUR : 5 = 10 592,00 EUR
Anteil am Restgewinn Wagner 4 · 10 592,00 =		42 368,00 EUR
Anteil am Restgewinn Vollmar 1 · 10 592,00 =		10 592,00 EUR

Zu 2.: Vereinfachte Gewinnverteilungstabelle

Gesell-schafter	Anfangs-kapital	6 % Vor-dividende	Restgewinn 4 : 1	Gesamter Gewinnanteil	Privatent-nahmen	End-kapital	Auszuzahl. Gewinn
Komplem. Wagner	400 000,00	24 000,00	42 368,00	66 368,00	55 000,00	411 368,00	–
Komman. Vollmar	100 000,00 (92 000,00)	5 040,00	10 592,00	15 632,00	–	100 000,00	7 632,00
KG insgesamt	500 000,00 (492 000,00)	29 040,00	52 960,00	82 000,00	55 000,00	511 368,00	7 632,00

Zu 3.: Höhe der Selbstfinanzierung

Eigenkapital am Ende des Geschäftsjahres		
Komplementär Wagner	411 368,00 EUR	
Kommanditistin Vollmar	100 000,00 EUR	511 368,00 EUR
− Eigenkapital zu Beginn des Geschäftsjahres		
Komplementär Wagner	400 000,00 EUR	
Kommanditistin Vollmar	100 000,00 EUR	500 000,00 EUR
Höhe der Selbstfinanzierung		11 368,00 EUR

28 Die Kurz & Klein KG hatte folgende Entwicklung:

	Kapitalanteil in EUR zum 1. Jan. 20..	Entnahmen in EUR
Komplementär Fritz Kurz	400 000,00	32 500,00
Komplementär Paul Klein	390 000,00	35 000,00
Kommanditist Martin Enderle	330 000,00	

Der Gewinn des Geschäftsjahres beträgt 297 600,00 EUR.

Der Gesellschaftsvertrag regelt in § 8 Folgendes zur Gewinnverteilung:

– Die Komplementäre erhalten vorab eine Arbeitsvergütung von je 4 000,00 EUR monatlich.

– Das Jahresanfangskapital der Gesellschafter wird mit 6 % verzinst.

– Der Restgewinn wird nach dem Verhältnis der Kapitalkontostände zum Jahresanfang verteilt.

Aufgaben:

1. Stellen Sie eine Gewinnverteilungstabelle auf!

2. Berechnen Sie die Selbstfinanzierung der Kurz & Klein KG!

29 Die Alfred Burger KG weist folgende Kapitalsituation auf:

	Kapital in EUR zum 1. Jan. 20..
Komplementär Alfred Burger	260 000,00
Komplementär Karl Burger	350 000,00
Kommanditist Werner Weis	110 000,00

Im § 9 des Gesellschaftsvertrags der Alfred Burger KG wurden in Ergänzung zum HGB folgende Vereinbarungen zur Gewinn- und Verlustbeteiligung getroffen:

– Die Komplementäre Alfred und Karl Burger erhalten für ihre Tätigkeit jährlich eine gewinnabhängige Vorausvergütung von je 15 000,00 EUR.

– Die Kapitalien der Gesellschafter werden nach ihrem Stand zu Beginn des Geschäftsjahres mit 5 % verzinst. Ausstehende Einlagen sind mit 5 % zu verzinsen.

– Ein Restgewinn wird auf die Gesellschafter im Verhältnis 2 : 2 : 1 verteilt.

Privatentnahmen im Geschäftsjahr: Alfred Burger   22 000,00 EUR
                                       Karl Burger   14 000,00 EUR

Kommanditist Werner Weis zahlte seine ausstehende Einlage am 15. Juli des laufenden Geschäftsjahres ein.

Der Gewinn des Geschäftsjahres beträgt 353 725,00 EUR.

Aufgaben:

1. Stellen Sie eine Gewinnverteilungstabelle auf!

2. Berechnen Sie für das Geschäftsjahr die Höhe der Selbstfinanzierung!

3.3 Außenfinanzierung – dargestellt am Beispiel der Fremdfinanzierung (Kreditfinanzierung)

3.3.1 Begriff Fremdfinanzierung

Reichen die eigenen Finanzmittel des Unternehmens zur Finanzierung nicht aus, ist das Unternehmen darauf angewiesen, Geld von Fremden **(Kredit)**[1] aufzunehmen. Diese Fremdmittel stellen u. a. Banken, Versicherungen, Privatpersonen, evtl. sogar der Staat, meistens gegen Zinszahlung zur Verfügung. Der Kredit wird dem Unternehmen ohne Weiteres gewährt, wenn das Unternehmen den Kreditgeber davon überzeugen kann, beispielsweise durch die Überlassung entsprechender Kreditsicherheiten (Grundstücke, Gebäude, Wertpapiere), dass es in der Lage sein wird, Zins und Tilgung vereinbarungs- gemäß zu leisten.

Fremdfinanzierung kann außer mit **Geldmitteln** auch mit **Sachmitteln** erfolgen. Kredit- geber für Geldmittel sind insbesondere die Banken (z. B. Kontokorrentkredit, Darlehen) und die Lieferer (Liefererkredite). Eine wichtige Möglichkeit der Fremdfinanzierung mit Sachmitteln ist das Leasing.[2]

- Unter einem **Kredit** versteht man die zeitweilige Überlassung von Geld (oder Sach- gütern) im Vertrauen darauf, dass der Kreditnehmer den Kredit fristgerecht zurück- bezahlt.

- Unter **Fremdfinanzierung (Kreditfinanzierung)** verstehen wir die Beschaffung fremder Finanzmittel (Geld oder Sachen) für eine bestimmte Zeit **(Außenfinanzie- rung mit Fremdkapital)**. Sie führt zur Bildung bzw. Erhöhung von **Fremdkapital**.

3.3.2 Kreditvoraussetzungen (Bonitätsprüfung)[3]

3.3.2.1 Kreditfähigkeit

Bei der Prüfung der Kreditfähigkeit **überprüft der Kreditgeber** (z. B. die Bank), ob der **Kreditnehmer** (z. B. ein Privatmann, ein Unternehmer) **rechtlich berechtigt** ist, **Kreditver- pflichtungen eingehen** zu können.

Alle natürlichen und juristischen Personen können auf ihren Namen Kredite aufnehmen. Für die Rechtsgültigkeit eines Kreditvertrags ist jedoch die **Geschäftsfähigkeit** bzw. die **Vertretungsmacht** zu prüfen.

---

1 Der Begriff **Kredit** kommt vom lateinischen Wort credere: glauben, vertrauen.

2 Vgl. hierzu die Ausführungen im Kapitel 3.4, S. 137 ff.

3 Bonität (wörtl.): Güte; im übertragenen Sinn Kreditwürdigkeit.

- Bei **natürlichen Personen** ist zu beachten:
  - Voll geschäftsfähige Personen können rechtlich jederzeit eine Kreditverpflichtung eingehen.
  - Bei verheirateten Personen muss der Güterstand geprüft werden. Bei Gütergemeinschaft[1] müssen z.B. beide Eheleute verpflichtet werden.
  - Nimmt der gesetzliche Vertreter für eine nicht voll geschäftsfähige Person einen Kredit auf, braucht er die Genehmigung des Familiengerichts.

- Zu der erforderlichen Legitimationsprüfung können z.B. folgende Prüfungsunterlagen herangezogen werden: persönliche Legitimationspapiere (Bundespersonalausweis, Reisepass); Güterrechtsregister;[2] Vollmachtsurkunden.

- Bei **juristischen Personen** (z.B. GmbH) muss geprüft werden, ob der Kreditnehmer (z.B. der Geschäftsführer der GmbH) berechtigt ist, das Unternehmen (z.B. die GmbH) zu vertreten. Hierzu wird der Kreditgeber (z.B. die Bank) den Gesellschaftsvertrag prüfen.

3.3.2.2 Kreditwürdigkeit

Die Banken (und andere Kreditgeber) gewähren in der Regel nur dann Kredite, wenn die Vermögens- und Schuldverhältnisse des Kreditnehmers geordnet sind und das Einkommen (z. B. die Löhne der Arbeitnehmer, Gewinne der Unternehmen) zur laufenden Zahlung der Zinsen und Tilgung hoch genug ist, um die Zahlungsfähigkeit des Kreditnehmers (voraussichtlich) zu sichern. Außerdem verlangen die Banken ausreichende **Kreditsicherheiten** (siehe S. 126 ff.).

Die Kreditwürdigkeit umfasst

- die **persönliche Kreditwürdigkeit** und
- die **wirtschaftliche Kreditwürdigkeit**.

(1) Prüfung der persönlichen Kreditwürdigkeit

Prüfung und Beurteilung vor allem der **persönlichen Zuverlässigkeit, Ehrlichkeit** sowie der menschlichen und beruflichen **Erfahrungen, Kenntnisse, Fähigkeiten** sowie **Leistungsfähigkeit** und **-willigkeit** des möglichen Kreditnehmers.

Das sind z.B. die persönlichen Daten des Kreditnehmers, bankinterne Auskünfte (z.B. über Kontoführung); externe Informationen (z.B. von anderen Banken, Auskunfteien oder der Schufa).[3]

---

1 **Gütergemeinschaft** zwischen Eheleuten besagt: Das vor der Ehe den einzelnen Ehegatten gehörende Vermögen wird mit der Eheschließung oder mit Vertragsabschluss zum Gemeinschaftsvermögen. Gleiches gilt für das während der Ehe hinzugewonnene Vermögen. Bei Beendigung der Ehe steht jedem Ehegatten grundsätzlich die Hälfte des gesamten Vermögens zu.

2 Das **Güterrechtsregister** bezweckt die Offenlegung der güterrechtlichen Verhältnisse der Ehegatten, um den Rechts- und Geschäftsverkehr zu erleichtern. Es wird vom Amtsgericht geführt.

3 **Schufa**: Schutzgemeinschaft für allgemeine Kreditsicherung, der die Kreditinstitute als Mitglieder angehören. Diese Gemeinschaftseinrichtung dient vor allem der vorbeugenden Bonitätsprüfung (Risikovorbeugung) und Kontrolle der vertragsgemäßen Kreditabwicklung. Durch Auskünfte bei der Schufa können die Kreditinstitute z.B. erfahren, dass mögliche Kreditnehmer bereits zahlungsunfähig waren oder sind, wodurch Kredite mit aktuellen hohen Ausfallrisiken vermieden werden können.

8 Speth u.a. - ISBN 978-3-8120-0520-3

(2) Prüfung der wirtschaftlichen Kreditwürdigkeit bei Privatpersonen

Prüfungsgegenstand	Informationsgrundlagen (Beispiele)
Gegenwärtiges **Einkommen** und erwartete (zukünftige) **Einkommensentwicklung**.	■ Lohn- und Gehaltsabrechnungen; ■ sonstige Einkünfte; ■ evtl. Lohn- und Gehaltspfändungen; ■ Informationen über die (voraussichtliche) Sicherheit des Arbeitsplatzes und zukünftige berufliche Aufstiegsmöglichkeiten.
Gegenwärtige und erwartete (zukünftige) **Vermögensverhältnisse** und **Schuldverhältnisse**.	■ Vermögensnachweise über vorhandene Grundstücke; ■ Gebäude; ■ Lebensversicherungen; ■ Bankguthaben; ■ Grundbuchauszüge; ■ Schuldennachweis; ■ Unterhaltsverpflichtungen; ■ Auskünfte über bisherige Vollstreckungsmaßnahmen.
Haftungsverhältnisse der Ehepartner, z. B. Vorliegen einer (gesetzlichen) Zugewinngemeinschaft oder vertraglich vereinbarter Güterstand der Gütertrennung.	■ Das Güterrechtsregister.

(3) Prüfung der wirtschaftlichen Kreditwürdigkeit bei Unternehmen

Prüfungsgegenstände	Erläuterungen	Informationsgrundlagen (Beispiele)
Wirtschaftliche Situation des Unternehmens	Geprüft wird die **Ertragslage** des Unternehmens (z. B. die Höhe des Gewinns); die vorhandenen **Vermögenswerte** und **Schulden**; das **Verhältnis von Eigen- zu Fremdkapital**; die **Zahlungsfähigkeit**; die **Qualifikation der Mitarbeiter**; die **Stellung des Unternehmens im Markt**.	■ Jahresabschlüsse (Bilanz und GuV-Rechnungen) ■ Einhalten der Finanzierungsgrundsätze ■ Erfolgskennzahlen (z. B. Eigen-, Gesamtkapital- und Umsatzrentabilität) ■ externe Auskünfte (z. B. Schufa, IHK, Handelsregister, Grundbuchauszug)

Prüfungsgegenstände	Erläuterungen	Informationsgrundlagen (Beispiele)
Unternehmensziele	Geprüft werden z.B. Gewinn, Umsatz, Investitions- und Kosteneinsparungsziele; Umfang (Genauigkeit) der Unternehmensplanung.	■ Gewinn-, Absatz-, Investitions-, Kosten- und Finanzplanungen und deren Auswirkung ■ Identifikation[1] der Belegschaft mit den Unternehmenszielen
Wirtschaftliche Risiken	Geprüft werden z.B. Konjunkturabhängigkeit,[2] Abnehmersteuerung, Export- und/oder Importabhängigkeit, Wettbewerbsintensität durch Konkurrenzunternehmen, Produktpolitik, Produktions- und Fertigungsstandard, geplante Entwicklung neuer Produkte und deren voraussichtliche Absatzchancen.	■ Branchenverbände ■ Unternehmensberatungen ■ Branchenberichte ■ IHK
Rechtsform des Unternehmens/ Nachfolgeregelung	Geschäftsführungs-, Vertretungs- und Haftungsverhältnisse; Nachfolgeregelung beim Ausscheiden oder Tod bisheriger Gesellschafter.	■ Handelsregister ■ Gesellschaftsverträge
Fördermaßnahmen	Mögliche staatliche Fördermittel (z.B. Subventionen)[3], Steuervergünstigungen, Zuschüsse bzw. Strukturmaßnahmen der Europäischen Union.	■ Steuervorschriften ■ Beurteilungen der Steuerberater sowie ■ die Auskünfte der für die Förderung zuständigen staatlichen Stellen (z.B. das Finanzamt) ■ IHK, Banken

3.3.3 Wichtige Kredite

3.3.3.1 Bankdarlehen

(1) Begriff

■ **Darlehen** sind Kredite, die in einer Summe bereitgestellt und dem Finanzbedarf entsprechend ausbezahlt werden, und dann entweder am Fälligkeitstag in einer Summe oder während einer vorbestimmten Laufzeit in Raten (Teilbeträgen) getilgt werden müssen.

■ Dem Kredit in Form eines Darlehens liegt ein **Darlehensvertrag** zugrunde.

---

1 Identifikation; hier: sich gleichsetzen mit den Geschäftszielen des Unternehmens.

2 Unter **Konjunktur** versteht man **mittelfristige Wirtschaftsschwankungen** von vier bis fünf Jahren.

3 **Subventionen** sind Zuschüsse des Staates an die Unternehmen (z.B. Geldzahlungen, Zinsverbilligungen, verbilligte Bereitstellung von Grundstücken) für die keine (unmittelbaren) Gegenleistungen erbracht werden und die auch nicht zurückgezahlt werden müssen.

(2) Zustandekommen eines Darlehensvertrags

Jeder Krediteinräumung gehen im Allgemeinen Vorverhandlungen zwischen Kreditnehmer und Kreditgeber voraus, in denen die Kreditart und die Kreditvertragsinhalte festgelegt werden. Das Ergebnis der Vorverhandlungen wird in der Regel in einem Kreditvertragsformular festgehalten. Im rechtlichen Sinne handelt es sich um einen Antrag des Kreditnehmers. Der Kreditvertrag kommt mit der rechtzeitigen Annahme des Kreditantrags durch die Bank zustande.

> Der **Darlehensvertrag (Kreditvertrag)** kommt dadurch zustande, dass der **Kreditantrag** des Kreditnehmers und die **Kreditzusage** des Kreditgebers inhaltlich **übereinstimmen** und die Kreditzusage dem Kreditnehmer rechtzeitig zugegangen ist. Es handelt sich um ein **zweiseitiges Rechtsgeschäft**.

(3) Inhalte des Darlehensvertrags

■ Kredithöhe und die Form der Rückzahlung

Der Darlehensnehmer muss sich festlegen auf die Kreditsumme, auf die Höhe und die Zeit der Tilgung. Außerdem muss der Darlehensnehmer erklären, dass er über getilgte Beträge nicht mehr verfügt.

■ Kreditkosten

Zins	Der Darlehensnehmer kann wählen zwischen einem Festzins und einem variablen Zins. Beim Festzins bleibt der Zins für eine bestimmte (vereinbarte) Laufzeit gleich, beim variablen Zins kann der Zinssatz durch Anpassungsklauseln geändert werden.
Bereitstellungs-zinsen	Wenn der Darlehensbetrag zum vereinbarten Auszahlungstermin vom Darlehensnehmer nicht in Anspruch genommen wird, kann die Bank vom vereinbarten bis zum tatsächlichen Auszahlungstermin einen Zinsausgleich (z. B. 3 % p. a.) beanspruchen.
Damnum (Disagio)	Das Damnum stellt eine Kürzung des auszuzahlenden Darlehensbetrags dar und soll zum einen die Bearbeitungskosten decken und/oder zum anderen den Nominalzins absenken. In der Geschäftspraxis ist das Damnum (Disagio) vor allem eine **laufzeitabhängige Zinsvorauszahlung**. Den Kunden (Kreditnehmern) werden von den Banken oft mehrere Darlehensverträge mit unterschiedlichen Varianten (Kombinationen) der Nominalzinssätze und Disagiobeträge bzw. Auszahlungskurse angeboten.

■ Sicherheiten

Langfristige Darlehen werden häufig für einen Hausbau, für den Kauf eines Geschäftsgebäudes oder für den Kauf eines Grundstücks verwendet. Diese Art der Darlehensgewährung wird in der Regel durch Grundpfandrechte[1] abgesichert.

Daneben werden von Banken noch kurz- oder mittelfristige Darlehen zur Finanzierung von Konsumgütern bzw. Produktionsanlagen angeboten. Diese Darlehen werden entweder aufgrund der persönlichen Kreditwürdigkeit des Darlehensnehmers oder gegen die Verpfändung beweglicher Sachen gewährt.

---

1 Ein Grundpfandrecht ist ein Pfandrecht an einem Grundstück. Zu Einzelheiten siehe S. 131 f.

(4) Berechnung des effektiven Jahreszinssatzes

Das Bankdarlehen stellt die Grundform des langfristigen Kredits dar. Die verschiedenen Kreditarten unterscheiden sich vor allem in ihren Auszahlungs- und Rückzahlungsmodalitäten. Zur Deckung der Bearbeitungskosten liegt der Auszahlungsbetrag in der Regel bei 90–98 % der Darlehenssumme. Die Differenz zu 100 % wird als **Disagio (Abgeld)** bezeichnet. Der **effektive Jahreszinssatz (Darlehenszinssatz)** ist daher höher als der Nominalzinssatz.

Beispiel:

Ein Bankdarlehen über 100 000,00 EUR mit einer Auszahlung von 97 % und einer Laufzeit von 10 Jahren soll jährlich mit 7,5 % verzinst werden.

Aufgabe:

Berechnen Sie den effektiven Jahreszinssatz!

Lösung:

Bei der Berechnung des effektiven Jahreszinssatzes muss das Disagio in Höhe von 3 000,00 EUR auf die Laufzeit von 10 Jahren verteilt werden. Ferner muss berücksichtigt werden, dass der verfügbare Darlehensbetrag nur 97 000,00 EUR beträgt.

$$\text{Effektiver Jahreszinssatz} = \frac{(7\,500,00\ \text{EUR} + 3\,000,00\ \text{EUR}/10) \cdot 100}{97\,000,00\ \text{EUR}} = \underline{8,04\ \%}$$

$$\text{Effektiver Jahreszinssatz} = \frac{(\text{Jahreszinsen} + \text{Disagio}/\text{Laufzeit}) \cdot 100}{\text{Auszahlungsbetrag}}$$

(5) Arten von Darlehen

Nach der **Art der Rückzahlung** unterscheidet man:

Fälligkeitsdarlehen (Festdarlehen)	Abzahlungsdarlehen (Ratendarlehen)	Annuitätendarlehen
Für die Rückzahlung der gesamten Darlehenssumme ist ein bestimmter Termin vereinbart (z. B. „rückzahlbar am 31. Dez. 20..“). Während der Laufzeit des Darlehens sind in vertraglich vereinbarten Zeitabständen lediglich die Zinsen zu zahlen (z. B. vierteljährlich, halbjährlich, jährlich).	Hier erfolgt die Tilgung in stets gleichbleibenden Raten zu den vereinbarten Tilgungsterminen (z. B. vierteljährlich). Die Zinsen werden jeweils von der Restschuld errechnet und ermäßigen sich daher von Rate zu Rate.[1] Damit sinkt die Gesamtbelastung durch Zins- und Tilgungszahlungen.	Hier wird eine feste Annuität (Zins + Tilgung), d. h. Gesamtbelastung vereinbart. Die Summe aus Zins und Tilgung bleibt – außer bei der letzten Restzahlung – bei jeder Zahlung (z. B. monatlich, vierteljährlich) gleich. Daher nimmt die Zinsbelastung ab und die Tilgungsbeträge steigen an.[1]

---

1 Die Zinsen werden immer aus der Schuldsumme (Restschuld) berechnet.

(6) Darlehensformen im Vergleich

Beispiel:

Der Unternehmer Hans Wetzel e. Kfm. benötigt für den Kauf einer Maschine zur Einrichtung eines Zweigwerks ein Darlehen über 120 000,00 EUR für die Dauer von 6 Jahren. Seine Hausbank bietet ihm folgende Konditionen an: Nominalzins 8 %, Auszahlung 100 %, Tilgung nach Wunsch.[1]

Aufgaben:

1. Vergleichen Sie für Herrn Wetzel die Liquiditäts- und Aufwandsbelastungen beim

   1.1 Fälligkeitsdarlehen,

   1.2 Abzahlungsdarlehen und

   1.3 Annuitätendarlehen!

2. Beurteilen Sie den Geldmittelabfluss und die Aufwandsbelastungen der verschiedenen Darlehensarten!

Lösungen:

Zu 1.1: Fälligkeitsdarlehen (Festdarlehen)

Jahr	Darlehen Jahresanfang	Darlehen Jahresende	Tilgung	Zinsen	Geldmittel-abfluss
1	120 000,00	120 000,00	0,00	9 600,00	9 600,00
2	120 000,00	120 000,00	0,00	9 600,00	9 600,00
3	120 000,00	120 000,00	0,00	9 600,00	9 600,00
4	120 000,00	120 000,00	0,00	9 600,00	9 600,00
5	120 000,00	120 000,00	0,00	9 600,00	9 600,00
6	120 000,00	0,00	120 000,00	9 600,00	129 600,00
Summe			120 000,00	57 600,00	177 600,00

Zu 1.2: Abzahlungsdarlehen (Ratendarlehen)

Jahr	Darlehen Jahresanfang	Darlehen Jahresende	Tilgung	Zinsen	Geldmittel-abfluss
1	120 000,00	100 000,00	20 000,00	9 600,00	29 600,00
2	100 000,00	80 000,00	20 000,00	8 000,00	28 000,00
3	80 000,00	60 000,00	20 000,00	6 400,00	26 400,00
4	60 000,00	40 000,00	20 000,00	4 800,00	24 800,00
5	40 000,00	20 000,00	20 000,00	3 200,00	23 200,00
6	20 000,00	0,00	20 000,00	1 600,00	21 600,00
Summe			120 000,00	33 600,00	153 600,00

---

1 Zur Vereinfachung erfolgen die gewählten bzw. vereinbarten Tilgungen jeweils am Ende des Kalenderjahres.

Zu 1.3: Annuitätendarlehen

Jahr	Darlehen Jahresanfang	Darlehen Jahresende	Tilgung	Zinsen	Geldmittelabfluss (Annuität)
1	120 000,00	103 642,15	16 357,85	9 600,00	25 957,85
2	103 642,15	85 975,67	17 666,48	8 291,37	25 957,85
3	85 975,67	66 895,87	19 079,80	6 878,05	25 957,85
4	66 895,87	46 289,69	20 606,18	5 351,67	25 957,85
5	46 289,69	24 035,20	22 254,67	3 703,18	25 957,85
6	24 035,02	0,00	24 035,02	1 922,83	25 957,85
Summe			120 000,00	35 747,10	155 747,10

Erläuterungen:

Der Geldmittelabfluss entspricht hier der Annuität, d. h. der gleichbleibenden Summe aus Zinsen und Tilgung. Die Annuität wird mithilfe von Annuitätenfaktoren, die in der Praxis einer Tabelle entnommen werden, durch Multiplikation mit der Darlehenssumme errechnet. Der Faktor ist abhängig vom Zinssatz und der Laufzeit des Annuitätendarlehens und beträgt in unserem Fall 0,216315. Den Tilgungsbetrag erhält man durch Subtraktion der jeweiligen Zinsen von der Annuität.

Zu 2.: Ergebnisse

Fälligkeitsdarlehen: Hier steht das gesamte Darlehen bis zum Ende der Laufzeit zur Verfügung. Der Geldmittelabfluss ist aber im 6. Jahr aufgrund der Tilgung des gesamten Darlehensbetrags sehr hoch. Die jährliche Aufwandsbelastung durch die Zinsen bleibt konstant.

Abzahlungsdarlehen: Hier sinkt die Aufwandsbelastung und der Geldmittelabfluss von Tilgungsjahr zu Tilgungsjahr.

Annuitätendarlehen: Es gewährleistet einen gleichmäßigen Geldmittelabfluss, wobei die Tilgungsbeträge den sinkenden Zinsaufwendungen entsprechend steigen.

- **Fälligkeitsdarlehen** ermöglichen eine **gleichmäßige Aufwandsverteilung, Annuitätendarlehen** einen **gleichmäßigen Geldmittelabfluss.**

- Beim **Abzahlungsdarlehen sinkt die Gesamtbelastung** von Jahr zu Jahr.

3.3.3.2 Abgrenzung des Bankdarlehens zum Kontokorrentkredit[1]

- Unter **Kontokorrentkredit** versteht man eine laufende Rechnung zwischen zwei Vertragspartnern, i. d. R. zwischen einer Bank und einem Bankkunden. Aber auch Unternehmen können untereinander Kontokorrente führen.

- Die beiden Vertragspartner **stunden** ihre **gegenseitigen Forderungen** und **rechnen** sie in **regelmäßigen Zeitabständen** (meist vierteljährlich oder halbjährlich) **gegeneinander auf.** Schuldner ist jeweils die Partei, zu deren Ungunsten der Saldo des Kontokorrentkontos steht.

- Der **Saldo** (Ergebnis der Aufrechnung) wird **auf neue Rechnung vorgetragen.** In ihm gehen die verschiedenen Forderungen unter, d. h., dass nur der Saldo eingeklagt werden kann.

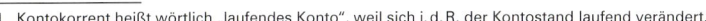

1 Kontokorrent heißt wörtlich „laufendes Konto", weil sich i. d. R. der Kontostand laufend verändert.

Wichtige **Abgrenzungskriterien** zum Darlehen sind:

Wechselndes Schuld- und Guthabenverhältnis	Der Kontokorrentkredit bei einer Bank dient vor allem der **Abwicklung von allen eingehenden und ausgehenden Zahlungen** (Zahlungsaufträge für eingekaufte Waren, Löhne und Zahlungseingänge für verkaufte Waren). Er sichert damit die Zahlungsbereitschaft. Der Kreditnehmer kann hierbei bis zur Kreditobergrenze (Kreditlimit), die im Kreditvertrag vereinbart ist, frei über das Kontokorrentkonto verfügen. Der Saldo auf dem Konto ist daher, je nach Umfang der eingehenden und ausgehenden Zahlungen, ständigen Schwankungen unterworfen. So entsteht ein Kontokorrent, d.h. eine laufende Rechnung, die ein **wechselseitiges Schuld- und Guthabenverhältnis** darstellt. Wegen der schwankenden Beanspruchung des Kredits ist insbesondere die **Grundschuld**[1] als Sicherheit geeignet.
Habenzinsen/ Sollzinsen	Weist das Konto ein **Guthaben** aus, erhält der Kunde **Habenzinsen**. Wird ein **Kredit** beansprucht, müssen **Sollzinsen** an die Bank entrichtet werden. Aus der Sicht der Bank ist „Bewegung" auf dem Kontokorrentkonto erwünscht, denn Anzahl und Umfang der Bewegungen werden als Maßstab für die wirtschaftliche Aktivität des Unternehmens gewertet. Gleichbleibende Haben- oder Sollsalden widersprechen dem Sinn des Kontokorrentkredits.
Berechnung der Zinsen	Die **Zinsen** werden **vom in Anspruch genommenen Kredit** berechnet. Die Zinsbelastung passt sich somit der täglichen Veränderung des beanspruchten Kredits an. Die Zinsen werden dem Konto belastet bzw. gutgeschrieben. Die Kosten des Kontokorrentkredits sind verhältnismäßig hoch, da der Sollzinssatz für den Kreditsaldo erheblich höher ist als der Habenzinssatz für den Guthabensaldo.
Überziehungzinsen/ Überziehungs- provision/Kredit- provision	**Überziehungszinsen** sowie eine **Überziehungsprovision** kommen dann zur Anwendung, wenn der Kunde ohne vorherige Krediteinräumung sein Konto überzieht bzw. seine ihm eingeräumte Kreditgrenze überschreitet. Der Überziehungszinssatz beträgt im Normalfall 1,5 %–3 % p.a. und wird neben den Sollzinsen in Rechnung gestellt.

---

1 Zur **Grundschuld** siehe S. 133 f..

Gebühren	Um die Kosten des Zahlungsverkehrs zu decken, werden in der Regel Gebühren (z. B. für die Kontoführung und die einzelnen Buchungen) sowie für die anfallenden Postentgelte (Versand der Kontoauszüge) berechnet.
Kreditlaufzeit	Der Kontokorrentkredit kann zeitlich begrenzt oder bis zur Kündigung in Anspruch genommen werden. Er ist formal **kurzfristig bzw. kurzfristig kündbar,** kann aber durch ständige Prolongation[1] über längere Zeiträume laufen. Durch diese enge, langfristige Verflechtung von Bank und Unternehmen wird die kreditgebende Bank zur „Hausbank".

Zusammenfassung

- Unter **Kredit** verstehen wir die zeitweilige Überlassung von Geld (oder Gütern) im Vertrauen darauf, dass der Kreditnehmer den Kredit termingerecht zurückzahlt und verzinst.

- Um die Risiken von Zahlungsausfällen zu vermeiden bzw. einzuschränken, erfolgt vor der Kreditvergabe eine **Bonitätsprüfung** des **Kreditnehmers**.

- Bei der **Bonitätsprüfung** werden die **rechtliche Kreditfähigkeit** sowie die **persönliche Kreditwürdigkeit** und die **wirtschaftliche Kreditwürdigkeit** überprüft.

- Wesentliche **Informationen zur Beurteilung der Kreditwürdigkeit** eines Unternehmens liefert die Auswertung des Jahresabschlusses in der Bilanz- und Erfolgsanalyse.

- Der **Kreditvertrag** kommt durch zwei inhaltlich übereinstimmende Willenserklärungen (z. B. Kreditgesuch des Kreditnehmers, Annahme des Kreditgesuchs durch die Bank) zustande, wenn die zweite Willenserklärung (z. B. Annahme des Kreditgesuchs) dem Erklärungsempfänger rechtzeitig zugegangen ist.

- Das **Darlehen** ist in der Regel ein langfristiger Kredit. Zweck des Darlehens ist es, einen in der Höhe bestimmten (vorhersehbaren) Fremdkapitalbedarf abzudecken. Daneben unterscheiden wir kurz- und mittelfristige Darlehensarten als Konsumkredit. Die Rückzahlung erfolgt entweder in einer Summe **(Fälligkeitsdarlehen)** oder nach einem vereinbarten Tilgungsplan (entweder als **Abzahlungs-** oder **Annuitätendarlehen**).

- Wichtige **Inhalte des Darlehensvertrags** sind:
  - Kedithöhe und Rückzahlungsmodus,
  - Kreditkosten (Zinsvereinbarung, Bereitstellungszinsen, Damnum),
  - Sicherheiten.

- Bei Kreditverträgen muss zwischen dem sogenannten **Nominalzinssatz** und dem tatsächlich berechneten Zinssatz (dem **Effektivzinssatz**) unterschieden werden.

- Der **Kontokorrentkredit** passt sich kurzfristig den jeweiligen Kreditbedürfnissen des Kunden an. Er dient dem Zahlungsverkehr. Es handelt sich um einen Kredit in laufender Rechnung, bei dem sich ein wechselseitiges Schuld- und Guthabenverhältnis bildet (Kontokorrent). Die Bank fordert nur Zinsen für die jeweils beanspruchte Kreditsumme. Der Kontokorrentkredit ist formal kurzfristig. In der Praxis wird der Kontokorrentkredit jedoch immer wieder verlängert.

Übungsaufgaben

30
1. Erklären Sie, wie ein Darlehensvertrag zustande kommt!
2. Nennen Sie drei Punkte, die ein Darlehensvertrag enthalten sollte!
3. Unterscheiden Sie den Nominalzinssatz vom Effektivzinssatz!

---

1 Prolongation: Verlängerung einer Kreditfrist.

31 Erläutern Sie einem Interessierten die folgenden Fragen zum Kontokorrentkredit bzw. Darlehen!

1. Erklären Sie, wodurch ein von der Bank eingeräumter Kontokorrentkredit gekennzeichnet ist!

2. Beschreiben Sie den Zweck, dem die Aufnahme eines Kontokorrentkredits dient!

3. Nennen Sie die Daten, die die kreditgebende Bank aus den Bewegungen auf dem Kontokorrentkonto ihres Kreditnehmers entnehmen kann!

4. Beschreiben Sie stichwortartig den Unterschied zwischen einem Kontokorrentkredit und einem Darlehen!

5. Geben Sie Gründe dafür an, dass der Zinssatz für den Kontokorrentkredit höher ist als für das Darlehen! (Hinweis: Erfragen Sie die geltenden Zinssätze bei einer Bank!)

6. Beschreiben Sie den Zweck, dem die Aufnahme eines Darlehens dienen kann!

7. Erläutern Sie, weshalb es unwirtschaftlich wäre, für einen nur gelegentlich auftretenden finanziellen Spitzenbedarf ein Darlehen aufzunehmen!

8. Ein Kredit wird als Abzahlungsdarlehen (Ratendarlehen) gewährt. Beschreiben Sie diese Darlehensart!

32 1. Ein Darlehen in Höhe von 100 000,00 EUR soll wie folgt zurückgezahlt werden: Tilgung vierteljährlich 2 500,00 EUR bei einem Zinssatz von 8 %.

Aufgaben:

1.1 Begründen Sie, welche Darlehensart vorliegt!

1.2 Erstellen Sie rechnerisch den Zins- und Tilgungsplan für die ersten 3 Jahre!

Angenommen, das Darlehen ist vertragsgemäß in der Weise zu verzinsen und zu tilgen, dass vierteljährlich ein Betrag zu zahlen ist, der Zins und Tilgung enthält. (Die Summe von Zins und Tilgung soll aber konstant bleiben.)

1.3 Begründen Sie, welche Darlehensart vorliegt!

1.4 Erstellen Sie rechnerisch den Tilgungsplan für die ersten 3 Jahre!

1.5 Nennen Sie je einen Vor- und Nachteil der in den Aufgaben 1.1 und 1.3 genannten Darlehensarten für den Kreditnehmer!

2. Die örtliche Bank gewährt Axel Schwarz ein Darlehen über 70 000,00 EUR. Der Kredit ist mit 6 % zu verzinsen. Die Kreditlaufzeit beträgt 10 Jahre. Außerdem wird ein Damnum von 4 % vereinbart.

Vereinbart wird die Tilgung am Ende der Kreditlaufzeit.

Aufgabe:

Berechnen Sie den effektiven Jahreszinssatz!

3. Interpretieren Sie den folgenden Preisaushang in einer Bank!

Kredit (mit festem Zinssatz)	Laufzeiten 12 bis 36	Laufzeiten 37 bis 47	Laufzeiten 48 bis 72	Monate
Zinssatz (für Inanspruchnahme)	9,75 %	10,00 %	10,30 %	pro Jahr
Damnum	2 %	2 %	2 %	
Effektiver Jahreszins bei einer Laufzeit von z. B. (laufzeitabhängig)	36 11,49 %	47 11,44 %	60 11,54 %	Monate pro Jahr

3.3.3.3 Lieferantenkredit

(1) Begriff

■ Der **Lieferantenkredit** entsteht durch die Lieferung einer Ware (Warenkredit), wobei Zeitpunkt der Warenlieferung und Zeitpunkt der Zahlung auseinanderfallen, weil der Lieferer (Verkäufer) seinem Kunden ein **Zahlungsziel** einräumt. (Der Käufer muss den Rechnungsbetrag erst nach einer bestimmten Frist, beispielsweise nach 30 oder 60 Tagen, bezahlen.) Auf diese Weise erhält das Unternehmen vom Lieferer einen Kredit eingeräumt.

■ Die Besonderheit dieser Kreditart besteht darin, dass keine Geldmittel gezahlt werden, sondern die Krediteinräumung über eine **Verzögerung der Zahlung** gewährt wird.

Der Lieferantenkredit ist für den Schuldner eine sehr angenehme und bequeme Art der **kurzfristigen Fremdfinanzierung.** Der Warenkredit wird meistens ohne besondere Formalität, ohne besondere Kreditwürdigkeitsprüfung, ohne Kreditverhandlungen, in der Regel ohne Sicherheiten – abgesehen vom Eigentumsvorbehalt – gewissermaßen „nebenbei" aufgrund eines Kreditkaufs gewährt.

(2) Kosten

Für den Lieferantenkredit wird direkt kein Zins bezahlt. Dennoch wird er nicht kostenlos gewährt, sofern die Skontierungsfrist überschritten wird. Der Zins ist im Skontoabzug, der bei vorzeitiger Bezahlung (innerhalb der Skontierungsfrist) gewährt wird, „versteckt".

Beispiel:

Die Zahlungsbedingungen lauten: Zahlung innerhalb von 30 Tagen netto Kasse oder 2 % Skonto bei Zahlung innerhalb von 10 Tagen.

Aufgabe:

Berechnen Sie, welchem Zinssatz der gewährte Skonto von 2 % entspricht!

Lösung:

In   20 Tagen erhalten wir 2 %
In 360 Tagen erhalten wir x %

$$x = \frac{2 \cdot 360}{20} = \underline{\underline{36\,\%}}$$

Ergebnis:

Der Skontosatz von 2 % entspricht einem Zinssatz von 36 %.[1]

---

1 Bei dieser Jahreszinsermittlung aus dem Skontosatz ist der verminderte Schuldbetrag nicht berücksichtigt. Zum Zwecke des Zinsvergleichs ist diese Jahreszinsermittlung jedoch als „Faustformelrechnung" zulässig und üblich. Bei der genauen Berechnung des Jahreszinssatzes wird in Rechnung gestellt, dass im Falle einer Kreditaufnahme nur der skontierte Rechnungsbetrag finanziert werden muss:

98,00 EUR kosten für   20 Tage 2,00 EUR Zinsen
100,00 EUR kosten für 360 Tage   x EUR Zinsen

$$\text{Jahreszinssatz (x)} = \frac{2 \cdot 100 \cdot 360}{98 \cdot 20} = \underline{\underline{36{,}73\,\%}}$$

Erläuterungen:

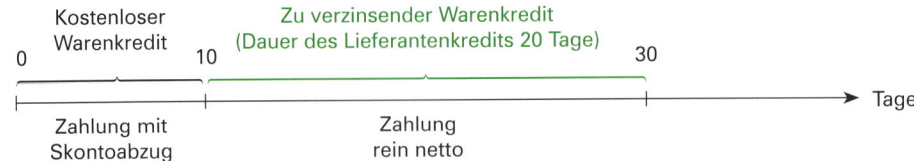

- Um den Skonto in Anspruch nehmen zu können, genügt es, wenn die Rechnung am 10. Tag nach der Ausstellung der Rechnung beglichen wird. Der Skonto wird also dafür gewährt, dass 20 Tage vor Ablauf des Zahlungsziels gezahlt wird. Vergleichsweise zur Zahlung mit Skonto beträgt bei der Zahlung ohne Skonto die **Dauer des Lieferantenkredits 20 Tage**. Diese Zeit ergibt sich aus der Differenz von Zahlungsziel und gesetzter Skontofrist.

- Da der Lieferer den Skontoaufwand in den Verkaufspreis der Waren einkalkuliert, ist der Lieferantenkredit die **Kreditart mit dem höchsten Zinsaufwand**. Eine Zahlung mit Skontoabzug ist daher ratsam, selbst dann, wenn hierfür ein kurzfristiger Bankkredit aufgenommen werden muss, da der Zinsaufwand für den Bankkredit wesentlich niedriger anzusetzen ist.

(3) Kostenvergleiche bei der Kreditaufnahme

Vor einer Kreditaufnahme sollte der Kreditnehmer die verschiedenen **Finanzierungsalternativen**[1] vergleichen und die voraussichtlich entstehenden Kosten berechnen. Eine solche **Kostenvergleichsrechnung** wird im Folgenden am Beispiel des „**Lieferanten-** und **Bankkredits**" gezeigt.

Beispiel:

Die Zahlungsbedingung für eine Eingangsrechnung über 5 175,00 EUR lautet: Zahlbar innerhalb von 10 Tagen mit 3 % Skonto, innerhalb von 30 Tagen netto Kasse.

Zur Bezahlung der Rechnung muss ein Kredit zu 12 % aufgenommen werden.

Aufgaben:

1. Berechnen Sie, ob sich die Ausnutzung des Skontos lohnt!

2. Ermitteln Sie, welchem effektiven (tatsächlichen) Jahreszinssatz der Skontosatz entspricht!

Lösungen:

Zu 1.:

Berechnung des Skontoertrags und des Überweisungsbetrags:

Rechnungsbetrag	5 175,00 EUR	≙	100 %
– 3 % Skonto	155,25 EUR	≙	3 %
Überweisungsbetrag	5 019,75 EUR	≙	97 %

Kosten der Kreditaufnahme:

Es werden 5 019,75 EUR für 20 Kredittage (Zieltage [30] – Skontotage [10]) benötigt:

$$\text{Bankzinsen} = \frac{5\,019,75 \cdot 20 \cdot 12}{100 \cdot 360} = \underline{\underline{33,47 \text{ EUR}}}$$

Skontoertrag	155,25 EUR
– Kreditkosten (Bankzinsen)	33,47 EUR
Finanzierungsgewinn	121,78 EUR

Ergebnis:

Durch die Ausnutzung des Skontos entsteht ein Finanzierungsgewinn von 121,78 EUR.

---

1 Alternative: Wahlmöglichkeit.

Zu 2.:

Die 3 % Skonto beziehen sich auf 20 Kredittage. Auf ein Jahr umgerechnet sind das:

97,00 EUR kosten in 20 Tagen 3,00 EUR
100,00 EUR kosten in 360 Tagen x EUR

$$x = \frac{3 \cdot 100 \cdot 360}{97 \cdot 20} = \underline{55,67\,\%}$$

Ergebnis:

Der Skontosatz entspricht einem effektiven Jahreszinssatz von 55,67 %.

(4) Bedeutung

Für den Lieferer	Der Lieferer **(Kreditgeber)** gewährt Skonto als Anreiz zur frühzeitigen Bezahlung der Lieferung. Da ein Verzicht auf die Zahlung innerhalb der Skontofrist für den Käufer einen hohen Zinsaufwand bedeutet, wird der Käufer die Skontogewährung gern wahrnehmen. Der Lieferer kommt auf diese Weise schnell zu seinem Geld und erspart sich dadurch häufig auch viele Mahnschreiben.
Für den Kunden	Für den Kunden **(Kreditnehmer)** kann aber auch die Inanspruchnahme des Lieferantenkredits sehr vorteilhaft sein, wenn er im Augenblick über wenig Kapital verfügt, eine angespannte Liquiditätslage zu meistern hat, oder aber wenn er gegenwärtig keine Möglichkeit hat, einen Bankkredit aufzunehmen. In diesem Fall bietet der Lieferantenkredit eine willkommene Gelegenheit, den Wareneinkauf kurzfristig zu finanzieren. Hinzu kommt, dass der Warenkredit für die Zeit zwischen Wareneingang und Fälligkeit der Rechnung ohnehin kostenlos ist.

Übungsaufgabe

33

1. Hans Schlau e. Kfm. erhält eine Warenlieferung unter folgenden Zahlungsbedingungen: „Zahlbar innerhalb 3 Wochen (21 Tagen) netto Kasse oder 2 % Skonto bei Zahlung innerhalb von 6 Tagen". Lohnt sich für Schlau die Inanspruchnahme des Lieferantenkredits oder ist es für ihn günstiger, zum Abzug von Skonto bei seiner Bank einen Überziehungskredit auf sein Kontokorrentkonto zu insgesamt 14 % Zinsen aufzunehmen?

   Aufgabe:

   Weisen Sie Ihre Antwort rechnerisch nach!

2. Die Schreinerei Schiebel GmbH nimmt zur Finanzierung der neuen Werkshalle einen Bankkredit auf.

   Aufgaben:

   2.1 Beschreiben Sie, wie der dazu erforderliche Kreditvertrag zustande kommt!

   2.2 Wird die Schreinerei Schiebel GmbH ein Darlehen oder einen Kontokorrentkredit aufnehmen? Begründen Sie Ihre Entscheidung!

   2.3 Erläutern Sie dem Inhaber der Schreinerei Schiebel GmbH die folgenden Fragen zum Lieferantenkredit.

       2.3.1 Erklären Sie, unter welcher Bedingung der Lieferantenkredit einen Zinsaufwand verursacht!

       2.3.2 2.3.2.1 Berechnen Sie, welchem Zinsfuß die folgende Zahlungsbedingung entspricht: „Zahlung innerhalb von 14 Tagen mit 2 % Skonto, 30 Tage ohne Abzug"!

2.3.2.2 Die Rechnung beläuft sich auf brutto 1 500,00 EUR. Ermitteln Sie, wie viel Euro sich der Kunde erspart, wenn er innerhalb 14 Tagen bar bezahlt und hierzu einen Bankkredit mit einem Zinsfuß von 8 % aufnimmt! (Die Frage bezieht sich auf 2.3.2.1.)

2.3.3 Formulieren Sie zwei Beispiele, aus denen die Vorteilhaftigkeit des Lieferantenkredits ersichtlich wird!

3.3.4 Möglichkeiten der Kreditsicherung

3.3.4.1 Überblick

Sicherheiten müssen vom Kreditnehmer immer dann gestellt werden, wenn seine gegenwärtigen finanziellen Verhältnisse keine sicheren Rückschlüsse auf die spätere fristgerechte Verzinsung und Tilgung des Kapitals zulassen.

Die Frage der Kreditsicherung hat für die Banken deswegen eine besondere Bedeutung, weil sie gegenüber ihren Einlegern eine hohe Verantwortung tragen, denn die Verluste im Kreditgeschäft können das Kapital der Einleger gefährden. Die Banken haben daher in jedem Einzelfall zu prüfen und zu entscheiden, wie das Kreditrisiko einzuschränken ist.

Als Kreditsicherheit kann die Zahlungsfähigkeit von Personen oder der Wert einer beweglichen bzw. einer unbeweglichen Sache herangezogen werden.

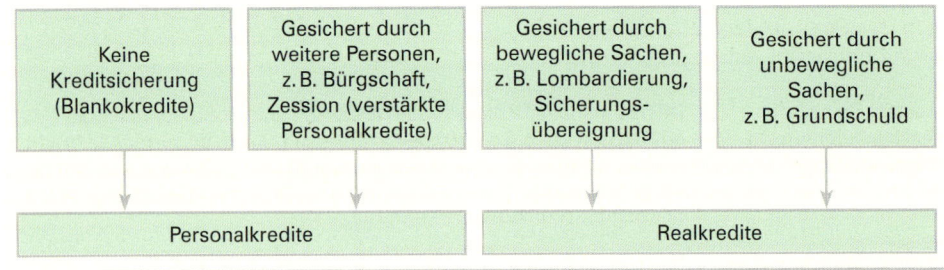

3.3.4.2 Sicherung durch Personen

(1) Blankokredit

Kredite, die ohne Sicherheit gewährt werden, nennt man ungesicherte (ungedeckte) Kredite oder **Blankokredite (reine** oder **einfache Personalkredite).** Die „Sicherheit" des Blankokredits liegt in der persönlichen Zuverlässigkeit des Kreditnehmers.

Banken gewähren Blankokredite im Allgemeinen nur Privatpersonen, Einzelunternehmen und Personengesellschaften. Es handelt sich dabei in der Regel um kurzfristige Kredite in begrenzter Höhe (z. B. Dispositionskredite[1] auf Gehaltskonten und Kontokorrentkredite auf Geschäftskonten).

---

1 Disponieren: verfügen, einteilen. Gehaltskonten können i. d. R. ohne Sicherheitsstellung bis zum Dreifachen des Monatsgehalts des Bankkunden überzogen werden.

(2) Bürgschaft

■ Begriff

> Durch den **Bürgschaftsvertrag** zwischen dem Bürgen und dem Gläubiger übernimmt der Bürge die Verpflichtung, für die Erfüllung der Schuld aufzukommen, wenn der Schuldner nicht leisten kann.

■ Form des Bürgschaftsvertrags

Der Bürgschaftsvertrag unter **Nichtkaufleuten** ist schriftlich abzuschließen. Die Erteilung einer Bürgschaftserklärung in elektronischer Form ist nicht rechtswirksam. Die Bürgschaft unter **Kaufleuten** ist auch mündlich und in **elektronischer Form** gültig, falls sie auf der Seite des Bürgen ein **Handelsgeschäft** darstellt [§ 350 HGB].

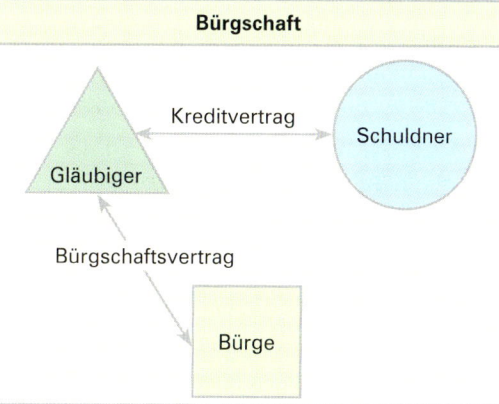

■ Arten der Bürgschaft

Nach der Strenge der Haftung, die der Bürge übernimmt, unterscheidet man:

Ausfallbürgschaft (nachschuldnerische Bürgschaft)	Der Bürge haftet erst nach dem Hauptschuldner und nur unter der Voraussetzung, dass die Zwangsvollstreckung in dessen Vermögen fruchtlos war. Es besteht für den Bürgen das Recht der **Einrede der Vorausklage**. Hat der Bürge gezahlt, geht die Forderung des Gläubigers gegen den Hauptschuldner auf den Bürgen über.
Selbstschuldnerische Bürgschaft	Im Gegensatz zur Ausfallbürgschaft haftet der Bürge bei der selbstschuldnerischen Bürgschaft genauso **wie der Hauptschuldner selbst**. Dem Gläubiger steht somit das Recht zu, die Leistung (z.B. Zahlung) unmittelbar vom Bürgen (oder wenn mehrere Personen gebürgt haben, von irgendeinem Mitbürgen) ohne vorherige Klage gegen den Hauptschuldner zu verlangen. Der Bürge haftet selbstschuldnerisch (so, als ob er selbst Schuldner wäre).

Ist die Bürgschaft für den Bürgen ein **Handelsgeschäft,** dann liegt immer eine selbstschuldnerische Bürgschaft vor, weil dem Bürgen in diesem Fall das Recht der Einrede der Vorausklage nicht zusteht. Gewähren Banken einen Bürgschaftskredit, verlangen sie jeweils die selbstschuldnerische Bürgschaft. Der Betrag, bis zu dem gebürgt wird, liegt meistens über der ursprünglichen Schuldsumme, weil er neben der Hauptforderung (z.B. Darlehenssumme) auch die Nebenforderungen (z.B. Zinsen) umfassen soll.

(3) Zession

■ Begriff Zession

Bei der **Zession** [§§ 398 ff. BGB] werden der Bank Forderungen abgetreten (zediert). Dadurch wird die Bank Eigentümerin der Forderungen, tritt also an die Stelle des alten Gläubigers.

Die Banken beleihen einen Forderungsbestand mit etwa 60 bis 70 % seines Werts.

■ Arten

Je nachdem, ob der Drittschuldner Kenntnis von der Abtretung hat oder nicht, unterscheiden wir die stille Zession und die offene Zession.

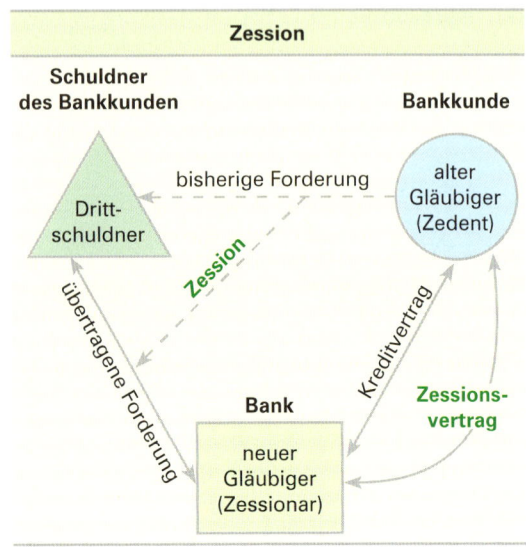

Stille Zession	Sie liegt vor, wenn der **Drittschuldner** (Kunde des Bankschuldners) **keine Kenntnis von der Abtretung** hat. Die stille Zession ist die übliche Zession, weil die Drittschuldner im Normalfall keine Kenntnis von der Zession haben sollen. Es ist nämlich für den guten Ruf eines Unternehmens nicht unbedingt förderlich, wenn seine Kunden wissen, dass ihre Verpflichtungen an sonstige Kreditgeber (z.B. Kreditinstitute) abgetreten worden sind oder ständig abgetreten werden.
Offene Zession	Sie ist gegeben, wenn der **Drittschuldner von der Abtretung weiß**. Eine ursprünglich stille Zession wird dann eine offene Zession, wenn der Bankschuldner (Zedent) mit seinen Verpflichtungen in Verzug kommt. In diesem Fall teilt die Bank (Zessionar) dem Drittschuldner das Vorliegen einer Zession mit. Bei der offenen Zession können Drittschuldner nur noch mit befreiender Wirkung an die Bank (den Zessionar) zahlen.

3.3.4.3 Sicherung durch Sachen und Wertpapiere

(1) Lombardierung[1]

■ Begriff Lombardierung

Bei der **Lombardierung** verpfändet ein Kreditnehmer an einen Kreditgeber (meist eine Bank) bewegliche Sachen (z.B. Waren) oder Wertpapiere zur Deckung eines kurzfristigen Kredits.

---

1 Das Wort „**Lombard**" stammt aus Italien, weil in der Lombardei bereits im Mittelalter derartige Beleihungsgeschäfte getätigt wurden. (Oberitalien war im Mittelalter Zentrum des europäischen Handels.)

Die Verpfändung erfolgt durch **Einigung zwischen dem Eigentümer der Sache**[1] **und dem Gläubiger** darüber, dass dem Gläubiger das Pfandrecht zustehen soll und durch **Übergabe des Pfands an den Gläubiger.** Wenn der Gläubiger bereits im Besitz der Sache ist, dann genügt die Einigung über die Entstehung des Pfandrechts. **Eigentümer** des Pfands bleibt der **Verpfänder.** Der **Pfandgläubiger (Kreditgeber)** wird lediglich **Besitzer.**

Beim Pfandrecht ist der Kreditgeber zweifach gesichert, und zwar durch

- ■ die **persönliche (schuldrechtliche) Haftung des Kreditnehmers** und durch
- ■ das **dingliche Recht,** d. h. das Recht auf Verwertung des Pfands, falls der Kreditnehmer seinen Verpflichtungen aus dem Kreditvertrag nicht nachkommt.

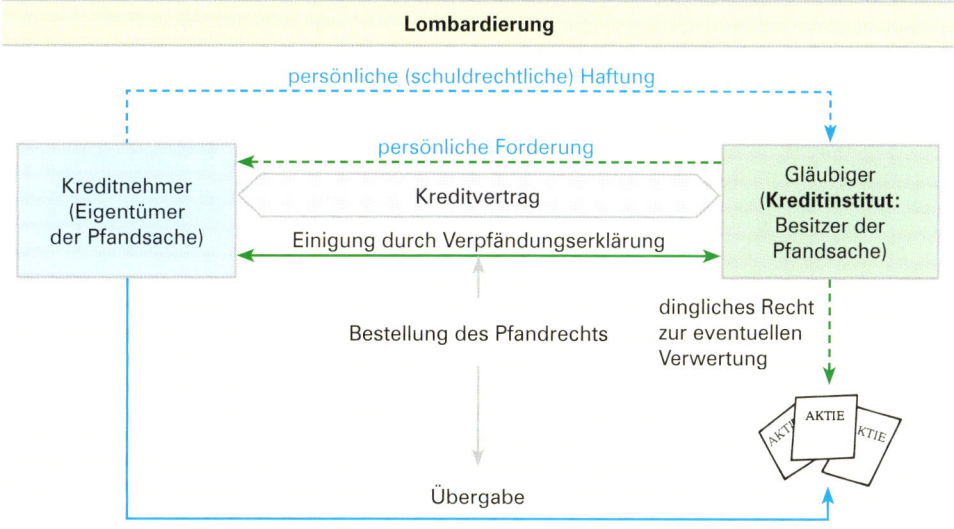

In der Praxis ist die Verpfändung von Wertpapieren häufiger als die Verpfändung von Waren. Der Grund: Die Kreditinstitute haben i. d. R. nicht die Räumlichkeiten, um Pfandsachen lagern zu können.

Banken beleihen Pfandgegenstände nicht zum vollen Wert, um das Risiko des zwischenzeitlichen Wertverlusts (z. B. aufgrund von Preis- und Kursrückgängen) auszuschalten und die Nebenforderungen (z. B. Zinsen, Mahngebühren) abzudecken. Waren und Aktien werden zu rund 50 %, festverzinsliche Wertpapiere bis zu 70 % des Marktwertes beliehen.

Das **Pfandrecht erlischt,** wenn der Kreditnehmer seine **Verbindlichkeiten erfüllt** hat oder wenn der Kreditgeber das **Pfand** an den Eigentümer oder Verpfänder **zurückgegeben** hat.

■ **Pflichten des Kreditgebers und des Kreditnehmers**

Der **Kreditgeber** ist verpflichtet, das Pfand sorgfältig aufzubewahren. Nach Erlöschen des Pfandrechts muss das Pfand an den Verpfänder zurückgegeben werden.

---

1 Meistens ist der Kreditnehmer auch der Eigentümer des Pfandes. Die verpfändeten Sachen und Wertpapiere können aber auch Eigentum anderer Personen (z. B. Bruder, Vater, Freund des Kreditnehmers) sein.

9 Speth u.a. - ISBN 978-3-8120-0520-3

Erfüllt der **Kreditnehmer** seine Verpflichtungen aus dem Kreditvertrag nicht (z. B. Zinszahlungen, Leistung der Tilgungsraten), so kann der Kreditgeber das Pfand veräußern.[1] Zwar bestehen nach dem BGB Androhungs- und Wartefristen, bei Lombardgeschäften mit einem Kreditinstitut unterwirft sich der Kunde jedoch den allgemeinen Geschäftsbedingungen, welche Androhungs- und Wartefristen ausschließen.

■ **Vorteile und Nachteile**

Vorteile	▫ Der Vorteil des Lombardkredits für den **Kreditnehmer** ist, dass sich der Kreditnehmer schnell Überbrückungskredite verschaffen kann, ohne die beliehenen Gegenstände (vor allem Wertpapiere mit Kurssteigerungsaussichten) verkaufen zu müssen. ▫ Für den **Kreditgeber** liegt der Vorteil darin, dass dieser eine dingliche Sicherheit erhält.
Nachteile	▫ Der Nachteil des Lombardkredits für den **Kreditnehmer** liegt darin, dass der Kreditnehmer den unmittelbaren Besitz an der verpfändeten Sache verliert, sie wirtschaftlich also nicht mehr nutzen kann. (Verpfändete Waren können beispielsweise nicht mehr verkauft, verpfändete Rohstoffe können nicht zur Produktion verwendet werden.) ▫ Nachteilig für den **Kreditgeber** ist, dass er die verpfändeten Sachen sicher aufbewahren muss.

(2) Sicherungsübereignung

■ **Begriff**

■ Bei der **Sicherungsübereignung** erhält der Kreditgeber (meist eine Bank) zwar eine **dingliche Sicherheit** für seine Forderung, die übereignete Sache bleibt jedoch im unmittelbaren **Besitz des Schuldners.**[2]

■ Mit dem Sicherungsübereignungsvertrag wird deswegen zugleich ein **Miet-, Pacht- oder Leihvertrag** abgeschlossen.

Beispiel:

Der Pharmavertreter Bernhard Siegel e. Kfm. kauft sich einen neuen Pkw im Wert von 28 000,00 EUR. Da er den Betrag nicht voll durch eigene Finanzmittel aufbringen kann, bittet er seine Bank um einen Kredit in Höhe von 12 000,00 EUR. Als Sicherheit bietet er der Bank sein Fahrzeug an. Eine Pfandübergabe kommt nicht infrage, da er das Fahrzeug dringend für sein Geschäft benötigt.

---

1 Hat das Pfand einen Börsen- oder Marktpreis (z. B. Wertpapiere, Gold), erfolgt ein **freihändiger Verkauf.** In allen anderen Fällen erfolgt der Verkauf des Pfandes durch eine **öffentliche Versteigerung.**

2 Bei diesem sogenannten **Besitzkonstitut** wird der Kreditgeber mithin Eigentümer und mittelbarer Besitzer. Der Kreditnehmer bleibt unmittelbarer Besitzer der Sache.

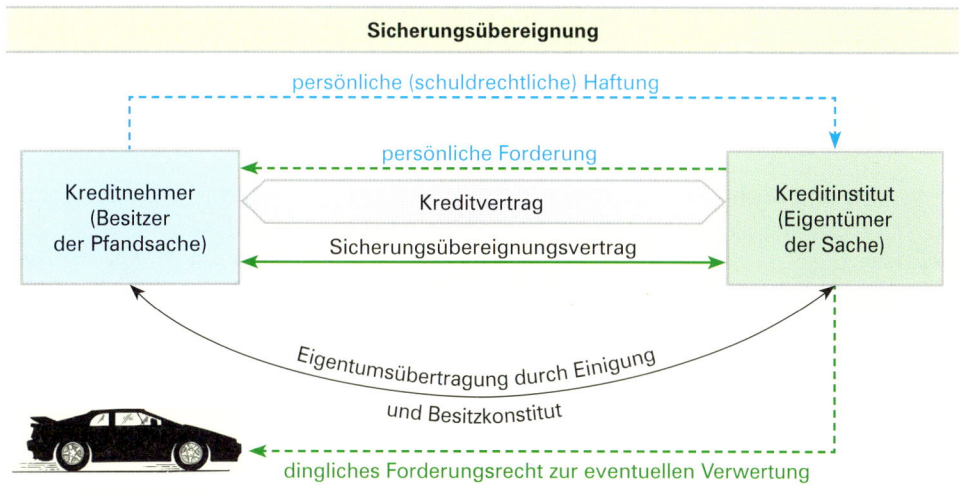

Sicherungsübereignung

persönliche (schuldrechtliche) Haftung

persönliche Forderung

| Kreditnehmer (Besitzer der Pfandsache) | Kreditvertrag | Kreditinstitut (Eigentümer der Sache) |

Sicherungsübereignungsvertrag

Eigentumsübertragung durch Einigung und Besitzkonstitut

dingliches Forderungsrecht zur eventuellen Verwertung

Die Sicherungsübereignung wurde durch die Rechtsprechung der Gerichte als Ergänzung für das Pfandrecht entwickelt. Sie ist **gesetzlich nicht ausdrücklich geregelt** und stellt daher ein Beispiel für ein Gewohnheitsrecht dar.

Das **Eigentumsrecht des Kreditgebers** ist nur **bedingt gegeben,** d. h., es wird erst wirksam, wenn der Kreditnehmer seinen Verpflichtungen nicht nachkommt. Dann nämlich („unter dieser Bedingung") kann der Kreditgeber erst die Herausgabe der sicherungsübereigneten Sache verlangen. Bei Rückzahlung des Kredits geht das Eigentum ohne besondere Vereinbarung wieder auf den Kreditnehmer über.

■ **Vorteile und Nachteile**

Vorteile	Der Vorteil der Sicherungsübereignung für den **Kreditnehmer** besteht darin, dass der **Schuldner unmittelbarer Besitzer der übereigneten Sache bleibt,** diese also **wirtschaftlich nutzen** kann. Zur Sicherungsübereignung eignen sich deshalb vor allem bewegliche Sachen wie z. B. Maschinen, Transporteinrichtungen, Kraftfahrzeuge und u. U. Warenlager. Der **Kreditgeber** als Eigentümer hat den Vorteil, dass er die sicherungsübereigneten Sachen nicht wie ein Pfand aufzubewahren braucht.
Nachteile	Ein Nachteil der Sicherungsübereignung kann sein, dass der Schuldner die übereigneten **Gegenstände an gutgläubige Dritte veräußert,** an die ein Herausgabeanspruch der Bank (des Gläubigers) nicht besteht. Ein Nachteil ist ferner, dass die vom Schuldner weiter genutzten Gegenstände rascher **an Wert verlieren,** als der Kredit getilgt wird.

(3) Durch Grundstücke gesicherte Kredite (Grundkredite)

■ **Begriffe**

Eine ausgezeichnete Kreditsicherheit bieten Grundstücke. Bebaute und unbebaute Grundstücke haben sich im Laufe der Jahre als besonders wertbeständig erwiesen. Sie bieten dem Gläubiger gerade für langfristige Forderungen die gewünschte Sicherheit. Grundstücke werden zur Kreditsicherung eingesetzt, indem sie verpfändet werden.

- Ein **Grundpfandrecht** ist ein **Pfandrecht** an einem **Grundstück**.

- **Grundpfandrechte** sind: die **Hypothek**,[1] die **Grundschuld** und die **Rentenschuld**.[2] Alle Grundpfandrechte müssen im **Grundbuch eingetragen sein**.

- Durch ein Grundpfandrecht wird ein Grundstück in der Weise belastet, dass eine **bestimmte Geldsumme aus dem Grundstück zu zahlen ist** (dingliches Recht), d. h., das Grundstück kann verwertet werden, wenn der Kredit **(Grundkredit)** nicht zurückgezahlt werden kann.

- **Grundkredite** sind Kredite, die durch Eintragung eines Grundpfandrechtes im Grundbuch gesichert sind.

■ Grundbuch

Das **Grundbuch** ist ein Verzeichnis (Register) aller Grundstücke in einem Amtsgerichtsbezirk. Die Grundbücher werden von den Amtsgerichten geführt. Wenn es einer schnelleren und rationelleren Grundbuchführung dient, sind die Landesregierungen ermächtigt, durch Rechtsverordnungen die Führung des Grundbuchs einem Amtsgericht für die Bezirke mehrerer Amtsgerichte zuzuweisen.

Das Grundbuch gliedert sich wie folgt:

Aufschrift (Deckblatt)	Bestandsverzeichnis	Abteilung I	Abteilung II	Abteilung III
enthält u. a.: 1. Amtsgericht 2. Grundbuchbezirk 3. Blatt-Nummer 4. bei Wohnungseigentum das Wort „Wohnungs-Grundbuch" 5. evtl. Umschreibungsvermerk bzw. Schließungsvermerk	enthält u. a.: 1. Grundstückskennzeichnung (Gemarkung, Flur, Flurstück, Wirtschaftsart, Lage, Größe) 2. mit dem Grundstück verbundene Rechte (z. B. Wegerechte, Kanalleitungsrechte)	enthält u. a.: 1. Eintragung des oder der Eigentümer 2. Eintragungsgrundlage (z. B. Auflassung, Erbfolge)	enthält u. a.: Lasten und Beschränkungen (außer Grundpfandrechten) – Dauerwohnrechte – Vorkaufsrechte – Nießbrauch – Erbbaurechte – Reallasten	enthält u. a.: Grundpfandrechte, z. B. – Hypotheken – Grundschulden – Rentenschulden (Betrag, Zinssatz, Gläubiger, Bedingungen usw.)

Die Landesregierungen können durch Rechtsverordnung bestimmen, dass und in welchem Umfang das Grundbuch in maschineller Form als automatisierte Datei geführt wird.

---

1 Die **Hypothek** ist ein **dingliches Pfandrecht** an einem Grundstück **zur Sicherung einer Forderung**, d. h., die Hypothek wird aufgrund einer Forderung eingetragen, d. h. Grundstück und Schuldner haften (dingliche und persönliche Haftung). **Ohne Forderung keine Hypothek** (Akzessorietät), d. h., die Hypothek nimmt in gleichem Maße ab, wie sich die Höhe der Darlehensschuld aufgrund der Tilgung verringert. Die Hypothek **entsteht durch Einigung und Eintragung ins Grundbuch** und **Übergabe des Hypothekenbriefs**.

2 Bei der **Rentenschuld** kann der Gläubiger regelmäßig wiederkehrende Geldleistungen aus dem Grundstück verlangen. Auf die Rentenschuld wird im Folgenden nicht eingegangen.

Eintragungen und Löschungen im Grundbuch genießen **öffentlichen Glauben.** Dies bedeutet, dass man sich auf den Inhalt des Grundbuchs verlassen darf, auch wenn er nicht mit der tatsächlichen (wahren) Rechtslage übereinstimmen sollte. Jedem, der ein berechtigtes Interesse nachweisen kann, ist die **Einsicht** in das Grundbuch gestattet **(Öffentlichkeit des Grundbuchs).**

■ **Grundschuld**

> ■ Die **Grundschuld** ist ein rein **dingliches Pfandrecht** und besagt, dass an den Inhaber der Grundschuld eine bestimmte Geldsumme aus dem Grundstück zu zahlen ist.
>
> ■ Die Grundschuld **setzt keine Forderung voraus.** Allein das Grundstück haftet.
>
> ■ Die Grundschuld entsteht durch **Einigung** zwischen Gläubiger und Schuldner über die Bestellung der Grundschuld und **Eintragung der Grundschuld ins Grundbuch.**

Die Unternehmen verwenden den Grundschuldkredit zur Finanzierung langfristiger Investitionen (z. B. Kauf und Erstellung von Gebäuden und Maschinen). Privatpersonen verwenden den Grundschuldkredit meist für die Finanzierung von Wohnbauten.

Beispiel:

Paul Kempter e. Kfm. erstellt eine weitere Lagerhalle für seine Fertigerzeugnisse. Er beansprucht hierfür ein Darlehen von seiner Bank über 150 000,00 EUR. Nach vier Jahren beträgt der Kontostand seines Darlehenskontos noch 120 000,00 EUR.

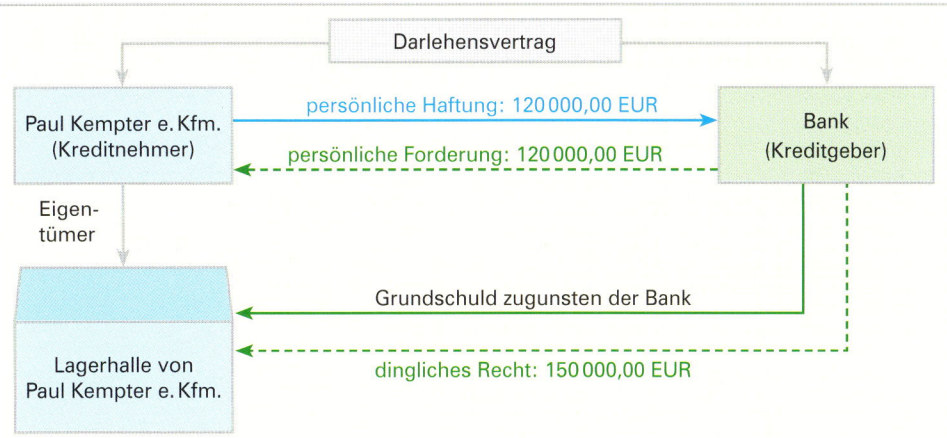

Da die Grundschuld von der persönlichen Forderung losgelöst ist, bleibt sie trotz teilweiser oder vollständiger Tilgung des Darlehens unverändert. Auch wenn die gesicherte Forderung vollständig getilgt wird, verändert sich dadurch die Grundschuld nicht. Sie erlischt erst dann, wenn sie im Grundbuch gelöscht wird.

Entstehung von Grundschuld. Zur Entstehung einer Grundschuld ist erforderlich:

Einigung	Sie erfolgt zwischen dem Grundschuldgläubiger und dem persönlich haftenden Schuldner[1] (oder einem Dritten)[2] über die Bestellung des Grundpfandrechts.
Eintragung in das Grundbuch	Das Grundpfandrecht ist in das Grundbuch einzutragen.
Übergabe des Grundschuldbriefs	Sofern Gläubiger und Schuldner nicht das Gegenteil vereinbaren, wird für die Grundschuld ein **Brief (Grundschuldbrief)** ausgestellt.

Zweck der Grundschuld. Der Zweck (die Sicherheit) einer Grundschuld besteht für den Gläubiger darin, dass er sich aus dem Verkaufserlös des Grundstücks befriedigen kann, wenn der Schuldner mit seinen Leistungen in Verzug kommt. Der Verkauf erfolgt z. B. im Wege der Zwangsversteigerung und Zwangsverwaltung.

Rangstufen der Grundschuld. Ein Grundstück kann mit mehreren Grundpfandrechten belastet werden. Nach der Reihenfolge der Eintragungen im Grundbuch unterscheidet man erste, zweite, dritte usw. Grundschuld.

Die Rangstufen im Grundbuch richten sich, falls nichts anderes vereinbart ist, nach der Reihenfolge der Eintragungen der Grundpfandrechte. In der Praxis werden jedoch häufig die Rangstufen von vornherein mit den Darlehensgebern vereinbart. So geben sich z. B. Bausparkassen mit dem zweiten Rang zufrieden, falls der Bauherr von einer Bank eine erste Grundschuld in Anspruch nimmt. Die Bedeutung der Rangstufen liegt darin, dass bei einer Zwangsversteigerung die Forderungen der Grundpfandgläubiger nach ihrer Rangfolge befriedigt werden. Aus diesem Grund hat eine erststellige Grundschuld einen höheren Sicherungswert als eine nachrangige.

Erlöschen der Grundschuld. Ist eine Forderung bezahlt, kann die Grundschuld gelöscht werden, es sei denn, der Grundstückseigentümer möchte eine Eigentümergrundschuld zur späteren Verwendung im Grundbuch stehen lassen.

Zur Löschung einer Grundschuld sind eine **notariell beglaubigte Löschungsbewilligung des ehemaligen Gläubigers** und ein **Löschungsantrag** erforderlich. Bei Briefgrundschulden ist dem Grundbuchamt außerdem der Grundschuldbrief vorzulegen. Die Löschung einer Eintragung erfolgt im Grundbuch – soweit dieses auf Grundbuchblättern erfolgt – durch rotes Unterstreichen.

---

[1] Der persönlich haftende Schuldner ist Grundstückseigentümer (Regelfall).

[2] Ein Dritter (z. B. Vater des Schuldners), der persönlich nichts schuldet, ist Grundstückseigentümer (Ausnahme).

■ Nach dem **Kriterium der Art ihrer Sicherheit** unterscheidet man folgende Kredite:

Ungesicherte Kredite	Gesicherte Kredite		
Personalkredite		Dinglich gesicherte Kredite (Realkredite)	
keine Kreditsicherung (Blankokredite)	verstärkte Personalkredite	durch bewegliche Sachen oder Wertpapiere gesicherte Kredite	durch Grundstücke gesicherte Kredite
Der Kreditgeber gewährt den Kredit ohne jede Sicherheit. Es haftet lediglich der als zahlungskräftig und -willig bekannte Kreditnehmer.	Neben dem Kreditnehmer haften noch weitere Personen, z. B. beim ■ Bürgschaftskredit.	Neben dem Kreditnehmer dienen Wertpapiere oder bewegliche Sachen als Sicherheit, z. B. beim ■ Sicherungsübereignungskredit.	Hier dienen Grundstücke zur Absicherung des gegebenen Kredits, z. B. ■ Grundschuldkredit.

■ Der **Bürgschaft** liegen **zwei Rechtsgeschäfte** zugrunde: (1) ein Kreditvertrag zwischen dem Schuldner und dem Gläubiger (z. B. einer Bank) und (2) ein Bürgschaftsvertrag zwischen dem Bürgen und dem Gläubiger (z. B. der Bank des Schuldners).

■ Nach dem Zeitpunkt der Haftung, die der Bürge übernimmt, unterscheidet man die **Ausfallbürgschaft** (nachschuldnerische Bürgschaft) und die **selbstschuldnerische Bürgschaft**.

■ Bei der **Zession** werden der Bank Forderungen abgetreten. Dadurch wird die Bank Eigentümerin der Forderungen, tritt also an die Stelle des alten Gläubigers.

■ Bei der **Lombardierung** verpfändet ein Kreditnehmer an einen Kreditgeber bewegliche Sachen oder Wertpapiere zur Deckung eines kurzfristigen Kredits.

■ Bei der **Sicherungsübereignung** erwirbt der **Kreditgeber** das **bedingte Eigentum** an einer beweglichen Sache und wird **mittelbarer Besitzer** (Besitzkonstitut). Der **Schuldner** bleibt **unmittelbarer Besitzer**.

■ Die Sicherungsübereignung ist **verhältnismäßig unsicher**, da der Schuldner im Besitz der Sache ist (anderweitige Übereignung, Weiterveräußerung an gutgläubigen Dritten, Abnutzung, Zerstörung).

■ **Grundschuldkredite** sind Kredite, die durch Eintragung eines Grundpfandrechts im Grundbuch gesichert sind.

■ Die **Grundschuld** ist ein Pfandrecht an einem Grundstück, bei dem nur das belastete Grundstück, nicht aber der Grundstückseigentümer haftet (nur dingliche Haftung).

■ Nach der Art der Bestellung unterscheidet man zwischen der **Buchgrundschuld** (Einigung und Eintragung ins Grundbuch) und der **Briefgrundschuld** (sie entsteht wie die Buchgrundschuld, zusätzlich wird aber noch eine Urkunde ausgestellt).

■ Das grundsätzlich von den Amtsgerichten geführte **Grundbuch** ist ein Verzeichnis aller Grundstücke in einem Amtsgerichtsbezirk.

34

1. Erklären Sie die Bedeutung, die die Kreditsicherung für die Kreditinstitute und ihre Kunden hat!

2. 2.1 Erklären Sie den Unterschied zwischen einem einfachen Personalkredit (Blankokredit) und dem verstärkten Personalkredit!

   2.2 Man sagt, Blankokredite seien die sichersten Kredite. Begründen Sie diese richtige Aussage!

3. Herr Brecht, Inhaber einer Arzneimittelgroßhandlung und Herr Groß, Inhaber einer Arzneimittelfabrik, sitzen beim Stammtisch. Herr Brecht braucht einen Bankkredit, muss aber einen Bürgen beibringen. Er fragt deshalb Herrn Groß, der sofort zustimmt.

   Aufgaben:

   3.1 Begründen Sie, ob der Bürgschaftsvertrag geschlossen ist! Wenn nicht, nennen Sie den Grund!

   3.2 Nennen Sie zwei Gründe, warum die Ausfallbürgschaft mit Kaufleuten selten vorkommt!

   3.3 Herr Brecht entschließt sich, bei seiner Hausbank einen Bürgschaftskredit aufzunehmen. Begründen Sie, welche Bürgschaft die Bank verlangen wird!

   3.4 Erklären Sie den Begriff Bürgschaftskredit!

   3.5 Ein Bürgschaftsvertrag mit einem Nichtkaufmann muss schriftlich abgeschlossen werden. Begründen Sie, warum der Gesetzgeber die Schriftform verlangt!

4. Ein Unternehmer bietet seiner Bank als Kreditsicherheit einen Forderungsbestand in Höhe von 140 000,00 EUR an.

   Aufgaben:

   4.1 Nennen und beschreiben Sie die Art der Kreditsicherung durch diese Forderungen!

   4.2 Erklären Sie die zwei Arten, in der diese Kreditsicherheit im Hinblick auf den Drittschuldner auftreten kann!

5. Kredit ist Vertrauenssache, darüber hinaus verlangen die Kreditinstitute im Allgemeinen eine Sicherheit.

   Aufgabe:

   Erklären Sie, worin die Sicherheit beim Zessionskredit besteht!

6. 6.1 Begründen Sie, warum im Wirtschaftsleben die Sicherungsübereignung notwendig ist!

   6.2 Beschreiben Sie den Ablauf der Sicherungsübereignung!

35

1. Die Kunststoffwerke Balingen GmbH will ein neues Fabrikationsgebäude für 800 000,00 EUR erstellen. Davon müssen 500 000,00 EUR langfristig fremdfinanziert werden.

   Aufgaben:

   1.1 Prüfen Sie, welche Kreditsicherungsmöglichkeit dafür infrage kommt!

   1.2 Erklären Sie, wie ein Grundpfandrecht an einem Grundstück entsteht!

   1.3 Erklären Sie, wie auch nach Rückzahlung des Kredits die grundpfandrechtliche Sicherheit für künftige Kredite erhalten bleiben kann!

   1.4 Erläutern Sie, was der Kreditgeber unternehmen kann, wenn die Kunststoffwerke Balingen GmbH später diesen Kredit nicht mehr zurückzahlen kann!

   1.5 Erklären Sie, welche Bedeutung die Rangordnung der Grundbucheintragungen der Grundpfandrechte hat!

   1.6 Außerdem sollen neue Präzisionsmaschinen für 300 000,00 EUR angeschafft werden. 80 000,00 EUR müssen durch Kreditaufnahme aufgebracht werden.

Aufgaben:

1.6.1 Beschreiben Sie kurz die infrage kommende Kreditart!

1.6.2 Nennen Sie die Vorteile und Nachteile, die Sie dabei für den Schuldner sehen!

1.6.3 Zählen Sie Gegenstände auf, die sich für diese Art der Kreditsicherung eignen!

2. Der Geschäftsführer Selz der Froh & Sinn GmbH nimmt Einblick in das Grundbuch, um sich über die Belastungen des Neukunden Max Färber e.K. zu erkundigen. Er stellt fest, dass dort Grundschulden in Höhe von 1,6 Mio. EUR eingetragen sind. Er will deswegen nur noch gegen Sicherheitsleistungen an Färber liefern.

Aufgabe:

Erläutern Sie, inwieweit der Geschäftsführer Selz Recht hat!

3. Peter Flechter e.Kfm. hat in das Grundstück seines Schuldners Erich Lang OHG vollstrecken lassen. Zu seinen Gunsten ist eine drittrangige Grundschuld in Höhe von 100 000,00 EUR eingetragen. Die eingeklagte Forderung beträgt 80 000,00 EUR. Die erste Grundschuld zugunsten der Oberkircher Volksbank eG beträgt 75 000,00 EUR, die zweite Grundschuld zugunsten der Meier KG in Rode 65 000,00 EUR. Der Reinerlös aus der Versteigerung betrug 200 000,00 EUR.

Aufgaben:

3.1 Ermitteln Sie, wie viel EUR Peter Flechter e.Kfm. erhält!

3.2 Prüfen Sie, ob Peter Flechter e.Kfm. noch weitere Ansprüche hat! Wenn nein, nennen Sie den Grund! Wenn ja, erklären Sie, wie er sie geltend machen kann!

4. Die Sona AG hat sich eine Eigentümergrundschuld eintragen lassen. Erläutern Sie den Sinn einer Eigentümergrundschuld!

5. Der junge Angestellte Witz muss im Auftrag seines Arbeitgebers Einsicht in das Grundbuch nehmen. Grund: Die Geschäftsleitung möchte sich über die Vermögens- und Schuldverhältnisse eines neuen Kunden ein Bild verschaffen. Witz ist enttäuscht: Im Grundbuch sind bei einem Grundstückswert von rund 2 700 000,00 EUR drei Grundschulden im Gesamtwert von 2 000 000,00 EUR eingetragen, zwei davon (je 750 000,00 EUR) sogar rot unterstrichen. Er berichtet seinem Arbeitgeber, dass mit dem neuen Kunden wohl nichts los sei. Nehmen Sie hierzu Stellung!

3.4 Leasing

3.4.1 Begriff Leasing

Leasing ist das Mieten bzw. Pachten von Anlagegütern (Maschinen, Fahrzeugen, Computern, ganzen Fabrikanlagen).

Als Leasingobjekte können sowohl unbewegliche Anlagegüter (z. B. Gebäude, Produktionsanlagen) als auch bewegliche Anlagegüter (z. B. Pkw, Lkw, Büromaschinen, Computer) dienen. Nach Beendigung der Vertragszeit hat der Leasingnehmer das Gut zurückzugeben, wenn er nicht von der Möglichkeit Gebrauch machen will, einen Verlängerungsvertrag abzuschließen oder das Leasinggut käuflich zu erwerben.

Leasing ist insofern eine Art der **Fremdfinanzierung,** als die Finanzierung der Anschaffungskosten eines Objekts nicht von dem den Gegenstand nutzenden Unternehmen (Leasingnehmer), sondern von einem anderen Unternehmen, dem Leasinggeber, getragen wird. Im Gegensatz zu den übrigen Arten der Fremdfinanzierung handelt es sich beim Leasing nicht um einen Geldkredit, sondern um einen **Sachkredit.** Die Leasing-Finanzierung wird daher auch als **Sachmittelfremdfinanzierung** bezeichnet.

3.4.2 Beispiele für eine Vertragsgestaltung beim Leasing

(1) Operate-Leasing

Beim Operate-Leasing ist die Grundmietzeit relativ kurz, sodass die Leasingraten nicht für die Amortisation der Anschaffungskosten ausreichen. Die Restamortisation, die angefallenen Kosten und ein angemessener Gewinn können im Allgemeinen erst durch Folgeverträge bzw. durch den Verkaufserlös des Leasingobjekts gedeckt werden. Die Bilanzierung des Leasingobjekts erfolgt beim Leasinggeber. Der Leasingnehmer kann die Leasingraten als Betriebsausgaben absetzen. Bei dieser Art des Leasingvertrags hat das Leasingunternehmen neben der Finanzierung der Anschaffungskosten auch für die uneingeschränkte Nutzungsfähigkeit des Leasingobjekts zu sorgen. Wartungskosten, Reparaturkosten und Versicherungskosten gehen zu seinen Lasten. Auch für den Fall eines Totalausfalls hat die Leasinggesellschaft für ein Ersatzobjekt zu sorgen.

Beim Operate-Leasing übernimmt der Leasinggeber das gesamte Investitionsrisiko, da der Leasinggeber, bei Kündigung vor Ablauf der Nutzungsdauer durch den Leasingnehmer, eine volle Amortisation nur durch eine oder mehrere Anschlussmiet- bzw. -pachtzahlungen erzielen kann. Infolge dieser Risikobelastung des Leasinggebers werden für derartige Verträge nur Wirtschaftsgüter herangezogen, die jederzeit erneut vermietet bzw. verpachtet werden können (z.B. Autovermietung, Vermietung von Universalmaschinen, Computer-, Telefonanlagen).

(2) Finance-Leasing

Das Finance-Leasing ist überwiegend langfristig angelegt. Innerhalb der Grundmietzeit, die meistens bei **40 bis 90 % der betriebsgewöhnlichen Nutzungsdauer** des Leasinggutes liegt, ist der Vertrag nicht kündbar. Bei dieser Vertragsgestaltung hat der Leasingnehmer die laufenden Betriebskosten zu tragen. Auch das Risiko eines Totalschadens trägt grundsätzlich der Leasingnehmer. Finance-Leasing-Verträge enthalten üblicherweise ein **Optionsrecht**[1] **des Leasingnehmers,** das nach Ablauf der Grundmietzeit wahrgenommen werden kann. Es kann sich beziehen auf eine **Kaufoption** (Recht zum Kauf des Leasingobjekts zu einem vorher vereinbarten Restwert) oder eine **Miet- bzw. Pachtverlängerungsoption** (Recht auf Verlängerung der Mietzeit bzw. Pachtzeit mit geringeren Leasingraten).

Da der Leasingnehmer das volle Investitionsrisiko übernimmt, eignet sich das Finance-Leasing nicht nur für marktgängige Wirtschaftsgüter, sondern auch für Verträge über Güter, die nach den besonderen Anweisungen eines Leasingnehmers gestaltet werden, wobei gegebenenfalls der Leasingnehmer unmittelbar mit dem Hersteller in Verhandlungen tritt **(Spezial-Leasing).**

3.4.3 Rechnerischer Vergleich von Leasing und Kreditfinanzierung

Der Vergleich zwischen Leasing und Kreditkauf konzentriert sich im rechnerischen Vergleich auf die Liquiditäts- und Aufwandswirkung der beiden Finanzierungsarten.

---

1 Option: Wahlrecht.

Die Backfein GmbH beabsichtigt, ihren Maschinenpark um einen Backautomaten zu erweitern. Nach den Angaben des Herstellers betragen die Anschaffungskosten 480 000,00 EUR. Die betriebsgewöhnliche Nutzungsdauer wird mit 6 Jahren angegeben. Es wird linear abgeschrieben.

Da die Backfein GmbH gerade erst die Produktionshalle erweitert hat, ist eine Finanzierung mit eigenen Finanzmitteln nicht möglich. Das Unternehmen hat zwei Finanzierungsalternativen:

(1) Leasingangebot des Herstellers:
Bei einer Grundmietzeit von 4 Jahren betragen die Leasingraten 135 000,00 EUR pro Jahr. Im Falle einer Vertragsverlängerung sinkt die Rate auf 80 000,00 EUR.

(2) Kreditangebot der Hausbank:
Ratentilgungsdarlehen mit 5 Jahren Laufzeit über 500 000,00 EUR, Auszahlung 96 %, Nominalzinssatz 7,5 %.

Aufgabe:

Vergleichen Sie beide Angebote unter den Gesichtspunkten von Aufwands- und Liquiditätsbelastung!

Lösung:

1. Angebot: Aufwands- und Liquiditätsbelastung bei Leasing

Jahr	Mittelabflüsse (Leasingraten)	Aufwendungen
1	135 000,00 EUR	135 000,00 EUR
2	135 000,00 EUR	135 000,00 EUR
3	135 000,00 EUR	135 000,00 EUR
4	135 000,00 EUR	135 000,00 EUR
5	80 000,00 EUR	80 000,00 EUR
6	80 000,00 EUR	80 000,00 EUR
Summe	700 000,00 EUR	700 000,00 EUR

2. Angebot: Aufwands- und Liquiditätsbelastung bei Kreditfinanzierung

Jahr	Rest-darlehen EUR	Tilgung EUR	Zinsen EUR	Abschreibung Backautomat EUR	Abschreibung Disagio EUR	Mittel-abflüsse EUR	Aufwen-dungen EUR
1	500 000,00	100 000,00	37 500,00	80 000,00	4 000,00	137 500,00	121 500,00
2	400 000,00	100 000,00	30 000,00	80 000,00	4 000,00	130 000,00	114 000,00
3	300 000,00	100 000,00	22 500,00	80 000,00	4 000,00	122 500,00	106 500,00
4	200 000,00	100 000,00	15 000,00	80 000,00	4 000,00	115 000,00	99 000,00
5	100 000,00	100 000,00	7 500,00	80 000,00	4 000,00	107 500,00	91 500,00
6	0,00	0,00	0,00	80 000,00	0,00	0,00	80 000,00
						612 500,00	612 500,00

Ergebnis:

Die Kreditfinanzierung ist rechnerisch sowohl hinsichtlich der Aufwands- als auch hinsichtlich der Liquiditätsbelastung günstiger.

Ob sich Leasing anstelle eines Kreditkaufs lohnt, darf **nicht allein aufgrund des Ausgaben- bzw. Aufwandsvergleichs** entschieden werden. Hier würde das Leasing meistens schlechter abschneiden, weil der Leasingnehmer innerhalb der Grundmietzeit etwa 120 bis 150 % der Anschaffungskosten zahlt.

Der Grund für die hohe Aufwandsbelastung beim Leasing liegt in den Finanzierungskosten, die in die Leasingrate eingerechnet sind. Sie umfassen:

- den **Abschreibungsbetrag** (die Ausgaben bzw. Aufwendungen des Leasinggebers für die Beschaffung oder Herstellung des Leasingguts werden auf die Dauer der Grundleasingzeit verteilt);
- die **Verzinsung** (das vom Leasinggeber investierte Kapital muss sich verzinsen);
- eine **Risikoprämie** (z. B. für schnelles Veralten);
- die **sonstigen Verwaltungs- und Vertriebskosten** (einschließlich der laufenden Servicekosten);
- den **Gewinnzuschlag.**

Unter Berücksichtigung der **steuerlichen Wirkung,** die jeweils nach Höhe des Gewinns die höhere Aufwandsbelastung des Leasingangebots durch eine Steuerersparnis effektiv auf weniger als die Hälfte reduziert, wird der Abstand zwischen den beiden Angeboten deutlich geringer.

Für die endgültige Entscheidung sollten jedoch vor allem die Besonderheiten des Einzelfalles Beachtung finden. So können beispielsweise bei einer Entscheidung für das Finanzierungsleasing die eingesparten Anschaffungskosten in andere Projekte investiert werden.

3.4.4 Beurteilung des Leasings

Vorteile	Nachteile
▪ Aufbau, Erweiterung bzw. Rationalisierung eines Betriebs können ohne großen Geldkapitalbedarf durchgeführt werden.	▪ Die Leasingkosten sind hoch, denn die Gesamtkosten des Leasinggebers müssen in relativ kurzer Zeit aufgebracht werden.
▪ Das eingesparte Geldkapital kann anderweitig rentabler eingesetzt werden.	▪ Die Kosten fallen regelmäßig an, sodass es unter Umständen zu Liquiditätsschwierigkeiten kommen kann, wenn die Zahlungen aus Verkäufen nicht rechtzeitig eingehen.
▪ Da mit der Nutzung Erträge anfallen, können die Kosten aus dem laufenden Ertrag bezahlt werden.	▪ Eigentum an dem Investitionsgut wird nicht erworben. Deshalb darf der Leasinggegenstand vom Leasingnehmer ohne Zustimmung des Leasinggebers auch nicht verändert werden.
▪ Rasche Anpassung an den technischen Fortschritt ist beim kurzfristigen Leasing möglich.	
▪ Leasing schafft klare Kalkulationsgrundlagen.	▪ Das Fehlen von Anlagevermögen mindert die Möglichkeit einer eventuell später notwendig werdenden Kreditsicherung.
▪ Nutzungskonforme Finanzierungsdauer, d. h., die Laufzeit des Leasingvertrags richtet sich in der Regel an der betriebsgewöhnlichen Nutzungsdauer des Leasingobjekts aus.	▪ Ausschluss der Kündigung des Leasingnehmers während der Grundmietzeit.

- **Leasingverträge** sind miet- oder pachtähnliche Verträge, die die Nutzung eines Leasing-objekts ermöglichen, ohne die Anschaffungskosten finanzieren zu müssen. Als Gegenleistung zahlt der Leasingnehmer die vereinbarten Leasingraten.

- Unter dem Gesichtspunkt der **Dauer der Leasingzeit** unterscheidet man in **Operate-Leasing** und **Finance-Leasing**.

- Das Leasing hat den **Vorteil,** dass der Leasingnehmer keine finanziellen Mittel für den Kauf der Leasinggüter aufbringen muss. Außerdem übernehmen die Leasinggeber in aller Regel die Wartung der Leasinggüter. Beim Operate-Leasing ist von besonderem Vorteil, dass bei Anla-gen, die einer schnellen technischen Entwicklung unterliegen, der Leasingvertrag gekündigt werden und eine neue Anlage „gemietet" bzw. „gepachtet" werden kann.

- Der **Nachteil** des Leasings besteht darin, dass die Kosten sehr hoch sind. Besonders beim Finance-Leasing kann dies ein empfindlicher Nachteil sein, weil der Leasingnehmer während der Grundleasingzeit nicht kündigen kann (z. B. bei Auftragsrückgängen). Liquiditätsschwie-rigkeiten können die Folge sein. Geleaste Güter stehen auch nicht als Kreditsicherheiten zur Verfügung.

Übungsaufgaben

36   1. Eine Möglichkeit, die Anschaffung eines Geschäftswagens zu finanzieren, bietet das Leasing.

Aufgaben:

1.1 Beschreiben Sie den Grundgedanken des Leasings!

1.2 Definieren Sie den Begriff Leasing!

1.3 Erklären Sie den Satz: „Stecken Sie Ihr Kapital ins Geschäft und nicht in den Ge-schäftswagen"!

2. „Leasing hilft Kosten sparen" – so lautet häufig die Werbung der Leasinggesellschaften. Prüfen Sie diese Aussage!

3. „Leasing schont Ihre Liquidität" – ein anderer Werbespruch. Erklären Sie, inwiefern diese Aussage zutreffend ist!

4. Nennen Sie die zwei wichtigsten Vorteile und Nachteile der Leasingfinanzierung aus der Sicht des Leasingnehmers und begründen Sie Ihre Wahl!

37   Bei der Lars Biller KG ist letzte Woche eine alte Maschine endgültig ausgefallen. Eine moderne Ersatzmaschine kostet 96 000,00 EUR und hat eine Nutzungsdauer von 8 Jahren. Die Maschine soll linear abgeschrieben werden.

Das Unternehmen hat infolge hoher sonstiger Investitionen mit Liquiditätsengpässen zu kämp-fen. Für die Lars Biller KG kommt daher nur die Finanzierungsalternative mit der geringeren Liquiditätsbelastung infrage.

– Bankkredit: Laufzeit 8 Jahre; Auszahlung 100 %, Zinssatz 9,5 %, Tilgung in gleichen Raten am Jahresende.

– Leasing: Grundmietzeit 5 Jahre, Leasingrate 25 000,00 EUR/Jahr, Anschlussleasing mit einer jährlichen Leasingrate von 10 000,00 EUR möglich.

Aufgaben:

1. Stellen Sie die beiden Finanzierungsalternativen hinsichtlich ihrer Liquiditätsbelastung tabellarisch gegenüber!

Begründen Sie, zu welcher Finanzierungsart Sie der Lars Biller KG raten!

2. Begründen Sie, ob die Lars Biller KG eventuell mit ihrer Bank wegen eines Fälligkeitsdarle-hens verhandeln sollte!

38 Die Lebensmittelfabrik Franz Hensler KG will ihr Werk modernisieren. Geplant ist die Anschaffung einer modernen Mehrzweckmaschine. Für die Finanzierung dieser Maschine mit Anschaffungskosten in Höhe von 100 000,00 EUR und einer Nutzungsdauer von 5 Jahren bestehen zwei Alternativen:

Alternative 1: Angebot der Deutschen Leasing AG

Zeitspanne	Degressives Leasingentgelt/Monat für die Grundmietzeit
1. – 12. Monat	4 000,00 EUR
13. – 24. Monat	2 800,00 EUR
25. – 36. Monat	2 000,00 EUR
37. – 48. Monat	1 600,00 EUR

Alternative 2: Die Mehrzweckmaschine wird gekauft und durch die Aufnahme eines Bankkredits finanziert. Der Zinsfuß beträgt 10 %; die Zinszahlung erfolgt jährlich nachträglich. Tilgung entsprechend der bilanzmäßigen Abschreibung: 30 % degressiv, ab dem 3. Jahr linear.

Aufgaben:

1. Nennen und erklären Sie bei der Alternative 1 die Leasingart!

2. Erläutern Sie, wer bei dieser Leasingart das Investitionsrisiko trägt!

3. Ab dem 49. Monat fällt das Leasingentgelt auf monatlich 300,00 EUR. Begründen Sie, worauf Sie diese starke Abnahme zurückführen!

4. Vergleichen Sie die beiden Finanzierungsmöglichkeiten hinsichtlich der Aufwendungen! Verwenden Sie zur Lösung folgendes Schema! (Centbeträge sind auf volle EUR zu runden.)

Jahr	Fremdkapital	Zinsen für Fremdkapital	Abschreibung	Gesamtaufwendungen	
				Alternative 1 Leasing	Alternative 2 Kreditfinanzierung

5. Ermitteln Sie, wie sich Alternative 1 und 2 hinsichtlich ihrer Auswirkung auf die Liquidität im 1. Jahr unterscheiden!

6. Die Leasinggesellschaft wirbt mit „Leasen steigert Ihre Rentabilität und schont Ihre Liquidität". Nehmen Sie dazu Stellung!

39 Die Möhrle GmbH benötigt Maschinen für die Produktion von Konservierungsmitteln. Die Anschaffungskosten der Maschinen betragen 1,2 Mio. EUR. Zwei Finanzierungsmöglichkeiten sind gegeben:

– Kauf der Maschinen mithilfe eines Bankkredits zu 8 %. Ratentilgung in 4 Jahren am Ende des Jahres.

– Leasing zu einem Monatsbetrag von 2,5 % des Anschaffungswertes. Die Grundmietzeit beträgt 4 Jahre. Nach deren Ablauf wird die Monatsmiete auf 10 % des bisherigen Betrags gesenkt, falls der Leasingvertrag verlängert wird. Die Wartungskosten trägt der Leasingnehmer.

Die Nutzungsdauer der Maschinengruppe beträgt 8 Jahre. Die Abschreibung wird linear vorgenommen.

Aufgaben:

1. Berechnen Sie den Zinsaufwand für den Bankkredit!

2. Ermitteln Sie, wie viel Prozent der Zinsaufwand vom Kaufpreis der Maschinen ausmacht!

3. Angenommen, die Möhrle GmbH kündigt den Leasingvertrag nach Ablauf der Grundmietzeit. Ermitteln Sie, wie viel Prozent vom Kaufpreis der jährliche Mietaufwand im Jahr der Kündigung beträgt!

4. Angenommen, die Möhrle GmbH mietet die Maschinen für 8 Jahre. Stellen Sie fest, wie viel Prozent vom Kaufpreis der durchschnittliche Mietaufwand beträgt!

5. Nennen Sie Gründe, die für den Kauf der Maschinen sprechen!

4.1 Markt als Koordinationsmodell

4.1.1 Marktmodell

In einer marktwirtschaftlich orientierten Wirtschaftsordnung stellen die **Haushalte** (in der Regel als **Nachfrager**) sowie die **Unternehmen** (zumeist in der Rolle der **Anbieter**) – ihrem **Eigeninteresse** folgend – **selbstständig** Wirtschaftspläne auf. Dabei versuchen die **Anbieter** (Unternehmen) ihre Pläne am Ziel der **Gewinnmaximierung** auszurichten, wohingegen sich die **Nachfrager** (Haushalte) bei ihren Planungen überwiegend an dem Ziel der **Nutzenmaximierung** orientieren. Die **Gegensätzlichkeit** dieser Planungsgrundlage wird deutlich, wenn man sich vor Augen führt, dass die **Anbieter** im Rahmen ihrer Zielsetzung bemüht sein werden, entsprechend **hohe Preise** durchzusetzen. Die **Nachfrager** demgegenüber versuchen, mit den ihnen zur Verfügung stehenden Mitteln ein möglichst hohes Nutzenniveau zu realisieren, also zu möglichst **niedrigen Preisen** ihren Bedarf zu decken.

Beide „Parteien" sind bestrebt, ihre **individuellen Planungen** am Markt zu realisieren:

- So ermöglicht der Markt den **Anbietern,** ihre Güter entsprechend ihren Zielvorstellungen anzubieten und sich über die Nachfrage zu informieren.
- Den **Nachfragern** hingegen bietet der Markt die Möglichkeit, sich über das Angebot zu informieren und ihre Kaufentscheidung unter Berücksichtigung der Nutzenmaximierung zu treffen.

Ökonomisch betrachtet versteht man unter **Markt** den Ort, an dem Angebot und Nachfrage aufeinandertreffen.

Über den Markt erfolgt ein **Ausgleich** zwischen den **entgegengesetzten** Interessen von Anbietern und Nachfragern, da sich als Ergebnis des Marktgeschehens **ein** Preis (der sogenannte **Gleichgewichtspreis**) bildet, über den die unterschiedlichen Zielsetzungen der Marktteilnehmer „ausbalanciert" werden **(Selbststeuerungsmechanismus des Marktes).**

Anbieter versuchen auf dem Markt ihre Güter abzusetzen. Dabei streben sie nach **Gewinnmaximierung.**	M A R K T	Nachfrager versuchen auf dem Markt ihre Nachfragepläne zu verwirklichen. Sie streben nach **Nutzenmaximierung.**

4.1.2 Marktformen

In einer Volkswirtschaft gibt es nicht nur einen Markt, sondern eine **Vielzahl** von Märkten, die sich nach verschiedenen Kriterien untergliedern.

(1) Gliederung nach dem Grad der Vollkommenheit

Vollkommene Märkte	Märkte, auf denen es nur einen einheitlichen Preis für ein bestimmtes Gut geben kann.
Unvollkommene Märkte	Märkte, auf denen es für ein bestimmtes Gut unterschiedliche Preise gibt.

Erläuterungen:

■ Für das Vorliegen eines vollkommenen Marktes müssen nachfolgende Voraussetzungen erfüllt sein:

Voraussetzungen	Beispiele
Ein Einheitspreis entwickelt sich nur dann, wenn auf dem Markt vollkommen gleichartige Güter gehandelt werden: Die **Güter** müssen **homogen** sein.	Banknoten, Aktien einer bestimmten Aktiengesellschaft, Edelmetalle, Baumwolle eines bestimmten Standards.
Angebot und Nachfrage müssen gleichzeitig an einem bestimmten Ort aufeinandertreffen (**Punktmarkt**).	Nur die an einem bestimmten Tag bei einem Börsenmakler zusammenlaufenden Kauf- und Verkaufsaufträge bestimmen den Kurs (den Preis) des Tages.
Anbieter und Nachfrager müssen eine vollständige Marktübersicht (**Markttransparenz**) besitzen.	Eine Hausfrau hat dann eine vollständige Marktübersicht, wenn sie die Preise und Qualitäten aller angebotenen Waren kennt. – Ein Anbieter besitzt die vollkommene Marktübersicht, wenn ihm die Kaufabsichten der Kunden bekannt sind. (Vollständige Markttransparenz findet sich folglich nur an der Börse.)
Anbieter und Nachfrager müssen **sofort** auf Änderungen der Marktsituation **reagieren können.**	Der Börsenspekulant hat jederzeit die Möglichkeit, sich telefonisch an der Börse über den Stand der Nachfrage, des Angebots und der Kurse zu informieren (Markttransparenz). Zugleich hat er die Möglichkeit, z.B. bei steigenden Kursen mehr anzubieten oder weniger nachzufragen (schnelle Reaktionsfähigkeit).
Käufer und Verkäufer dürfen sich nicht gegenseitig bevorzugen (**keine Präferenzen**).	■ Eine **sachliche Präferenz** liegt vor, wenn ein Käufer der Meinung ist, dass das Produkt des Herstellers A besser als das des Herstellers B ist, auch wenn beide Produkte objektiv gleich (homogen) sind. ■ Eine **zeitliche Präferenz** ist gegeben, wenn z.B. ein Käufer den Lieferer A bevorzugt, weil dieser schneller liefern kann. ■ Von **räumlicher Präferenz** spricht man z.B., wenn die räumliche Nähe des Marktpartners zu Bevorzugungen führt. ■ **Persönliche Präferenzen** bestehen z.B. dann, wenn ein Kunde ein Geschäft aufgrund besonders kulanter und freundlicher Bedienung bevorzugt.

■ Fehlt nur **eine** der genannten Bedingungen, spricht man von einem **unvollkommenen Markt**. Annähernd vollkommene Märkte sind die Ausnahme, unvollkommene Märkte die Regel.

(2) Gliederung des Marktes nach der Anzahl der Anbieter und Nachfrager

Polypolistische Märkte[1]	Vollständige Konkurrenz, d.h., unzählige Anbieter und Nachfrager treten auf dem Markt auf. In dieser Marktform herrscht regelmäßig ein sehr lebhafter Wettbewerb zwischen den Anbietern (z.B. Lebensmittel-, Textil-, Medienmarkt).
Oligopolistische Märkte[2]	Märkte, bei denen auf einer und/oder beiden Marktseiten wenige Konkurrenten vorhanden sind. Jeder Anbieter hat einen beachtlichen Marktanteil. Das Marktverhalten (z.B. die Preispolitik) beeinflusst auch das Verhalten der übrigen Anbieter (z.B. Mineralölmarkt, Energiemarkt).
Monopolistische Märkte[3]	Märkte, bei denen sich auf einer und/oder beiden Marktseiten nur ein Marktbeteiligter befindet. Der Monopolist kann der jeweiligen Marktgegenseite die Preise diktieren. Monopole sind in der Bundesrepublik Deutschland verboten.

Strukturiert man die Anzahl der Anbieter und Nachfrager auf einem Markt in **quantitativer** Hinsicht in die Kategorien „einer", „wenige" und „viele", so erhält man folgendes Grundschema mit insgesamt **neun** verschiedenen **Marktformen**.

Zahl der Anbieter / Zahl der Nachfrager	einer	wenige	viele
einer	zweiseitiges Monopol	Angebotsmonopol mit oligopolistischer Nachfrage	Angebotsmonopol
wenige	Nachfragemonopol mit oligopolistischem Angebot	zweiseitiges Oligopol	Angebotsoligopol
viele	Nachfragemonopol	Nachfrageoligopol	vollständige (polypolistische) Konkurrenz

▭ vollkommene Märkte   ▭ unvollkommene Märkte

Aus dieser Untergliederung ergeben sich in erster Linie Konsequenzen für die Verteilung der **Marktmacht** zwischen Anbietern und Nachfragern. So dürfte die Marktmacht zwischen Anbietern und Nachfragern bei einem Angebotsmonopol anders verteilt sein als bei einem Nachfragemonopol. Während im ersten Fall die stärkere Verhandlungsposition wegen fehlender Alternativen für die Nachfrager auf Seiten des Anbieters liegt **(Verkäufermarkt),** ist bei der zweiten Marktform der Nachfrager in der besseren Position **(Käufermarkt).** Diese ungleiche Verteilung von Marktmacht bleibt nicht ohne Folgen für den Preisbildungsprozess am Markt.

Wie sich die Preisbildung in den einzelnen Marktformen vollzieht, ist jedoch nicht zuletzt auch stark abhängig von den **qualitativen** Komponenten eines Marktes und hierbei insbesondere von dem **Vollkommenheitsgrad**.

---

1 Die Vorsilbe poly... bedeutet in Fremdwörtern „viel", z.B. in „Polygamie" die Vielehe.
2 Die Vorsilbe olig... bedeutet in Fremdwörtern „wenig", z.B. in „Oligarchie" die Herrschaft weniger.
3 Die Vorsilbe mono... bedeutet in Fremdwörtern „ein", z.B. in „Monotonie" die Eintönigkeit.

10 Speth u.a. - ISBN 978-3-8120-0520-3

Die quantitativen und qualitativen Kriterien zur Markteinteilung lassen sich miteinander kombinieren, wodurch eine Vielzahl unterschiedlicher Märkte gegeneinander abgegrenzt werden kann.

Um den **Preisbildungsprozess** bei unterschiedlichen Marktformen differenzierter zu betrachten, soll der **Grad der Vollkommenheit eines Marktes** nachfolgend mit in die Überlegungen zur Preisbildung einbezogen werden.

Zahl der Anbieter Vollkommenheitsgrad	einer	wenige	viele
vollkommener Markt	vollkommenes Angebotsmonopol	vollkommenes Angebotsoligopol	vollkommen polypolistische Konkurrenz
unvollkommener Markt	unvollkommenes Angebotsmonopol	unvollkommenes Angebotsoligopol	unvollkommene polypolistische Konkurrenz

Zusammenfassung

- Unter **Markt** versteht man den ökonomischen Ort, an dem sich Angebot und Nachfrage treffen.
- Nach der **Anzahl der Anbieter und Nachfrager** unterscheidet man in:
  - polypolistische Märkte,
  - oligopolistische Märkte,
  - monopolistische Märkte.
- Nach dem **Vollkommenheitsgrad** unterscheidet man in:
  - vollkommene Märkte und
  - unvollkommene Märkte.
- Einen Überblick über die **wichtigsten Marktformen** bietet das Schema auf S. 145.

Übungsaufgabe

40   1. Unterscheiden Sie die Begriffe
    1.1 vollkommener Markt – unvollkommener Markt;
    1.2 polypolistischer Markt – oligopolistischer Markt – monopolistischer Markt!

2. Nennen Sie die einzelnen Prämissen des vollkommenen Marktes und begründen Sie, warum die einzelnen Prämissen erfüllt sein müssen, wenn für ein Gut nur ein Gleichgewichtspreis (Einheitspreis) existieren soll!

3. Charakterisieren Sie den vollkommenen polypolistischen Markt und begründen Sie, warum das vollkommene Polypol einen theoretischen Grenzfall darstellt!

4.2 Preisbildung bei vollständiger Konkurrenz

Um uns den Vorgang der **Preisbildung bei vollständiger Konkurrenz (auf einem vollkommenen polypolistischen Markt)** zu verdeutlichen, greifen wir zu einem einfachen Beispiel.

4.2.1 Bildung des Gleichgewichtspreises

Beispiel:

Die Warenbörsen erhalten von den Käufern und Verkäufern Kauf- oder Verkaufsaufträge. Dabei können Käufer und Verkäufer ihre Aufträge limitieren, d.h. begrenzen. Ein Käufer kann z.B. den Warenmakler[1] beauftragen, eine bestimmte Warenmenge **höchstens** zu 62,00 EUR je Gewichtseinheit zu kaufen. Sollte der Kurs (der an der Börse festgelegte Preis) am Kauftag höher sein, wird der Auftrag nicht ausgeführt.

Ein Verkäufer kann den Warenmakler beauftragen, eine bestimmte Warenmenge zu **min-** destens 61,00 EUR zu verkaufen. Ist der Kurs (Preis) am Verkaufstag niedriger, wird der Auftrag ebenfalls nicht ausgeführt.

Werden die Kauf- und Verkaufsaufträge nicht limitiert, werden die zum Kauf nachgefragten bzw. die zum Verkauf angebotenen Waren „bestens", d.h. zu dem am Abschlusstag gültigen Kurs (Preis) ge- oder verkauft.

Angenommen nun, bei einem Warenmakler laufen für eine Weichweizensorte einheitlicher Qualität folgende Aufträge ein:

Kaufaufträge (Nachfrage)	Verkaufsaufträge (Angebot)
50 dt[2] bestens	30 dt bestens
45 dt zu 61,00 EUR höchstens	45 dt zu 61,00 EUR mindestens
20 dt zu 62,00 EUR höchstens	85 dt zu 62,00 EUR mindestens
70 dt zu 63,00 EUR höchstens	40 dt zu 63,00 EUR mindestens
20 dt zu 64,00 EUR höchstens	35 dt zu 64,00 EUR mindestens

Der Warenmakler hat nun die Aufgabe festzustellen, bei welchem Preis (Kurs) der höchste Umsatz erzielt werden kann.

Dazu muss festgestellt werden, welche Umsätze (Menge · Preis) bei den einzelnen Preisen möglich sind:

Mögliche Preise (Kurse)	Durchführbare Kaufaufträge (Nachfrage)	Durchführbare Verkaufsaufträge (Angebot)	Umsetzbare Menge
60,00 EUR	205 dt[3]	30 dt[5]	30 dt
61,00 EUR	205 dt	75 dt	75 dt
62,00 EUR	160 dt[4]	160 dt	160 dt
63,00 EUR	140 dt	200 dt	140 dt
64,00 EUR	70 dt	235 dt	70 dt

In diesem Beispiel beträgt der vom Makler festgesetzte Preis 62,00 EUR je dt, weil hier der größtmögliche Umsatz getätigt werden kann. Man spricht vom **Gleichgewichtspreis.**

---

1 Ein Makler ist ein Kaufmann, der Geschäfte für andere vermittelt. Für seine Tätigkeit erhält er eine Maklergebühr (Courtage), die von beiden Vertragspartnern (Käufer, Verkäufer) je zur Hälfte zu zahlen ist.

2 1 dt: Dezitonne (100 kg).

3 Bei einem Preis (Kurs) von 60,00 EUR wollen alle Auftraggeber kaufen, auch diejenigen, die eigentlich einen höheren Kurs zu zahlen bereit sind.

4 Bei einem Preis von 62,00 EUR kaufen die Auftraggeber nicht mehr, die höchstens 61,00 EUR anlegen wollten. Die Käufer, die nicht limitiert haben, kaufen jedoch zu jedem Kurs.

5 Es verkaufen nur die Auftraggeber, die nicht limitiert haben. Alle anderen wollten einen höheren Preis erzielen.

Der **Gleichgewichtspreis** bringt Angebot und Nachfrage zum Ausgleich, er „räumt den Markt".

4.2.2 Auswirkungen des Gleichgewichtspreises

Der Gleichgewichtspreis ist in der Lage, die **unterschiedlichen Interessen** der **Anbieter** und **Nachfrager** auszugleichen. Die **Anbieter** haben ein Interesse daran, möglichst hohe **Preise** zu erzielen. Das Interesse der **Nachfrager** hingegen besteht darin, die nachgefragten Güter zu möglichst **niedrigen Preisen** zu erhalten.

Zu beachten ist, dass die Anbieter, die einen höheren Preis als den Gleichgewichtspreis (Marktpreis) erzielen wollen, und die Nachfrager, die nur einen niedrigeren Preis als den Gleichgewichtspreis bezahlen wollen, leer ausgehen.

Die Marktteilnehmer jedoch, die zum Zuge kommen, befinden sich in unterschiedlichen Situationen:

- Diejenigen Anbieter, die auch zu einem niedrigeren Preis als zu dem Gleichgewichtspreis verkaufen würden, erzielen einen zusätzlichen Gewinn, den man als **Anbieterrente** bezeichnet. Handelt es sich bei diesen Anbietern um Hersteller bzw. Verkäufer von Produkten, deren Produktion Kosten verursacht hat, spricht man von **Produzentenrente**.

- Die Käufer hingegen, die auch einen höheren Preis als den Gleichgewichtspreis zu zahlen gewillt wären, erzielen eine **Nachfragerrente**. Handelt es sich um Nachfrager nach Konsumgütern, spricht man von der **Konsumentenrente**. Sie stellt für die Nachfrager nach Konsumgütern (also vor allem die privaten Haushalte) einen Nutzengewinn dar.

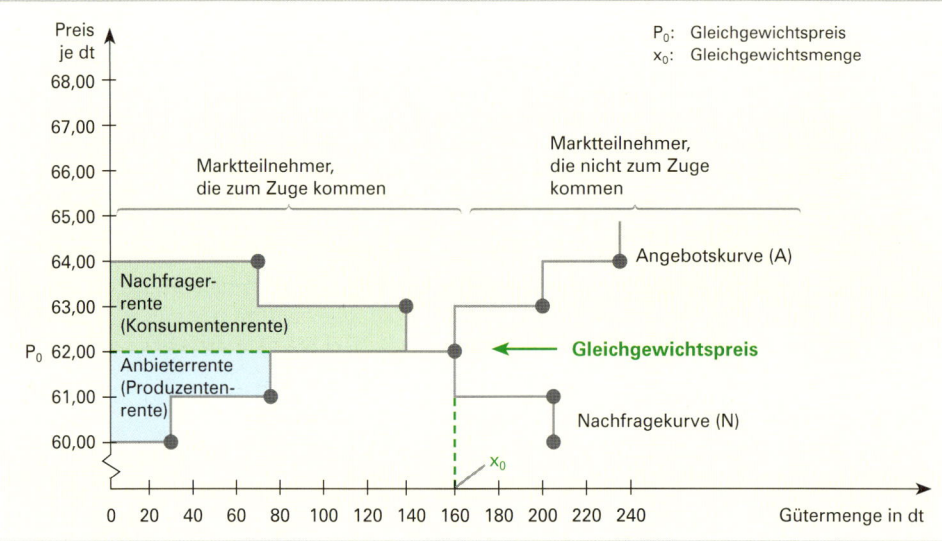

Wenn man sich nun vorstellt, dass sehr viele (theoretisch „unendlich" viele) Anbieter und Nachfrager auf dem Markt sind, verschwinden die „Treppen" aus der Angebots- und aus der Nachfragekurve. Es ergibt sich folgendes Bild:

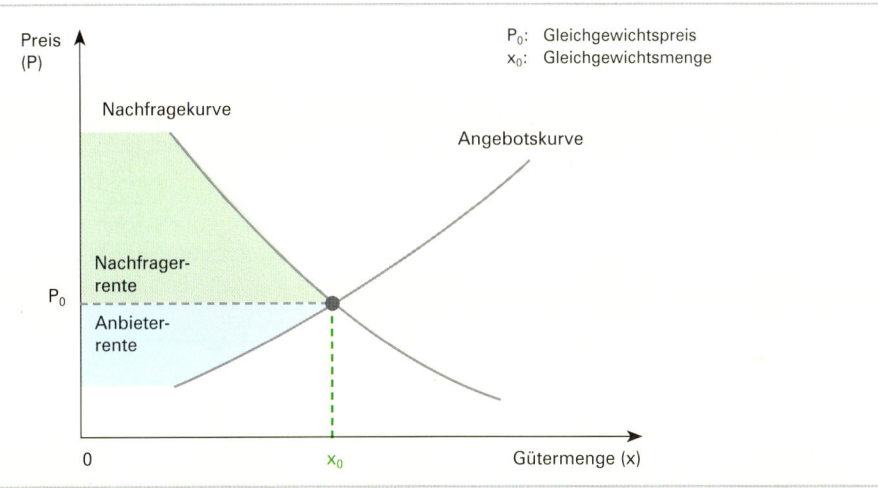

4.2.3 Auswirkungen anderer Preise als der Gleichgewichtspreis

Ganz wesentlich ist die Erkenntnis, dass jeder andere als der Gleichgewichtspreis (Einheitspreis) den Markt nicht räumen kann. Setzt der Warenmakler beispielsweise einen Kurs von 61,00 EUR je dt fest, beträgt die Nachfrage 205 dt, das Angebot nur 75 dt (Unterangebot bzw. Übernachfrage: **Angebotslücke**).[1] Der Börsenmakler wird also den **Preis heraufsetzen**.

Ist bei einem gegebenen Preis das Angebot kleiner als die Nachfrage **(Angebotslücke),** wird der Preis steigen.

Umgekehrt ist es, wenn der Warenmakler beispielsweise einen Preis von 63,00 EUR je dt bestimmt. Dann beläuft sich das Angebot auf 200 dt, die Nachfrage lediglich auf 140 dt (Überangebot bzw. Unternachfrage: **Nachfragelücke**).[2] Der Makler wird also den **Preis herabsetzen**.

Ist bei einem gegebenen Preis die Nachfrage kleiner als das Angebot **(Nachfragelücke),** wird der Preis sinken.

---

1 Siehe Tabelle auf S. 147.

2 Siehe Tabelle auf S. 147.

4.2.4 Preismechanismus

(1) Preisgesetze

Weder Angebot noch Nachfrage bleiben im Laufe der Zeit unverändert. So mag es z.B. sein, dass die **Nachfrage** nach bestimmten Gütern und Dienstleistungen bei einem gegebenen Preis **zunimmt,** weil die Einkommen der Nachfrager gestiegen sind oder weil die Nachfrager künftige Preissteigerungen erwarten. Umgekehrt kann die **Nachfrage** zu einem bestimmten Preis **abnehmen,** weil die Einkommen gesunken sind (z.B. aufgrund von Arbeitslosigkeit) oder die Nachfrager Preissenkungen erwarten.

Eine **Zunahme der Nachfrage** wirkt sich in einer Verschiebung der Nachfragekurve nach **„rechts"** aus, eine **Abnahme der Nachfrage** in einer Verschiebung der Nachfragekurve nach **„links"**.

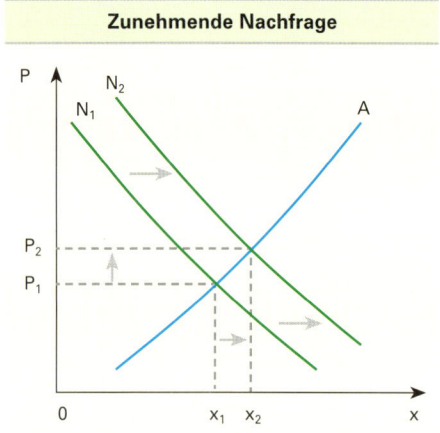

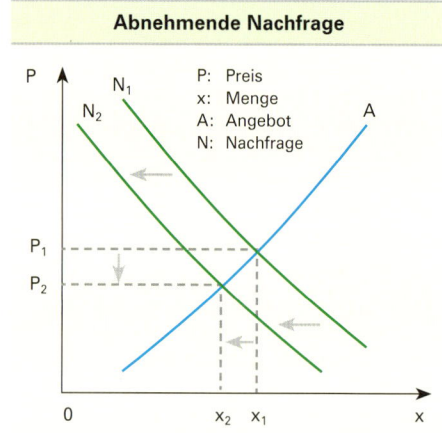

Im Normalfall gelten auf vollkommenen polypolistischen Märkten folgende **„Preisgesetze"**:

- Bei gleichbleibendem Güterangebot führt die **Zunahme der Nachfrage** zu **steigenden Preisen.**

- Bei gleichbleibendem Güterangebot führt die **Abnahme der Nachfrage** zu **fallenden Preisen.**

Desgleichen kann der Fall eintreten, dass das Angebot bei einem bestimmten Preis und bei gleichbleibender Nachfrage zu- oder abnimmt. So geht z.B. das Angebot landwirtschaftlicher Produkte bei Missernten zurück, während es bei Rekordernten zunimmt.

Die **Zunahme des Angebots** wirkt sich in einer Verschiebung der Angebotskurve nach **„rechts"** aus, eine **Abnahme des Angebots** in einer Verschiebung der Angebotskurve nach **„links"**.

Zunehmendes Angebot	Abnehmendes Angebot
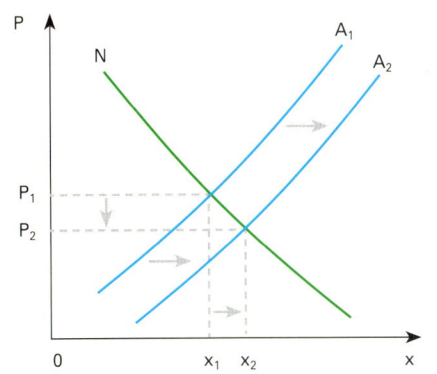	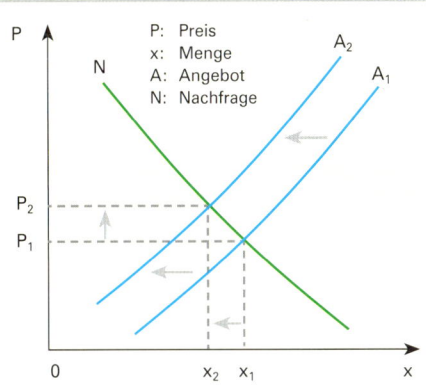

Im Normalfall gelten auf vollkommenen polypolistischen Märkten folgende „Preis-gesetze":

- Bei gleichbleibender Nachfrage führt die **Zunahme des Angebots** zu **sinkenden Preisen**.

- Bei gleichbleibender Nachfrage führt die **Abnahme des Angebots** zu **steigenden Preisen**.

Diese sogenannten **Preisgesetze** werden jedoch nur dann wirksam, wenn man von einer normalen Nachfragekurve[1] und von einer normalen Angebotskurve[2] ausgeht.

(2) Bedeutung der Preisgesetze

Die bisherigen Überlegungen zeigen, dass in einer freien Marktwirtschaft Preis, Angebot und Nachfrage, kurz: die **Märkte,** die Volkswirtschaft selbsttätig (automatisch) **steuern.** Was für die Güterpreise gilt, trifft im Modell auch auf die übrigen Marktpreise zu. So wird der **Arbeitsmarkt** über die **Löhne** (Preise für die Arbeitskraft) reguliert. Ist das Arbeitsan-gebot hoch und die Arbeitsnachfrage niedrig, wird eben der Lohn so lange sinken, bis der „Markt geräumt" ist. Gleichermaßen werden die **Kreditmärkte** mithilfe des **Zinsmecha-nismus** gesteuert. Ist das Kreditangebot niedrig, die Kreditnachfrage hoch, wird der Zins so lange steigen, bis auch hier die Kreditnachfrage dem Kreditangebot entspricht. Somit erübrigen sich jegliche staatliche Eingriffe in das Marktgeschehen.

---

1 Nach dem **Gesetz der Nachfrage** steigt die Nachfrage mit sinkendem Preis und sinkt die Nachfrage mit steigendem Preis des nach-gefragten Gutes.

2 Nach dem **Gesetz des Angebots** steigt das Angebot mit steigendem Preis und sinkt das Angebot mit sinkendem Preis des angebo-tenen Gutes.

- Auf einem **polypolistischen Markt** treten viele Anbieter und Nachfrager auf.

- Das Steuerungsinstrument freier Märkte ist der **Preis,** der sich aufgrund der Angebots- und Nachfrageverhältnisse ergibt.

- Ein **Gleichgewichtspreis (Einheitspreis)** entsteht nur dann, wenn auf einem freien polypolistischen Markt die **Prämissen (Voraussetzungen)** der **vollkommenen Konkurrenz** gegeben sind:
  - Homogenität der gehandelten Güter,
  - Punktmarkt,
  - Markttransparenz,
  - schnelle Reaktionsfähigkeit der Marktteilnehmer,
  - keine Präferenzen.

- Wer als Anbieter nicht bereit ist, zum Gleichgewichtspreis seine Güter zu verkaufen, wird ebenso vom **Marktgeschehen ausgeschlossen,** wie die Nachfrager, die nicht bereit sind, den Gleichgewichtspreis zu zahlen.

- Bei einem **unvollkommenen polypolistischen Markt** entstehen **unterschiedliche Preise** für ein Gut.

- Auf vollkommen polypolistischen Märkten gelten bei normalem Angebot und normaler Nachfrage folgende **„Preisgesetze":**
  - Bei gleichbleibender Nachfrage steigt (sinkt) der Preis mit sinkendem (steigendem) Angebot.
  - Bei gleichbleibendem Angebot steigt (sinkt) der Preis mit steigender (sinkender) Nachfrage.

41 1. Auf dem Markt für Vitamine herrscht bezüglich einer bestimmten Vitaminart folgende Nachfrage- und Angebotssituation:

Preis der Vitaminart in EUR:	30,00	25,00	20,00	15,00	10,00	5,00
Nachgefragte Stücke in 100:	0	1	3	5	7	9
Angebotene Stücke in 100:	6,5	5,5	4,5	3,5	2,5	1,5

Lösungshinweis:

Zeichnen Sie die Angebots- und Nachfragekurve je 5,00 EUR bzw. je 100 Stück $\cong$ 1 cm und bestimmen Sie den Gleichgewichtspreis und die zu diesem Preis umsetzbaren Stückzahlen!

Aufgaben:

1.1 Berechnen Sie den Gleichgewichtspreis!

1.2 Begründen Sie das Zustandekommen des Gleichgewichtspreises!

2. Die Polypolpreisbildung stellt einen Ausgleichsmechanismus zwischen den gegensätzlichen Interessen der Anbieter und Nachfrager dar.

   Aufgaben:

   2.1 Erklären Sie, welches die gegensätzlichen Interessen der Anbieter und Nachfrager sind!

   2.2 Begründen Sie, warum es sich bei der Polypolpreisbildung um einen Mechanismus, d.h. um ein sich selbstständig regelndes System, handelt!

3. Begründen Sie, wie sich folgende Datenänderungen auf den Gleichgewichtspreis bei vollständiger und vollkommener Konkurrenz auswirken! Es wird unterstellt, dass sich alle übrigen Bedingungen nicht ändern. Angebot und Nachfrage verhalten sich normal.

   Aufgaben:

   3.1 Die Gewerkschaften setzen Arbeitszeitverkürzungen bei vollem Lohnausgleich durch. Die Unternehmer ersetzen die ausgefallenen Arbeitsstunden vollständig durch Neueinstellungen.

   3.2 Die Nachfrage nach Kalbfleisch geht zurück, weil die Verbraucher fürchten, dass die Züchter die Tiere mit gesundheitsschädlichen Stoffen mästen.

   3.3 Der Staat senkt die Kostensteuern.

   3.4 Rationalisierungsmaßnahmen der Unternehmer führen zu steigender Produktivität.

   3.5 Die Verbraucher fürchten Preiserhöhungen; sie sparen deshalb weniger.

4. Bei einem Makler an einer Warenbörse gehen folgende Kauf- und Verkaufsaufträge ein:

Kaufaufträge	Verkaufsaufträge
10 t bestens	15 t bestens
15 t zu 80,00 EUR höchstens	10 t zu 81,00 EUR mindestens
5 t zu 81,00 EUR höchstens	20 t zu 82,00 EUR mindestens
20 t zu 82,00 EUR höchstens	5 t zu 83,00 EUR mindestens
30 t zu 83,00 EUR höchstens	25 t zu 84,00 EUR mindestens
25 t zu 84,00 EUR höchstens	30 t zu 85,00 EUR mindestens

   Aufgabe:

   Berechnen Sie den Kurs, den der Warenmakler festlegt!

5. Angenommen, auf einem Wochenmarkt treten folgende Anbieter frischer und absolut gleichwertiger Pfifferlinge auf, wobei jeder Anbieter 10 kg auf den Markt bringt. Die Mindestpreisvorstellungen der Anbieter sind:

Anbieter:	A	B	C	D	E	F
Preis je kg in EUR:	10,00	11,00	12,00	13,00	14,00	15,00

   Als Nachfrager treten 50 Hausfrauen auf, die höchstens Folgendes ausgeben und je 1 kg kaufen wollen:

Hausfrauen:	1–10	11–20	21–30	31–40	41–50
Preisvorstellung je kg in EUR:	13,00	12,50	12,00	11,50	11,00

   Aufgaben:

   5.1 Zeichnen Sie die Angebots- und Nachfragekurve! Stellen Sie den Gleichgewichtspreis fest!

5.2 In diesem Beispiel haben wir zwar so getan, als ob es sich um einen vollkommenen polypolistischen Markt handelt. In Wirklichkeit ist dies jedoch nicht der Fall. Erklären Sie diesen Sachverhalt!

6. Eine Bedingung für „vollständige Konkurrenz" ist, dass die Marktteilnehmer keine sachlichen, zeitlichen, räumlichen oder persönlichen Präferenzen haben.

Aufgaben:

Kennzeichnen Sie als Lösung die nachfolgenden Fälle mit einer

(1), wenn sachliche Präferenzen vorliegen,

(2), wenn zeitliche Präferenzen vorliegen,

(3), wenn räumliche Präferenzen vorliegen,

(4), wenn persönliche Präferenzen vorliegen,

(9), wenn keine Präferenzen vorliegen.

6.1 Karl Müller möchte 100 000,00 EUR auf einem Sparkonto anlegen. Aus mehreren Angeboten entscheidet er sich für das Institut, das ihm die beste Verzinsung garantiert. 9

6.2 Die Schülerin Anja Engelke möchte sich einen neuen Sportwagen kaufen. Dabei entscheidet sie sich wegen der längeren Lieferzeit nicht für das günstigste Angebot. 2

6.3 Die Autoversicherung für ihr neues Auto schließt Frau Engelke – ohne weitere Informationen einzuholen – bei ihrem Bekannten ab. 4

6.4 Fritz Schwabe beauftragt eine Preisagentur mit dem Kauf einer Brockhaus-Enzyklopädie. 9

6.5 Aufgrund seiner Bewerbungen für eine Ausbildung zum Bankkaufmann erhält Carsten Clever mehrere Zusagen. Um Fahrtkosten zu sparen, entscheidet er sich für den Ausbildungsbetrieb in seinem Wohnort. 3

6.6 Der Informatiker Bernd Bits möchte seine Bankgeschäfte von zu Haus aus erledigen. Aus mehreren Angeboten, die alle den gleichen Service bieten, wählt er das kostengünstigste aus. 9

6.7 Nachdem Carsten Calver seine Ausbildungsstelle bei der Ulmer Volksbank angetreten hat, eröffnen seine Eltern dort ein Depot. 4

7. Angenommen, in dem Beispiel auf S. 147 würden alle Anbieter „bestens" verkaufen wollen.

Aufgabe:

Berechnen Sie für diesen Fall den Gleichgewichtspreis (Kurs)!

8. Überlegen Sie, welche Aussagen sich treffen lassen, wenn das Angebot und die Nachfrage gleichzeitig zu- oder abnehmen!

Begründen Sie Ihre Antworten zeichnerisch, d. h. mithilfe der Angebots- und Nachfragekurven!

4.3 Preisbildung des Angebotsmonopols

4.3.1 Preisbildung des vollkommenen Angebotsmonopols

(1) Begriff vollkommenes Angebotsmonopol

Im Sprachgebrauch werden alle marktbeherrschenden Unternehmen bzw. staatlichen Betriebe als „Monopole" bezeichnet. Theoretisch liegt ein Monopol jedoch nur dann vor, wenn ein einziger Anbieter oder Nachfrager auf dem Markt ist.[1] Wir wollen uns im Folgenden auf das Angebotsmonopol beschränken.

- Ein **Angebotsmonopol** liegt vor, wenn einem **einzigen Anbieter** eine **Vielzahl von Nachfragern** gegenübersteht.
- Ein **vollkommenes Angebotsmonopol** ist gegeben, wenn der Monopolist nur **ein homogenes Gut** anbietet und darüber hinaus alle sonstigen Bedingungen des **vollkommenen Marktes** gegeben sind.

Das vollkommene Monopol ist somit ein theoretischer Grenzfall. Unter den Bedingungen des vollkommenen Marktes kann es nur **einen einheitlichen Monopolpreis** geben, ein Fall, der in Wirklichkeit nur äußerst selten anzutreffen sein wird. In der Regel sind nämlich die Angebotsmonopolisten in der Lage, Preisdifferenzierung zu betreiben, d. h. für ein und dasselbe Gut unterschiedliche Preise zu verlangen.

(2) Monopolpreisbildung

Da der Angebotsmonopolist definitionsgemäß der alleinige Anbieter eines Gutes ist, vereinigt er die **Gesamtnachfrage** nach einem Gut auf sich. Dies bedeutet, dass er sich der Gesamtnachfragekurve gegenübersieht.[2] Diese Gesamtnachfragekurve wird auch als **Preis-Absatz-Kurve** bezeichnet, weil aus ihr ablesbar ist, welche **Gütermengen** die Käufer bei **alternativen Monopolpreisen** zu kaufen beabsichtigen.

In der Realität kennt der Monopolist das Nachfrageverhalten seiner Kunden nicht genau, wenngleich mithilfe der heutigen Marktforschungsmethoden Aussagen darüber gemacht werden können, wie die Nachfrager auf geplante Preis- oder Angebotsmengenänderungen eines Monopolisten voraussichtlich reagieren werden.

Im Gegensatz zum polypolistischen Anbieter, der aufgrund seiner verschwindend geringen Marktmacht den Absatzpreis als gegeben, d. h. als „Datum" hinnehmen muss, kann der Angebotsmonopolist den Absatzpreis für das von ihm angebotene Gut frei **(autonom)** bestimmen: Er kann **Preispolitik** betreiben.

Natürlich ist für den Monopolisten auch **Mengenpolitik** möglich. Dann allerdings muss er den Preis hinnehmen, der sich auf dem Markt bildet. Die **Festsetzung** von **Preis und Angebotsmenge** zugleich ist **nicht möglich**.

---

1 Bei einem **Nachfragemonopol** sieht sich ein Nachfrager zahlreichen Anbietern gegenüber (z. B. Bundeswehr – Zuliefererbetriebe). Ein zweiseitiges Monopol (bilaterales Monopol) weist nur einen Anbieter und einen Nachfrager auf (z. B. näherungsweise Arbeitgeber einerseits und Gewerkschaften andererseits).

2 In den folgenden Überlegungen unterstellen wir, dass die Gesamtnachfrage für ein Gut linear verläuft, d. h., dass mit steigendem Preis weniger, mit sinkendem Preis mehr nachgefragt wird.

Angenommen, die Erdöl exportierenden Staaten (OPEC) setzen den Preis für Erdöl, nicht aber die Fördermengen fest. In diesem Fall müssen sie abwarten, welche Mengen bei dem gegebenen Preis auf dem Weltmarkt absetzbar sind. Vereinbaren sie hingegen bestimmte Fördermengen, müssen sie die Preisbildung dem Weltmarkt überlassen.

Unterstellt, sie würden **Preis und Fördermengen (Angebotsmengen) festlegen**. Dann ergeben sich zwei Möglichkeiten, wenn man von dem unwahrscheinlichen Fall absieht, dass sie den Preis getroffen haben, zu dem die Käufer genau die geförderten Mengen zu kaufen bereit sind.

Fall 1: Der gewählte Preis ist in Bezug auf die geförderten (angebotenen) Mengen zu hoch.

Die Erdölproduzenten bleiben auf einem Teil ihrer Fördermengen „sitzen". Wollen sie diese absetzen, müssen sie die überschüssigen Mengen auf freien Märkten (den „Spot-Märkten") zu niedrigeren Preisen verkaufen.

Fall 2: Der gewählte Preis ist in Bezug auf die geförderten (angebotenen) Mengen zu niedrig.

Es entsteht eine Angebotslücke, sodass der Weltmarktpreis auch ohne Zutun der Produzenten steigt. Soll eine Preissteigerung vermieden werden, muss die Fördermenge gesteigert werden.

Um feststellen zu können, welchen Preis ein Monopolist festlegen muss, um seinen Gewinn zu maximieren bzw. seinen Verlust zu minimieren, greifen wir zu einem vereinfachenden Beispiel. Folgende **Voraussetzungen** sollen gelten:

- Es herrschen die **Bedingungen des vollkommenen Markts**.
- Dem Monopolisten ist die **Preis-Absatz-Kurve bekannt**. Sie verläuft linear.
- Es entstehen **fixe und proportional-variable Kosten**.
- Der Monopolist richtet sich nach dem (kurzfristigen) **Gewinnmaximierungsprinzip**.
- Lager werden nicht gebildet (**Produktionsmenge entspricht der Angebotsmenge**).

Die Preis-Absatz-Funktion eines vollkommenen Monopols lautet: $x = \dfrac{8\,000 - 2P}{1\,000}$

Dabei bedeuten x: hergestellte sowie angebotene Menge (Produktionseinheiten) und P: Preis. Die fixen Kosten belaufen sich auf 1 500 Geldeinheiten (GE) je Periode, die proportional-variablen Kosten auf 1 000 GE je Produktionseinheit (x).

Ausbringungs-menge (x)	Preis (P)	Umsatz (U = P · x)	Gesamt-kosten (K)	Gewinn bzw. Verlust (U – K)	Grenz-kosten (K')	Grenz-umsatz (U')	Kritische Punkte
0	4 000	–	1 500	– 1 500			Gewinnschwelle
					1 000	3 500	
1	3 500	3 500	2 500	– 1 000			
					1 000	2 500	
2	3 000	6 000	3 500	2 500			
					1 000	1 500	
3	2 500	7 500	4 500	3 000			Gewinnmaximum
					1 000	500	
4	2 000	8 000	5 500	2 500			
					1 000	– 500	
5	1 500	7 500	6 500	1 000			Gewinngrenze
					1 000	– 1 500	
6	1 000	6 000	7 500	– 1 500			
					1 000	– 2 500	
7	1 500	3 500	8 500	– 5 000			
					1 000	– 3 500	
8	–	–	9 500	– 9 500			

Erläuterungen zur Tabelle:

Unter den Bedingungen des vollkommenen Angebotsmonopols erhält man folgende Ergebnisse:

■ Variiert der Monopolist den Absatzpreis, hängt die Umsatzentwicklung von der jeweiligen Nachfrageelastizität[1] ab. Ist die **Elastizität größer als 1,** so führen **Preissenkungen** zu **steigenden Umsätzen** und **Preiserhöhungen** zu **sinkenden Umsätzen.** Ist die **Elastizität** hingegen **kleiner als 1,** so führen **Preissenkungen** zu **sinkenden Umsätzen, Preiserhöhungen** jedoch zu **steigenden Umsätzen.** Das **Umsatzmaximum** ist erreicht, wenn die Elastizität der Nachfrage 1 beträgt.

■ Der **Umsatz** ergibt sich, indem man den Absatzpreis (P) mit der bei diesem Preis nachgefragten Menge (x) multipliziert.

■ Der **Grenzumsatz** ergibt sich, indem man den **Umsatzzuwachs je Produktionseinheit** errechnet.

> Der **Grenzumsatz (Grenzerlös)** ist der zusätzliche Erlös je Produktionseinheit.

■ Bei einer Ausbringungsmenge von 0,5 Produktionseinheiten erzielt der Monopolist Kostendeckung **(Gewinnschwelle).**

■ Dehnt der Monopolist seine Beschäftigung (seine Ausbringungsmenge) weiter aus oder senkt er weiterhin seinen Absatzpreis, tritt er in die **Gewinnzone** ein. Hier ist der Umsatz höher als die Gesamtkosten (Gesamtbetrachtung).

■ Das **Gewinnmaximum** ist erreicht, wenn die Differenz zwischen Umsatz und Gesamtkosten am größten ist, im Beispiel also bei 3 Produktionseinheiten.

■ Die **Grenzkosten** erhält man, indem man den **Kostenzuwachs je Produktionseinheit** errechnet.

> Unter **Grenzkosten** sind die zusätzlichen Kosten zu verstehen, die dann entstehen, wenn die Beschäftigung des Betriebs um eine Produktionseinheit erhöht wird.

Bei einem **linearen Gesamtkostenverlauf** sind die **variablen Stückkosten den Grenzkosten gleich.**

■ Aus der Stückbetrachtung lässt sich entnehmen, dass im Gewinnmaximum die **Grenzkosten** dem **Grenzumsatz** (Grenzerlös) gleich sein müssen.

Dies ist leicht einzusehen. Ist der **zusätzliche Umsatz höher als die zusätzlichen Kosten,** muss bei weiterer Ausbringung der **Gesamtgewinn steigen.** Betragen z. B. der zusätzliche Umsatz (der Grenzumsatz) 1 500 GE, die zusätzlichen Kosten (die Grenzkosten) jedoch nur 1 000 GE, so nimmt der Gesamtgewinn um 500 GE zu (bzw. der Gesamtverlust um 500 GE ab). Wird die Beschäftigung (die Ausbringung) weiter erhöht, steigt der Gesamtgewinn so lange, bis der Grenzumsatz den Grenzkosten gleich ist. Ist der **zusätzliche Umsatz niedriger als die zusätzlichen Kosten,** muss der **Gesamtgewinn sinken.**

Betragen z. B. der zusätzliche Umsatz (der Grenzumsatz) 500 GE, die zusätzlichen Kosten (die Grenzkosten) 1 000 GE, nimmt der Gesamtgewinn um 500 GE ab (bzw. der Gesamtverlust um 500 GE zu).

> Das **Gewinnmaximum** des vollkommenen Angebotsmonopols ist erreicht, wenn die Grenzkosten dem Grenzumsatz gleich sind (Gewinnmaximierungsregel).

---

[1] Unter der (direkten) **Preiselastizität der Nachfrage** versteht man das **Verhältnis** einer **prozentualen Nachfrageänderung** (Mengenänderung Δx) nach einem bestimmten Gut zu einer **prozentualen Preisänderung** (ΔP) dieses Gutes.
   – Sind die Änderungen der nachgefragten Menge prozentual (relativ) größer als die prozentualen Preisänderungen (die Elastizität ist größer als 1), spricht man von **elastischer Nachfrage.**
   – Sind die Änderungen der nachgefragten Menge prozentual (relativ) kleiner als die prozentualen Preisänderungen (die Elastizität ist kleiner als 1), spricht man von **unelastischer Nachfrage.**
   Die **Preiselastizität der Nachfrage** ist im **Normalfall negativ,** weil Preiserhöhungen ein (stärkeres) Sinken bzw. Preissenkungen ein (stärkeres) Steigen der mengenmäßigen Nachfrage nach sich ziehen.

4.3.2 Preisbildung des unvollkommenen Angebotsmonopols

Ebenso wie die polypolistischen Märkte sind auch die monopolistischen Märkte in der Regel **unvollkommen,** d.h., es fehlen eine oder mehrere Prämissen des vollkommenen Marktes.

> Ein **unvollkommenes Monopol** liegt vor, wenn das Monopolunternehmen in der Lage ist, **Preisdifferenzierung** zu betreiben, indem es die „Konsumentenrente" ausnutzt.

Es können folgende Arten der **Preisdifferenzierung** unterschieden werden:

Arten	Erläuterungen	Beispiele
Sachliche Preisdifferenzierung	▪ Nach dem Verwendungszweck des Gutes; ▪ nach der gekauften Menge; ▪ nach der Produktgestaltung.	▪ Strom für private Haushalte – Strom für Industriebetriebe; ▪ Staffelrabatte; ▪ Preise für Standardmodelle – für Luxusmodelle bei Autos.
Persönliche Preisdifferenzierung	▪ Nach den Einkommen der Kunden; ▪ nach der Gruppenzugehörigkeit.	▪ Beiträge in die Sozialversicherung; ▪ niedrigere Eintrittspreise für Schüler, Studenten und Schwerbehinderte.
Räumliche Preisdifferenzierung	Nach der räumlichen Verteilung der Käufer.	▪ Angebotspreise im Ausland niedriger als im Inland (Dumping); ▪ Zonenpreise (z.B. Benzinpreise). Eintrittskarten für das Kino unter der Woche oder am Wochenende; ▪ Hotelpreise in der Haupt- und Nebensaison.
Zeitliche Preisdifferenzierung	Nach der zeitlichen Verteilung der Nachfrage.	▪ Eintrittskarten für das Kino unter der Woche oder am Wochenende; ▪ Hotelpreise in der Haupt- und Nebensaison.

Beispiel:

Ein Angebotsmonopol sieht sich einer Nachfragekurve gegenüber, wie sie in den Abbildungen auf S. 159 wiedergegeben wird.

Die Preisdifferenzierung (ein Produkt wird zu verschiedenen Preisen verkauft) setzt voraus, dass die Käufer voneinander entweder räumlich oder sachlich (Inländer – Ausländer, Endverbraucher – Wiederverkäufer) getrennt werden können. Falls es unserem Monopolisten gelingt, beispielsweise 3 Abnehmergruppen voneinander zu scheiden und seine Preise auf 1400 GE, 1200 GE und 1000 GE festzusetzen, so beträgt sein Umsatz 3 · 1400, 1 · 1200 und 1 · 1000 GE, zusammen also 6400 GE. Betragen seine Gesamtkosten bei einem Umsatz von 5 Produktionseinheiten 3600 GE, so macht er einen Gewinn von 2800 GE. Ohne Preisdifferenzierung würde der Monopolist lediglich einen Umsatz von 5000 GE erzielen (5 · 1000 GE). In diesem Fall beliefe sich sein Gesamtgewinn nur auf 1400 GE (siehe linke Abbildung, S. 159).

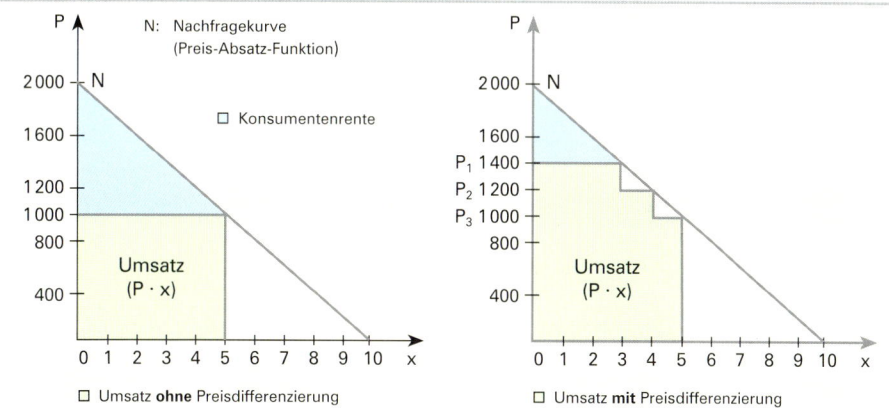

Umsatz **ohne** Preisdifferenzierung   Umsatz **mit** Preisdifferenzierung

Je weiter die Preisdifferenzierung durchgeführt werden kann, desto größer ist der Gesamtgewinn. Die **absolute Preisuntergrenze** ist die Höhe der **Grenzkosten:** Jede weitere Produktionsausdehnung verursacht mehr zusätzliche Kosten als zusätzlich erlöst wird.

Zusammenfassung

■ Ein **vollkommenes Angebotsmonopol** liegt vor, wenn einem einzelnen Anbieter eines homogenen Produkts eine sehr große Zahl von Nachfragern gegenübersteht.

■ Unterstellt man, dass der Monopolist nach dem Gewinnmaximierungsprinzip handelt, setzt er für sein Produkt einen Absatzpreis fest, bei dem der Grenzerlös den Grenzkosten gleich ist **(Gewinnmaximierungsregel).**

■ Statt **Preispolitik** kann der Monopolist auch **Mengenpolitik** betreiben, d. h., er legt die Absatzmenge fest, bei der die Gewinnmaximierungsregel erfüllt ist.

■ Ein **unvollkommenes Angebotsmonopol** ist in der Lage, seine Absatzpreise zu differenzieren. Mithilfe der **Preisdifferenzierung** schöpft der Angebotsmonopolist einen Teil der Konsumentenrente ab.

Übungsaufgaben

42
1. Definieren Sie den Begriff Angebotsmonopol!

2. Erklären Sie, warum das vollkommene Angebotsmonopol als ein theoretischer Grenzfall zu bezeichnen ist!

3. Erklären Sie, warum der Angebotsmonopolist sein Gewinnmaximum dann erzielt, wenn der Grenzerlös (Grenzumsatz) den Grenzkosten entspricht!

4. Hohe Monopolpreise führen in der Regel dazu, dass Substitutionskonkurrenz aufkommt. Dies aber bedeutet, dass die Nachfrage nach dem Monopolgut elastischer wird. Die Folge ist, dass die Marktmacht des Monopolisten abnimmt.

   Aufgabe:

   Interpretieren Sie diese Aussagen!

5.	Ausbrin-gungs-menge (x)	Preis (P)	Umsatz (U = P · x)	Gesamt-kosten (K)	Gewinn bzw. Verlust (U – K)	Grenz-kosten (K')	Grenz-umsatz (U')	Kritische Punkte
	0	60 000		450 000		15 000		
	15	52 500				15 000		
	30	45 000				15 000		
	45	37 500				15 000		
	60	30 000				15 000		
	75	22 500				15 000		
	90	15 000				15 000		
	105	7 500				15 000		
	120	–						

Aufgabe:

Vervollständigen Sie die obige Tabelle und berechnen Sie die Gewinnschwelle, das Gewinnmaximum sowie die Gewinngrenze!

6. Erklären Sie den Begriff unvollkommenes Angebotsmonopol!

7. Erläutern Sie Aufgabe und Arten der Preisdifferenzierung und suchen Sie nach eigenen Beispielen!

43 Das Städtische Theater (800 Sitzplätze) in Neustadt hat unter Abzug der Subventionen im Durchschnitt fixe Kosten in Höhe von 10 000,00 EUR je Theaterabend. (Die variablen Kosten sind so gering, dass sie kostenrechnerisch vernachlässigt werden können.)

Die Theaterleitung erwartet, dass die Besucher auf Preisänderungen wie folgt reagieren werden:

Preis je Karte in EUR	20,00	19,00	18,00	17,00	16,00	15,00	14,00
Zahl der verkauften Karten	500	550	600	650	700	750	800

Aufgaben:

1. Angenommen, die Theaterleitung will die Karten zu einem Einheitspreis verkaufen und den abendlichen Gewinn maximieren. Ermitteln Sie rechnerisch den Preis je Abendkarte, der den gewinnmaximalen Kartenverkauf erbringt! Stellen Sie hierzu eine Kosten-Leistungs-Tabelle nach folgendem Muster auf:

Zahl der Besucher	Preis je Abendkarte	Umsatz	fixe Kosten	Verlust bzw. Gewinn
500	20,00 EUR	10 000,00 EUR	10 000,00 EUR	–
550	19,00 EUR	10 450,00 EUR	10 000,00 EUR	+ 450,00 EUR
⋮	⋮	⋮	⋮	⋮

2. Ermitteln und begründen Sie, wie viel Karten unverkauft bleiben, wenn der gewinnmaxi-mierende Einheitspreis (Monopolpreis) festgesetzt wird!

3. Angenommen, die Theaterleitung handelt nicht nach dem Gewinnmaximierungsprinzip, sondern nach dem Kostendeckungsprinzip.

   3.1 Ermitteln Sie den Preis, den die Theaterleitung verlangen wird!

   3.2 Stellen Sie fest, wie viel Kunden dann keine Karte erhalten können! Begründen Sie, ob es sich in diesem Fall um eine Angebots- oder um eine Nachfragelücke handelt!

4. Erklären Sie, warum in diesem Beispiel Gewinn- und Umsatzmaximum identisch sind!

5. Die Theaterleitung gelangt zur Ansicht, dass der Gewinn durch Preisdifferenzierung bei ausverkauftem Haus erhöht werden kann. Sie teilt die vorhandenen Plätze in drei Ränge ein. Für den Rang I (500 Plätze) verlangt sie 20,00 EUR je Karte, für den Rang II (200 Plätze) 16,00 EUR und für den Rang III (100 Plätze) 14,00 EUR.

   5.1 Ermitteln Sie, ob alle Karten verkauft werden!

   5.2 Berechnen Sie den Gesamtgewinn!

6. Stellen Sie fest, welche Art des Angebotsmonopols im Fall 5. vorliegt!

4.4 Preisbildung des Angebotsoligopols

4.4.1 Begriffe

- ■ Beim **Oligopol** treten auf dem Markt nur **wenige Anbieter** und/oder **wenige Nachfrager** auf. Der **einzelne Oligopolist** hat somit einen **großen Anteil am Gesamtangebot** bzw. an der **Gesamtnachfrage** auf dem Markt.

- ■ Das Oligopol kann auf einem **vollkommenen Markt** oder auf einem **unvollkommenen Markt** auftreten.

Im Folgenden beschränken wir uns auf die Darstellung der Preisbildung des Angebotsoligopols auf einem unvollkommenen Markt **(unvollkommenes Angebotsoligopol),** da diese Marktform – neben dem Polypol auf dem unvollkommenen Markt – in der Realität am häufigsten anzutreffen ist (z. B. Märkte für Mineralöl, Automobile, Waschmittel, Zigaretten).

4.4.2 Preisbildung des unvollkommenen Angebotsoligopols

(1) Möglichkeiten der Preisbildung

Beim Angebotsoligopol ist der Marktanteil der einzelnen Anbieter so groß, dass er auf den **Marktpreis Einfluss nehmen** kann. Jeder Anbieter besitzt dabei einen mehr oder weniger großen **autonomen (monopolistischen) Bereich,** der es ihm gestattet, **Preispolitik** zu betreiben, ohne dass die Konkurrenz reagiert oder reagieren muss. Wird der Bereich überschritten, muss der Anbieter mit einer Reaktion der Konkurrenten rechnen.

Beispiel:

Sachverhalt:

Angenommen, in einer Volkswirtschaft teilen sich drei Autohersteller den Kraftfahrzeugmarkt mit drei verschiedenen Typen.

Dem **Anbieter A** ist es gelungen, bei einem Teil der Käufer durch Reklame, Formgestaltung und Leistung die Vorstellung zu erwecken, dass sein Auto besonders robust, preiswert und wirtschaftlich sei. Sein Preis liegt bei 5 000 GE.	Der zweite **Anbieter B** kann einen Preis von 6 000 GE verlangen, weil er eine gehobene Käuferschicht davon zu überzeugen verstand, dass sein Autotyp auch verwöhnten Ansprüchen genügt.	Der dritte **Anbieter C** schließlich wendet sich mit seinem Produkt an die schwächeren Einkommensschichten und fordert einen Preis von 4 000 GE.

11 Speth u.a. - ISBN 978-3-8120-0520-3

Preisspielraum des Oligopolisten am Beispiel des Anbieters A:

- Unter den gegebenen Bedingungen kann Anbieter A seinen Preis nicht höher als 6 000 GE festsetzen, denn bei einem Preis von 6 000 GE und darüber würde er alle seine Kunden verlieren, weil diese nunmehr den Wagen des Anbieters B kaufen.

- Senkt A seinen Preis auf 4 000 GE, so gewinnt er alle Kunden des C, weil diese nun den (zumindest vermeintlich) besseren Wagen kaufen wollen.

- Bei Preisen zwischen 4 000 und 6 000 GE befindet sich das Unternehmen A also in der Situation des Mengenanpassers. Zwischen diesen Preisen ist – behalten die Konkurrenzunternehmen ihre Preise bei – das Unternehmen in seiner Preisgestaltung mehr oder weniger frei. Eine Preiserhöhung des Anbieters A von 5 000 GE auf z. B. 5 500 GE wird zwar einen Verlust an Kunden

bringen, weil mancher sich jetzt entschließt, etwas mehr und länger zu sparen, um dann den Wagen des Unternehmens B zu kaufen. Senkt A seinen Preis von 5 000 GE auf beispielsweise 4 500 GE, können zwar Kunden gewonnen werden, aber nicht allzu viele, da der Preis von 4 500 GE für die meisten Käufer des C-Typs immer noch zu hoch ist.

Mögliche Reaktion der Konkurrenten:

Diese Aussagen gelten nur, wie bereits gesagt, wenn die Konkurrenten des A ihre Preise unverändert lassen. Setzt nämlich B seinen Preis auf 5 500 GE herunter, nachdem A im Vorfeld den Preis auf 5 500 GE angehoben hat, verliert A einen Großteil seiner Kunden an B, falls er seinen Preis nicht ebenfalls zurücknimmt. Weitere Preissenkungen von A und B müssten endlich auch den Anbieter C veranlassen, seinen Preis zu reduzieren, wenn er nicht seinerseits seine Kunden an A und B abgeben will.

Preis-Absatz-Kurve des Oligopolisten:

Die Preis-Absatz-Kurve des Oligopolisten wird in Wirklichkeit geschwungen verlaufen. Auch wird er bei einer Preiserhöhung über 6 000 GE nur allmählich Kunden verlieren, bei einer Preissenkung unter 4 000 GE nur allmählich Kunden hinzugewinnen.

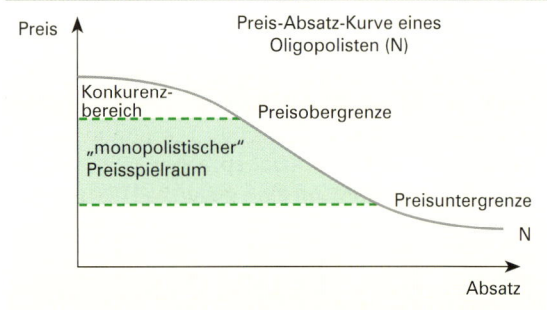

Preis-Absatz-Kurve eines Oligopolisten (N)

- Bei der Preisbildung des unvollkommenen Angebotsoligopols muss ein Anbieter (Oligopolist) sowohl die **Reaktion der Nachfrager** als auch die (wahrscheinliche) **Reaktion der Konkurrenten** berücksichtigen.

- Aufgrund von Präferenzen,[1] die ein Produkt bei den Kunden besitzt, hat der Oligopolist einen **„monopolistischen" Preisspielraum,** innerhalb dessen er eine **eigenständige Preispolitik** betreiben kann.

- **Überschreitet** der Oligopolist die **Preisobergrenze** erheblich, verlieren die Präferenzen ihre Wirkung und das **Produkt verliert Marktanteile.**

- **Unterschreitet** der Oligopolist die **Preisuntergrenze** erheblich, gewinnen die Präferenzen an Bedeutung und das **Produkt gewinnt Marktanteile** hinzu.

---

1 Präferenz: Vorrang, Vorzug.

Mögliche Strategien der Anbieter beim unvollkommenen Angebotsoligopol

Weil auf oligopolistischen Märkten ein Preiswettbewerb nicht ohne Risiko ist und dazu führen kann, dass alle Anbieter Nachteile erleiden, wird der Preis als Wettbewerbsinstrument häufig ausgeschaltet und durch absatzpolitische Maßnahmen (z. B. Kundendienst, Garantien, Qualität, Werbung) ersetzt. Oligopolistische Märkte sind daher häufig von **Preisstabilität** geprägt.

Da die Anbieter in einem unvollkommenen Angebotsoligopol bei ihrer Preispolitik mit Reaktionen der Konkurrenten rechnen müssen, gibt es auf solchen Märkten für die Anbieter bezüglich des Preises prinzipiell zwei Strategien: **Verdrängungswettbewerb oder Kooperation.**

■ **Verdrängungswettbewerb**

Löst ein Anbieter einen Preisunterbietungsprozess („Preiskampf") aus und senken daraufhin alle übrigen Anbieter ebenfalls die Preise, so führt dies bei allen Anbietern zu einer Gewinnminderung bzw. zu Verlusten, ohne dass sich die Marktanteile der einzelnen Anbieter wesentlich ändern. Der „Preiskrieg" ist nur dann von „Erfolg" gekrönt, wenn ein Konkurrent, weil er die geringeren Preise durch eine Kostenreduktion nicht auffangen kann, aus dem Markt ausscheidet. In diesem Fall können die verbleibenden Anbieter ihre Marktanteile ausweiten mit entsprechenden Gewinnmöglichkeiten.

■ **Kooperationsstrategie**

Werden Preisänderungen vorgenommen, übernimmt ein Unternehmen die **Preisführerschaft**. Die übrigen Anbieter verstehen dies dann als Signal, die Preise ebenfalls zu erhöhen oder zu senken **(Parallelverhalten)**. Häufig wechselt die Preisführerschaft zwischen den Anbietern ab (z. B. bei Benzinpreiserhöhungen, Erhöhungen der Gaspreise usw.). Teilweise kann es auch zu **Preisabsprachen** („Frühstückskartell", „Gentlemen's Agreement") kommen. Preisabsprachen sind gesetzlich verboten.

4.5 Funktionen des Preises in einer freien Marktwirtschaft

Die Funktionen des Preises in einer freien Marktwirtschaft (bei **vollständiger Konkurrenz**) sind in der nachfolgenden Tabelle zusammengestellt.

Ausgleichsfunktion	Der Gleichgewichtspreis ist der Preis, bei dem der höchstmögliche Umsatz erzielt wird. Alle Nachfrager, die den Gleichgewichtspreis bezahlen wollen (oder können), und alle Anbieter, die zum Gleichgewichtspreis verkaufen wollen (oder können), kommen zum Zuge. „Der freie Preis räumt den Markt."
Signalfunktion	Sie äußert sich darin, dass der freie Marktpreis den Knappheitsgrad eines Gutes anzeigt (signalisiert). Steigt der Preis, so wird erkennbar, dass ■ sich entweder das Güterangebot bei gleichbleibender Nachfrage verknappt hat, ■ sich die Nachfrage bei gleichbleibendem Güterangebot erhöht hat oder ■ die Nachfrage schneller als das Güterangebot gestiegen ist. Der fallende Preis zeigt die gegenteilige Marktsituation an.

Lenkungsfunktion 	Der freie Marktpreis steuert das Angebot und damit die Produktion auf diejenigen Märkte hin, auf denen die größte Nachfrage herrscht und folglich die höchsten Preise (und damit Gewinne) erzielt werden können.

Beispiel:

Sinkt die Nachfrage nach Rindfleisch zugunsten der Nachfrage nach Geflügelfleisch, werden die Rindfleischpreise sinken und die Geflügelpreise steigen. Die Landwirte stellen sich auf die Produktion von Geflügelfleisch um und schränken die Produktion von Rindfleisch ein.

Erziehungsfunktion 	Da der Preis bei vollkommener polypolistischer Konkurrenz vom einzelnen Nachfrager nicht beeinflussbar ist, zwingt er die Produzenten, ihre Kosten zu senken, wenn sie rentabel anbieten wollen. Die Verbraucher werden dazu erzogen, möglichst sparsam (möglichst preisgünstig) einzukaufen, wenn sie ihren Nutzen maximieren wollen.

Zusammenfassung

- Beim **Oligopol** treten auf dem Markt nur wenige Anbieter und/oder wenige Nachfrager auf.

- Ein **unvollkommenes Angebotsoligopol** liegt vor, wenn auf einem unvollkommenen Markt wenige Anbieter vielen Nachfragern gegenüberstehen.

- **Oligopolisten** müssen bei Preisänderungen zum einen die **Reaktion der Nachfrager** und zum anderen die **Reaktion ihrer Konkurrenten** berücksichtigen.

- Innerhalb **bestimmter Preisgrenzen** kann der Oligopolist eine **eigenständige Preispolitik** betreiben.

- Mögliche **Strategien der Anbieter** beim unvollkommenen Angebotsoligopol sind:

kooperative Strategie		
Preisstarrheit	Preisführerschaft (evtl. mit Parallelverhalten)	abgestimmtes Verhalten (Preisabsprachen)

nicht kooperative Strategie
Verdrängungswettbewerb über einen „Preiskrieg"

- Im Modell der vollkommenen polypolistischen Konkurrenz hat der **Preis** folgende **Funktionen**:

Ausgleichs- funktion	**Signal- funktion**	**Lenkungs- funktion**	**Erziehungs- funktion**
Der Markt wird geräumt.	Der Knappheitsgrad des Gutes wird angezeigt.	Die Produktion wird in die rentabelsten Bereiche gelenkt.	Die Marktteilnehmer werden zur Sparsamkeit „erzogen".

44 1. Erklären Sie, warum auf oligopolistischen Märkten i. d. R. Ruhe an der „Preisfront" herrscht!

2. Erläutern Sie, warum das Modell des Angebotspolypolisten auf unvollkommenem Markt auch auf das mögliche Verhalten eines Angebotsoligopolisten auf unvollkommenem Markt anwendbar ist!

3. Angenommen, auf dem Markt für Universallexika befinden sich nur zwei Anbieter (Verlage), und zwar der Arnold-Verlag und der Brecht-Verlag. Die Nachfrage ist polypolistisch.

   Der Arnold-Verlag kann zurzeit in einer Periode 3 000 Lexika (1 Lexikon umfasst 12 Bände) zu einem Preis von je 2 500 GE verkaufen. Seine Grenzkosten (proportional-variablen Kosten) betragen 1 000 GE je Lexikon.

   Der Arnold-Verlag sieht sich zwei möglichen linearen Nachfragekurven gegenüber:

■ Preis-Absatz-Kurve, wenn der Brecht-Verlag auf Preisänderungen des Arnold-Verlags entsprechend reagiert			■ Preis-Absatz-Kurve, wenn der Brecht-Verlag auf Preisänderungen des Arnold-Verlags nicht reagiert		
Preis	3 750 GE	1 250 GE	Preis	3 000 GE	1 500 GE
Lexika	1 500 Stück	4 500 Stück	Lexika	2 000 Stück	5 000 Stück

Aufgaben:

3.1 Zeichnen Sie die beiden möglichen Preis-Absatz-Kurven des Arnold-Verlags, die dazugehörigen Grenzerlöskurven (Grenzumsatzkurven) sowie die Grenzkostenkurve!

Lösungshinweis:

x-Achse: 1 cm ≙ 1 000 Lexika (= 1 PE, d. h. Produktionseinheit);
y-Achse: 1 cm ≙ 500 GE.

3.2 Der Arnold-Verlag muss damit rechnen, dass der Brecht-Verlag seinen Absatzpreis stabil hält, wenn er seinen Absatzpreis anhebt. Andererseits muss der Arnold-Verlag davon ausgehen, dass bei einer eigenen Preissenkung der Brecht-Verlag in gleicher Weise reagiert.

   3.2.1 Begründen Sie die vermuteten Entscheidungen des Brecht-Verlags!

   3.2.2 Zeichnen Sie die „geknickte Preis-Absatz-Kurve" des Arnold-Verlags!

3.3 Beim Arnold-Verlag sind die proportional-variablen Kosten (Grenzkosten) um 50 % gestiegen. Erläutern Sie, wie der Arnold-Verlag entscheiden wird, wenn sein oberstes Unternehmensziel die Gewinnmaximierung ist und der Brecht-Verlag nicht reagiert!

3.4 Angenommen, der Arnold-Verlag hat die Absicht, seinen Konkurrenten (den Brecht-Verlag) vom Markt zu verdrängen. Er will notfalls auf die Deckung seiner fixen Kosten verzichten, unter keinen Umständen jedoch auf die Deckung seiner variablen Kosten, die sich zurzeit auf 1 250 GE belaufen.

   3.4.1 Erklären Sie, für welchen Absatzpreis sich der Arnold-Verlag entscheiden wird, wenn er unter den oben genannten Bedingungen einen möglichst hohen Marktanteil „erobern" möchte und der Brecht-Verlag auf seine Maßnahme entsprechend reagiert!

   3.4.2 Ermitteln Sie, wie viel Exemplare der Arnold-Verlag unter den oben genannten Bedingungen absetzen könnte, wenn der Brecht-Verlag nicht reagieren würde!

GE = Geldeinheit

5 Wirtschaftsordnungen

5.1 Grundprinzipien und Fehlentwicklungen der freien Marktwirtschaft

5.1.1 Grundlegendes zur Wirtschaftsordnung

(1) Begriff Wirtschaftsordnung

> Unter einer **Wirtschaftsordnung** versteht man die Art und Weise, wie eine Volkswirtschaft die Produktion und die Verteilung der hergestellten Güter organisiert.

Die Ausgestaltung der Wirtschaftsordnung hängt weitgehend von den gesellschaftspolitischen Grundentscheidungen zwischen **Individualismus** einerseits und **Kollektivismus** andererseits ab. Individualismus und Kollektivismus stellen die beiden großen **gegensätzlichen Anschauungen über das Wesen des Menschen** dar.

(2) Individualismus und Kollektivismus

Individualismus[1]	▪ Für den Individualismus ist der Mensch eine **eigenständige Persönlichkeit,** der für sich selbst verantwortlich ist. Oberster Grundsatz des Individualismus ist die **Freiheit des Einzelnen.**
	▪ Für die Wirtschaftsordnung bedeutet dies, dass sich der Staat nicht durch Gesetze und Verordnungen in die Wirtschaft einmischen soll. Der Individualismus ist davon überzeugt, dass die uneingeschränkte Verfolgung der Einzelinteressen zum höchsten Allgemeinwohl führt. Diese Form der Wirtschaftsordnung bezeichnet man als **freie Marktwirtschaft**.
	▪ In der **Wirklichkeit** gab es bisher **keine vollständig freie Marktwirtschaft**.
Kollektivismus[2]	▪ Für den Kollektivismus ist der Mensch in erster Linie ein **Gemeinschaftswesen.** Deswegen stehen **Staat und Gesellschaft über dem Einzelnen.** Hieraus folgt, dass sich der Einzelne den Prinzipien des Staates unterzuordnen hat.
	▪ Für die Wirtschaftsordnung bedeutet dies, dass der Staat das gesamte wirtschaftliche Geschehen zu planen, zu lenken und zu kontrollieren hat. Diese Form der Wirtschaftsordnung bezeichnet man als **Zentralverwaltungswirtschaft.**
	▪ In der **Wirklichkeit** ist bisher **keine Zentralverwaltungswirtschaft**[3] **vollständig verwirklicht** worden.

---

1 Individuum (lat.): Einzelwesen.

2 Kollektiv: Gesamtheit, Zusammenschluss (Kollektivum: das Ganze).

3 Versuche zur Verwirklichung der Idee der Zentralverwaltungswirtschaft waren z.B. die sozialistischen Wirtschaftsordnungen der ehemaligen Ostblockstaaten (z.B. die UdSSR, der DDR, der VR Polen) sowie der Volksrepublik China. Aufgrund des Lehrplans wird auf die Zentralverwaltungswirtschaft im Folgenden nicht eingegangen.

5.1.2 Grundprinzipien der freien Marktwirtschaft

Damit eine marktgesteuerte Wirtschaft funktionsfähig sein kann, müssen folgende **Ordnungsmerkmale** gegeben sein:

- Der Staat greift überhaupt **nicht** in das Wirtschaftsgeschehen ein. Er hat lediglich die Aufgabe, die marktwirtschaftliche Grundordnung zu erhalten, die äußere Sicherheit zu gewährleisten und die Einhaltung der Spielregeln zu überwachen **(Nachtwächterstaat).**
- Die Entscheidung darüber, was, wo und wie viel produziert wird, liegt **ausschließlich** bei den Unternehmen **(Produktionsfreiheit, Gewerbefreiheit, Niederlassungsfreiheit).**
- Die Entscheidung darüber, was und wie viel gekauft wird, liegt ausschließlich bei den Konsumenten **(Konsumfreiheit).**
- Es bleibt den Unternehmen und Haushalten überlassen, ob und wie viel sie importieren oder exportieren wollen **(Freihandel).**
- Die Ausgestaltung der Verträge (Kauf-, Miet-, Pacht-, Kartellverträge usw.) wird den Vertragsparteien überlassen **(Vertragsfreiheit).**
- Die Steuerung der Wirtschaft über den Preis setzt das Vorhandensein eines allgemein anerkannten Zahlungsmittels, also von Geld, voraus **(Geldwirtschaft).**
- Das **Privateigentum an den Produktionsmitteln** (am „Kapital", daher „Kapitalismus") muss gewährleistet sein.
- **Freie Berufswahl, Arbeitsplatzwahl** und **Freizügigkeit** müssen garantiert sein (andernfalls kann der „Lohnmechanismus" nicht wirken).

Das Modell der freien Marktwirtschaft ist durch eine **freiheitliche Rechtsordnung,** das **Privateigentum,** die **Vertragsfreiheit** und die **Freiheit der wirtschaftlichen Betätigung** gekennzeichnet.

5.1.3 Fehlentwicklungen in einer rein marktwirtschaftlichen Ordnung

Das Modell der freien Wirtschaft war am ehesten im Kapitalismus[1] des 19. und des frühen 20. Jahrhunderts verwirklicht. Dieser brachte krasse soziale Missstände mit sich. Dazu gehören u. a. eine heute in Europa nicht mehr vorstellbare Ausbeutung der Arbeitskraft bei niedrigsten Löhnen, Wirtschaftskrisen und eine Konzentration der Vermögen (und damit der Macht) bei wenigen.

Nach dem **Modell der freien Marktwirtschaft** hätte sich die kapitalistische Wirtschaft ohne Störungen entwickeln müssen. Die egoistische Verfolgung der Einzelziele hätte dem Wohl aller dienen müssen. In Wirklichkeit war dies nicht der Fall. Warum? Hierfür gibt es mehrere Gründe.

■ Starke Abhängigkeit der Arbeitnehmer

Zunächst könnte man meinen, die freie Marktwirtschaft entlohne die Produktionsfaktoren nach ihrer **Leistung,** weil sich der Preis für die Güter, für die Arbeit und für das Kapital nach Angebot und Nachfrage richtet. Selbst wenn man das **Leistungsprinzip** als „gerechte" Lösungsmöglichkeit des Verteilungsproblems ansieht, muss man feststellen, dass der Preis an sich weder gerecht noch ungerecht sein kann. Er ist vielmehr eine objektive Größe, die sich aufgrund der Knappheitsverhältnisse herausbildet.

---

1 Im Allgemeinen wird eine Wirtschaftsordnung dann als „kapitalistisch" bezeichnet, wenn sich die Produktionsmittel, also das Kapital im volkswirtschaftlichen Sinne, in Privathand (also in Händen der „Kapitalisten") befinden. Dies ist ein wesentliches Ordnungsmerkmal einer freien Marktwirtschaft.

Beispiel:

In der freien Marktwirtschaft ist auch der Arbeitsmarkt sich selbst überlassen. Der Lohn als Preis für Arbeit schwankt je nach Arbeitsangebot und Arbeitsnachfrage. Besteht ein Überangebot von Arbeitskräften (besteht also Arbeitslosigkeit), sinken die Löhne. Hunger und Krankheit sorgen für eine Dezimierung (Verminderung) der besitzlosen Arbeitnehmer (Proletarier). Der Lohn wird erst wieder steigen, wenn die Arbeitskräfte im Verhältnis zur Arbeitsnachfrage wieder knapp geworden sind.

■ Preise werden von monopolistischen Machtgebilden diktiert

Bleibt eine freie Marktwirtschaft sich selbst überlassen, bilden sich in kurzer Zeit Kartelle und andere Konzentrationsformen (z.B. Konzerne)[1] heraus mit dem Ziel, den freien Wettbewerb einzuschränken oder auszuschalten. Die unbeschränkte, durch keinerlei staatliche Kontrolle gehinderte Freiheit der Wirtschaftssubjekte (der Staat soll bekanntlich nur ein „Nachtwächterstaat" sein) gibt nicht nur den Intelligenten, Fähigen, Fleißigen und Starken eine Chance (Leistungsprinzip), sondern auch den Rücksichts- und Skrupellosen. Monopolbildungen aber heben die Steuerungsfunktion des Preises weitgehend auf.

■ Vermögenskonzentration bei wenigen Produzenten

Da marktstarke Unternehmen (Monopole, Oligopole) in der Lage sind, ihre Absatzpreise höher als die anzusetzen, die sich bei freier Konkurrenz ergeben würden, führen die überhöhten Gewinne der Unternehmen im Lauf der Zeit zu einer Vermögenskonzentration bei den wenigen Produzenten auf Kosten der abhängigen und vermögenslosen Arbeitnehmer.

■ Gemeinschaftsaufgaben werden vernachlässigt

Da in der freien Marktwirtschaft die Anbieter lediglich dann produzieren, wenn sie Gewinn erwarten (rentabilitätsorientierte Produktion), bleiben Kollektivbedürfnisse[2] in vielen Fällen unbefriedigt.

Zusammenfassung

- Die **Wirtschaftsordnung** ist ein **Ordnungsgefüge,** das die **Beziehungen der Wirtschaftssubjekte untereinander regelt** und die **wirtschaftlichen Handlungen** der Wirtschaftssubjekte miteinander **koordiniert.**

- Die **freie Marktwirtschaft** ist eine idealtypische Wirtschaftsordnung, in der der Staat nicht in das wirtschaftliche Geschehen eingreift. Die Freiheit des Einzelnen ist das oberste Gebot.

- Das Modell der **freien Marktwirtschaft** führt insbesondere zu **folgenden Missständen:**
  - Starke **Abhängigkeit der Arbeitnehmer** vom Kapital.
  - Bildung von **monopolistischen Machtgebilden.**
  - **Vermögenskonzentration** auf Kosten der abhängigen und vermögenslosen Arbeitnehmer.
  - **Kollektivbedürfnisse** werden **vernachlässigt.**

---

1 Das **Kartell** ist ein **vertraglicher Zusammenschluss** von Unternehmen eines Wirtschaftszweigs, die **rechtlich selbstständig** bleiben, aber einen Teil ihrer **wirtschaftlichen Selbstständigkeit** aufgeben.
   Konzerne sind horizontale, vertikale oder diagonale Zusammenschlüsse von Unternehmen, die **rechtlich selbstständig** sind, ihre **wirtschaftliche Selbstständigkeit aber aufgeben,** indem sie sich einer **einheitlichen Leitung** unterstellen. Die Verschmelzung von zwei oder mehr Unternehmen bezeichnet man als **Fusion.**

2 **Kollektivbedürfnisse** werden mit Gütern befriedigt, die von allen Mitgliedern der Gesellschaft genutzt werden können (z.B. Straßen, Schulen, öffentliche Verkehrsmittel, saubere Umwelt).

45 1. Begründen Sie, warum die Ausgestaltung der Wirtschaftsordnungen von den gesellschaftspolitischen Grundentscheidungen zwischen Individualismus einerseits und Kollektivismus andererseits abhängt!

2. Prüfen Sie, ob Sie Ihre zu 1. gemachte Aussage tatsächlich verstanden haben! Erklären
Sie, welche Konsequenzen ein Anhänger des Individualismus ziehen müsste, wenn es in
der Bundesrepublik Deutschland um die Zukunft folgender Institutionen bzw. Unternehmen ginge:

2.1 Das staatliche Schulwesen,

2.2 das staatliche Gesundheitswesen,

2.3 das öffentliche Straßennetz und

2.4 die Unternehmen, die Atomkraftwerke bauen wollen!

3. Grenzen Sie die Begriffe Individualismus und Kollektivismus voneinander ab!

5.2   Soziale Marktwirtschaft

5.2.1   Begriff soziale Marktwirtschaft

Wird in der öffentlichen Diskussion von „sozialer Marktwirtschaft" gesprochen, ist immer die
in der Wirklichkeit (Realität) der Bundesrepublik
Deutschland   bestehende   Wirtschaftsordnung
gemeint. „Vater" der sozialen Marktwirtschaft ist
Ludwig Erhard.[1]

Die soziale Marktwirtschaft sieht den **Menschen
sowohl als Individual- als auch als Kollektivwe-
sen.** Hieraus folgt, dass die soziale Marktwirtschaft zwischen den beiden extremen Modellen
der freien Marktwirtschaft und der Zentralverwaltungswirtschaft steht. Grundziel dieser Wirt-
schafts- und Gesellschaftsordnung ist: „So viel
Freiheit wie möglich, so viel **staatlichen Zwang
wie nötig",** wobei man sich freilich immer darüber streiten kann, was möglich bzw. was nötig ist.

Die **soziale Marktwirtschaft** in der Bundesrepublik Deutschland ist eine in der Wirklichkeit existierende Wirtschaftsform (Realform). Sie steht im **Spannungsverhältnis**
zwischen den Forderungen nach **größtmöglicher Freiheit** einerseits und **sozialer
Gerechtigkeit** andererseits.

---

1 Ludwig Erhard, der erste Wirtschaftsminister der Bundesrepublik Deutschland, verwendete den Begriff der „Sozialen Marktwirtschaft", als er nach 1948 die Marktwirtschaft in der Bundesrepublik einführte und damit die Zwangswirtschaft der ersten Nachkriegs-
jahre ablöste. Der Begriff „Soziale Marktwirtschaft" selbst stammt von seinem Mitarbeiter, dem Staatssekretär Alfred Müller-Armack.

5.2.2 Sozialstaatsprinzip

5.2.2.1 Sozialpolitische Aktivitäten des Staates

Für die Bundesrepublik Deutschland stellt Art. 20 I GG fest: *„Die Bundesrepublik Deutschland ist ein demokratischer und sozialer Bundesstaat."* Verwirklicht wird dieses „Sozialstaatspostulat"[1] des Grundgesetzes durch ein **Netz sozialer Sicherungsmaßnahmen.**

Sozialpolitische Aktivitäten des Staates im Rahmen der sozialen Marktwirtschaft[2]

Beschäftigungspolitik	Verteilungspolitik	Arbeitsschutzpolitik	Politik zur Absicherung von Arbeitsrisiken	Sonstige sozialpolitische Maßnahmen
■ Maßnahmen zur Erreichung eines möglichst hohen Beschäftigungsstands ■ Erhaltung und Schaffung von Arbeitsplätzen ■ Berufsberatung Arbeitsmarktberatung ■ Ausbildungs- und Arbeitsvermittlung ■ Förderung der beruflichen Bildung und Weiterbildung	Einkommens- und Vermögensumverteilung durch ■ Steuerpolitik ■ Vermögenspolitik ■ Familienpolitik (z.B. Kindergeld) ■ sonstige Sozialleistungen (Transferzahlungen wie z.B. Wohngeld, Arbeitslosengeld II, BAföG, Altershilfe für Landwirte) ■ Preispolitik	■ Schutz der materiellen Rechte durch Arbeitsvertrags-, Berufsbildungs-, Tarifvertrags- und Mitbestimmungsrecht (Arbeitsrecht i.e.S.) ■ Sozialer Arbeitsschutz (z.B. Arbeitszeitgesetz, Mutterschutzgesetz, Jugendarbeitsschutzgesetz, Kündigungsschutzgesetz) ■ Schutz des Lebens und der Gesundheit durch menschengerechte Gestaltung der Arbeit, technischen Arbeitsschutz und Unfallversicherung	■ Gesetzliche Krankenversicherung ■ Soziale Pflegeversicherung ■ Gesetzliche Rentenversicherung ■ Gesetzliche Arbeitsförderung (Arbeitslosenversicherung) ■ Gesetzliche Unfallversicherung	■ Umweltschutzpolitik ■ Gesundheitspolitik ■ Strukturpolitik ■ Bevölkerungspolitik ■ Bildungspolitik

Das Ergebnis aller sozialpolitischen Maßnahmen bezeichnet man als **Sozialordnung.**

---

1 Postulat (lat.): Forderung. Sozialstaatspostulat: Forderung, einen Sozialstaat zu errichten bzw. zu erhalten.

2 Aufgrund des Lehrplans wird im Folgenden nur ein Überblick über die Arbeitsschutzpolitik und die Politik zur Absicherung von Arbeitsrisiken gegeben.

5.2.2.2 Arbeitsschutz

(1) Überblick

Alle Arbeitnehmer, insbesondere jedoch Kinder und Jugendliche, sind schutzbedürftig. Deshalb werden allen Arbeitnehmern Mindestrechte am Arbeitsplatz zugesichert, die vertraglich nicht ausgeschlossen werden können. Einen Überblick über die wichtigsten **Schutzbestimmungen** unseres **Arbeitsrechts** enthält die nachfolgende Übersicht.

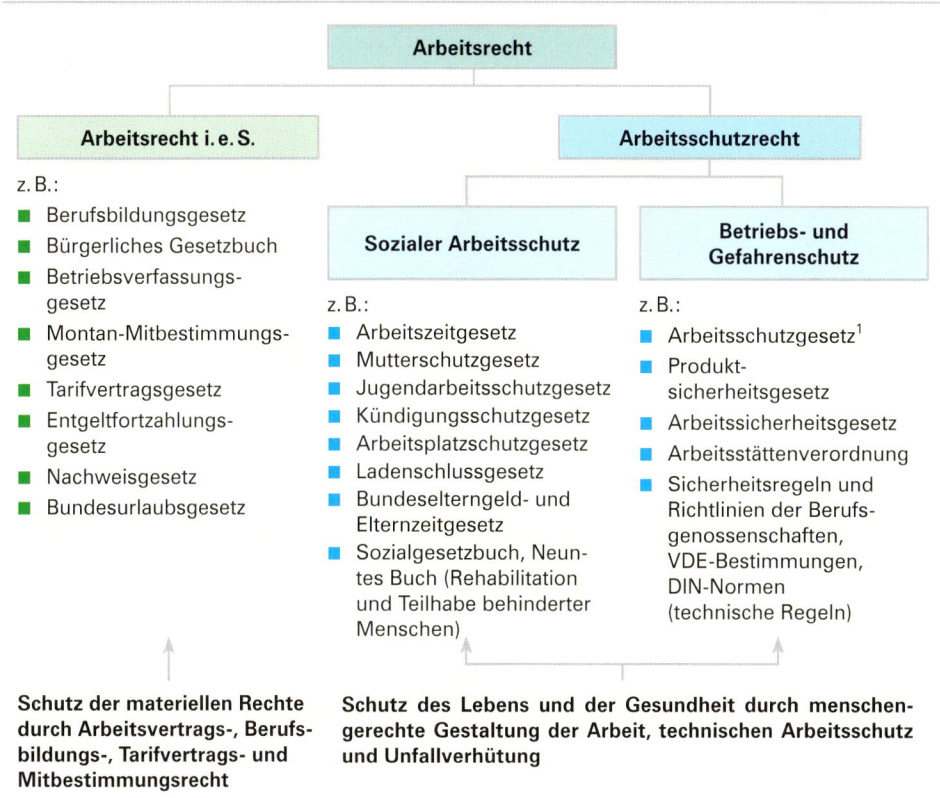

Arbeitsrecht

Arbeitsrecht i. e. S.

z. B.:
- Berufsbildungsgesetz
- Bürgerliches Gesetzbuch
- Betriebsverfassungsgesetz
- Montan-Mitbestimmungsgesetz
- Tarifvertragsgesetz
- Entgeltfortzahlungsgesetz
- Nachweisgesetz
- Bundesurlaubsgesetz

Schutz der materiellen Rechte durch Arbeitsvertrags-, Berufsbildungs-, Tarifvertrags- und Mitbestimmungsrecht

Arbeitsschutzrecht

Sozialer Arbeitsschutz

z. B.:
- Arbeitszeitgesetz
- Mutterschutzgesetz
- Jugendarbeitsschutzgesetz
- Kündigungsschutzgesetz
- Arbeitsplatzschutzgesetz
- Ladenschlussgesetz
- Bundeselterngeld- und Elternzeitgesetz
- Sozialgesetzbuch, Neuntes Buch (Rehabilitation und Teilhabe behinderter Menschen)

Betriebs- und Gefahrenschutz

z. B.:
- Arbeitsschutzgesetz[1]
- Produktsicherheitsgesetz
- Arbeitssicherheitsgesetz
- Arbeitsstättenverordnung
- Sicherheitsregeln und Richtlinien der Berufsgenossenschaften, VDE-Bestimmungen, DIN-Normen (technische Regeln)

Schutz des Lebens und der Gesundheit durch menschengerechte Gestaltung der Arbeit, technischen Arbeitsschutz und Unfallverhütung

Die Vorschriften des Arbeitsschutzrechts stellen Gebote und Verbote auf, zu deren Beachtung Arbeitgeber und Arbeitnehmer verpflichtet sind. Die Einhaltung der Arbeitsschutzvorschriften wird z. B. durch die **Gewerbeaufsichtsämter** und die **Berufsgenossenschaften**[2] überwacht.

---

1 Auf der Rechtsgrundlage des Arbeitsschutzgesetzes hat die Bundesregierung mehrere Verordnungen zum Arbeitsschutz erlassen (z. B. die Bildschirmarbeitsverordnung und die Arbeitsstättenverordnung).

2 Berufsgenossenschaften sind Verbände mit Zwangsmitgliedschaft für die versicherungspflichtigen Betriebe zur Finanzierung der gesetzlichen Unfallversicherung. Die Berufsgenossenschaften übernehmen den Versicherungsschutz bei Arbeitsunfällen, Wegeunfällen und Berufskrankheiten.

(2) Ausgewählte Gesetze zum sozialen Arbeitsschutz

Wichtige Gesetze zum sozialen Arbeitsschutz		
Gesetz	**Wirkungskreis**	**Wesentlicher Inhalt**
Arbeitszeit-gesetz [ArbZG]	Alle Arbeit-geber und die Arbeitskräfte, für die keine Sondervorschrif-ten bestehen (z. B. JArbSchG).	Die werktägliche Arbeitszeit für Arbeitskräfte darf 8 Stunden nicht überschreiten. Die Arbeitszeit kann auf bis zu 10 Stunden täglich erhöht werden, wenn innerhalb von 6 Kalendermonaten oder innerhalb von 24 Wochen im Durchschnitt 8 Stunden werktäglich nicht überschritten werden.[1] Nach Beendigung der täglichen Arbeitszeit müssen der Arbeitskraft mindestens 11 Stunden Freizeit verbleiben. Nach mehr als 6 bis 9 Stunden Arbeitszeit ist eine Ruhepause von mindestens 30 Minuten zu gewähren.
Mutter-schutzgesetz [MuSchG]	Alle Arbeit-geber bezüglich der bei ihnen beschäftigten Frauen.	Befreiung von der Arbeit (auf Mitteilung hin) für 6 Wochen vor und mindestens 8 Wochen, bei Früh- und Mehrlings-geburten bis zum Ablauf von 12 Wochen nach der Entbindung. Während der Schwangerschaft, bis zum Ablauf von vier Monaten nach der Entbindung und während der Elternzeit besteht Kündigungsschutz. Für werdende Mütter bestehen zahlreiche Beschäftigungsverbote.
Jugendarbeits-schutzgesetz [JArbSchG]	Alle Arbeit-geber, die Jugendliche (bis zum vollendeten 18. Lebensjahr) beschäftigen.	Verboten ist die Beschäftigung von Jugendlichen, die der Vollzeitschulpflicht unterliegen. Wöchentliche Arbeitszeit: 5-Tage-Woche; 40-Stunden-Woche. Tägliche Arbeitszeit: 8-Stunden-Tag. Bezahlter Erholungsurlaub von mindestens 25 bis 30 Werktagen, je nach Alter der Jugendlichen. Keine Beschäftigung an Berufsschultagen mit mehr als 5 Unterrichtsstunden von mindestens 45 Minuten, jedoch nur einmal in der Woche. Jugendliche, die in das Berufsleben eintreten, müssen innerhalb der letzten 14 Monate von einem Arzt untersucht worden sein. Eine entsprechende Bescheinigung hat der Jugendliche vorzulegen. Fehlt die Bescheinigung, besteht ein Beschäftigungsverbot bzw. ein Grund zur fristlosen Entlassung.
Gesetz zum Elterngeld und zur Elternzeit [Bundeseltern-geld- und Elternzeit-gesetz – BEEG]	Mütter **oder** Väter, die ihr Kind selbst betreuen und nicht mehr als 30 Stunden pro Woche erwerbstätig sind.	Das **Elterngeld**[2] beträgt 67 % des wegfallenden Net-toeinkommens, mindestens 300,00 EUR, höchstens 1 800,00 EUR mit einer Laufzeit von 12 Monaten, bei Beteiligung des Partners bzw. bei Alleinerziehenden 14 Monate oder doppelte Laufzeit mit dem halben Monatsbetrag. Nach der Geburt ihres Kindes können Eltern gleichzeitig, jeder Elternteil anteilig oder allein bis zu drei Jahren **Elternzeit** nehmen. Ein Jahr kann mit Zustimmung des Arbeitgebers bis zum 8. Lebensjahr „aufgespart" werden. Die Anmeldefrist beträgt 6 Wochen, wenn die Elternzeit sofort nach der Mutterschutzfrist genommen wird, in allen anderen Fällen 7 Wochen. Die Elternzeit wird in der gesetzlichen Rentenversicherung angerechnet. Während der Elternzeit besteht Kündigungsschutz.

---

1 Aufgrund eines Tarifvertrags oder aufgrund einer Betriebsvereinbarung kann unter bestimmten Bedingungen die werktägliche Arbeitszeit auch über zehn Stunden betragen.

2 Für Eltern, deren Kinder ab dem 1. Juli 2015 geboren werden, gibt es neue Regelungen in Form des Elterngeld Plus und des Partnerschaftsbonus. Die Eltern haben dann die Wahl zwischen dem herkömmlichen Elterngeld, dem Elterngeld Plus (es kann bei Teilzeit doppelt so lang bezogen werden wie das Elterngeld, ist aber höchstens halb so hoch wie dieses) oder einer Kombination von beiden. Zusätzlich erhalten die Eltern als Partnerschaftsbonus auf Antrag vier zusätzliche Monate Elterngeld Plus, wenn beide Elternteile in dieser Zeit Teilzeit arbeiten. Die maximale Bezugsdauer des Elterngeldes beträgt 28 Monate.

Wichtige Gesetze zum sozialen Arbeitsschutz		
Gesetz	**Wirkungskreis**	**Wesentlicher Inhalt**
Sozialgesetzbuch, Neuntes Buch (Rehabilitation und Teilhabe behinderter Menschen)	Alle Arbeitgeber mit mindestens 20 Arbeitsplätzen (ohne Auszubildende).	Die betroffenen Arbeitgeber sind verpflichtet, einen bestimmten Prozentsatz schwerbehinderter Menschen (Personen mit einer mindestens 50%igen Behinderung) einzustellen. Für unbesetzte Plätze muss i.d.R. eine Ausgleichsabgabe gezahlt werden.

Zusammenfassung

- Das Grundgesetz der Bundesrepublik Deutschland hat ein dichtes **Netz sozialer Sicherungsmaßanhmen** (siehe Tabelle S. 170).

- Das Ergebnis aller sozialpolitischen Maßnahmen bezeichnet man als **Sozialordnung**.

- Das **Arbeitsschutzrecht** umfasst Bestimmungen, Vorschriften, Maßnahmen, welche dem Schutz des Lebens und der Gesundheit der Arbeitskraft dienen.

- Dem **sozialen Arbeitsschutz** dienen z. B. die Vorschriften des Arbeitszeitgesetzes, des Mutterschutzgesetzes, des Jugendarbeitsschutzgesetzes, des Bundeselterngeld- und Elternzeitgesetzes, des Kündigungsschutzgesetzes.

Übungsaufgabe

46 1. Wir unterteilen das Arbeitsrecht in das Arbeitsrecht i. e. S. und in das Arbeitsschutzrecht.

Aufgaben:

1.1 Zeigen Sie den Unterschied auf!

1.2 Nennen Sie Beispiele!

2. Zählen Sie die wichtigsten Arbeitsschutzgesetze auf und nennen Sie den betroffenen Personenkreis!

3. **Arbeitsauftrag:** Lösen Sie in Einzel-, Partner- oder Gruppenarbeit folgende kleine Rechtsfälle. Nehmen Sie den Lehrbuchtext und das Internet zu Hilfe!

3.1 Die 17-jährige Bürogehilfin Bärbel Emsig muss nach bestandener Prüfung 45 Wochenstunden ohne Überstundenvergütung arbeiten. Der Chef beruft sich auf das Arbeitszeitgesetz, wonach sogar über 50 Wochenstunden zulässig sind. Prüfen Sie, ob er im Recht ist!

3.2 Der Elektrogroßhändler Klar, Inhaber des Lampenhauses Lux e. K., zahlt seinen Angestellten grundsätzlich 10 % mehr als der Tarifvertrag vorsieht. Lediglich dem Neuling Lahm will er zunächst das Tarifgehalt zahlen. Prüfen Sie die Rechtslage!

3.3 Der kaufmännische Auszubildende Karl-Heinz Jauch ist seit 1. August vergangenen Jahres „in der Lehre". Sein Ausbilder hatte ihn im April, im Mai und im Juli des laufenden Jahres mehrfach dazu aufgefordert, sich bei einem Arzt der Nachuntersuchung zu unterziehen und ihm die ärztliche Bescheinigung vorzulegen. Karl-Heinz Jauch hat jedoch die Bescheinigung bis Ende Oktober noch nicht beigebracht. Der Arbeitgeber kündigt daher Anfang November das Ausbildungsverhältnis fristlos. Begründen Sie, ob die fristlose Kündigung wirksam ist!

5.2.2.3 Politik zur Absicherung von Arbeitsrisiken

5.2.2.3.1 Notwendigkeit der sozialen Absicherung

> Die **soziale Sicherung** ist eine wesentliche Lebensgrundlage der Menschen.

Die bedeutsamste Absicherung erfolgt in der Bundesrepublik Deutschland durch die gesetzliche **Sozialversicherung.**

- Kennzeichen der gesetzlichen Sozialversicherung ist das **Solidaritätsprinzip:** „Einer für alle, alle für einen." Im Gegensatz zur privaten Versicherung, die grundsätzlich eine freiwillige Versicherung ist, stellt die Sozialversicherung eine **gesetzliche Versicherung** dar, der die Mehrheit der Bevölkerung kraft Gesetzes angehören muss **(Pflichtversicherung).**

- Neben dem **Solidaritätsprinzip** und der **Pflichtmitgliedschaft** zeichnet sich die Sozialversicherung durch die **gesetzliche Festlegung der meisten Leistungen** und die **Beitragsbemessung nach der Höhe des Einkommens** aus. Versicherte mit hohen Einkommen sollen so zur Finanzierung von Leistungen für Versicherte mit niedrigen Einkommen beitragen.

5.2.2.3.2 Zweige und Träger der Sozialversicherung

Das deutsche Sozialversicherungssystem umfasst **fünf Zweige.** Die **Träger der gesetzlichen Sozialversicherung** sind die Sozialversicherungsbetriebe, Institutionen und Einrichtungen, die die Übernahme der Versicherung wahrnehmen.

Die fünf Zweige der gesetzlichen Sozialversicherung				
Gesetzliche Kranken- versicherung Träger z. B.: ■ Allgemeine Ortskranken- kassen ■ Betriebskran- kenkassen ■ Innungskran- kenkassen ■ Ersatzkassen (z. B. Barmer GEK, DAK, KKH)	**Soziale Pflege- versicherung** Träger: ■ Pflegekassen (verwaltet von den Kranken- kassen)	**Gesetzliche Rentenversicherung** Träger z. B.: ■ Bundesträger (Deutsche Ren- tenversicherung Bund) ■ Regionalträger (Deutsche Ren- tenversicherung mit Zusatz für jeweilige regio- nale Zuständig- keiten)	**Gesetzliche Arbeitsförderung** Träger: ■ Bundesagentur für Arbeit in Nürnberg mit den Regional- direktionen (mittlere Verwal- tungsebene) und den Agenturen für Arbeit (ört- liche Verwal- tungsebene)	**Gesetzliche Unfall- versicherung** Träger z. B.: ■ Gewerbliche und landwirt- schaftliche Berufsgenos- senschaften ■ Gemeinde- unfallversiche- rungsverbände
Gesetzliche Krankenkassen	**Pflegekassen***	**Deutsche Renten- versicherung**	**Bundesagentur für Arbeit**	**Berufsgenossen- schaften und Unfallversiche- rungsträger der öffentlichen Hand**
Träger der Sozialversicherung				

* Die soziale Pflegeversicherung ist eine eigenständige Säule im System der gesetzlichen Sozialversicherung, auch wenn die gesetzlichen Pflegekassen organisatorisch in die Träger der gesetzlichen Krankenversicherung eingebunden sind.

5.2.2.3.3 Grundsicherung für Arbeitsuchende

(1) Aufgabe der Grundsicherung

Die Grundsicherung soll vor allem erwerbsfähige leistungsberechtigte Personen bei der Aufnahme oder Beibehaltung einer **Erwerbstätigkeit unterstützen** und deren **Lebensunterhalt sichern**. Träger der zu erbringenden Leistungen ist die **Bundesagentur für Arbeit**, soweit nicht die **kreisfreien Städte** und **Kreise** zuständig sind.

(2) Berechtigte Personen

Leistungen erhalten erwerbsfähige leistungsberechtigte Personen im Alter von 15 Jahren bis zum gesetzlich festgelegten Regelrenteneintrittsalter, die ihren gewöhnlichen Aufenthalt in Deutschland haben und hilfebedürftig[1] sind **(erwerbsfähige Leistungsberechtigte)**.

(3) Leistungen

■ **Leistungen zur Eingliederung in Arbeit**

Durch diese Leistungen soll die Eingliederung der erwerbsfähigen Leistungsberechtigten in Arbeit unterstützt werden. Hierzu soll die Agentur für Arbeit z. B. für jeden erwerbsfähigen Leistungsberechtigten einen **persönlichen Ansprechpartner** benennen und mit diesen Personen die für ihre Eingliederung erforderlichen Leistungen vereinbaren **(Eingliederungsvereinbarungen)**.

■ **Leistungen zur Sicherung des Lebensunterhalts[2]**

Einstiegsgeld	Ein zeitlich befristetes Einstiegsgeld (als Zuschuss zum Arbeitslosengeld II) kann arbeitslosen erwerbsfähigen Leistungsberechtigten zur Überwindung ihrer Hilfebedürftigkeit bei Aufnahme einer Erwerbstätigkeit gezahlt werden.
Arbeitslosengeld II	Als Arbeitslosengeld II werden vom Staat Leistungen zur **Sicherung des Lebensunterhalts** einschließlich der angemessenen Kosten für Unterkunft und Heizung gewährt. Zu berücksichtigende Einkommen und Vermögen mindern die Geldleistungen der Agentur für Arbeit und kommunalen Träger (z. B. Gemeinden, Kreise). Die **monatlichen Regelleistungen** zur Sicherung des Lebensunterhalts (insbesondere für die Ernährung, Kleidung, Körperpflege, Hausrat, Bedarfe des täglichen Lebens, Beziehungen zur Umwelt und zur Teilnahme am kulturellen Leben) betragen für Personen, die alleinstehend oder alleinerziehend sind, zurzeit 399,00 EUR.[3] Für Jugendliche zwischen 14 und 18, die in einer Bedarfsgemeinschaft ohne eigenen Haushalt leben, beträgt das Arbeitslosengeld II 302,00 EUR pro Monat. Jeweils zum 1. Januar eines Jahres werden die Regelleistungen der aktuellen Preis- und Lohnentwicklung entsprechend angepasst.
Leistungen für Unterkunft und Heizung	Leistungen für Unterkunft und Heizung werden in Höhe der tatsächlichen Aufwendungen erbracht, soweit diese angemessen sind.

---

1 **Hilfebedürftig** ist, wer seinen Lebensunterhalt nicht oder nicht ausreichend aus dem zu berücksichtigenden Einkommen oder Vermögen sichern kann und die erforderliche Hilfe nicht von anderen, insbesondere Angehörigen oder von Trägern anderer Sozialleistungen, erhält.

2 Personen, die von keiner Sozialleistung erfasst werden, erhalten **Sozialhilfe**. Zuständig ist das Sozialamt der Stadt oder des Landkreises, wo der Hilfesuchende seinen tatsächlichen Aufenthalt hat.

3 Stand: Januar 2015.

Sozialgeld	Sozialgeld erhalten nicht erwerbsfähige Angehörige ohne einen Anspruch auf Sozialhilfe, wenn diese mit erwerbsfähigen Hilfebedürftigen in einer Bedarfsgemeinschaft leben.
Bedarfe für Bildung und Teilhabe („Bildungspaket")	Damit wird Kindern aus Familien, in denen Arbeitslosengeld II, Sozialgeld oder Sozialhilfe bezogen wird, ermöglicht, in verschiedenen Formen am kulturellen, sozialen und sportlichen Leben teilzuhaben (z. B. Teilnahme an Schulausflügen, an Mittagsverpflegung, Nachhilfeunterricht; Mitgliedsbeiträge für Sport). Für die Erbringung dieser Leistungen sind ausschließlich die Gemeinden und Städte verantwortlich.

■ Anzeige- und Bescheinigungspflicht bei Arbeitsunfähigkeit

Erwerbsfähige Hilfebedürftige, die Leistungen zur Sicherung des Lebensunterhalts beantragt haben oder beziehen, müssen der Agentur für Arbeit eine eingetretene Arbeitsunfähigkeit und deren voraussichtliche Dauer unverzüglich anzeigen und spätestens vor Ablauf des dritten Kalendertags nach dem Eintritt der Arbeitsunfähigkeit eine ärztliche Bescheinigung über die Arbeitsunfähigkeit und deren voraussichtliche Dauer vorlegen.

5.2.2.3.4 Staatlich geförderte private Altersvorsorge

(1) Problemstellung

Weil das derzeitige Rentenniveau in der gesetzlichen Rentenversicherung langfristig abgesenkt werden muss, steigt die Bedeutung der privaten Altersvorsorge. Der „Einstieg" in eine **staatlich geförderte private Altersvorsorge** erfolgte durch das Altersvermögensgesetz [AVmG].

(2) Voraussetzungen für die Erlangung einer Altersvorsorgezulage

Der Anspruch auf eine vom Staat geleistete Altersvorsorgezulage[1] besteht für zulageberechtigte Personen (Begünstigte) unter folgenden Voraussetzungen (Auswahl):

- ■ Grundvoraussetzung ist, dass die pflichtversicherten Personen **Altersvorsorgebeiträge (Mindesteigenbeiträge)** zugunsten eines auf ihren Namen lautenden Altersvorsorgevertrags leisten.

- ■ Im Altersvorsorgevertrag muss sich der Vertragspartner z. B. verpflichten, in der Ansparphase laufend **freiwillige Aufwendungen (Altersvorsorgebeiträge)** zu leisten.

- ■ Die Leistungen für den Vertragspartner zur Altersversorgung dürfen auch **nicht vor Vollendung des 60. Lebensjahrs** erbracht werden.

- ■ Die Altersvorsorgebeiträge, die erwirtschafteten Erträge und Veräußerungsgewinne müssen in **bestimmte Anlagen (Produkte)** wie z. B. in Rentenversicherungen, Bankguthaben mit Zinsansammlung oder in Anteilen an Investmentfonds angelegt sein.

- ■ Der Anbieter muss zusagen, dass zu Beginn der Auszahlung **mindestens die eingezahlten Altersvorsorgebeiträge** für die Auszahlungsphase zur Verfügung stehen.

- ■ Der Vertragspartner muss die Möglichkeit haben, den **Vertrag** während der Ansparphase **ruhen zu lassen, zu kündigen**, eine andere Altersvorsorgeanlage zu wählen **oder Auszahlung** zu verlangen.

---

1 Die Berechtigten haben damit die Möglichkeit, ein **kapitalgedecktes Altersvorsorgevermögen** zu bilden.

(3) Beispiel für private Vorsorge: Riester-Rente

Ein Beispiel für eine private Altersversorgung ist die **Rieser-Rente.**[1] Die Beitragszahlungen werden vom Staat in Form von Zulagen und Steuervorteilen gefördert. Wer die höchstmögliche Förderung (**Grundzulage** 150,00 EUR) erreichen möchte, muss 4 % des versicherungspflichtigen Bruttoeinkommens im Jahr sparen. Für jedes Kind erhält der Riester-Sparer 185,00 EUR bzw. 300,00 EUR für nach 2007 geborene Kinder **(Kinderzulage).** Allerdings muss wegen der Förderung in der Ansparphase die Rentenzahlung im Alter voll versteuert werden. Die Riester-Verträge gibt es bei Banken, Fonds-Gesellschaften und Versicherungsunternehmen.

Zusammenfassung

- Die **Grundsicherung für Arbeitsuchende** hat das Ziel, dass diese Personen ihren Lebensunterhalt – unabhängig von der Grundsicherung – aus eigenen Mitteln und Kräften bestreiten können.

- Die Leistungen der Grundsicherung sind: **Leistungen zur Eingliederung in Arbeit** und **Leistungen zur Sicherung des Lebensunterhalts.**

- Die Systeme der Sozialversicherung bilden die soziale **Grundversorgung**. Sie werden ergänzt durch **private Absicherungen**.

Übungsaufgabe

47

1. Nennen Sie die Zweige des Sozialversicherungssystems der Bundesrepublik Deutschland!

2. Nennen Sie wichtige Träger der Sozialversicherung!

3. Die Beschäftigten der Karin Kosmetik GmbH sind alle sozialversichert.

   Aufgaben:

   3.1 Erklären Sie, wodurch sich die gesetzliche Sozialversicherung von der Individualversicherung unterscheidet!

   3.2 Der Angestellte Huber verunglückt auf dem Heimweg von seiner Arbeitsstätte schwer, sodass er arbeitsunfähig wird.

   3.2.1 Nennen Sie die dafür zuständige Versicherung!

   3.2.2 **Erkundungsauftrag:** Ermitteln Sie die Leistungen, die von dieser Versicherung zu erbringen sind!

---

1 Die Bezeichnung Riester-Rente geht auf Walter Riester zurück, der als Bundesminister für Arbeit und Sozialordnung die Förderung der freiwilligen Altersvorsorge durch eine Altersvorsorgezulage vorschlug.

12 Speth u.a. - ISBN 978-3-8120-0520-3

4. 4.1 Erfragen Sie in Gruppen bei verschiedenen gesetzlichen Krankenkassen aktuelle Probleme der Sozialversicherung. Führen Sie die Aspekte im Klassenverband in einem Arbeitspapier zusammen und diskutieren Sie über mögliche Lösungsansätze!

    4.2 Begründen Sie, warum der Staat eine kapitalgedeckte private Altersvorsorge durch finanzielle Anreize zu fördern sucht!

    4.3 Erläutern Sie, wodurch sich prinzipiell die staatlich geförderte kapitalgedeckte private Altersvorsorge von der gesetzlichen Rentenversicherung unterscheidet!

5.2.3 Herausforderungen der sozialen Marktwirtschaft

Ende der achtziger Jahre haben die kapitalistischen Marktwirtschaften – und mit ihnen die soziale Marktwirtschaft – den Wettbewerb mit der sozialistischen Planwirtschaft gewonnen. Deshalb richtet sich der Blick viel unmittelbarer und kritischer auf die Marktwirtschaften, in der Bundesrepublik Deutschland also auf die soziale Marktwirtschaft. Und dieser drohen nicht zu unterschätzende Herausforderungen.

(1) Wirtschaftsethik

Marktwirtschaft bedarf, soll sie funktionieren, einer bestimmten Ethik, deren Regeln zumindest von einer starken Mehrheit einer Gesellschaft eingehalten werden. Solche **ethischen Regeln** sind z. B.:

- geschäftliche Anständigkeit,
- Unbestechlichkeit,
- Ehrlichkeit,
- Pünktlichkeit und Zuverlässigkeit,
- Verantwortungsbewusstsein gegenüber Mitmenschen und Natur,
- Gemeinsinn.

Beispiel:

Werden private oder staatliche Aufträge nicht an die leistungsfähigsten Anbieter vergeben, sondern an solche, die die höchsten Bestechungsgelder (Schmiergelder) bezahlen, werden volkswirtschaftliche Produktionsfaktoren verschleudert. Dadurch sinkt die Produktivität; der Lebensstandard nimmt ab. Außerdem wird der Preismechanismus außer Kraft gesetzt, der die Grundlage jeder Marktwirtschaft ist. Schließlich führt die durch die Korruption bewirkte Fehllenkung der Produktionsfaktoren zu einer Schwächung der weltwirtschaftlichen Stellung eines Landes, weil die Produktionskosten vergleichsweise (gegenüber Ländern mit geringerer Korruptionsanfälligkeit) steigen. Im Übrigen ist die Korruption leistungsfeindlich: Aufträge werden nicht aufgrund einer besonderen Leistung, sondern aufgrund von Sonderleistungen erteilt.

Fehlt es also an der notwendigen Wirtschaftsgesinnung, wird gelogen und betrogen, dem Geschäftspartner „das Fell über die Ohren gezogen", schlechte Qualität produziert, werden Verträge nicht eingehalten, Zahlungstermine versäumt und verantwortungslose Entscheidungen getroffen, kann das System der sozialen Marktwirtschaft nicht funktionieren.

(2) Überlastung des sozialen Netzes

Gefahren drohen der sozialen Marktwirtschaft aber auch wegen der möglichen Überdehnung des sozialen Netzes, das eine Fülle von Möglichkeiten des Sozialmissbrauchs bietet. Beispiele sind die illegale Beschäftigung von Arbeitskräften, die Schwarzarbeit bei gleichzeitigem Bezug von Arbeitslosengeld oder anderen Unterstützungszahlungen und das mehrfache Abkassieren anderer Sozialleistungen.

Sozialmissbrauch schwächt das soziale Sicherungssystem der sozialen Marktwirtschaft, erhöht die Belastung der arbeitenden ehrlichen Leute, führt zu Leistungsunwillen und beeinträchtigt die Funktionsfähigkeit des Wirtschaftssystems und damit auch die soziale Leistungsfähigkeit.

(3) Abgaben- und Steuerbelastung

Die Belastung der arbeitenden Bevölkerungsteile findet ihre Grenzen. „Irgendwo hören – das ist jeweils auf konkret absehbare Zeiträume eine Tatsache – Opferbereitschaft, Zusammengehörigkeitsgefühl und Verständigungsbereitschaft unter den Menschen auf … Wieweit lässt sich der Bürger besteuern, um in welchen anderen Gebieten zur ‚Gleichwertigkeit der Lebensbedingungen' beizutragen?"[1] Eine Überlastung der arbeitenden Menschen führt zur Arbeitsunlust, weil der Anreiz zur Leistung nachlässt. Die Motivation zur belohnten Leistung aber ist gerade der Motor jeder Marktwirtschaft. Fehlt sie, greifen Pessimismus, Unterbeschäftigung und Radikalismus um sich.

Die nachfolgende Grafik zeigt auf, wie viel der Staat vom Einkommen seiner Bürger und Unternehmen über Steuern und Sozialabgaben einbehält.

So viel bleibt vom Euro!

Es bleiben: 48,5 Cent

1,1 Cent Pflegeversicherung
1,5 Cent Arbeitslosenversicherung
7,8 Cent Krankenversicherung
9,6 Cent Rentenversicherung
6,8 Cent sonstige Steuern (z.B. Erbschaftsteuer, Kraftfahrzeugsteuer, Versicherungsteuer, Hundesteuer, Kaffeesteuer usw.)

Sozialabgaben: 20,0 Cent   Steuern: 31,5 Cent

9,5 Cent Mehrwertsteuer
11,8 Cent Lohn- und Einkommensteuer sowie Solidaritätszuschlag
1,9 Cent Energiesteuer
1,5 Cent Quasi-Steuern (EEG-Umlage und Rundfunkbeitrag)

Quelle: Bund der Steuerzahler Deutschland e. V. vom 08.07.2014.

---

1 WAGNER, A.: Volkswirtschaft für jedermann. Die marktwirtschaftliche Demokratie, 1992, S. 12.

(4) Umweltbelastung

Schließlich erhebt sich die Frage, ob die soziale Marktwirtschaft in der Lage sein wird, die Umweltbelastung nachhaltig zu verringern. Der Hinweis darauf, dass in den ehemaligen sozialistischen Ländern die Umwelt noch viel rücksichtsloser und nachhaltiger ausgebeutet wurde, kann hier nicht „trösten". Die Folgen der Umweltbelastung sind mehr staatliche Vorschriften, mehr Ge- und Verbote, also mehr Kommando- als Marktwirtschaft. Hinzu kommen die Kosten für die Beseitigung der Umweltschäden. Die Gewinne der Unternehmen sinken, die Steuereinnahmen verringern sich, die staatlichen Ausgaben für konsumtive, produktive und soziale Zwecke werden gekürzt.

(5) Abnehmende Gemeinwohlorientierung

Gefahren für die soziale Marktwirtschaft entstehen auch durch die Erfüllung der Einzelinteressen von Verbänden durch die Regierungen zulasten der Allgemeinheit. „Erfahrungsgemäß wird jedoch oft vor allem dann, wenn es um die Erhaltung bisheriger Arbeitsplätze geht, eine solche Politik gefordert, sei es in Form von Subventionen oder von anderen protektionistischen Maßnahmen. Der Druck der betroffenen Verbände – leider oft auch unterstützt von den lokalen Kirchen – ist dann häufig extrem stark, und er wird meist von den Medien nachdrücklich unterstützt, wie viele Beispiele zeigen."[1] Die Folge ist, dass durch Subventionen und sonstige Protektion die Interessen anderer (z. B. der Konsumenten, Nachfrager, in- und ausländischer Wettbewerber) geschädigt werden.

(6) Globalisierung[2] der Märkte

Im Vergleich zum konkurrierenden Ausland zu hohe Produktionskosten (z. B. Lohnkosten, Lohnnebenkosten, Kosten des Umweltschutzes und Steuern) führen dazu, dass zahlreiche Unternehmen im Ausland produzieren lassen oder ins Ausland abwandern (**„Global Sourcing"**).[3] Die Folge ist, dass vor allem in den alten Industrieländern die Arbeitslosigkeit im industriellen Sektor zunimmt.

Zu den Herausforderungen der sozialen Marktwirtschaft zählen:
- der zunehmende Verfall der Wirtschaftsethik,
- die Überlastung des sozialen Netzes,
- die steigende Abgaben- und Steuerbelastung,
- die zunehmende Umweltbelastung,
- die abnehmende Gemeinwohlorientierung sowie
- die fortschreitende Globalisierung der Märkte.

5.2.4 Eingriffsmöglichkeiten des Staates

---

1 TIETMEYER, H.: Zur Ethik wirtschaftspolitischen Handelns, in: Forum – Vortragsreihe des Instituts der Deutschen Wirtschaft Köln, 43. Jg., Nr. 45 vom 9. November 1993, S. 2.

2 Globalisierung: erdweite Öffnung der Märkte (Globus: Kugel, Erdkugel).

3 Global Sourcing (engl.): wörtlich „Erdausschöpfung", d. h. erdweit die (günstigsten) Quellen suchen und ausschöpfen.

Die wichtigsten politischen Eingriffsmöglichkeiten des Staates zum Schutz der sozialen Marktwirtschaft sind:

- ■ Sicherung des Wettbewerbs **(Wettbewerbspolitik)**,
- ■ Schutz der Umwelt **(Umweltpolitik)**,
- ■ Sicherung von Arbeitsplätzen **(Arbeitsmarktpolitik)**.

5.2.4.1 Sicherung des Wettbewerbs (Wettbewerbspolitik)

(1) Begriff Wettbewerbspolitik (Ordnungspolitik)

Die Unternehmen haben aufgrund der zunehmenden Kostenbelastung das Ziel, vor allem bei wirtschaftlichen Schwierigkeiten einem freien Wettbewerb durch Zusammenschlüsse auszuweichen. Deshalb muss der Staat den **Wettbewerb** durch eine **aktive Wettbewerbspolitik (Ordnungspolitik)** fördern und alle Unternehmenszusammenschlüsse, die erkennbar gegen die Prinzipien eines freien Wettbewerbs verstoßen, verbieten und unter Strafe stellen.

In der Bundesrepublik Deutschland wird mithilfe des **Gesetzes gegen Wettbewerbsbeschränkungen [GWB]** versucht, die Konzentration zu kontrollieren, ohne die Leistungsfähigkeit der Gesamtwirtschaft zu beeinträchtigen. Das Gesetz regelt daher nicht nur die Kartelle[1] und kartellähnliche Verträge und Verhaltensweisen, die darauf abzielen, den Wettbewerb einzuschränken oder zu beseitigen, sondern es enthält auch wichtige Vorschriften zu den marktbeherrschenden Unternehmen. Die zunehmende Unternehmenskonzentration hat das Problem der Kontrolle wirtschaftlicher Macht marktbeherrschender Konzerne[1] und Trusts[2] stärker denn je in den Vordergrund der Wettbewerbspolitik gerückt. Der Wettbewerb wird heute durch die marktbeherrschenden Unternehmen meistens viel stärker eingeschränkt als durch Kartelle.

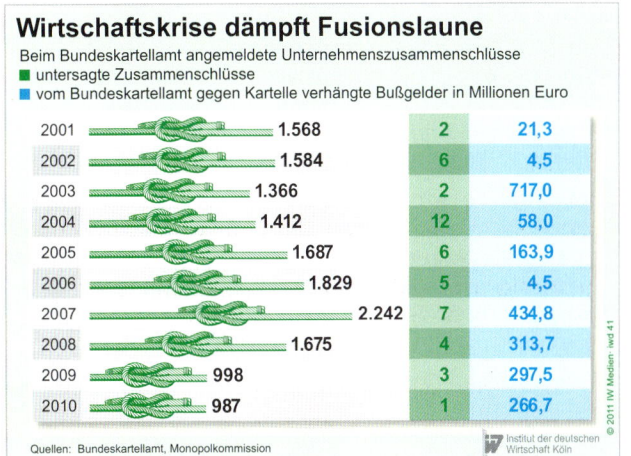

Quelle: iwd, Nr. 41 vom 13.10.2011.

Im Folgenden gehen wir auf die Vorschriften zur **Fusionskontrolle** und zur **Missbrauchsaufsicht** ein.

(2) Zusammenschlusskontrolle (Fusionskontrolle)

---

1 Vgl. hierzu Fußnote 1, S. 168.

2 **Trusts** sind horizontale, vertikale oder diagonale Zusammenschlüsse mehrerer Unternehmen, die ihre **rechtliche und wirtschaftliche Selbstständigkeit aufgeben.**
Aufgrund des Lehrplans wird auf diese Unternehmenszusammenschlüsse im Einzelnen nicht eingegangen.

Ein **Unternehmenszusammenschluss** liegt vor, wenn ein Unternehmen die Kontrolle über andere Unternehmen übernimmt. Für diesen Fall sieht das GWB vor:

Anmelde-, Anzeigepflicht und Vollzugsverbot	Alle Unternehmenszusammenschlüsse sind **vor ihrem Vollzug** beim Bundeskartellamt anzumelden. Sie unterliegen bis zur Freigabe durch das Bundeskartellamt dem **Vollzugsverbot.**
Zusammenschlusskontrolle	Unternehmenszusammenschlüsse, von denen zu erwarten ist, dass diese eine **marktbeherrschende Stellung begründen oder verstärken**, sind vom **Bundeskartellamt zu untersagen**, es sei denn, die beteiligten Unternehmen können nachweisen, dass durch ihren Zusammenschluss auch Verbesserungen der Wettbewerbsbedingungen eintreten und dass diese Verbesserungen die Nachteile der Marktbeherrschung überwiegen.
Genehmigung von Zusammenschlüssen durch den Bundeswirtschaftsminister	Trotz marktbeherrschender Stellung kann der **Bundeswirtschaftsminister** Zusammenschlüsse erlauben, wenn sich **gesamtwirtschaftliche Vorteile** ergeben bzw. ein **überragendes Allgemeininteresse** existiert.

(3) Missbrauchsaufsicht

Über bestehende **marktbeherrschende Unternehmen** besteht eine Missbrauchsaufsicht durch das **Bundeskartellamt**.

Vermutet wird eine Marktbeherrschung, wenn ein Unternehmen einen Marktanteil von mindestens 40 % hat. Eine Gesamtheit von Unternehmen gilt als marktbeherrschend, wenn drei oder weniger Unternehmen zusammen einen Marktanteil von mindestens 50 % oder fünf oder weniger Unternehmen zusammen einen Marktanteil von mindestens zwei Dritteln erreichen. Diese Vermutung gilt nicht, wenn die Unternehmen z. B. nachweisen, dass sie im Verhältnis zu den übrigen Wettbewerbern keine überragende Marktstellung haben.

Kriterien zur Beurteilung der marktbeherrschenden Stellung eines Unternehmens
▥ Marktanteil
▥ Finanzkraft
▥ Zugang zu den Absatz- und Beschaffungsmärkten
▥ Verflechtungen mit anderen Unternehmen
▥ rechtliche und tatsächliche Schranken für den Marktzutritt anderer Unternehmen

Eine **missbräuchliche Ausnutzung einer marktbeherrschenden Stellung** durch ein oder mehrere Unternehmen ist **verboten** [§ 19 I GWB].[1]

---

1 Damit erhalten z. B. die benachteiligten Unternehmen die Möglichkeit, unmittelbar bei einem Zivilgericht zu klagen (z. B. wenn ein Unternehmen aufgrund seiner Marktstellung wesentlich höhere Preise fordert). Das Bundeskartellamt oder eine andere Behörde muss somit nicht vorher tätig werden.

Übungsaufgabe

48
1. Nennen Sie wichtige Ursachen der Unternehmenskonzentration!
2. Formulieren Sie die Zielsetzung, die das Gesetz gegen Wettbewerbsbeschränkungen [GWB] hat! Überlegen Sie sich einige Gründe, warum das GWB die Konzentration nicht aufhalten konnte!
3. Dem Bundeskartellamt obliegt auch die Aufgabe der Fusionskontrolle.
   Aufgaben:
   3.1 Erklären Sie den Begriff Fusion!
   3.2 Begründen Sie die Bedeutung der Fusionskontrolle in einer sozialen Marktwirtschaft!
4. Die Lebensmittelwerke AG schließt sich mit der Handelskette Gut & Fein GmbH zusammen.
   Aufgaben:
   4.1 Nennen Sie zwei Gründe, die für diesen Entschluss maßgebend gewesen sein könnten!
   4.2 Das Bundeskartellamt in Bonn verweigert den Zusammenschluss. Nennen Sie das Gesetz auf das sich die Ablehnung gründet!
5. Erklären Sie, warum der Staat in der sozialen Marktwirtschaft dazu aufgerufen ist, Wettbewerbspolitik zu betreiben!

5.2.4.2 Schutz der Umwelt (Umweltpolitik)

5.2.4.2.1 Nachhaltigkeit des Wirtschaftens

Globale Umweltprobleme wie die Erwärmung der Erdatmosphäre, das Ozonloch oder die Vernichtung der tropischen Regenwälder zeigen, dass eine Globalisierung der Maßnahmen zur Erhaltung unserer Lebensgrundlagen notwendig ist.

Nebenstehende Grafik macht das Ausmaß der weltweiten Umweltzerstörung deutlich, die sich tagtäglich wiederholt.

Tagesbilanz der Umweltzerstörung

Jeden Tag

belasten **65 Millionen Tonnen Kohlendioxid (CO_2)** die Atmosphäre

sterben über **70 Tier- und Pflanzenarten** aus

werden **26 000 Hektar Tropenwald** vernichtet

werden **253 000 Tonnen Fische** gefangen

werden **9,1 Milliarden m³ Frischwasser** verbraucht

nimmt das verfügbare **Ackerland um 27 000 Hektar** ab

Quelle: OECD, Weltbank, WWF

Nachhaltiges Wirtschaften bedeutet, dass wir heute so leben und handeln, dass künftige Generationen überall eine lebenswerte Umwelt vorfinden und ihre Bedürfnisse befriedigen können.

5.2.4.2.2 Möglichkeiten staatlicher Umweltpolitik

(1) Gebote und Verbote

Auflagen in Form von Geboten und Verboten sind **marktkonträre Maßnahmen** der staatlichen Umweltpolitik.

- **Verbote** enthält z. B. die Chemikalienverbotsverordnung (ChemVerbotsV, z. B. Verbot des Inverkehrbringens von DDT[1] und Zubereitungen mit DDT als Wirkstoff). Wichtige Verbote und Gebote für gefährliche Stoffe und gefährliche Zubereitungen (z. B. Verpackungs-, Einstufungs-, Kennzeichnungs-, Meldepflichten sowie Unterrichtungs- und Vorsorgepflichten der Arbeitgeber) stehen auch im Chemikaliengesetz [ChemG] und in der Gefahrstoffverordnung [GefStoffV]. Angeführt werden kann zudem das Verbot von Glühbirnen in der EU.

- **Gebote** sind Vorgaben für gefährliche Anlagen und für mögliche Emittenten umweltschädigender Stoffe. Leitgesetz für den Umweltpflegebereich „Immissionsschutz"[2] (Luftreinhaltung und Lärmbekämpfung) ist das Gesetz zum Schutz vor schädlichen Umwelteinwirkungen durch Luftverunreinigungen, Geräusche, Erschütterungen und ähnliche Vorgänge (Bundes-Immissionsschutzgesetz [BImSchG]). Der Schutz vor Gefahren der Kernenergie und der schädlichen Wirkung ionisierender Strahlen obliegt dem Gesetz über die friedliche Verwendung der Kernenergie und den Schutz gegen ihre Gefahren (Atomgesetz).

Gebote und Verbote (Auflagen) sind erforderlich, wo es um die unmittelbare Gefahrenabwehr geht. Der Erfolg soll durch Strafen und Bußgelder gesichert werden.

Gebote und Verbote sind **marktkonträre Maßnahmen** der staatlichen Umweltpolitik.

(2) Umweltabgaben

Umweltsteuern (Ökosteuern)	Sie haben den Zweck, umweltpolitischen Zielen zu dienen. Sie sollen die Nachfrage der Wirtschaftssubjekte in umweltfreundlichere Bahnen lenken. Sie fließen in den allgemeinen Staatshaushalt und **können** dazu verwendet werden, an anderer Stelle die Steuerbelastung der Bürger und der Unternehmen zu verringern (z. B. Subventionierung umweltschonender Produkte).
Umweltsonderabgaben	Sie dürfen nur erhoben werden, wenn eine besondere Beziehung zwischen dem Kreis der Abgabepflichtigen und dem mit der Abgabe verfolgten Zweck besteht. Belastet man also z. B. Industriebetriebe mit einer Abwasserabgabe, müssen die eingenommenen Mittel für den Bau von Kläranlagen oder für einen ähnlichen Zweck eingesetzt werden.

Umweltsteuern und -abgaben sind **marktkonforme Instrumente** der staatlichen Umweltpolitik.

---

1 DDT: Dichlordiphenyltrichloräthan (Mittel zur Ungezieferbekämpfung).

2 Immission: das Einwirken von Luftverunreinigungen, Schadstoffen, Lärm, Strahlen usw. auf Menschen, Tiere und Pflanzen.

Abwasserabgabe (in der Bundesrepublik Deutschland seit 1976 eingeführt), Luftschadstoffabgaben wie z. B. eine CO_2-Abgabe (in Diskussion), Deponieabgaben, Abgaben auf einzelne Produkte wie z. B. Abgaben auf Einwegflaschen, Batterien, Phosphatdünger, phosphathaltige Waschmittel, Farben, Lösungsmittel und tropische Hölzer.

(3) Umweltzertifikate

Mithilfe von Umweltzertifikaten **(Emissionsrechten)** soll eine zu starke Beanspruchung der natürlichen Umwelt verhindert werden. Die Ausgabe der Zertifikate (Berechtigungen) erfolgt durch eine staatliche Behörde. Die Summe der Nutzungsrechte wird von Staats wegen so gewählt, dass in einer Region ein bestimmtes Immissionsvolumen[1] je Periode nicht überschritten wird. Man spricht von der **„Glocke"** oder von einer **„Deckelung"**.

Diese sogenannte **„Glockenpolitik"** trägt dazu bei, dass Produktionskosten, die bislang der **Allgemeinheit angelastet** wurden (externe Kosten, social costs), zu **Kosten des Verursachers** werden **(interne Kosten)**.

■ Fällt die unentgeltliche Nutzung und Benutzung von Produktionsfaktoren der Allgemeinheit zur Last, spricht man von **externen Kosten (social costs)**. Leitet z. B. ein Betrieb ungereinigte Abwässer in einen Fluss, werden u. a. die Fischwirtschaft, die Wasserwirtschaft und die privaten Haushalte geschädigt, weil die Wasserqualität abnimmt.

■ Unter **internen Kosten** versteht man den in Geld gemessenen und bezahlten Verbrauch von Produktionsfaktoren zum Zweck der Leistungserstellung. Externe Kosten werden dann zu internen Kosten, wenn z. B. der Staat die Betriebe durch entsprechende Auflagen zwingt, ihre umweltschädigenden Emissionen (z. B. Abwässer) zu reinigen **(Internalisierung[2] externer Kosten)**.

(4) Umweltverträglichkeitsprüfung[3]

Die Umweltverträglichkeitsprüfung (UVP) ist ein Instrument der Umweltvorsorgepolitik. Sie soll sicherstellen, dass vor Entscheidungen über öffentliche und private Vorhaben deren Umweltauswirkungen frühzeitig geprüft und angemessen berücksichtigt werden.

Die Umweltverträglichkeitsprüfung muss die Folgen abschätzen, die ein Vorhaben (z. B. Bau eines Kraftwerks, einer Fernstraße, eines Flughafens) auf Menschen, Tiere und Pflanzen, Boden, Wasser, Luft, Klima und Landschaft sowie Kultur- und sonstige Sachgüter haben kann.

(5) Staatliche Zuschüsse

Ebenso wie die Erhebung von Abgaben ist die Bezuschussung (Subventionierung) umweltschonender Produktionsverfahren und Produkte eine marktkonforme Maßnahme der Umweltpolitik. **Umweltsubventionen** sollen das Angebot verbilligen und so die Nachfrage auf umweltschonende Produkte umlenken.

---

1 Immissionsvolumen: Umfang der zugelassenen Schadstoffeinleitung in die Umwelt.

2 Internalisieren: Werte, Normen, Kosten o. Ä. übernehmen.

3 Das Gesetz über die Umweltverträglichkeitsprüfung [UVPG] ist seit 1990 in Kraft. Es basiert auf der Richtlinie des Rates der EG vom Juni 1985.

Umwelthaftungsrecht

Das Umwelthaftungsrecht hat die Aufgabe, die Umweltgefährdung von Produktionsanlagen und Produkten zu überprüfen und durch Vorsorgemaßnahmen die finanziellen Risiken und somit die Entstehung von Ersatzansprüchen zu vermindern.

Das Haftungsrecht allein kann nur dort zum Zuge kommen, wo ein **unmittelbarer Zusammenhang** zwischen **Verursacher** und **Wirkung** besteht.

Beispiel:

Ein Landwirt spritzt seine Obstanlage mit für Fische gefährlichen Substanzen. Daraufhin sterben alle Fische im nahe gelegenen Teich.

In allen Fällen, in denen **mehrere Ursachen zu Umweltschäden führen,** kann das **Umwelthaftungsrecht nicht weiterführen.**

Beispiel:

Nach derzeitigen Kenntnissen hat das Waldsterben mehrere Ursachen, z.B. den sauren Regen, der wiederum aus zahlreichen Quellen stammt, die Ozonbelastung an trockenen Sonnentagen, Monokultur und Wildverbiss. Die geschädigten Waldeigentümer können deshalb keine Schadensersatzansprüche geltend machen.

(6) Umweltstrafrecht

Dem Umweltstrafrecht obliegt es, umweltschädigendes Verhalten als Straftaten oder Ordnungswidrigkeiten zu ahnden.

■ **Ordnungswidrigkeiten** unterscheiden sich von den Straftaten dadurch, dass sie nicht mit einer Kriminalstrafe (Freiheitsstrafe, Geldstrafe), sondern mit einer **Geldbuße** belegt werden.

Ordnungswidrigkeiten sind in den einzelnen Umweltgesetzen geregelt.

Beispiel:

Wer eine Anlage entgegen einer vollziehbaren Untersagung nach § 25 BImSchG betreibt, kann mit Geldbuße bis zu 50 000,00 EUR belegt werden.

■ **Straftatbestände** finden sich vor allem im 29. Abschnitt des Strafgesetzbuches [StGB] „Straftaten gegen die Umwelt" [§§ 324–330 d StGB].

Beispiele:

Wer unter Verletzung verwaltungsrechtlicher Pflichten Stoffe in den **Boden** einbringt, eindringen lässt oder freisetzt und diesen dadurch in einer Weise, die geeignet ist, die Gesundheit eines anderen, Tiere, Pflanzen oder andere Sachen von bedeutendem Wert oder ein Gewässer zu schädigen, oder in bedeutendem Umfang verunreinigt oder sonst nachteilig verändert, wird mit Freiheitsstrafe bis zu fünf Jahren oder mit Geldstrafe bestraft [§ 324 a StGB].

Wer beim Betrieb einer Anlage, insbesondere einer Betriebsstätte oder Maschine, unter Verletzung verwaltungsrechtlicher Pflichten Veränderungen der **Luft** verursacht, die geeignet sind, außerhalb des zur Anlage gehörenden Bereichs die Gesundheit eines anderen, Tiere, Pflanzen oder andere Sachen von bedeutendem Wert zu schädigen, wird mit Freiheitsstrafe bis zu fünf Jahren oder mit Geldstrafe bestraft. Der Versuch ist strafbar [§ 325 StGB].

Wer beim Betrieb einer Anlage, insbesondere einer Betriebsstätte oder Maschine, unter Verletzung verwaltungsrechtlicher Pflichten **Lärm** verursacht, der geeignet ist, außerhalb des zur Anlage gehörenden Bereichs die Gesundheit eines anderen zu schädigen, wird mit Freiheitsstrafe bis zu drei Jahren oder mit Geldstrafe bestraft [§ 325 a StGB].

(7) Auswirkungen der Umweltschutzpolitik auf Unternehmen und Verbraucher

Die Einführung von Umweltschutzanforderungen zur Sicherung der Umwelt kostet Geld, schlägt sich also bei den **Verursachern als Kosten** nieder. Dadurch wird – falls in den übrigen wichtigen Handelsländern keine ähnlichen Umweltschutzanforderungen gestellt werden – die Konkurrenzfähigkeit der Hersteller beeinträchtigt. Arbeitsplatzverluste durch Absatzrückgang und durch Abwanderung von Betrieben in Länder mit geringeren Umwelt-schutzvorschriften und -abgaben können die Folge sein.

Andererseits bedeutet die Ausrichtung der Umweltpolitik am **Verursacherprinzip,** verbun-den mit einer zunehmenden Durchsetzung des **Vorsorgeprinzips** eine einzelwirtschaftliche und eine gesamtwirtschaftliche Chance, eben weil an die technische, organisatorische und finanzielle Leistungsfähigkeit der Unternehmen hohe Anforderungen gestellt werden.

- Das **Verursacherprinzip** ist die Grundregel der Umweltpolitik der Bundesrepublik Deutschland, wonach derjenige für den Ausgleich von Umweltschäden aufkom-men muss, der für ihre Entstehung verantwortlich ist.

- Das **Vorsorgeprinzip** ist ein Grundsatz der Umweltpolitik, wonach das Entstehen von Umweltbelastungen im Voraus vermieden oder zumindest auf ein tolerierbares (vertretbares) Maß reduziert (vermindert) werden soll.

Zusammenfassung

- **Nachhaltiges Wirtschaften** bedeutet, dass wir heute so leben und handeln, dass künftige Generationen überall eine lebenswerte Umwelt vorfinden und ihre Bedürfnisse befriedigen können.

- Eine **umweltbewusste** Unternehmensleitung kann dazu beitragen, Kosten bei gleichzeitiger Schonung der Umwelt zu sparen.

- Die **Umweltbelastung** zeigt sich u. a. in der Luftverschmutzung, Wasserverunreinigung, Bodenverseuchung und Lärmbelastung.

- Die **staatliche Umweltpolitik** umfasst:

Restriktive (eingeschränkte) Maßnahmen	Förderungsmaßnahmen

z. B.: – Verbote
      – Gebote
      – Umweltsteuern und -abgaben
      – Glockenpolitik
      – Umweltverträglichkeits-
        prüfungen
      – Verschärfung des Umwelt-
        haftungs- und -strafrechts
	z. B.: – Barzuschüsse
	      – verbilligte Darlehen
	      – Steuervergünstigungen
	      – Aufklärung
	        (Umwelterziehung)

49 Interpretieren Sie nachstehende Textauszüge (Häuptling Seattle, 1855, in seiner Stellungnahme an den Präsidenten der Vereinigten Staaten zu dessen Angebot, die Gebiete seines Stammes zu kaufen)!

„Wenn wir unser Land verkaufen, so müsst ihr euch daran erinnern und eure Kinder lehren: Die Flüsse sind unsere Brüder – und eure –, und ihr müsst von nun an den Flüssen eure Güte geben, so wie jedem anderen Bruder auch ... Wir wissen, dass der weiße Mann unsere Art nicht versteht. Ein Teil des Landes ist ihm gleich jedem anderen, denn er ist ein Fremder, der kommt in der Nacht und nimmt von der Erde, was immer er braucht. Die Erde ist sein Bruder nicht, sondern Feind, und wenn er sie erobert hat, schreitet er weiter. Er lässt die Gräber seiner Väter zurück – und kümmert sich nicht. Er stiehlt die Erde von seinen Kindern – und kümmert sich nicht. Seiner Väter Gräber und seiner Kinder Geburtsrecht sind vergessen. Er behandelt seine Mutter, die Erde, und seinen Bruder, den Himmel, wie Dinge zum Kaufen und Plündern, zum Verkaufen wie Schafe oder glänzende Perlen. Sein Hunger wird die Erde verschlingen und nichts zurücklassen als eine Wüste ...

Ich bin ein Wilder und verstehe es nicht anders. Ich habe tausend verrottende Büffel gesehen, vom weißen Mann zurückgelassen – erschossen aus einem vorüberfahrenden Zug. Ich bin ein Wilder und kann nicht verstehen, wie das qualmende Eisenpferd wichtiger sein soll als der Büffel, den wir nur töten, um am Leben zu bleiben. Was ist der Mensch ohne die Tiere? Wären alle Tiere fort, so stürbe der Mensch an großer Einsamkeit des Geistes. Was immer den Tieren geschieht – geschieht bald auch den Menschen. Alle Dinge sind miteinander verbunden. Was die Erde befällt, befällt auch die Söhne der Erde ...

Es ist unwichtig, wo wir den Rest unserer Tage verbringen. Es sind nicht mehr viele. Noch wenige Stunden, ein paar Winter – und kein Kind der großen Stämme, die einst in diesem Land lebten oder jetzt in kleinen Gruppen durch die Wälder streifen, wird mehr übrig sein, um an den Gräbern eines Volkes zu trauern – das einst so stark und voller Hoffnung war wie das eure. Aber warum soll ich trauern über den Untergang meines Volkes; Völker bestehen aus Menschen – nichts anderem. Menschen kommen und gehen wie die Wellen im Meer.

Auch die Weißen werden vergehen, eher vielleicht als alle anderen Stämme. Fahret fort, euer Bett zu verseuchen, und eines Nachts werdet ihr im eigenen Abfall ersticken. Aber in eurem Untergang werdet ihr hell strahlen – angefeuert von der Stärke des Gottes, der euch in dieses Land brachte – und euch bestimmte, über dieses Land und den roten Mann zu herrschen ...“

50
1. Erläutern Sie an zwei selbst gewählten Beispielen, warum die Messung von Umweltschäden schwierig ist!

2. Erklären Sie den Zusammenhang zwischen Luft-, Wasser- und Bodenverunreinigung an einem eigenen Beispiel!

3. Begründen Sie, warum marktkonforme Eingriffe des Staates im Bereich des Umweltschutzes durch Ge- und Verbote ergänzt werden müssen!

4. Erklären Sie den Unterschied zwischen Umweltsteuern und Umweltsonderabgaben!

5. Zeigen Sie mithilfe einer normalen Angebots- und Nachfragekurve die Wirkung einer Umweltabgabe für ein Gut auf den Preis und die absetzbare Menge dieses Gutes!

6. Erklären Sie, worin der Vorteil der Glockenpolitik gegenüber der staatlichen Vorgabe von Grenzwerten besteht!

7. Die Umweltverträglichkeitsprüfung ist ein Instrument der Umweltpolitik. Begründen Sie diese Aussage!

8. Zeigen Sie mithilfe normaler Angebots- und Nachfragekurven die Wirkung staatlicher Umweltsubventionen für ein Gut auf den Preis und die absetzbare Menge dieses Gutes!

9. Das Umwelthaftungsgesetz geht vom Verursacherprinzip aus und begründet eine Gefährdungshaftung. Erklären Sie diesen Zusammenhang!

5.2.4.3 Sicherung von Arbeitsplätzen (Arbeitsmarktpolitik)

5.2.4.3.1 Begriffe Arbeitsmarktpolitik und Arbeitslosigkeit

- Die **Arbeitsmarktpolitik** umfasst alle Maßnahmen, die dazu dienen, die strukturelle Arbeitslosigkeit zu beseitigen, neue Arbeitsplätze zu schaffen und vorhandene Arbeitsplätze besser zu verteilen.

- **Arbeitslos** sind Personen, die – obwohl sie arbeitsfähig und arbeitswillig sind – keine Beschäftigung finden.

- Der Beschäftigungsstand einer Volkswirtschaft wird durch die **Arbeitslosenquote** gemessen. Statistisch erfasst werden dabei nur die bei den Arbeitsagenturen registrierten Arbeitsuchenden.

Die **registrierte Arbeitslosenquote** wird nach zwei verschiedenen Verfahren berechnet:

- der Anteil der registrierten Arbeitslosen an der Gesamtzahl der **unselbstständigen Erwerbspersonen** in Prozent oder

- der Anteil der registrierten Arbeitslosen an der Gesamtzahl **aller Erwerbspersonen** in Prozent.

Beträgt die Arbeitslosenquote 1 bis 2 %, so wird in der Bundesrepublik Deutschland von **Vollbeschäftigung** gesprochen.

Neben der registrierten Arbeitslosigkeit gibt es – wie nebenstehende Abbildung verdeutlicht – auch noch eine **nicht registrierte Arbeitslosigkeit**. Hierbei handelt es sich um das Arbeitskräftepotenzial, das nicht in der **Arbeitslosenstatistik** erfasst ist.

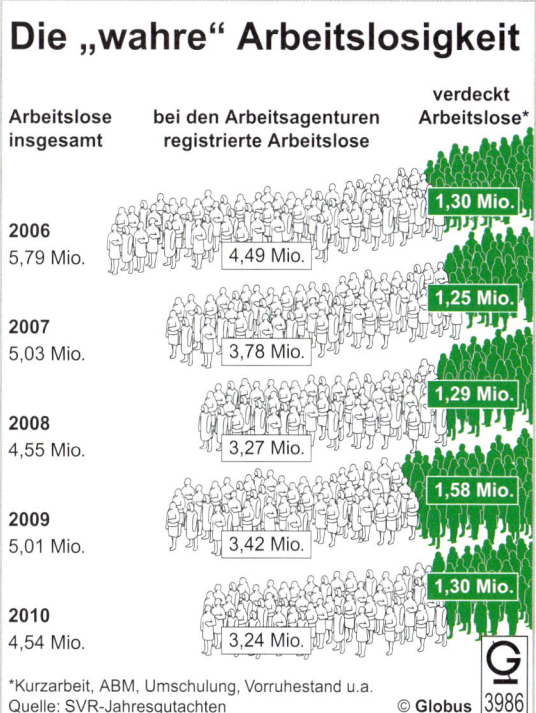

Die „wahre" Arbeitslosigkeit

Arbeitslose insgesamt | bei den Arbeitsagenturen registrierte Arbeitslose | verdeckt Arbeitslose*

2006 5,79 Mio. — 4,49 Mio. — 1,30 Mio.

2007 5,03 Mio. — 3,78 Mio. — 1,25 Mio.

2008 4,55 Mio. — 3,27 Mio. — 1,29 Mio.

2009 5,01 Mio. — 3,42 Mio. — 1,58 Mio.

2010 4,54 Mio. — 3,24 Mio. — 1,30 Mio.

*Kurzarbeit, ABM, Umschulung, Vorruhestand u.a.
Quelle: SVR-Jahresgutachten © Globus 3986

5.2.4.3.2 Staatliche und nicht staatliche Maßnahmen zur Bekämpfung der Arbeitslosigkeit

(1) Kurzfristige nachfrageorientierte Maßnahmen

Kurzfristige **nachfrageorientierte Maßnahmen des Staates** zur Bekämpfung der Arbeitslosigkeit sind z. B. die **Erhöhung der Staatsausgaben** und die **Senkung der Staatseinnahmen** im Rahmen der antizyklischen Finanzpolitik.

Eine **nicht staatliche nachfrageorientierte Maßnahme** zum Abbau der Arbeitslosigkeit ist die **Durchsetzung von Lohnerhöhungen** durch die Gewerkschaften, denn Löhne sind nicht nur Kosten, sondern auch Einkommen. Zusätzliches Einkommen führt zu zusätzlichem Konsum und damit zu steigender Produktion, sodass zusätzliche Arbeitsplätze entstehen können.

Die Beschäftigungsförderung durch Lohnerhöhungen funktioniert nur dann, wenn

- die zusätzlichen Arbeitsentgelte zur Nachfrage werden, d. h. nicht teilweise gespart und nicht teilweise in Form von direkten Steuern und/oder Sozialabgaben in den Staatshaushalt fließen.
- Außerdem müssen die gestiegenen Löhne von den Unternehmen zumindest zum Teil durch Produktivitätssteigerungen aufgefangen werden können, sodass der Nachfrageeffekt den Kosteneffekt der Lohnerhöhungen überkompensieren kann.

(2) Langfristige angebotsorientierte Maßnahmen (Beispiele)

■ Senkung der Arbeitskosten

Öffnung der Tarifverträge	Zur Bekämpfung der lohnkostenbedingten Arbeitslosigkeit wird vorgeschlagen, die starren **Flächentarifverträge** noch weiter zu flexibilisieren. Sogenannte **Tariföffnungsklauseln** sollen es Betrieben, denen es wirtschaftlich nicht besonders gut geht, ermöglichen, ihre Belegschaft für eine bestimmte Zeit (z. B. für ein Jahr) bis zu einem vereinbarten Prozentsatz **unter Tarif** zu bezahlen **(Entgeltkorridor)**. Die konkreten Vereinbarungen werden dann zwischen Betriebsrat und Arbeitgeber ausgehandelt. Tariföffnungsklauseln können auch eine **Flexibilisierung der Arbeitszeit** zum Ziel haben, weil dadurch längere Betriebszeiten ermöglicht werden. So wird z. B. über **Arbeitszeitkorridore** von 35 bis 40 Wochenstunden diskutiert.
Senkung der Lohnnebenkosten (Lohnzusatzkosten)	Neben den Tarifparteien (Arbeitgeberverbände und Gewerkschaften) kann auch der Staat dazu beitragen, die Arbeitskosten zu senken, indem er dafür sorgt, dass die **gesetzlichen Lohnnebenkosten** (z. B. die Sozialversicherungsbeiträge der Arbeitgeber) gesenkt werden. Dies kann nur durch eine mutige Reformierung der Sozialversicherungen geschehen. In der Industrie betragen die Lohnnebenkosten (Lohnzusatzkosten) in Westdeutschland ca. 80 % und in Ostdeutschland ca. 60 % des Direktentgelts.

■ Flexibilisierung der Arbeit

Dazu rechnet die **Zeitarbeit** (Arbeitnehmerüberlassung/Personalleasing/Leiharbeit/Personalleihe). Die Leiharbeit gibt Arbeitslosen eine Chance, wieder in die Berufstätigkeit zurückkehren zu können.

Bei der **Teilzeitarbeit** arbeitet die Arbeitskraft weniger als die betriebliche bzw. tarifliche Arbeitszeit bei entsprechender Kürzung des Arbeitsentgelts (z. B. Halbtagsarbeit, Arbeit an bestimmten Tagen in der Woche, Festlegung einer Gesamtjahresarbeitszeit mit variabler Verteilung auf Tage, Wochen und Monate).

■ Deregulierung

Unter Deregulierung versteht man den **weitgehenden Rückzug des Staates** aus bisher von ihm wesentlich bestimmten Bereichen sowie eine Lockerung des engmaschigen Regelwerks von Schutzmaßnahmen für die Arbeitnehmer (z. B. Lockerung des Kündigungsschutzes). Von der Deregulierung (zu der auch die Entbürokratisierung gehört) verspricht man sich eine Freisetzung unternehmerischer Kräfte, weil sie die Unternehmen in die Lage versetzt, beweglicher auf die Herausforderungen des Marktes zu reagieren und so die Beschäftigung zu stabilisieren oder sogar neue Arbeitsplätze zu schaffen.

(3) Sonstige Maßnahmen

Förderung von Bildung und Forschung	Um die Wettbewerbsfähigkeit der deutschen Wirtschaft (und damit auch die Arbeitsplätze) erhalten zu können, müssen die staatlichen und privaten Investitionen in Bildung, Forschung und Entwicklung verstärkt (und nicht gekürzt) werden.
Aktive Arbeitsmarktpolitik	Die Bundesagentur für Arbeit hat den Auftrag, nicht nur die einmal eingetretene Arbeitslosigkeit (z. B. durch Arbeitsplatzvermittlung) und deren Folgen (z. B. durch Arbeitslosengeld, Kurzarbeitergeld, Insolvenzgeld) zu beseitigen, sondern vor allem Arbeitslosigkeit zu verhindern. Wichtige Maßnahmen sind: berufliche Fortbildung, Umschulung, Rehabilitation u. a.
Arbeitszeitverkürzung	Lange Zeit galt die Arbeitszeitverkürzung als ein mögliches Instrument zur Bekämpfung der Arbeitslosigkeit. Die Verkürzung der Arbeitszeit kann jedoch nur unter bestimmten Bedingungen Erfolg bringen. Eine Bedingung ist, dass die Arbeitszeitverkürzung **kostenneutral** erfolgt, d. h., dass die Arbeitsentgelte in gleichem Maße wie die Arbeitszeit verkürzt werden müssen. Die zweite Bedingung ist, dass auf dem Arbeitsmarkt für den Bereich, in dem die Arbeitszeit verkürzt wird (in dem rechnerisch freie Stellen entstehen), genügend **arbeitslose geeignete Bewerber** zur Verfügung stehen. Sind diese Bedingungen nicht erfüllt, führt die Arbeitszeitverkürzung zu steigenden Arbeitskosten, abnehmender Konkurrenzfähigkeit der Unternehmen und möglicherweise sogar zur Erhöhung der bestehenden Arbeitslosigkeit.

(4) Verhinderung des Sozialmissbrauchs

Man redet nicht gern darüber: Aber zur Bekämpfung der Arbeitslosigkeit gehört z. B. auch die Verhinderung des Sozialmissbrauchs (z. B. die überhöhte Abrechnung von ärztlichen Leistungen, der ungerechtfertigte Bezug von Arbeitslosengeld und Sozialgeld sowie die Bekämpfung der Schwarzarbeit).

- Die **Arbeitsmarktpolitik** umfasst alle Maßnahmen, die dazu dienen, die strukturelle Arbeitslosigkeit zu beseitigen, neue Arbeitsplätze zu schaffen und vorhandene Arbeitsplätze besser zu verteilen.

- Die **Arbeitslosenquote** gibt an, wie viel Prozent der Erwerbspersonen als arbeitslos registriert sind.

- Maßnahmen zur **Bekämpfung der Arbeitslosigkeit** sind z. B. Senkung der Arbeitskosten, Öffnung der Tarifverträge, Strukturpolitik, Förderung von Bildung und Forschung, Flexibilisierung der Arbeit.

Übungsaufgabe

51

1. Betrachten Sie nebenstehende Abbildung und erläutern Sie kurz mögliche Gründe für diese Entwicklungen!

2. Über die aktuelle Situation am Arbeitsmarkt wird die Bevölkerung in der Bundesrepublik Deutschland jeden Monat nachrichtlich informiert.

   Aufgaben:

   2.1 Nennen Sie die Angaben, die in den Veröffentlichungen zur Arbeitslosenstatistik von der Bundesagentur für Arbeit in Nürnberg jeden Monat gemeldet werden!

   2.2 Beurteilen Sie dieses Konzept zur Messung von Arbeitslosigkeit!

3. Die Bundesagentur für Arbeit veröffentlicht nachfolgende Daten der Arbeitsmarktstatistik:

	1. Jahr	2. Jahr	3. Jahr
Erwerbspersonen in Tsd.	39 587	39 704	39 645
Arbeitnehmer in Tsd.	32 251	31 883	31 937
Arbeitslose in Tsd.	3 498	3 907	3 710
Offene Stellen in Tsd.	327	337	422

Aufgaben:

3.1 Ermitteln Sie die Arbeitslosenquoten für das 2. und 3. Jahr!

3.2 Stellen Sie fest, um wie viel Prozentpunkte die Arbeitslosenquote vom 3. Jahr gegenüber dem 1. Jahr gestiegen ist!

3.3 Begründen Sie, warum sich trotz der gestiegenen Zahl der Arbeitslosen die Anzahl der offenen Stellen erhöht hat und diese nicht durch Neueinstellungen von Arbeitslosen besetzt werden konnten!

5.3 Arbeitsrecht

5.3.1 Grundlagen

Das **Arbeitsrecht** ist ein **eigenständiges Rechtsgebiet,** das die **Rechtsbeziehungen** zwischen den **Arbeitsvertragsparteien** regelt.

Arbeitsvertragsparteien können Arbeitgeber und Arbeitnehmer **(Individualarbeitsrecht)**[1] oder Arbeitgeberverbände und Gewerkschaften **(Kollektivarbeitsrecht)**[2] sein. Das Individualarbeitsrecht hat das Ziel, einen Interessenausgleich zwischen Arbeitgeber und Arbeitnehmer im Rahmen von **Arbeitsverträgen** herzustellen. Das Kollektivarbeitsrecht strebt einen Interessenausgleich zwischen Arbeitnehmer und Arbeitgeber im Rahmen von **Tarifverträgen** an.[3]

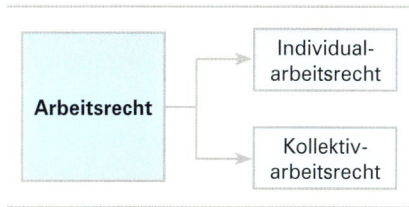

Rechtsgrundlagen des Arbeitsrechts sind zum einen das **Gesetzesrecht** (EU-Recht, Verfassung und Gesetze der Bundesrepublik Deutschland) und zum anderen das **Vertragsrecht** (Einzelarbeitsvertrag, Tarifvertrag, Betriebsvereinbarung). Ergänzt wird das Gesetzes- und Vertragsrecht durch höchstrichterliche Entscheidungen[4] **(Richterrecht)** und die **betriebliche Übung.**

Da der Lehrplan das Kollektivarbeitsrecht als Wahlthema vorschlägt, beschränken wir uns nachfolgend auf eine überblickartige **Darstellung des Individualarbeitsrechts.**

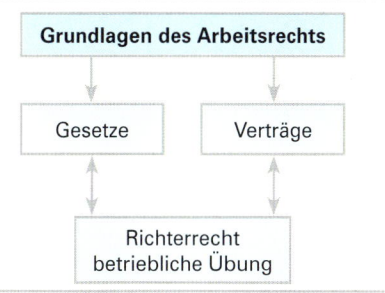

5.3.2 Arbeitsvertrag

---

1 Individuell: auf den einzelnen Menschen, seine Bedürfnisse zugeschnitten.

2 Kollektiv: Ansammlung. Hier eine Personengruppe.

3 Auf das Kollektivarbeitsrecht wird im Kapitel 8, S. 249 ff. eingegangen.

4 Die höchstrichterliche Rechtssprechung im Arbeitsrecht durch das Bundesarbeitsgericht, das Bundesverfassungsgericht und den Europäischen Gerichtshof ergänzt das Arbeitsrecht und füllt die Lücken im Arbeitsrecht.

13 Speth u.a. - ISBN 978-3-8120-0520-3

(1) Begriff Arbeitsvertrag

> Ein **Arbeitsvertrag** liegt vor, wenn Arbeitnehmer (z.B. Arbeiter) mit Weisungsbefugnissen und Fürsorgepflichten ihres Dienstherrn (Arbeitgebers) zur Leistung von Diensten (Arbeit) in ein Unternehmen eingeordnet sind.

(2) Abschluss von Arbeitsverträgen

Für den Abschluss eines **Einzelarbeitsvertrags**[1] **(Individualarbeitsvertrags)** bestehen grundsätzlich keine gesetzlichen Formvorschriften. Aus Gründen der Rechtssicherheit und zum Schutz der Arbeitnehmer ist es jedoch allgemein üblich, den Arbeitsvertrag **schriftlich** abzuschließen.

Nach dem Gesetz über den Nachweis der für ein Arbeitsverhältnis geltenden wesentlichen Bedingungen **(Nachweisgesetz [NachwG])** ist der Arbeitgeber verpflichtet, spätestens einen Monat nach dem vereinbarten Beginn des Arbeitsverhältnisses die wesentlichsten Vertragsbedingungen **schriftlich** (nicht elektronisch) niederzulegen. Diese Niederschrift muss vom Arbeitgeber unterzeichnet und dem Mitarbeiter ausgehändigt werden.

(3) Inhalt des Arbeitsvertrags

Ein typischer Arbeitsvertrag zwischen einem Arbeitgeber und einem Arbeitnehmer umfasst folgende Vertragsinhalte:

Vertragsinhalte	Erläuterungen
Bezeichnung der Vertragsparteien	▪ Arbeitgeber: Firma, Rechtsform, Sitz des Unternehmens. ▪ Arbeitnehmer: Vor- und Zuname, Anschrift.
Vertragsbeginn	Angabe des Datums für den Beginn des Arbeitsverhältnisses.
Dauer	Die Laufzeit des Arbeitsvertrags kann befristet oder unbefristet sein.
Arbeitsort	In Unternehmen mit mehreren Standorten ist eine Vereinbarung über den Arbeitsort von großer Bedeutung.
Probezeit	Allgemein wird eine Probezeit vereinbart. Sie beträgt für Angestellte drei bis sechs Monate. Vorsichtige Unternehmen vereinbaren keine Probezeit, sondern ein Probearbeitsverhältnis, also ein befristetes Arbeitsverhältnis.
Arbeitsentgelt/ Sozialleistungen	Hier wird die Entgeltform, die Höhe, die Fälligkeit und die Auszahlungsweise vereinbart. Sozialleistungen wie Vermögensbildung, Altersversorgung, Geschäftswagen u. Ä. sind im Arbeitsvertrag festzuhalten.
Arbeitszeit/ Urlaub	Entweder wird auf den Tarifvertrag Bezug genommen oder es werden individuelle Vereinbarungen getroffen.

---

1 Der Einzelarbeitsvertrag darf die Regelungen des Tarifvertrags **nicht unterschreiten**. Gleiches gilt für **Betriebsvereinbarungen**, die Fragen der Arbeitsbedingungen für ein Unternehmen zwingend regeln. Betriebsvereinbarungen sind Verträge zwischen Arbeitgeber und Betriebsrat. Zu Einzelheiten siehe S. 261.

Vertragsinhalte	Erläuterungen
Arbeits-versäumnisse	Hier werden die Folgen einer unverschuldeten Arbeitsverhinderung und die Nachweispflicht bei Erkrankungen geregelt.
Kündigung	Die Kündigungsfrist wird regelmäßig in den Arbeitsvertrag aufgenommen. Erfolgt keine individuelle Regelung, so gilt der Tarifvertrag oder die Kündigungsfristen des BGB.

5.3.3 Kündigung eines Arbeitsvertrags

(1) Begriff Kündigung

Das Arbeitsverhältnis ist normalerweise ein **Dauervertrag,** der mit der Kündigung endet [§ 620 II BGB].

- Die **Kündigung** ist eine **einseitige empfangsbedürftige Willenserklärung** des Arbeitgebers oder Arbeitnehmers mit der der Arbeitsvertrag beendet werden soll. Die Kündigung muss **keine Begründung** enthalten.
- Die Kündigung muss **schriftlich erfolgen.** Die elektronische Form ist ausgeschlossen.
- Die Kündigung ist **zugegangen,** wenn sie so in den **Machtbereich des Empfängers** gelangt, dass dieser unter gewöhnlichen Verhältnissen die **Möglichkeit zur Kenntnisnahme** hat.

(2) Gesetzliche Kündigung (ordentliche Kündigung)

Gesetzliche Kündigungsfristen für Arbeitsverhältnisse sind Mindestvorschriften, die jedoch durch Einzel- oder Kollektivarbeitsvertrag (Tarifvertrag) grundsätzlich verlängert werden können (Tariföffnungsklausel). Auch die Kündigungstermine können vertraglich vereinbart werden (z. B. Kündigung zum Quartalsende statt zum Monatsende). Für Arbeiter und Angestellte gelten die gleichen gesetzlichen Kündigungsfristen.

- **Grundkündigungsfrist**

Das Arbeitsverhältnis eines Arbeitnehmers kann vom Arbeitgeber und vom Arbeitnehmer mit einer Frist von **vier Wochen** zum **Fünfzehnten** oder zum **Ende eines Kalendermonats** gekündigt werden. **Ausnahme:** Während einer vereinbarten Probezeit (längstens für die Dauer von sechs Monaten) kann das Arbeitsverhältnis mit einer Frist von zwei Wochen gekündigt werden.

- **Verlängerte Kündigungsfristen für die Arbeitgeber**

Bei längerer Betriebszugehörigkeit ab dem vollendeten **25. Lebensjahr** gelten für eine **Kündigung** durch den **Arbeitgeber** verlängerte gesetzliche Kündigungsfristen [§ 622 II BGB].

Der Europäische Gerichtshof (EuGH) hat diese bisher im deutschen Arbeitsrecht geltende Vorschrift, Beschäftigungszeiten vor Vollendung des 25. Lebensjahres bei der Berechnung der Kündigungsfrist nicht zu berücksichtigen, in seinem Urteil vom 19.01.2010 verworfen (Rechtssache C-555/07). Da diese Regelung jüngere Arbeitnehmer wegen ihres Alters benachteilige und somit gegen das Diskriminierungsverbot verstoße, sind deutsche Gerichte angewiesen, diese Regelung in laufenden Prozessen vor Arbeitsgerichten nicht mehr anzuwenden. Außerdem muss der Gesetzgeber das deutsche Kündigungsrecht ändern.[1]

Beispiel:

Die Mühlenbach-AG beschließt eine Reihe von Kündigungen. Den Betroffenen gehen die Kündigungen am 15. April zu:

(1) Carla Monti, 22 Jahre, seit 4 Jahren im Betrieb;

(2) Emil Huber, 30 Jahre, seit 7 Jahren im Betrieb und

(3) Hanna Schmidt, 42 Jahre, seit 20 Jahren im Betrieb.

Betriebszugehörigkeit ab dem 25. Lebensjahr	Kündigungsfristen zum Monatsende
ab 2 Jahre	1 Monate
ab 5 Jahre	2 Monate
ab 8 Jahre	3 Monate
ab 10 Jahre	4 Monate
ab 12 Jahre	5 Monate
ab 15 Jahre	6 Monate
ab 20 Jahre	7 Monate

Aufgabe:

Ab welchem Zeitpunkt sind diese Kündigungen rechtswirksam?

Lösung:

(1) Carla Monti: Es gilt die Grundkündigungsfrist. Die Betriebszugehörigkeit wird erst ab dem 25. Lebensjahr berücksichtigt. Die Kündigung wird folglich am 15. Mai rechtswirksam.

(2) Emil Huber: Er ist ab dem 25. Lebensjahr 5 Jahre im Betrieb beschäftigt. Es gilt deshalb eine verlängerte Kündigungsfrist von 2 Monaten zum Monatsende. Die Kündigung ist frühestens zum 30. Juni rechtswirksam.

(3) Hanna Schmidt: Sie ist ab dem 25. Lebensjahr 17 Jahre im Betrieb beschäftigt. Für sie gilt eine Kündigungsfrist von 6 Monaten zum Monatsende. Es kann ihr also frühestens zum 31. Oktober rechtswirksam gekündigt werden.

(3) Vertragliche Kündigung

Die zwischen Arbeitnehmern und Arbeitgebern vereinbarten (einzelvertraglichen) Kündigungsfristen dürfen grundsätzlich länger, aber nicht kürzer als die gesetzlichen Kündigungsfristen sein.

Eine Ausnahme besteht z.B. für Kleinbetriebe mit in der Regel höchstens 20 Arbeitnehmern ausschließlich der zu ihrer Berufsausbildung Beschäftigten, soweit die Kündigungsfrist vier Wochen nicht unterschreitet. Für die Kündigung des Arbeitsverhältnisses durch den Arbeitnehmer darf keine längere Frist vereinbart werden als für die Kündigung durch den Arbeitgeber.

Will ein Arbeitnehmer kündigen, gilt somit die vertragliche oder die gesetzliche Kündigungsfrist von vier Wochen. Die Arbeitnehmer müssen den Kündigungsgrund nicht angeben.

---

1 Da das deutsche Kündigungsrecht noch nicht geändert wurde, wird im Folgenden die bisherige Rechtslage dargestellt.

(4) Fristlose Kündigung (außerordentliche Kündigung)

Das Arbeitsverhältnis kann von jeder Vertragspartei ohne Einhaltung einer Kündigungsfrist gelöst werden, wenn ein wichtiger Grund vorliegt [§ 626 BGB].

Beispiele:
Verstöße gegen die Schweigepflicht; Diebstahl; grobe Beleidigungen; Tätlichkeiten; Mobbing (soziale Isolierung von Kollegen durch üble Nachrede, Missachtung und Unterstellungen); ungerechtfertigte Arbeitsverweigerung.

Wenn der Betriebsrat nicht vor der Kündigung unterrichtet wird, ist diese **unwirksam.** Der Betriebsrat kann der außerordentlichen Kündigung unverzüglich, spätestens jedoch innerhalb von drei Tagen, der ordentlichen Kündigung innerhalb einer Woche unter Angabe der Gründe schriftlich widersprechen.

5.3.4 Kündigungsschutz

(1) Allgemeiner Kündigungsschutz

Der allgemeine Kündigungsschutz ist im **Kündigungsschutzgesetz [KSchG]** geregelt und schützt Arbeitnehmer vor **sozial ungerechtfertigter Kündigung,** wenn das Arbeitsverhältnis im gleichen Unternehmen ohne Unterbrechung länger als sechs Monate bestanden hat und das Unternehmen in der Regel mehr als zehn Arbeitskräfte (Auszubildende nicht mitgerechnet) beschäftigt.

Eine **sozial ungerechtfertigte Kündigung** ist **rechtsunwirksam.** Bei notwendigen Entlassungen müssen z. B. die Dauer der Betriebszugehörigkeit, das Lebensalter und die Unterhaltspflichten der Arbeitnehmer berücksichtigt werden.

Beispiel:
Einem einzelnen Angestellten in einem Unternehmen mit 2 000 Belegschaftsmitgliedern wird mit der Begründung gekündigt, es läge Auftragsmangel vor.

Sozial gerechtfertigt ist eine Kündigung z. B. in folgenden Fällen [§ 1 II KSchG]:

Kündigungsgründe	Beispiele
Der Kündigungsgrund liegt in der **Person** des Arbeitnehmers.	Eine Angestellte ist nicht in der Lage, sich auf die sich ändernden Anforderungen des Arbeitsplatzes umzustellen. – Ein Arbeiter leidet unter einer schweren Krankheit, sodass er seine Arbeit nicht mehr ausführen kann.
Der Kündigungsgrund liegt im **Verhalten** des Arbeitnehmers.	Eine Arbeiterin macht dauernd überdurchschnittlich viel Ausschuss. – Eine Kassiererin unterschlägt mehrere tausend Euro.
Die Kündigung ist durch **dringende betriebliche Erfordernisse** bedingt.	Personalabbau aufgrund von erforderlichen Rationalisierungsmaßnahmen. – Entlassungen aufgrund von nachhaltigem Auftragsmangel.

Der Personalabbau muss sozial gerecht verteilt werden. Die soziale Auswahl der zuerst zu entlassenden Beschäftigten darf z. B. nicht auf die Abteilung beschränkt werden, in der Personal eingespart werden soll.

(2) Besonderer Kündigungsschutz

Einen besonderen Kündigungsschutz genießen z. B.

- Betriebsratsmitglieder,
- Jugend- und Auszubildendenvertreter,
- Frauen während der Schwangerschaft und bis zum Ablauf von vier Monaten nach der Entbindung,
- Arbeitnehmer höchstens acht Wochen vor dem Beginn der Elternzeit und während der Elternzeit,
- schwerbehinderte Menschen sowie
- Auszubildende nach der Probezeit und während der Berufsausbildung.

(3) Abmahnung

Vor allem in den dem Kündigungsschutzgesetz unterliegenden Unternehmen haben die Arbeitnehmer das Recht, **vor einer Kündigung** durch den Arbeitgeber eine sogenannte **Abmahnung** zu erhalten.

Mit der rechtswirksamen – gesetzlich nicht geregelten – Abmahnung muss ein konkreter Vorfall oder ein bestimmtes Fehlverhalten des Arbeitnehmers (z. B. fehlende unverzügliche Krankmeldung, unpünktlicher Arbeitsbeginn) missbilligt und der Arbeitnehmer aufgefordert werden, dieses Fehlverhalten künftig zu unterlassen. Weiterhin müssen bei weiteren Verfehlungen der gleichen Art Rechtsfolgen (z. B. die Kündigung des Arbeitsverhältnisses) angedroht werden.

Die Abmahnung hat eine Hinweis- und Warnfunktion. Entbehrlich ist eine Abmahnung bei gravierenden Vertragsverletzungen (z. B. Diebstahl, Unterschlagung), die auch ein Grund zu einer fristlosen (außerordentlichen) Kündigung sind. Auf eine Abmahnung kann auch dann verzichtet werden, wenn sie wenig Erfolg versprechend ist. Dies gilt insbesondere dann, wenn erkennbar ist, dass der Mitarbeiter nicht gewillt ist, seinen Arbeitsvertrag zu erfüllen.

- Das **Arbeitsrecht** ist ein **eigenständiges Rechtsgebiet,** das die Rechtsbeziehungen zwischen den **Arbeitsvertragsparteien** regelt.

- Arbeitsvertragsparteien können Arbeitgeber und Arbeitnehmer **(Individualarbeitsrecht)** oder Arbeitgeberverband und Gewerkschaften **(Kollektivarbeitsrecht)** sein.

- **Rechtsgrundlagen** des Arbeitsrechts sind das **Gesetzesrecht,** das **Vertragsrecht,** das **Richterrecht** und die **betriebliche Übung.**

- Ein **Arbeitsvertrag** liegt vor, wenn Arbeitnehmer mit Weisungsbefugnissen und Fürsorgepflichten ihres Dienstherrn (Arbeitgebers) in einem Unternehmen mitarbeiten. Der Arbeitsvertrag ist ein Spezialfall des Dienstvertrags.

- Partner des **Arbeitsvertrags** sind ein einzelner Arbeitnehmer und ein bestimmter Arbeitgeber. Gesetzesvorgaben oder Rahmenvorgaben aus einer Betriebsvereinbarung und einem Tarifvertrag sind zu beachten. Eine Schlechterstellung des Arbeitnehmers ist grundsätzlich nicht möglich.

- In der Praxis wird der **Arbeitsvertrag** regelmäßig schriftlich abgeschlossen.

- Die **Kündigung** eines **Arbeitsvertrags** bedarf zur Rechtswirksamkeit der **Schriftform.** Die elektronische Form ist ausgeschlossen. Sie muss zur Gültigkeit als einseitiges Rechtsgeschäft dem **Vertragspartner rechtzeitig zugehen.**

- Bei der Kündigung eines Arbeitsverhältnisses unterscheiden wir die **gesetzliche** und die **vertragliche Kündigungsfrist.** Liegt ein wichtiger Grund vor, kann die Kündigung auch fristlos erfolgen.

- Wer länger als sechs Monate ohne Unterbrechung in einem Betrieb mit regelmäßig mehr als zehn Arbeitnehmern (Auszubildende jeweils nicht mitgerechnet) gearbeitet hat, genießt einen **allgemeinen Kündigungsschutz** gegen eine sozial ungerechtfertigte Kündigung.

- Einen **besonderen Kündigungsschutz** genießen z.B. Auszubildende, Betriebsratsmitglieder, Jugend- und Auszubildendenvertreter, werdende Mütter, schwerbehinderte Menschen und Arbeitnehmer während der Elternzeit.

52 1. Der Industriekaufmann Knurr stellt sich beim Personalchef der Raststatter Elektro-AG vor. Dieser sagt ihm, dass er am 1. des folgenden Monats seine Arbeit in dem Unternehmen beginnen könne. Herr Knurr sagt zu. Schriftlich wird nichts vereinbart. Prüfen Sie, ob der Arbeitsvertrag rechtswirksam abgeschlossen ist!

    2. Stellen Sie kurz die Parteien des individuellen und des kollektiven Arbeitsrechts dar!

53 1. Die Mitarbeiterin Franziska Müller (28 Jahre; 5 Jahre im Betrieb) will zum 30. Juni kündigen.

    Aufgaben:

    1.1 Ermitteln Sie die Dauer ihrer Kündigungsfrist!

    1.2 Geben Sie das Datum an, an dem die Kündigung dem Arbeitgeber spätestens vorliegen muss!

    1.3 Franziska Müller kündigt am 30. Mai. Ermitteln Sie ihren letzten Arbeitstag!

    1.4 Dem Mitarbeiter Albert Schön wurde fristgemäß zum 30. September gekündigt. Albert Schön hält die Kündigung für sozial ungerechtfertigt.

        Nennen Sie Gründe, bei welchen eine Kündigung als sozial ungerechtfertigt bezeichnet wird!

2. Der Einzelunternehmer Kern e.K. kündigt dem zwanzigjährigen Klaus Bär, der seit einem Jahr in seinem Unternehmen beschäftigt ist, zum 31. Dezember. Es ist davon auszugehen, dass die Kündigung sozial gerechtfertigt ist.

   Aufgaben:

   2.1 Ermitteln Sie den Tag, an welchem Kern spätestens kündigen muss!

   2.2 Erklären Sie, warum die Kündigung begründet werden muss!

   2.3 Nennen Sie zwei Gründe für eine fristlose Entlassung eines Mitarbeiters!

   2.4 Klaus Bär erhielt rechtzeitig eine Abmahnung. Erklären Sie, was hierunter zu verstehen ist!

   2.5 Nennen Sie einen Fall, bei dem eine Abmahnung entbehrlich ist!

3. Herrn Knolle, 28 Jahre alt, seit fünf Jahren kaufmännischer Angestellter im gleichen Betrieb, wird am 31. Mai zum 30. Juni gekündigt. Grund: seine Arbeitsleistungen ließen objektiv sehr zu wünschen übrig.

   Aufgaben:

   3.1 Prüfen Sie, ob die Kündigung rechtswirksam ist!

   3.2 Prüfen Sie, ob die Rechtslage anders wäre, wenn Herrn Knolle bereits am 19. Mai gekündigt worden wäre!

   3.3 Prüfen Sie, ob sich die Rechtslage geändert hätte, wenn Herr Knolle 31 Jahre alt wäre!

4. Begründen Sie, zu welchem Zeitpunkt die folgenden Kündigungen rechtswirksam werden!

   4.1 Dem 40-jährigen Angestellten Fritz Bauer, seit 18 Jahren im gleichen Betrieb tätig, wird aus zwingenden betrieblichen Gründen am 16. Februar gekündigt.

   4.2 Zum gleichen Zeitpunkt wird auch der Angestellten Maria Hehl mit der gleichen Begründung gekündigt. Sie weist durch ärztliches Attest eine bestehende Schwangerschaft nach. Voraussichtlicher Geburtstermin: 20. August. Sie möchte zudem Elternzeit in Anspruch nehmen.

6 Kosten- und Leistungsrechnung

6.1 Grundbegriffe des Rechnungswesens

(1) Auszahlungen und Einzahlungen

Die Summe aus **Kassenbeständen** und jederzeit verfügbaren **Bankguthaben** bezeichnet man als **Zahlungsmittelbestand**. Der Zahlungsmittelbestand ist **Teil des Geldvermögens**.

Begriffe	Erläuterungen	Beispiele
Auszahlung	Ist jeder Vorgang, bei dem der Zahlungsmittelbestand abnimmt.	Barkauf von Werkstoffen, Barrückzahlung eines Darlehens, Kassenentnahmen, geleistete Anzahlungen.
Einzahlung	Ist jeder Vorgang, bei dem der Zahlungsmittelbestand zunimmt.	Barverkauf von Erzeugnissen, Bareinlage von Gesellschaftern, erhaltene Anzahlungen, Aufnahme eines Barkredits.

(2) Ausgaben und Einnahmen

Ausgaben und Einnahmen verändern das Geldvermögen. Als **Geldvermögen** wird die Summe aus Zahlungsmittelbestand und Bestand an Forderungen abzüglich des Bestandes an Verbindlichkeiten bezeichnet.[1]

Geldvermögen = Zahlungsmittelbestand + (Forderungen – Verbindlichkeiten)

- Jeder Geschäftsvorfall, der eine **Verminderung des Geldvermögens** hervorruft, wird als **Ausgabe** bezeichnet.

Kauf von Werkstoffen auf Ziel (Schuldenzugang); Eingang einer Leistung, auf die eine Anzahlung geleistet worden war (Forderungsabgang).

$$\text{Ausgabe} = \text{Auszahlung} + \text{Forderungsabgang} + \text{Schuldenzugang}$$

- Jeden Geschäftsvorfall, der zu einer **Erhöhung des Geldvermögens** führt, nennt man **Einnahme**.

Kauf von Waren auf Ziel (Forderungszugang); eine erhaltene Anzahlung eines Kunden wird duch die Lieferung der Leistung an den Kunden aufgehoben (Schuldenabgang).

$$\text{Einnahme} = \text{Einzahlung} + \text{Forderungszugang} + \text{Schuldenabgang}$$

---

1 Forderungen und Verbindlichkeiten werden hier als Geldforderungen und Geldverbindlichkeiten verstanden. Sachforderungen und Sachverbindlichkeiten werden nicht erfasst.

(3) Aufwand und Ertrag

Der Begriff **Aufwand** erfasst **alle Geschäftsvorfälle**, die das **Eigenkapital mindern**. Der Begriff **Ertrag** erfasst alle **Geschäftsvorfälle**, die das **Eigenkapital erhöhen**. Dabei spielt es keine Rolle, ob die Ursache für die angefallenen Aufwendungen und Erträge in der Verfolgung des eigentlichen Betriebszweckes zu sehen ist oder ob es sich um Aufwendungen und Erträge handelt, die nicht oder nur mittelbar in einem Zusammenhang stehen.

- **Aufwendungen** sind alle in Geld gemessenen **Wertminderungen des Eigenkapitals** innerhalb einer Abrechnungsperiode.

- **Erträge** sind alle in Geld gemessenen **Wertzugänge des Eigenkapitals** innerhalb einer Abrechnungsperiode.

$$\text{Gesamte Erträge des Unternehmens} - \text{Gesamte Aufwendungen des Unternehmens} = \text{Unternehmensergebnis}$$

(4) Kosten und Leistungen

Es werden nur die Aufwendungen und Erträge erfasst, die ursächlich im Zusammenhang mit der **Verfolgung des eigentlichen Betriebszweckes** stehen, der bei Industriebetrieben in der Herstellung, der Lagerung und dem Verkauf der Güter zu sehen ist.

Die **betrieblichen Aufwendungen** bezeichnet man als **Kosten**, die **betrieblichen Erträge** als **Leistungen**.

- **Kosten** sind der betriebliche und relativ regelmäßig anfallende Güter- und Leistungsverzehr innerhalb einer Abrechnungsperiode zur Erstellung betrieblicher Leistungen, gemessen in Geld. Man spricht auch von **betrieblichen Aufwendungen**.

- **Leistungen** sind die betrieblichen und relativ regelmäßig anfallenden Wertzugänge innerhalb einer Abrechnungsperiode, gemessen in Geld. Man spricht auch von **betrieblichen Erträgen**.

$$\text{Leistungen (betriebliche Erträge)} - \text{Kosten (betriebliche Aufwendungen)} = \text{Betriebsergebnis}$$

54

1. Unterscheiden Sie zwischen Ausgaben und Aufwendungen! Nennen Sie je zwei Beispiele!

2. Unterscheiden Sie zwischen Einnahmen und Erträgen! Nennen Sie je zwei Beispiele!

3. Entscheiden Sie, ob folgende Vorgänge Einnahmen oder Ausgaben darstellen!

3.1 Kauf von Betriebsstoffen auf Ziel	14 000,00 EUR
3.2 Verkauf von Erzeugnissen auf Ziel	5 200,00 EUR
3.3 Bareinlage eines Gesellschafters	10 000,00 EUR
3.4 Entnahme von Bargeld aus der Kasse für private Zwecke	2 000,00 EUR
3.5 Aufnahme eines Barkredits	8 500,00 EUR
3.6 Bartilgung eines in einer früheren Rechnungsperiode erhaltenen Bankkredits	7 200,00 EUR

4. Erklären Sie, wodurch sich Ausgaben und Einnahmen von Aus- und Einzahlungen unterscheiden!

55

1. 1.1 Unterscheiden Sie zwischen Aufwand und Kosten! Nennen Sie je zwei Beispiele!

   1.2 Unterscheiden Sie zwischen Ertrag und Leistung! Nennen Sie je zwei Beispiele!

2. Geben Sie bei den nachfolgenden Aufwandsarten an, ob es sich um Kosten handelt:

   Gehaltszahlungen, Aufwendungen für Handelswaren,[1] Verkauf eines Anlagegutes unter dem Buchwert, hoher Forderungsausfall durch die Zahlungsunfähigkeit eines Kunden, Aufwendungen für die Altersversorgung der Arbeitnehmer, Verluste durch Brandschäden, die nicht durch eine Versicherung gedeckt sind, Arbeitgeberanteil zur Sozialversicherung, Kursverluste aus einem Exportgeschäft, Mietzahlung für die Garage des Betriebs-Lkw, Aufwendungen für Rohstoffe, Steuernachzahlung für das vergangene Geschäftsjahr, Zahlung der Grundsteuer für das laufende Geschäftsjahr, Zahlung der Gebäudeversicherung für ein nicht betriebsnotwendiges Gebäude.

3. Geben Sie bei den nachfolgenden Ertragsarten an, ob es sich um Leistungen handelt:

   Umsatzerlöse für Handelswaren, Kursgewinne aus einem Importgeschäft, Erträge aus dem Verkauf von Wertpapieren, Zinserträge, unerwarteter Eingang für eine bereits abgeschriebene Forderung, Mietertrag aus der Vermietung eines nicht betrieblich genutzten Gebäudes, Steuerrückvergütung für das vergangene Geschäftsjahr, Umsatzerlöse für eigene Erzeugnisse, Verkauf eines Anlagegutes über dem Buchwert, selbst hergestellte Regale für die Verwendung im eigenen Betrieb.

4. Ermitteln Sie, welche der folgenden Vorgänge Leistungen darstellen!

   4.1 Verkauf von Erzeugnissen gegen Bankscheck.

   4.2 Zinsgutschrift der Bank.

   4.3 Erhöhung des Lagerbestandes an unfertigen Erzeugnissen.

   4.4 Reparatur der Wasserleitung im Büro durch die eigene Werkstatt.

5. Geben Sie an, wie man

   5.1 das Unternehmensergebnis;

   5.2 das Betriebsergebnis ermittelt!

---

1 Bei den Handelswaren handelt es sich um fertige Waren, die die Industriebetriebe zur Ergänzung der Produktpalette einkaufen. Handelswaren werden unverändert weiterverkauft.

6.2 Systeme der Kosten- und Leistungsrechnung

Die Kostenrechnung bedient sich, je nach angestrebtem Ziel, verschiedener **Abrechnungssysteme.**[1]

Vollkosten-rechnung	Ziel der Vollkostenrechnung ist es, alle innerhalb einer Abrechnungsperiode angefallenen Kosten den Kostenträgern[2] zuzurechnen. Es wird angestrebt, die Kosten über einen zumindest kostendeckenden Verkaufspreis wieder zu erwirtschaften.
Teilkostenrechnung (Deckungsbeitrags-rechnung)[3]	Die Teilkostenrechnung geht vom erzielbaren Marktpreis aus und zieht hiervon zunächst die Kosten ab, die direkt mit der Beschaffung, der Produktion und dem Absatz zusammenhängen (variable Kosten). Ein verbleibender Ertragsüberschuss (Deckungsbeitrag) dient dann dazu, die Kosten, die unabhängig von einem einzelnen Auftrag anfallen (fixe Kosten), abzudecken.

6.3 Vollkostenrechnung

6.3.1 Teilbereiche der Vollkostenrechnung

Um den vielfältigen Aufgaben gerecht zu werden, muss die Kostenrechnung im Wesentlichen drei Grundfragen beantworten, wofür jeweils unterschiedliche Teilbereiche der Kostenrechnung zuständig sind.

Welche Kosten sind angefallen?	Diese Frage betrifft die systematische Erfassung aller Kosten, die bei der Erstellung und Verwertung betrieblicher Leistungen (Kostenträger) entstehen. Diese Frage betrifft den Teilbereich der **Kostenartenrechnung.**
An welchen Stellen im Betrieb sind die Kosten angefallen?	Die Beantwortung dieser Frage fällt in den Bereich der **Kostenstellenrechnung.**
Wer hat die Kosten zu tragen?	Bei dieser Frage geht es im Wesentlichen um das Problem der verursachungsgerechten Zurechnung der entstandenen Kosten auf die Kostenträger (Erzeugnisse). Diese Frage betrifft den Teilbereich der **Kostenträgerrechnung.**

6.3.2 Kostenartenrechnung

Die **Kostenartenrechnung** hat die Aufgabe, alle Kosten einer Abrechnungsperiode nach Arten eindeutig, periodengerecht und vollständig zu erfassen.

---

1 Die Vollkostenrechnung und die Teilkostenrechnung werden im Folgenden am Beispiel des Industriebetriebs dargestellt.

2 Kostenträger sind die Leistungseinheiten, für die Kosten angefallen sind. Zu Einzelheiten siehe S. 214 ff.

3 Vgl. hierzu Kapitel 6.4, S. 217 ff.

6.3.2.1 Gliederung der Kosten unter dem Gesichtspunkt der Zurechenbarkeit auf Kostenträger

Die Aufgliederung der Kosten erfolgt danach, ob sie den einzelnen Erzeugnissen **unmittelbar** zugerechnet werden können oder nicht.

(1) Einzelkosten

Einzelkosten sind Kosten, die den Erzeugnissen **direkt** zugerechnet werden können.

> **Beispiele:**
>
> Die wichtigsten Einzelkosten sind die Aufwendungen für Rohstoffe sowie die Fertigungslöhne. Daneben sind zu unterscheiden:
> - **Sondereinzelkosten der Fertigung (SEKF):** Das sind Kosten für Sonderfertigungen oder zusätzliche Sonderwünsche der Besteller. Ferner zählen hierzu sonstige auf-
>
> trags- oder serienweise erfassbare Kosten z. B. für Spezialwerkzeuge, Modelle, Stücklizenzgebühren usw.
> - **Sondereinzelkosten des Vertriebs (SEKV):** Das sind insbesondere Vertreterprovisionen, Spezialverpackungen, besondere Transportkosten, Zölle.

(2) Gemeinkosten

Gemeinkosten sind Kosten, die für alle Erzeugnisse gemeinsam anfallen und daher auch **nicht unmittelbar** einem **einzelnen Kostenträger** zugerechnet werden können.

> **Beispiele:**
>
> Gehälter, soziale Abgaben des Arbeitgebers, Mieten, betriebliche Steuern, Energiekosten, Werbe- und Reisekosten, Abschreibungen, Verbrauch von Betriebsstoffen, Verbrauchswerkzeuge, Instandhaltung.

- Die **Einzelkosten** können den Erzeugnissen **direkt** zugeordnet werden.
- **Gemeinkosten** fallen für alle Erzeugnisse gemeinsam an. Sie können den einzelnen Erzeugnissen nur **indirekt** zugerechnet werden.

6.3.2.2 Gliederung der Kosten unter dem Gesichtspunkt ihres Verhaltens bei Veränderung der Produktionsmenge

Betrachtet man die Kosten in ihrer Abhängigkeit zur Produktionsmenge, so stellt man fest, dass sich die Kosten unterschiedlich verhalten. Ein Teil der Kosten verändert sich nicht, andere Kosten jedoch verändern sich. In Bezug auf ihr Verhalten bei Veränderung der Produktionsmenge müssen wir zwei Arten von Kosten unterscheiden, die fixen Kosten und die variablen Kosten.

Kosten	Erläuterungen	Beispiele
Fixe Kosten	Sind Kosten, die sich bei Veränderung der Produktionsmenge nicht verändern. Diese Kosten fallen an, unabhängig davon, ob und wie viel das Unternehmen produziert.	▪ Miete, ▪ Gehälter der Angestellten, ▪ Löhne für die Überwachung des Betriebes, ▪ Versicherungsbeiträge, ▪ Grundsteuern.
Variable Kosten	Sind Kosten, die sich bei Änderung der Produktionsmenge ebenfalls verändern.	▪ Fertigungsmaterial, ▪ Fertigungslöhne, ▪ Verbrauch von Energie wie Strom, Gas, Heizöl usw., ▪ Vertriebsprovisionen, ▪ Verpackungs- und Transportkosten.

Übungsaufgaben

56 1. 1.1 Beschreiben Sie mit eigenen Worten die Aufgaben der Kostenartenrechnung!

1.2 Nennen Sie das Kriterium, nach welchem die Aufgliederung der Kosten in Einzel- und Gemeinkosten erfolgt!

1.3 Beschreiben Sie mit eigenen Worten die Begriffe Einzel- und Gemeinkosten!

1.4 Erläutern Sie, warum die Unternehmen versuchen möglichst viele Kostenarten als Einzelkosten zu erfassen!

1.5 Ordnen Sie die folgenden Kostenarten den Einzel- bzw. Gemeinkosten zu!

Miete für den Ausstellungsraum, Aufwendungen für Waren, Kraftfahrzeugsteuer, Freiwillige soziale Aufwendungen, Gehälter, Aufwendungen für Rohstoffe, Abschreibungen auf Sachanlagen,[1] Werbeanzeigekosten für ein Sonderangebot, Zustellentgelt für Warenlieferungen an einen Kunden, Provisionsaufwendungen, Aufwendungen für Betriebsstoffe.

2. Erklären Sie an zwei Beispielen den Unterschied zwischen Einzel- und Gemeinkosten!

3. Für die Reparatur eines Elektromotors rechnet das Unternehmen mit folgenden Kosten: Materialkosten 140,20 EUR, Lohnkosten 77,50 EUR. Die angefallenen Gemeinkosten werden pauschal mit 80 % auf die Summe aus Material- und Lohnkosten aufgeschlagen. Für die Rücksendung des Elektromotors fallen Frachtkosten in Höhe von 19,70 EUR an. Die Reparatur wird zum Selbstkostenpreis ausgeführt.

Aufgaben:

3.1 Berechnen Sie den Reparaturpreis, den das Unternehmen seinem Kunden in Rechnung stellt!

3.2 Berechnen Sie den Reparaturpreis, wenn das Unternehmen einen Gewinn von 12 % erwirtschaften möchte!

---

1 Die **Abschreibung** erfasst die Wertminderung des Anlagevermögens in einer bestimmten Periode.

57   1. Nennen Sie von den angeführten Kostenarten die fixen Kosten!

Frachtkosten beim Verkauf von Erzeugnissen, Abschreibungsbetrag für die Lagerausstattung, Bankzinsen für einen Kontokorrentkredit, Bezugskosten beim Einkauf von Betriebsstoffen, Miete für ein Großlager, Aufwendungen für Rohstoffe, Personalkosten, Vertreterprovision, Verpackungs- und Transportkosten.

2. Die variablen Kosten für eine Erzeugnisgruppe betragen bei einem Absatz von 2 600 Stück 23 140,00 EUR. Die fixen Kosten der Erzeugnisgruppe betragen bis zu einem Umsatz von 2 800 Stück 8 500,00 EUR. Der Listenverkaufspreis beträgt je Stück 14,80 EUR. Der Verlauf der variablen Kosten ist proportional.

Aufgaben:

2.1 Berechnen Sie den Betriebsgewinn/Betriebsverlust bei einem Absatz von

2.1.1   1 200 Stück bzw.

2.1.2   2 500 Stück!

2.2 Ermitteln Sie die jeweiligen Stückkosten!

3. Zeigen Sie den Sachverhalt auf, den das nachfolgende Schema ausdrückt!

fixe Kosten (K_{fix})	Gemeinkosten
variable Kosten (K_v)	Einzelkosten

6.3.3 Kostenstellenrechnung

6.3.3.1 Begriff und Aufgaben der Kostenstellenrechnung

Die **Kostenstellenrechnung** erfasst die Kostenarten an den Stellen im Betrieb, an denen sie entstanden sind.

Nur wenn feststeht, wo die Kosten entstanden sind, ist eine wirksame Kontrolle der Kosten möglich. Eine wichtige Aufgabe der Kostenstellenrechnung besteht also in der **Kontrolle der Wirtschaftlichkeit.** Darüber hinaus dient die Kostenstellenrechnung auch einer **verursachungsgerechten Weiterverrechnung der Einzel- und Gemeinkosten auf die Kostenträger** (z. B. Erzeugnisse).

■ Da die **Einzelkosten** bei der Zurechnung auf den Kostenträger keine Probleme bereiten und auch keiner besonderen Kontrolle bedürfen, geht es bei der **Kostenstellenrechnung** um die **Erfassung und Verteilung der Gemeinkosten.**

■ Ein großer Teil der **Gemeinkosten** kann aufgrund der vorliegenden Belege, auf denen die Kostenstelle vermerkt ist, **direkt** auf die entsprechenden Kostenstellen verteilt werden. Der andere Teil wird **indirekt** mithilfe von Umrechnungsschlüsseln auf die Kostenstellen verteilt.

Um die Gemeinkosten erfassen, kontrollieren und auf die Kostenträger verteilen zu können, muss der Betrieb in Kostenstellen gegliedert werden. Nach der Leistungserstellung eines Industriebetriebes werden vier Kostenstellen gebildet:

■ Material   ■ Verwaltung

■ Fertigung   ■ Vertrieb

6.3.3.2 Durchführung der Kostenstellenrechnung mithilfe des Betriebsabrechnungsbogens (BAB)

(1) Begriff und Aufbau des Betriebsabrechnungsbogens

Technisches Mittel für die ordnungsmäßige Erfassung der angefallenen Gemeinkosten und ihre Verrechnung auf die Kostenstellen und die Kostenträger ist der **Betriebsabrechnungsbogen**.

> Der **Betriebsabrechnungsbogen (BAB)** ist eine tabellarische Form der Kostenstellenrechnung.

Der **Betriebsabrechnungsbogen** hat folgende Grundstruktur:

Auf der rechten Hälfte des BABs werden horizontal die **einzelnen Kostenstellen** angeordnet. Auf der linken Seite werden vertikal die von der Kostenartenrechnung übernommenen **Gemeinkosten** aufgelistet. Bei der Verteilung der Kostenarten auf die Kostenstellen wird in einer Zwischenspalte ein Hinweis darauf gegeben, auf welcher Grundlage die Verteilung der jeweiligen Gemeinkostenart auf die verschiedenen Kostenstellen erfolgen soll. Man spricht daher auch von **Verteilungsgrundlage** bzw. von **Verteilungsschlüssel**.

Gemein-kostenarten	EUR	Verteilungs-grundlage	Kostenstellen			
			Material	Fertigung	Verwaltung	Vertrieb

(2) Aufstellung eines einstufigen Betriebsabrechnungsbogens

Beispiel:

Die Maschinenfabrik Hans Wacker GmbH produziert im Werk Bruchsal kleine Elektromotoren zum Antrieb von Bohrmaschinen.

Die Kostenartenrechnung der Hans Wacker GmbH weist für den Monat Januar folgende Gemeinkosten aus:

Betriebsstoffkosten	10 000,00 TEUR	Betriebssteuern	2 500,00 TEUR
Gehälter	9 000,00 TEUR	Abschreibungen	12 000,00 TEUR
Sozialkosten	1 300,00 TEUR	Energiekosten	3 000,00 TEUR
Instandhaltung	11 500,00 TEUR	Sonstige Kosten	4 800,00 TEUR

Für die Erstellung des BAB ist folgender Verteilungsschlüssel zu verwenden:

Gemeinkostenarten	I Material	II Fertigung	III Verwaltung	IV Vertrieb
Betriebsstoffk. lt. Entnahmesch.	2 700,00	5 300,00	100,00	1 900,00
Gehälter lt. Gehaltsliste	400,00	1 000,00	5 400,00	2 200,00
Sozialkosten	1	2	7	3
Instandhaltung lt. Arbeitsstunden	20	84	2	9
Betriebssteuer	–	4	1	–
Abschreibungen	1	7	3	1

Gemeinkostenarten	I Material	II Fertigung	III Verwaltung	IV Vertrieb
Energiekosten lt. kWh	4 000	40 000	10 000	6 000
Sonstige Kosten lt. Belegen	1	6	2	3

Aufgabe:

Stellen Sie einen BAB auf und verteilen Sie aufgrund der Vorgaben die Gemeinkosten auf die einzelnen Kostenstellen!

Lösung:

Betriebsabrechnungsbogen (BAB)

Gemeinkostenarten	Zahlen der KLR TEUR	Verteilungs-schlüssel	Kostenstellen			
			I Material	II Fertigung	III Verwaltung	IV Vertrieb
Betriebsstoffkosten	10 000,00	Entnahmescheine	2 700,00	5 300,00	100,00	1 900,00
Gehälter	9 000,00	Gehaltsliste	400,00	1 000,00	5 400,00	2 200,00
Sozialkosten	1 300,00	1 : 2 : 7 : 3	100,00	200,00	700,00	300,00
Instandhaltung	11 500,00	Arbeitsstunden	2 000,00	8 400,00	200,00	900,00
Betriebssteuern	2 500,00	0 : 4 : 1 : 0	–	2 000,00	500,00	–
Abschreibungen	12 000,00	1 : 7 : 3 : 1	1 000,00	7 000,00	3 000,00	1 000,00
Energiekosten	3 000,00	Kilowatt-Std.	200,00	2 000,00	500,00	300,00
Sonst. Kosten	4 800,00	1 : 6 : 2 : 3	400,00	2 400,00	800,00	1 200,00
Summe der Gemeinkosten	54 100,00	aufge-schlüsselt	6 800,00	28 300,00	11 200,00	7 800,00

Übungsaufgabe

58   Ein kleiner Industriebetrieb arbeitet mit vier Kostenstellen, die den Funktionsbereichen Material, Fertigung, Verwaltung und Vertrieb entsprechen. Laut Kostenrechnung sind die im Monat Oktober entstandenen Gemeinkosten den Kostenstellen wie folgt zuzuordnen:

	Zahlen der KLR	Kostenstellen			
		I Material	II Fertigung	III Verwaltung	IV Vertrieb
Kosten lt. Belegen					
Betriebsstoffe	50 000,00	10 000,00	35 000,00	2 500,00	2 500,00
Gehälter	180 000,00	15 000,00	30 000,00	100 000,00	35 000,00
Fremdreparaturen	100 000,00	5 000,00	80 000,00	10 000,00	5 000,00
Abschreibungen	92 000,00	12 000,00	49 000,00	23 400,00	7 600,00
Kosten lt. Verteilungsschlüssel					
Hilfslöhne	36 000,00	1	4	–	1
Stromkosten	12 000,00	5 000 kWh	40 000 kWh	10 000 kWh	5 000 kWh
Betriebssteuern	49 000,00	1	3	2	1
Kalk. Unternehmerlohn	10 000,00	1	4	3	2

Aufgabe:

Ermitteln Sie die Summe der Gemeinkosten je Kostenstelle!

209

14 Speth u.a. - ISBN 978-3-8120-0520-3

6.3.3.3 Ermittlung der Zuschlagssätze für die Gemeinkosten

Die Verrechnung der Gemeinkosten auf die einzelnen Kostenträger erfolgt mithilfe von Zuschlagssätzen. Die Festlegung der verursachungsgerechten Zuschlagsgrundlage ist dabei maßgebend für die richtige Verrechnung der angefallenen Gemeinkosten auf die Kostenträger. In der Praxis werden für die Berechnung der einzelnen Zuschlagssätze folgende Zuschlagsgrundlagen verwendet:

■ Für die Materialgemeinkosten (MGK) → Verbrauch an Fertigungsmaterial

■ für die Fertigungsgemeinkosten (FGK) → aufgewendete Fertigungslöhne

■ für die Verwaltungsgemeinkosten (VerwGK) und die Vertriebsgemeinkosten (VertrGK) → Herstellkosten der Rechnungsperiode

---

Beispiel:

Im Rückgriff auf die Lösung des Beispiels von S. 209 ergeben sich die folgenden Summen für die vier Gemeinkostenarten:

Gemeinkosten	Zahlen der KLR	Kostenstellen			
		I Material	II Fertigung	III Verwaltung	IV Vertrieb
Summe der Gemeinkosten	54 100,00	6 800,00	28 300,00	11 200,00	7 800,00

Aufgabe:

Berechnen Sie die entsprechenden Zuschlagssätze für die verschiedenen Gemeinkosten, wenn die folgenden Bezugsgrößen zugrunde gelegt werden:

– für die Materialgemeinkosten der Verbrauch von Fertigungsmaterial in Höhe von 85 000,00 EUR;

– für die Fertigungsgemeinkosten die Fertigungslöhne in Höhe von 56 600,00 EUR;

– sowohl für die Verwaltungsgemeinkosten als auch für die Vertriebsgemeinkosten jeweils die Herstellkosten der Rechnungsperiode in Höhe von 176 700,00 EUR!

Hinweis: Berechnung der Herstellkosten der Rechnungsperiode (Monat Januar)

Verbrauch von Fertigungsmaterial	85 000,00 EUR	
+ MGK	6 800,00 EUR	
Materialkosten		91 800,00 EUR
Fertigungslöhne	56 600,00 EUR	
+ FGK	28 300,00 EUR	
Fertigungskosten		84 900,00 EUR
Herstellkosten der Rechnungsperiode		176 700,00 EUR

Lösung:

Gemeinkosten	Zahlen der KLR	Kostenstellen			
		I Material	II Fertigung	III Verwaltung	IV Vertrieb
Summe der Gemeinkosten	54 100,00	6 800,00	28 300,00	11 200,00	7 800,00
Zuschlagsgrundlagen: Materialverbrauch Fertigungslöhne Herstellkosten der Rechnungsperiode		85 000,00	56 600,00	176 700,00	176 700,00
Zuschlagssätze[1]		8 %	50 %	6,34 %	4,41 %

Erläuterungen zur Berechnung der Zuschlagssätze:

■ **Zuschlagssatz für die Materialgemeinkosten**

Es wird unterstellt, dass die Materialgemeinkosten (MGK) vom Verbrauch der Materialeinzelkosten (Verbrauch von Fertigungsmaterial) abhängen. Daher werden die MGK für ihre Verrechnung auf die Kostenträger in Prozenten zum Verbrauch von Fertigungsmaterial angegeben.

Materialverbrauch 85 000,00 EUR $\triangleq$ 100 %
MGK 6 800,00 EUR $\triangleq$ x %
$$x = \frac{100 \cdot 6\,800}{85\,000} = \underline{\underline{8\,\%}}$$

Der MGK-Zuschlagssatz von 8 % besagt, dass immer dann, wenn für 100,00 EUR Fertigungsmaterial verbraucht wurde, parallel und gleichzeitig 8,00 EUR Gemeinkosten im Materialbereich (z. B. Einkauf, Warenabnahme) anfallen.

$$\text{MGK-Zuschlagssatz} = \frac{100 \cdot \text{Materialgemeinkosten}}{\text{Verbrauch von Fertigungsmaterial}}$$

■ **Zuschlagssatz für die Fertigungsgemeinkosten**

Die Fertigungsgemeinkosten werden auf die aufgewendeten Fertigungslöhne bezogen. Dabei wird unterstellt, dass die anfallenden Fertigungsgemeinkosten von der Höhe der aufgewendeten Fertigungslöhne abhängen. Dies ist in der Praxis nur bedingt der Fall, und zwar insbesondere dann nicht, wenn der Betrieb maschinenintensiv ist.

Fertigungslöhne 56 600,00 EUR $\triangleq$ 100 %
FGK 28 300,00 EUR $\triangleq$ x %
$$x = \frac{100 \cdot 28\,300}{56\,600} = \underline{\underline{50\,\%}}$$

$$\text{FGK-Zuschlagssatz} = \frac{100 \cdot \text{Fertigungsgemeinkosten}}{\text{Fertigungslöhne}}$$

■ **Zuschlagssatz für die Verwaltungsgemeinkosten**

Herstellkosten der
Rechnungsperiode 176 700,00 EUR $\triangleq$ 100 %
VerwGK 11 200,00 EUR $\triangleq$ x %
$$x = \frac{100 \cdot 11\,200}{176\,700} = \underline{\underline{6,34\,\%}}$$

---

1 Mit diesen Zuschlagssätzen werden im Rahmen der Kalkulation die verschiedenen Gemeinkosten anteilmäßig erfasst.

$$\text{VerwGK-Zuschlagssatz} = \frac{100 \cdot \text{Verwaltungsgemeinkosten}}{\text{Herstellkosten der Rechnungsperiode}}$$

■ **Zuschlagssatz für die Vertriebsgemeinkosten**

Herstellkosten der Rechnungsperiode	176 700,00 EUR	≙	100 %
VertrGK	7 800,00 EUR	≙	x %

$$x = \frac{100 \cdot 7\,800}{176\,700} = \underline{4,41\,\%}$$

$$\text{VertrGK-Zuschlagssatz} = \frac{100 \cdot \text{Vertriebsgemeinkosten}}{\text{Herstellkosten der Rechnungsperiode}}$$

Übungsaufgaben

59

1. Ordnen Sie die Kostenstellenrechnung im Gesamtbereich der Kosten- und Leistungsrechnung ein!

2. Beschreiben Sie den rechnungstechnischen Ablauf der Kostenstellenrechnung!

3. Nennen Sie die wichtigsten Kriterien bei der Einrichtung von Kostenstellen!

4. Die Kostenartenrechnung eines Industriebetriebs weist für den Monat Januar folgende Kosten aus, die wie folgt aufzuteilen sind:

Gemeinkosten	Zahlen der KLR	Material	Fertigung	Verwaltung	Vertrieb
Betriebsstoffkosten	36 000,00	12 000,00	Rest	–	–
Gehälter	90 000,00	7 500,00	7 500,00	37 500,00	Rest
Sozialkosten	30 000,00	2	2	3	3
Abschreibungen	48 000,00	2	4	3	1
Steuern	45 000,00	1	4	4	1
Sonstige Kosten	210 000,00	1	5	6	2

Verbrauch von Fertigungsmaterial:	300 000,00 EUR
Fertigungslöhne:	180 000,00 EUR

Aufgaben:

4.1 Erstellen Sie den Betriebsabrechnungsbogen!

4.2 Berechnen Sie den Zuschlagssatz je Kostenstelle für den Monat Januar!

5. Der MGK-Zuschlagssatz in einem Industrieunternehmen beträgt 9 %.

Aufgabe:

Beschreiben Sie den Sachverhalt, der durch diesen Zuschlagssatz zum Ausdruck kommt!

60 Für die Betriebsabrechnung hat ein Industriebetrieb vier Kostenstellen eingerichtet: Material, Fertigung, Verwaltung und Vertrieb.

Aus den Zahlen der Kosten- und Leistungsrechnung ergeben sich folgende Gemeinkostenbeträge:

	TEUR
Hilfslöhne	500
Gehälter	1 000
Gesetzlicher Sozialaufwand	500

	TEUR
Stromkosten	100
Raumkosten	300
Abschreibungen auf Anlagen	500
Zinsen auf Anlage- und Umlaufvermögen	900

Aufgaben:

1. Ermitteln Sie mithilfe eines Betriebsabrechnungsbogens die Gemeinkosten der vier Kostenstellen unter Verwendung der nachfolgend genannten Schlüssel:

	Material	Fertigung	Verwaltung	Vertrieb
Hilfslöhne	40 %	40 %	12 %	8 %
Gehälter	20 %	20 %	32 %	28 %
Gesetzlicher sozialer Aufwand nach der Zahl der Mitarbeiter	160	560	152	128
Stromverbrauch im Verhältnis	2	6	1	1
Raumkosten nach Fläche in m²	500	1 500	600	400
Anlagevermögen TEUR	1 500	3 000	300	200
Umlaufvermögen TEUR (Material- und Erzeugnisbestände)	3 000	2 000	4 000	1 000

2. Berechnen Sie die vier Zuschlagssätze (auf- bzw. abgerundet auf volle Prozentsätze)!

Zusatzangaben: Verbrauch von Fertigungsmaterial   4850 TEUR
                        Fertigungslöhne   1000 TEUR

61   Die Papierfabrik Schleipen GmbH hat für den Monat Dezember folgende Gemeinkosten ermittelt, die in der vorgegebenen Weise auf die vier Kostenstellen verrechnet wurden:

Gemeinkosten	Zahlen der KLR	Verteilungs- grundlage	Material	Fertigung	Ver- waltung	Vertrieb
Betriebsstoffkosten	21 000,00	Entnahmescheine	2 700,00	16 900,00	–	1 400,00
Gehälter	56 900,00	Gehaltsliste	3 500,00	4 800,00	35 200,00	13 400,00
Sozialkosten	25 200,00	Gehaltsliste	2 100,00	2 600,00	15 400,00	5 100,00
Versicherungen	7 794,00	2 : 3 : 3 : 1				
Instandhaltung	5 400,00	Arbeitsstunden	900,00	3 100,00	1 200,00	200,00
Betriebl. Steuern	8 748,00	1 : 3 : 1 : 1				
Energiekosten	9 600,00	kWh	1 200,00	5 700,00	1 700,00	1 000,00
Abschreibungen	13 800,00	Vermögenswerte	2 400,00	9 300,00	1 500,00	600,00
Zinsen	6 900,00	Vermögenswerte	1 200,00	4 650,00	750,00	300,00

Verbrauch von Fertigungsmaterial: 38 200,00 EUR
Fertigungslöhne: 67 527,50 EUR

Aufgaben:

1. Stellen Sie aufgrund der Vorgaben den BAB auf!
2. Berechnen Sie die Zuschlagssätze für die einzelnen Kostenstellen!

6.3.4 Kostenträgerrechnung

6.3.4.1 Allgemeines zur Kostenträgerrechnung

Die **Kostenträgerrechnung** verteilt alle **Kosten verursachungsgerecht auf die Leistungseinheiten.**

Die Leistungseinheiten, für die Kosten angefallen sind, nennt man **Kostenträger,** weil sie die Kosten zu tragen haben. Als Kostenträger können, je nach der Struktur des Betriebs, einzelne **Erzeugnisse** oder **Erzeugnisgruppen** dienen. Die Hauptaufgabe der Kostenträgerrechnung besteht somit darin, festzustellen, wie viel Kosten auf die einzelnen Kostenträger entfallen.

Werden die Kosten lediglich für einen einzelnen Auftrag berechnet, spricht man von der **Kostenträgerstückrechnung,** die üblicherweise auch als **Kalkulation** bezeichnet wird.

- **Kostenträger** sind Leistungseinheiten, für die Kosten angefallen sind.
- Als Kostenträger können einzelne **Erzeugnisse** oder **Erzeugnisgruppen** dienen.
- Die **Hauptaufgabe** der Kostenträgerrechnung besteht darin, festzustellen, wie viel Kosten auf die einzelnen Kostenträger entfallen.

6.3.4.2 Kostenträgerstückrechnung (Kalkulation)

Die **Kostenträgerstückrechnung (Kalkulation)** ermittelt die Kosten für ein **Erzeugnis** bzw. eine **Erzeugnisgruppe.**

Werden unterschiedliche Erzeugnisse hergestellt – und davon gehen wir im Folgenden aus – ist eine **individuelle Kostenermittlung** für jedes Erzeugnis bzw. für jede Erzeugnisgruppe erforderlich. Diese Form der Kostenträgerstückrechnung bezeichnet man als **Zuschlagskalkulation.** Da bei der Zuschlagsrechnung **alle Kosten,** die bei der Herstellung des Erzeugnisses anfallen, in die **Preisberechnung eingehen,** liegt eine **Vollkostenrechnung** vor.

Der **Verfahrensablauf einer Zuschlagskalkulation** ist folgender:

- Die **Einzelkosten** werden aus der Kostenartenrechnung **direkt** den Kostenträgern zugerechnet. Das betrifft im Wesentlichen das Fertigungsmaterial und die Fertigungslöhne.
- Die in der Kostenstellenrechnung erfassten **Gemeinkosten** werden den Kostenträgern **indirekt** über Zuschlagssätze zugeordnet.

Eine Maschinenfabrik errechnet zur Abgabe eines Angebots für eine Abfüllmaschine den Listen-verkaufspreis. Es wird mit folgenden Kosten kalkuliert:

Verbrauch von Fertigungsmaterial	17 200,00 EUR	SEKF	1 400,00 EUR
Fertigungslöhne	21 400,00 EUR	SEKV	890,00 EUR

Normalzuschlagssätze: MGK 9 %, FGK 110 %, VerwGK 18 %, VertrGK 6 %.

Bei der Angebotskalkulation der Abfüllmaschine sollen 15 % Gewinn, 10 % Einführungsrabatt und 2 % Skonto einkalkuliert werden.

Aufgabe:

Berechnen Sie den Listenverkaufspreis (Nettoverkaufspreis)!

Lösung:

+	100 % 9 %	Materialeinzelkosten + Materialgemeinkosten	17 200,00 EUR 1 548,00 EUR	
		Materialkosten Fertigungslöhne + Fertigungsgemeinkosten	 21 400,00 EUR 23 540,00 EUR	18 748,00 EUR
	100 % 110 %			
		Zwischensumme + Sondereinzelkosten der Fertigung (SEKF)	44 940,00 EUR 1 400,00 EUR	
		Fertigungskosten		46 340,00 EUR
	100 % 18 % 6 %	**Herstellkosten** + Verwaltungsgemeinkosten + Vertriebsgemeinkosten + Sondereinzelkosten des Vertriebs (SEKV)	 11 715,84 EUR 3 905,28 EUR 890,00 EUR	65 088,00 EUR 16 511,12 EUR
	100 % 15 %	**Selbstkosten** + Gewinn		81 599,12 EUR 12 239,87 EUR
	98 % 2 %	**Barverkaufspreis** + Kundenskonto		93 838,99 EUR 1 915,08 EUR
	90 % 10 %	100 %	**Zielverkaufspreis** + Kundenrabatt	95 754,07 EUR 10 639,34 EUR
	100 %		**Listenverkaufspreis (Nettoverkaufspreis)**	106 393,41 EUR

(Vorwärtskalkulation)

Erläuterungen zum erweiterten Kalkulationsschema:

■ **Gewinnaufschlag**

Nach der Berechnung der Selbstkosten geht es bei der Angebotskalkulation um den Gewinnauf-schlag, der in Prozenten zu den Selbstkosten erfolgt. Da in den Zuschlagssätzen für die Fertigungs-gemeinkosten die Eigenkapitalverzinsung, der Unternehmerlohn und die speziellen Risiken des Unternehmers bereits einkalkuliert sind, muss über den Gewinn das **allgemeine Unternehmerrisiko** abgedeckt werden.

Eine allgemeine Regel für die Festsetzung der Höhe des Gewinnaufschlags (Gewinnzuschlagssatz) kann man nicht geben. Sofern es sich um Erzeugnisse handelt, für die Marktpreise vorliegen, sind dem Unternehmer durch die Konkurrenzsituation enge Grenzen gesetzt. Bei nicht marktgängigen Erzeugnissen muss sich der Unternehmer mit Fingerspitzengefühl an den Angebotspreis herantasten, den der Markt hergibt.

■ **Kundenskonto**

Die Kunden erwarten im Allgemeinen bei Zahlung innerhalb der Skontofrist einen Preisnachlass. Soll dieser Preisnachlass nicht zulasten des Gewinnes gehen, muss er im Angebotspreis vorher einkalkuliert werden.

Da der Kunde den Skonto vom Zielverkaufspreis berechnet, dieser also aus der Sicht des Kunden 100 % ausmacht, entspricht der Barverkaufspreis aus der Sicht des Anbieters dem verminderten Grundwert (100 % − Prozentsatz des Skontos). Der Skonto muss also durch eine „im Hundertrechnung" auf den Barverkaufspreis aufgeschlagen werden.

■ **Kundenrabatt**

Aus den gleichen Gründen muss auch der vom Kunden erwartete Rabatt in den Angebotspreis einkalkuliert werden. Da der Kunde den Rabatt durch eine „vom Hundertrechnung" vom Angebotspreis (Nettoverkaufspreis, Listenverkaufspreis) abzieht, muss der Anbieter ihn durch eine „im Hundertrechnung" aufschlagen. Soll z. B. der Kundenrabatt 10 % betragen, entspricht der Zielverkaufspreis bei der Angebotskalkulation 90 %.

Übungsaufgaben

62 Eine Fensterfabrik soll ein Angebot für die Lieferung eines Fensters bestimmter Größe abgeben. Bei günstigem Angebot wird die Bestellung einer größeren Menge in Aussicht gestellt.

Aufgrund der betrieblichen Unterlagen liegen folgende Kalkulationsdaten vor:

Verbrauch von Fertigungsmaterial 44,30 EUR, Fertigungslöhne 61,25 EUR, Sondereinzelkosten der Fertigung 157,66 EUR. Die Normalzuschlagssätze für die Gemeinkosten betragen: Materialgemeinkosten 6,7 %, Fertigungsgemeinkosten 157,4 %, Verwaltungsgemeinkosten 16,4 %, Vertriebsgemeinkosten 9,8 %. Außerdem sollen einkalkuliert werden: 12,5 % Gewinn, 5 % Kundenrabatt und 3 % Kundenskonto.

Aufgabe:

Erstellen Sie das Angebot!

63 Für die Ermittlung des Angebotspreises für einen Kühlschrank liegen bei der Frost GmbH folgende Kalkulationsunterlagen vor:

Verbrauch von Fertigungsmaterial 275,80 EUR, Fertigungslöhne 330,40 EUR, Normalzuschlagssätze für MGK 35 %, FGK 85 %, VerwGK 20 %, VertrGK 18 %. Der Gewinnaufschlag wird mit 25 % angesetzt. Außerdem sollen noch 10 % Rabatt und 2 % Skonto einkalkuliert werden.

Aufgabe:

Ermitteln Sie den Angebotspreis!

64 Zur Herstellung einer Spezialmaschine rechnet ein Industriebetrieb mit folgenden Kosten: Verbrauch von Fertigungsmaterial 8 420,00 EUR; Fertigungslöhne 3 720,00 EUR. Aus der Kostenstellenrechnung werden die folgenden Zuschlagssätze (Normalzuschlagssätze) entnommen: Materialzuschlag (MGK) 10,5 %, Lohnzuschlag (FGK) 145 %, Verwaltungs- und Vertriebsgemeinkostenzuschlag 13,7 %. Die Sondereinzelkosten der Fertigung betragen 890,00 EUR.

Aufgaben:

1. Berechnen Sie die Selbstkosten!

2. Die Maschine wird unter Einrechnung von 12 % Gewinn, von 15 % Kundenrabatt und 2 % Kundenskonto angeboten.
   Berechnen Sie den Listenverkaufspreis!

6.4 Teilkostenrechnung (Deckungsbeitragsrechnung)

6.4.1 Grundzüge der Deckungsbeitragsrechnung

6.4.1.1 Aufbau der Deckungsbeitragsrechnung

Die Deckungsbeitragsrechnung versteht die Kostenrechnung als ein **Instrument der Unternehmenssteuerung.** Sie geht von der Gliederung der Kosten in **fixe** und in **variable Kosten** aus und stellt den Nettoverkaufserlösen[1] zunächst nur die variablen Kosten gegenüber. Die Differenz zwischen den Nettoverkaufserlösen und den variablen Kosten stellt den **Deckungsbeitrag** dar, der – sofern er positiv ist – zur **Deckung der fixen Kosten** bereitsteht. Eine solche Rechnung, die zunächst auf einen Teil bei der Weiterverrechnung der Kosten verzichtet, nennt man im Gegensatz zur Vollkostenrechnung eine **Teilkostenrechnung.** Eine weit verbreitete Form der Teilkostenrechnung ist die sogenannte **Deckungsbeitragsrechnung.**

Das **Grundschema der Deckungsbeitragsrechnung** lautet:

$$
\begin{array}{l}
\text{Nettoverkaufserlöse} \\
-\ \underline{\text{variable Kosten}} \\
=\ \underline{\text{Deckungsbeitrag}}
\end{array}
$$

- Unter den **Nettoverkaufserlösen** versteht man die Erlöse, die dem Unternehmen nach Abzug der Umsatzsteuer und etwaiger Erlösschmälerungen (z. B. Kundenrabatt, Kundenskonto, Vertreterprovision) tatsächlich verbleiben.

- Den Überschuss der Nettoverkaufserlöse über die variablen Kosten nennen wir **Deckungsbeitrag.**

- Der **Deckungsbeitrag** gibt an, welchen Beitrag ein Kostenträger zur **Deckung** der **fixen Kosten** leistet.

Übungsaufgaben

65 1. Erläutern Sie den Begriff des Deckungsbeitrags!

2. Erläutern Sie den entscheidenden Unterschied zwischen der Vollkostenrechnung und der Deckungsbeitragsrechnung!

66 Notieren Sie die Aussage über den Deckungsbeitrag, die richtig ist!

1. Er deckt höchstens die fixen Kosten ab.

2. Er steigt, wenn bei konstanten Stückerlösen die variablen Stückkosten steigen.

3. Er sinkt, wenn bei konstanten Stückerlösen die variablen Stückkosten steigen.

4. Er errechnet sich als Differenz zwischen den variablen Kosten und den Selbstkosten.

---

1 Der Nettoverkaufspreis entspricht dem **Barverkaufspreis** im Kalkulationsschema.

6.4.1.2 Arten der Deckungsbeitragsrechnung

Deckungsbeiträge können sowohl für einzelne Produkte **(Deckungsbeitragsrechnung als Stückrechnung)** als auch für eine bestimmte Periode **(Deckungsbeitragsrechnung als Periodenrechnung)** ermittelt werden.

(1) Deckungsbeitragsrechnung als Stückrechnung

Beispiel:

Aus Wettbewerbsgründen ist ein Hersteller gezwungen, den Listenverkaufspreis für ein Trimmgerät auf 816,32 EUR zuzüglich 19 % USt festzusetzen. Den Sportartikelgroßhändlern werden 25 % Rabatt und 2 % Skonto eingeräumt. Die variablen Kosten betragen 400,00 EUR.

Aufgaben:

1. Berechnen Sie den Deckungsbeitrag je Stück!

2. Stellen Sie den Deckungsbeitrag je Stück grafisch dar!

Lösungen:

Zu 1.: Berechnung des Deckungsbeitrags

Listenverkaufspreis (netto)	816,32 EUR
− 25 % Rabatt	204,08 EUR
Zielverkaufspreis	612,24 EUR
− 2 % Skonto	12,24 EUR
Nettoverkaufserlös (Barverkaufspreis)	600,00 EUR
− variable Kosten	400,00 EUR
Deckungsbeitrag	200,00 EUR

Nettoverkaufserlös je Stück
(Barverkaufspreis je Stück)
− variable Kosten je Stück

Deckungsbeitrag je Stück

Zu 2.: Grafische Darstellung

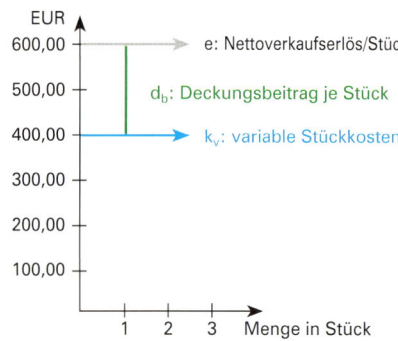

Der Deckungsbeitrag besagt, dass je Trimmgerät 200,00 EUR zur Deckung der Fixkosten zur Verfügung stehen. Ob der Deckungsbeitrag ausreicht, um neben der Deckung der fixen Kosten auch einen **Stückgewinn** zu erzielen, bleibt offen. Sicher ist aber, dass jeder Preis, der **über** den **variablen Kosten** liegt, zur Deckung der fixen Kosten beiträgt. Insofern dient der Stückdeckungsbeitrag als Entscheidungshilfe für die Annahme oder Ablehnung von Aufträgen.

■ Jeder Deckungsbeitrag trägt zur Verbesserung des Betriebsergebnisses bei.

■ Ob ein Stückgewinn erzielt wird und gegebenenfalls in welcher Höhe, kann bei dieser einfachen Form der Deckungsbeitragsrechnung nicht bestimmt werden.

(2) Deckungsbeitragsrechnung als Periodenrechnung

Bei der Deckungsbeitragsrechnung als Periodenrechnung werden zur Ermittlung des Betriebsergebnisses die fixen Kosten in einem Block von der Summe der Deckungsbeiträge abgezogen. Ihr liegt folgendes Berechnungsschema zugrunde:

Erzeugnis A	+	**Erzeugnis B**	usw.

Nettoverkaufserlöse – variable Kosten	Nettoverkaufserlöse – variable Kosten	
= Deckungsbeitrag von Erzeugnis A	= Deckungsbeitrag von Erzeugnis B	⟶ Summe der Deckungsbeiträge – fixe Kosten
		= Betriebsergebnis (Betriebsgewinn/Betriebsverlust)

Beispiel:

Die KLR eines Industrieunternehmens liefert uns für den Monat Juni für die Erzeugnisse A und B folgende Zahlen:

	Erzeugnis A	Erzeugnis B
Produktions- und Absatzmenge Nettoverkaufserlös je Stück variable Kosten je Stück	300 Stück 500,00 EUR 160,00 EUR	400 Stück 750,00 EUR 505,00 EUR
fixe Kosten des Unternehmens für den Monat Juni	150 000,00 EUR	

Aufgaben:

1. Berechnen Sie den Deckungsbeitrag je Erzeugnis und die Deckungsbeiträge insgesamt!
2. Ermitteln Sie das Betriebsergebnis für den Monat Juni!
3. Berechnen Sie den Stückdeckungsbeitragssatz für das Erzeugnis A sowie den Gesamtdeckungsbeitragssatz!

Lösungen:

Zu 1. und 2.: Berechnung der Deckungsbeiträge und des Betriebsergebnisses

	Erzeugnis A	Erzeugnis B	Gesamtbeträge
Nettoverkaufserlöse (E) – variable Kosten (K_v)	150 000,00 EUR 48 000,00 EUR	300 000,00 EUR 202 000,00 EUR	450 000,00 EUR 250 000,00 EUR
Deckungsbeiträge (DB) – unternehmensfixe Kosten (K_{fix})	102 000,00 EUR	98 000,00 EUR	200 000,00 EUR 150 000,00 EUR
Betriebsergebnis (Gewinn)			50 000,00 EUR

Zu 3.: Berechnung der Stück- und Gesamtdeckungsbeitragssätze

Der Deckungsbeitragssatz gibt an, welcher Teil der Nettoverkaufserlöse in Prozent zur Deckung der fixen Kosten bereitsteht. Der Deckungsbeitragssatz kann als **Stückdeckungsbeitragssatz (db-Satz)** oder als **Gesamtdeckungsbeitragssatz (DB-Satz)** definiert werden.

$$\text{db-Satz}^1 = \frac{\text{db} \cdot 100}{\text{Nettoverkaufserlöse/Stück}} \qquad \text{DB-Satz} = \frac{\text{DB} \cdot 100}{\text{Nettoverkaufserlöse/Zeitraum}}$$

$$\text{db-Satz für das Erzeugnis A} = \frac{340 \cdot 100}{500} = \underline{\underline{68\,\%}} \qquad \text{DB-Satz} = \frac{200\,000 \cdot 100}{450\,000} = \underline{\underline{44,44\,\%}}$$

Die Gewinnermittlung bei der Deckungsbeitragsrechnung lässt sich schematisch wie folgt darstellen:[2]

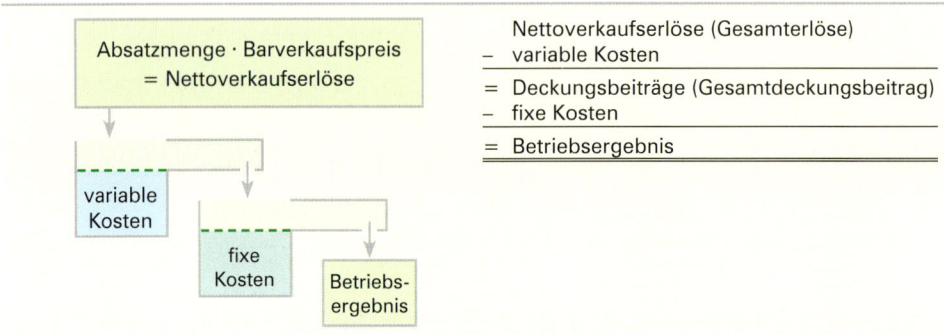

Übungsaufgaben

67 Aus Wettbewerbsgründen ist ein Betonwerk gezwungen, den Listenverkaufspreis für ein Bau-element auf 2 448,96 EUR festzusetzen. Den Bauunternehmen werden 25 % Rabatt und 2 % Skonto eingeräumt. Die variablen Kosten betragen 1 200,00 EUR.

Aufgaben:

1. Berechnen Sie den Deckungsbeitrag sowie den Stückdeckungsbeitragssatz!

2. Stellen Sie den Deckungsbeitrag je Stück grafisch dar!

3. Beschreiben Sie die Rolle des Stückdeckungsbeitrags bei der Entscheidung über die Annahme oder Ablehnung eines Auftrags!

4. Formulieren Sie das Hauptproblem bei der Anwendung der Deckungsbeitragsrechnung!

5. Die Kosten- und Leistungsrechnung eines Industriebetriebs liefert uns folgende Zahlen:

   Der Listenverkaufspreis je Stück beträgt 1 480,00 EUR. Dem Großhandel werden folgen-de Bedingungen gewährt: 30 % Kundenrabatt, $2^1/_2$ % Kundenskonto. Der Vertreter erhält 12 % Vertreterprovision vom Zielverkaufspreis. Die variablen Kosten betragen 260,00 EUR je Stück.

   Aufgaben:

   5.1 Berechnen Sie den Deckungsbeitrag je Stück!

   5.2 Stellen Sie den Deckungsbeitrag je Stück grafisch dar!

---

1 Der Deckungsbeitragssatz kann auch als **Deckungsbeitragsfaktor** formuliert werden:

$$\text{db-Faktor} = \frac{\text{db}}{\text{Nettoverkaufserlöse/Stück}} \qquad \text{DB-Faktor} = \frac{\text{DB}}{\text{Nettoverkaufserlöse/Zeitraum}}$$

2 Vgl. Zdrowomyslaw, Norbert/Götze, Wolfgang: Kosten-, Leistungs- und Erlösrechnung, München/Wien 1995, S. 461.

6. Die Teilkostenrechnung eines Unternehmens weist für ein bestimmtes Produkt folgende Ergebnisse aus:

   Aufgaben:

   6.1 Nettoverkaufserlös > variable Stückkosten.

   6.2 Nettoverkaufserlös < variable Stückkosten.

   6.3 Nettoverkaufserlös = variable Stückkosten.

   6.4 Stückdeckungsbeitrag = 0,00 EUR.

   Nennen Sie die Ziffer, bei der das Produkt nicht mehr verkauft werden sollte!

68 Ein Motorenwerk stellt von einem Motor drei verschiedene Modelle her. Die KLR liefert uns für den Monat Mai folgende Zahlen:

	Modell 1	Modell 2	Modell 3
Verbr. v. Fertigungsmaterial/Stück	900,00 EUR	780,00 EUR	410,00 EUR
Fertigungslöhne/Stück	420,00 EUR	525,00 EUR	190,00 EUR
variable Gemeinkosten/Stück	360,00 EUR	305,00 EUR	280,00 EUR
Summe d. variablen Kosten/Stück	1 680,00 EUR	1 610,00 EUR	880,00 EUR
produzierte u. verkaufte Anzahl	300 Stück	400 Stück	700 Stück
Nettoverkaufserlöse je Stück	2 910,00 EUR	2 200,00 EUR	1 510,00 EUR

Die Fixkosten im Monat Mai betragen 820 000,00 EUR.

Aufgaben:

1. Berechnen Sie das Betriebsergebnis für den Monat Mai!

2. Berechnen Sie den Stückdeckungsbeitragssatz für das Modell 1!

3. Berechnen Sie den Gesamtdeckungsbeitragssatz!

69 Die Hohmann AG stellt drei verschiedene Typen von Gartenstühlen her. Für den Monat Oktober legt die Kosten- und Leistungsrechnung folgende Zahlen vor:

	Typ A	Typ B	Typ C
Nettoverkaufserlöse je Stück	120,00 EUR	85,00 EUR	76,00 EUR
variable Stückkosten	85,00 EUR	69,00 EUR	65,00 EUR
Verkaufsmengen in Stück	1 500	3 500	5 200

Die fixen Kosten der Rechnungsperiode werden mit 95 000,00 EUR veranschlagt.

Aufgaben:

1. Ermitteln Sie für jeden Typ den Deckungsbeitrag je Stück!

2. Ermitteln Sie für jeden Typ die Deckungsbeiträge der Rechnungsperiode!

3. Stellen Sie unter dem Gesichtspunkt der erzielten Stückdeckungsbeiträge eine Rangfolge der Erzeugnisarten auf!

70 Die Kludi GmbH stellt Haushaltskühlschränke und Wäschetrockner her. Auf dem Absatzmarkt gelten folgende Listenverkaufspreise: für Kühlschränke 600,00 EUR, für Wäschetrockner 420,00 EUR. An Einzelkosten fallen an: für einen Kühlschrank 220,00 EUR, für einen Wäschetrockner 185,00 EUR. Die variablen Gemeinkosten betragen jeweils 85 % der Einzelkosten.

Den Abnehmern werden 10 % Rabatt und 2 % Skonto gewährt. Die Fixkosten der Rechnungsperiode betragen 350 000,00 EUR. Die Absatzmengen betrugen bei den Kühlschränken 5 000 Stück, bei den Wäschetrocknern 3 500 Stück.

Aufgaben:

1. Ermitteln Sie die Deckungsbeiträge:
   1.1 für jedes Erzeugnis,
   1.2 für die Rechnungsperiode insgesamt!
2. Ermitteln Sie das Betriebsergebnis der Rechnungsperiode!

6.4.2 Anwendung der Deckungsbeitragsrechnung als Entscheidungshilfe bei der Preis- und Absatzpolitik

6.4.2.1 Deckungsbeitrag als Instrument zur Bestimmung von Preisuntergrenzen

(1) Bestimmung der kurzfristigen und langfristigen Preisuntergrenze

Die Tatsache, dass ein positiver Deckungsbeitrag zur Deckung der Fixkosten beiträgt, kann das Unternehmen dazu nutzen, die Deckungsbeitragsrechnung als Instrument der Preispolitik einzusetzen. Kurzfristig kann das Unternehmen nämlich den Preis so absenken, dass lediglich die variablen Kosten abgedeckt sind.[1] Für eine kurze Zeit kann es die fixen Kosten außer Acht lassen, denn diese fallen an, ob ein Verkauf getätigt wird oder nicht. Die **Summe der variablen Kosten** ist damit die kurzfristige **Preisuntergrenze (absolute Preisuntergrenze)**.

Langfristig hingegen kann ein Unternehmen nicht mit Verlusten produzieren, es muss zumindest kostendeckend arbeiten. Die **langfristige Preisuntergrenze** wird daher durch die **Selbstkosten je Einheit** bestimmt.

■ Die **kurzfristige (absolute) Preisuntergrenze** liegt bei dem Preis, bei dem der Stückerlös die **variablen Kosten je Einheit** abdeckt. Der Deckungsbeitrag ist in diesem Fall gleich null.

$$e = k_v$$

■ Die **langfristige Preisuntergrenze** liegt bei dem Preis, bei dem der Stückerlös die entstandenen **Selbstkosten je Einheit** abdeckt.

$$e = \frac{K_{fix}}{\text{erzeugte Menge}} + k_v$$

---

1 Neben der kostenorientierten Preisuntergrenze unterscheidet man auch eine **liquiditätsorientierte Preisuntergrenze.** Die liquiditätsorientierte Preisuntergrenze geht von der Prämisse aus, die ständige Zahlungsbereitschaft des Unternehmens zu sichern. Führen also große Teile der fixen Kosten zu ständigen Ausgaben (z. B. Gehälter, Miete für Werkshallen, Versicherungsbeiträge), so sind diese – unter Liquiditätsgesichtspunkten – in den Mindestpreis einzukalkulieren. Auf den Ersatz des Teils der fixen Kosten, der kurzfristig nicht zu Ausgaben führt (z. B. Abschreibungen), kann dagegen vorübergehend verzichtet werden.

Ein Industrieunternehmen stellt nur ein Erzeugnis her. Für den Monat Februar weist die KLR folgende Daten aus: variable Stückkosten 60,00 EUR, Fixkosten 115 000,00 EUR, Produktionsmenge 7 000 Stück.

Aufgaben:

1. Ermitteln Sie die kurzfristige Preisuntergrenze!

2. Berechnen Sie die langfristige Preisuntergrenze!

Lösungen:

Zu 1.: Kurzfristige Preisuntergrenze: <u>60,00 EUR</u>

Zu 2.: Langfristige Preisuntergrenze: $\dfrac{115\,000,00\ \text{EUR}}{7\,000\ \text{Stück}} + 60,00\ \text{EUR} = \underline{76,43\ \text{EUR/Stück}}$

(2) Vorteile und Gefahren der Bestimmung von Preisuntergrenzen

■ **Vorteile**

Aus den Formeln ist zu erkennen, dass die **langfristige Preisuntergrenze** mit **zunehmender Ausbringungsmenge absinkt (Degressionseffekt der Fixkosten)**, während die **kurzfristige Preisuntergrenze** von der **jeweiligen Ausbringungsmenge unabhängig** ist.

Eine Preissenkung bei einzelnen Erzeugnissen bzw. Erzeugnisgruppen kann das Unternehmen dazu nutzen, auf sein Produktprogramm aufmerksam zu machen. Es hofft darauf, dass die niedrig kalkulierten Erzeugnisse Auslöser dafür sind, dass die Kunden auch die übrigen Erzeugnisse des Produktprogramms bestellen. Auf diese Weise erreicht das Unternehmen eine Umsatz- und Gewinnsteigerung.

Durch die Vorgabe von Preisuntergrenzen bzw. festgelegten Deckungsbeiträgen wird die **Absatzpolitik des Unternehmens flexibler** (beweglicher). So muss z. B. der Reisende für sein Produktprogramm lediglich sein vorgegebenes Deckungssoll erreichen. Er ist also in der Lage, auf das Marktgeschehen einzugehen und in schlechten oder umkämpften Absatzgebieten geringere Preise in Kauf zu nehmen, sofern es ihm gelingt, in guten Absatzgebieten Preise zu erzielen, die über dem vorgegebenen Deckungsbeitrag liegen. Bei richtiger Anwendung können so Marktchancen besser wahrgenommen werden.

■ **Gefahren**

Die große **Gefahr der Deckungsbeitragsrechnung als Stückrechnung** liegt darin, dass das Unternehmen insgesamt ein **zu niedriges Preisniveau akzeptiert.** Die Deckungsbeitragsrechnung verführt dazu, dass sich der Verkauf lediglich an einem positiven Deckungsbeitrag orientiert, ohne dabei genau zu wissen, ob die fixen Kosten insgesamt gedeckt sind bzw. ob ein Gewinn erwirtschaftet wird. Es besteht somit die Gefahr, den Blick auf „einen Teil der Kosten bzw. auf den Gewinn zu vernachlässigen". Erst die Deckungsbeitragsrechnung als Zeitrechnung offenbart dann, ob ein Betriebsgewinn oder ein Betriebsverlust erwirtschaftet wurde.

■ Durch die **Vorgabe von Preisuntergrenzen** bzw. festgelegten Deckungsbeiträgen wird die **Absatzpolitik des Unternehmens flexibler** (beweglicher).

■ Bei der Deckungsbeitragsrechnung besteht die **Gefahr,** eine zu **nachgiebige Preispolitik** zu betreiben und eine vollständige Kostendeckung zu vernachlässigen.

71　1. Geben Sie an, wie die Begriffe „kurzfristige Preisuntergrenze" und „langfristige Preisuntergrenze" bestimmt sind!

2. Entscheiden Sie begründet, ob ein Industriebetrieb langfristig überleben kann, wenn er die Preise für seine Erzeugnisse an der langfristigen Preisuntergrenze ausrichtet!

3. Die Kostenrechnung eines Industriebetriebs liefert uns für den Monat Januar folgende Zahlen:

	Erzeugnis A	Erzeugnis B
Produktions- und Absatzmenge	700 Stück	1 300 Stück
Listenverkaufspreis je Stück	580,00 EUR	410,00 EUR
Kundenrabatt	10 %	12 %
Kundenskonto	3 %	2 %
Vertreterprovision zum Zielverkaufspreis	5 %	7 %
variable Kosten je Stück	280,00 EUR	302,00 EUR
fixe Kosten	98 500,00 EUR	

Aufgaben:

3.1　Bestimmen Sie den Deckungsbeitrag für die Erzeugnisse A und B!

3.2　Berechnen Sie das Betriebsergebnis!

3.3　Geben Sie die absolute Preisuntergrenze für die Erzeugnisse A und B an!

72　Eine Maschinenfabrik stellt Abfüllmaschinen her. Vom Typ A werden im Monat Januar 10 Maschinen hergestellt. Hierfür sind folgende Kosten (linearer Kostenverlauf) in den einzelnen Kostenstellen angefallen:

Gesamtkosten / Kostenstellen	Einzel-kosten	Gemeinkosten	
		fixe Kosten	variable Kosten
Material	170 000,00 EUR	10 000,00 EUR	18 000,00 EUR
Fertigung	80 000,00 EUR	35 000,00 EUR	24 000,00 EUR
Verwaltung/Vertrieb		15 000,00 EUR	

Die Maschine des Typs A erzielt einen Nettoverkaufspreis von 36 000,00 EUR. Von der Maschine A können maximal 10 Stück je Monat hergestellt werden.

Aufgaben:

1. Ermitteln Sie die kurzfristige Preisuntergrenze je Maschine des Typs A!

2. Berechnen Sie die langfristige Preisuntergrenze!

3. Die Maschinenfabrik plant eine Ersatzinvestition zur Herstellung des Maschinentyps A. Die Kapazität erhöht sich dadurch um 20 %.

　　Die Kostenstruktur ändert sich wie folgt: Die fixen Kosten steigen um 40 %, die variablen Kosten sinken um 25 %.

　　3.1　Berechnen Sie die neuen Stückkosten je Maschine!

　　3.2　Bestimmen Sie, wie viel EUR Gewinn sich dann je Maschine ergibt!

73 In einem Einproduktunternehmen können zurzeit monatlich 20 000 Einheiten des Erzeugnisses hergestellt werden, was einem Beschäftigungsgrad von 80 % entspricht.

Die Gesamtkosten im Monat Juni betragen 289 200,00 EUR, die variablen Stückkosten sind mit 9,20 EUR je Stück angegeben. Alle 20 000 Stück wurden am Markt zu einem Nettoverkaufserlös von 20,20 EUR/Stück abgesetzt.

Aufgaben:
1. Berechnen Sie die Fixkosten!
2. Ermitteln Sie das Betriebsergebnis für den Monat Juni!
3. Berechnen Sie den Deckungsbeitrag je Stück!
4. Weisen Sie nach, bei welchem EUR-Betrag die absolute Preisuntergrenze liegt!
5. Stellen Sie fest, bei welchem EUR-Betrag die langfristige Preisuntergrenze liegt!

6.4.2.2 Deckungsbeitragsrechnung als Instrument zur Entscheidungsfindung über die Annahme eines Zusatzauftrages

Unter Zusatzaufträgen verstehen wir solche Aufträge, die **unterhalb der derzeitigen Verkaufspreise** angenommen werden. Bei nicht ausgelasteten Produktionskapazitäten kann unter bestimmten Bedingungen das Betriebsergebnis verbessert werden.

Ein Zusatzauftrag führt dann zu einer Verbesserung des Betriebsergebnisses, wenn die Nettoverkaufserlöse höher liegen als die variablen Kosten des Auftrages. Die fixen Kosten können außer Betracht bleiben, da sie ja unabhängig davon anfallen, ob der Zusatzauftrag angenommen wird oder nicht. Der erzielbare Deckungsbeitrag ist somit das Kriterium für die Annahme oder Ablehnung des Zusatzauftrages.

- Für die Annahme bzw. die Ablehnung eines Zusatzauftrages gilt:
  - Deckungsbeitrag > 0 ⟶ Annahme des Zusatzauftrages
  - Deckungsbeitrag < 0 ⟶ Ablehnung des Zusatzauftrages
- Zusatzaufträge tragen zur besseren Produktionsauslastung und zur Arbeitsplatzerhaltung bei.

Beispiel:

Im laufenden Monat ist folgende Produktions- und Absatzsituation gegeben:

	Erzeugnis I	Erzeugnis II
Nettoverkaufserlös	198,00 EUR	270,00 EUR
konstante Stückkosten	112,00 EUR	120,00 EUR
fixe Kosten insgesamt	150 000,00 EUR	
Absatzmenge	700 Stück	950 Stück
Kapazität	900 Stück	1 200 Stück

Das Unternehmen hat die Möglichkeit, von Erzeugnis II 210 Stück zum Festpreis von 180,00 EUR als Sondermodell zu verkaufen.

Aufgabe:

Prüfen Sie, ob sich die Hereinnahme des Zusatzauftrages lohnt!

225

15 Speth u.a. - ISBN 978-3-8120-0520-3

Lösung:

	Erzeugnis I	Erzeugnis II	Zusatzauftrag
Nettoverkaufserlöse	138 600,00 EUR	256 500,00 EUR	37 800,00 EUR
− variable Kosten	78 400,00 EUR	114 000,00 EUR	25 200,00 EUR
Deckungsbeitrag	60 200,00 EUR	142 500,00 EUR	12 600,00 EUR
− fixe Kosten	150 000,00 EUR		
Betriebsgewinn ohne Zusatzauftrag	52 700,00 EUR		
+ Deckungsbeitrag Zusatzauftrag	12 600,00 EUR		
Betriebsgewinn mit Zusatzauftrag	65 300,00 EUR		

Ergebnis: Die Hereinnahme des Zusatzauftrages lohnt sich, da dadurch der Betriebsgewinn um 12 600,00 EUR gesteigert werden kann.

Hinweis:

Sofern ein positiver Deckungsbeitrag erzielt werden kann, würde sich die Hereinnahme des Zusatzauftrages auch im Fall eines Betriebsverlusts lohnen. Ein positiver Deckungsbeitrag trägt dann dazu bei, den Betriebsverlust zu verringern.

Übungsaufgaben

74 Ein Industriebetrieb verfügt über freie Kapazität. Er fertigt die Produkte A, B und C. Ein Großhandelshaus erteilt einen Zusatzauftrag über 2 000 Stück des Produktes B als Sondermodell, wenn dieses zu einem Listenverkaufspreis von 46,20 EUR geliefert werden kann. Die KLR liefert uns folgende Daten:

	Produkt A	Produkt B	Produkt C	Zusatzauftrag (von Produkt B)
Nettoverkaufserlöse	33,60 EUR	58,80 EUR	95,20 EUR	
konstante Stückkosten	25,20 EUR	39,20 EUR	60,20 EUR	42,00 EUR
Absatzmenge	1 400 Stück	3 000 Stück	2 100 Stück	2 000 Stück
Kapazität	1 500 Stück	6 000 Stück	2 700 Stück	

Die fixen Kosten des Industriebetriebs betragen insgesamt 82 000,00 EUR.

Aufgaben:

1. Entscheiden Sie, ob es unter wirtschaftlichen Gesichtspunkten empfehlenswert ist, den Zusatzauftrag anzunehmen!

2. Berechnen Sie den neuen Betriebsgewinn bei Annahme des Zusatzauftrages!

3. Bestimmen Sie die absolute Preisuntergrenze für die Hereinnahme des Zusatzauftrages!

75 Ein Industrieunternehmen produziert drei verschiedene Erzeugnisse. Die KLR gibt uns hierfür folgende Daten an:

	Erzeugnis I	Erzeugnis II	Erzeugnis III
Nettoverkaufserlöse	1 420,00 EUR	3 390,00 EUR	7 710,00 EUR
konstante Stückkosten	1 600,00 EUR	2 910,00 EUR	5 850,00 EUR
Absatzmenge	20 Stück	30 Stück	15 Stück
Kapazität	25 Stück	50 Stück	30 Stück
fixe Kosten insgesamt	45 100,00 EUR		

Das Unternehmen erhält einen Zusatzauftrag über 12 Stück des Erzeugnisses III zum Festpreis von 6 200,00 EUR. Das Industrieunternehmen nimmt den Zusatzauftrag aus arbeitsmarktpolitischen Gründen an.

Aufgaben:

1. Berechnen Sie den Betriebsgewinn bzw. Betriebsverlust!
2. Machen Sie einen Vorschlag zur Produktionsplanung!

76 Ein Industrieunternehmen produziert drei verschiedene Typen einer Kaffeemaschine. Die KLR ermittelt für den Monat Juli folgende Zahlen:

	Typ A	Typ B	Typ C
produziert und verkauft	6 500 Stück	9 750 Stück	10 400 Stück
Nettoverkaufserlös je Stück	58,50 EUR	88,40 EUR	104,00 EUR
konstante Stückkosten	49,40 EUR	73,45 EUR	89,70 EUR

Aufgaben:

1. Berechnen Sie für jeden Typ den Deckungsbeitrag je Stück und den Deckungsbeitrag insgesamt für den jeweiligen Produkttyp!
2. Berechnen Sie das Betriebsergebnis für den Monat Juli, wenn die Fixkosten insgesamt 241 150,00 EUR betragen!
3. Entscheiden Sie, ob es unter wirtschaftlichen Gesichtspunkten empfehlenswert ist, einen Zusatzauftrag von 3 900 Stück von Typ B anzunehmen, wenn entsprechend von Typ C dann 3 900 Stück weniger produziert werden können!

77 Die Geschäftsleitung der Kunststoffwerke Erler GmbH beschließt, die Deckungsbeitragsrechnung einzuführen. Das Unternehmen erwartet für das kommende Quartal folgende Daten:

	Produkt A	Produkt B
Absatzmenge	350 Stück	800 Stück
Nettoverkaufserlös je Stück	450,00 EUR	325,00 EUR
variable Kosten je Stück	300,00 EUR	200,00 EUR
fixe Kosten	74 000,00 EUR	

Aufgaben:

1. Ermitteln Sie das voraussichtliche Betriebsergebnis mithilfe der Deckungsbeitragsrechnung!
2. Mit der Absatzmenge des Produktes A ist die Kapazität des Produktbereichs A nicht ausgelastet. Daher kann noch ein Zusatzauftrag über 40 Einheiten A angenommen werden. Ermitteln Sie die Preisuntergrenze für diesen Zusatzauftrag, wenn aus diesem Auftrag noch ein zusätzlicher Gewinn von 2 000,00 EUR erwirtschaftet werden soll!
3. Die Deckungsbeitragsrechnung ermöglicht eine marktorientierte Mengenplanung und Preispolitik. Begründen Sie diese Aussage!

78 Ein Industrieunternehmen im Bereich Behälterbau hat Absatzschwierigkeiten. Folgende Daten liegen vor: Produktion: 215 Stück, Nettoverkaufserlöse: 289 535,00 EUR, variable Kosten: 234 135,00 EUR, Deckungsbeitrag: 55 400,00 EUR, Fixkosten: 57 000,00 EUR, Erzeugnisverlust: 1 600,00 EUR

Aufgabe:

Berechnen Sie die absolute Preisuntergrenze!

6.5 Gewinnschwelle und Gewinnmaximum bei linearem Gesamtkostenverlauf

6.5.1 Grundlegendes

Der Deckungsbeitrag gibt an, inwieweit der Erlös die variablen Kosten übersteigt. Der Deckungsbeitrag steht also in erster Linie zur Abdeckung der anfallenden Fixkosten zur Verfügung. Der Deckungsbeitrag, der über die Fixkosten hinausragt, stellt Gewinn dar.

Insofern legt die Deckungsbeitragsrechnung auch die Frage nahe, bei welcher Warenmenge die Fixkosten durch Deckungsbeiträge genau gedeckt sind. Da das der Punkt ist, bei dem der Betrieb von der Verlustzone in die Gewinnzone schreitet, nennt man ihn die **Gewinnschwelle** oder auch, da die Deckungsbeitragsrechnung ihren Ursprung im angelsächsischen Raum hat, **Break-even-Point**. Außerdem ist für betriebliche Entscheidungen die **Ermittlung des Gewinnmaximums** von Bedeutung.

6.5.2 Berechnung und grafische Darstellung von Gewinnschwelle und Gewinnmaximum

(1) Berechnung der Gewinnschwelle

Die **Gewinnschwelle (Nutzenschwelle)** liegt bei der Ausbringungsmenge, bei der die Gesamtkosten bzw. Stückkosten gleich dem Gesamterlös bzw. Stückerlös sind.

Im Punkt der Gewinnschwelle (Break-even-Point) gilt folgende Gleichung:

(1) $E = K$

(2) $E = x \cdot e$

(3) $K = x \cdot k_v + K_{fix}$

(4) $x \cdot e = x \cdot k_v + K_{fix}$ | umgeformt ergibt sich

       $x \cdot e - x \cdot k_v = K_{fix}$ | durch Ausklammern von x erhält man

       $x (e - k_v) = K_{fix}$ | daraus folgt für x

$$x = \frac{K_{fix}}{e - k_v}$$

Die letzte Gleichung besagt, dass sich die Gewinnschwelle aus dem Quotienten der gesamten Fixkosten und der Differenz zwischen Stückerlös und variablen Stückkosten ergibt.

(2) Gewinnmaximum (GM)

- Das **Gewinnmaximum** liegt bei der Ausbringungsmenge, bei der der Gesamtgewinn bzw. Stückgewinn am größten ist.

- Unterstellt man einen linearen Verlauf der variablen Gesamtkosten und der Gesamterlöse, so liegt das **Gewinnmaximum** an der **Kapazitätsgrenze des Betriebs.**

(3) Beispiel für die Berechnung und grafische Darstellung der Gewinnschwelle und des Gewinnmaximums

Beispiel:

Ein Industriebetrieb stellt Zubehörteile (Plastikbausätze) für Modelleisenbahnen her. Monatlich können maximal 1000 Packungen (Inhalt 10 Bausätze) erzeugt werden. Es wird nur auf Bestellung gearbeitet.

- An **fixen Kosten** fallen monatlich an: für Gehälter 9000,00 EUR, für Miete 1600,00 EUR, für Nebenkosten (Heizung, Licht, Reinigung) 400,00 EUR, für die Verzinsung des investierten Kapitals 3000,00 EUR und für die Abschreibung der Spritzgussmaschinen und der Werkzeuge 6000,00 EUR. Die fixen Kosten betragen also insgesamt 20000,00 EUR.

- Die **variablen Kosten** betragen 30,00 EUR je Verkaufspackung. Sie setzen sich aus den Roh- und Hilfsstoffkosten (6,00 EUR), den Akkordlöhnen (22,00 EUR) und den Energiekosten (2,00 EUR) zusammen.

- Der Absatzpreis je Verkaufspackung beträgt 55,00 EUR.

Aufgaben:

1. Berechnen Sie in Intervallen von jeweils 100 Verkaufspackungen für die Herstellung von 100 bis 1000 Verkaufspackungen die anfallenden Gesamtkosten, die Stückkosten, den Gesamtgewinn bzw. -verlust und den Stückgewinn bzw. -verlust! Verwenden Sie hierzu eine Kosten-Leistungs-Tabelle!

2. Berechnen Sie die Gewinnschwelle!

3. Ermitteln Sie das Gewinnmaximum!

4. Stellen Sie E, K, K_v und K_{fix}, k, k_v und e grafisch dar!

Lösungen:

Zu 1.:

Menge d. Verkaufs- packun- gen in EUR (x)	fixe Gesamt- kosten in EUR (K_{fix})	variable Gesamt- kosten in EUR (K_v)	Gesamt- kosten in EUR (K)	Gesamterlös (abgesetzte Menge · Preis) in EUR (E)	Gewinn (schwarze Zahlen) bzw. Verlust (blaue Zah- len) (G/V)	variable Stück- kosten in EUR (k_v)	fixe Stück- kosten in EUR (k_{fix})	Stück- kosten in EUR (k)	Stück- erlös in EUR (e)	Stückver- lust bzw. Stück- gewinn in EUR (g/v)
100	20000,00	3000,00	23000,00	5500,00	17500,00	30,00	200,00	230,00	55,00	175,00
200	20000,00	6000,00	26000,00	11000,00	15000,00	30,00	100,00	130,00	55,00	75,00
300	20000,00	9000,00	29000,00	16500,00	12500,00	30,00	66,67	96,67	55,00	41,67
400	20000,00	12000,00	32000,00	22000,00	10000,00	30,00	50,00	80,00	55,00	25,00
500	20000,00	15000,00	35000,00	27500,00	7500,00	30,00	40,00	70,00	55,00	15,00
600	20000,00	18000,00	38000,00	33000,00	5000,00	30,00	33,33	63,33	55,00	8,33
700	20000,00	21000,00	41000,00	38500,00	2500,00	30,00	28,57	58,57	55,00	3,57
800	20000,00	24000,00	44000,00	44000,00	–	30,00	25,00	55,00	55,00	–
900	20000,00	27000,00	47000,00	49500,00	2500,00	30,00	22,22	52,22	55,00	2,78
1000	20000,00	30000,00	50000,00	55000,00	5000,00	30,00	20,00	50,00	55,00	5,00

Zu 2.:

$$x = \frac{20000}{56 - 30} = \underline{\underline{800 \text{ Stück (Gewinnschwelle)}}}$$

Zu 3.:

Das Gewinnmaximum liegt an der betrieblichen Kapazitätsgrenze von 1000 Stück und beträgt 5000,00 EUR.

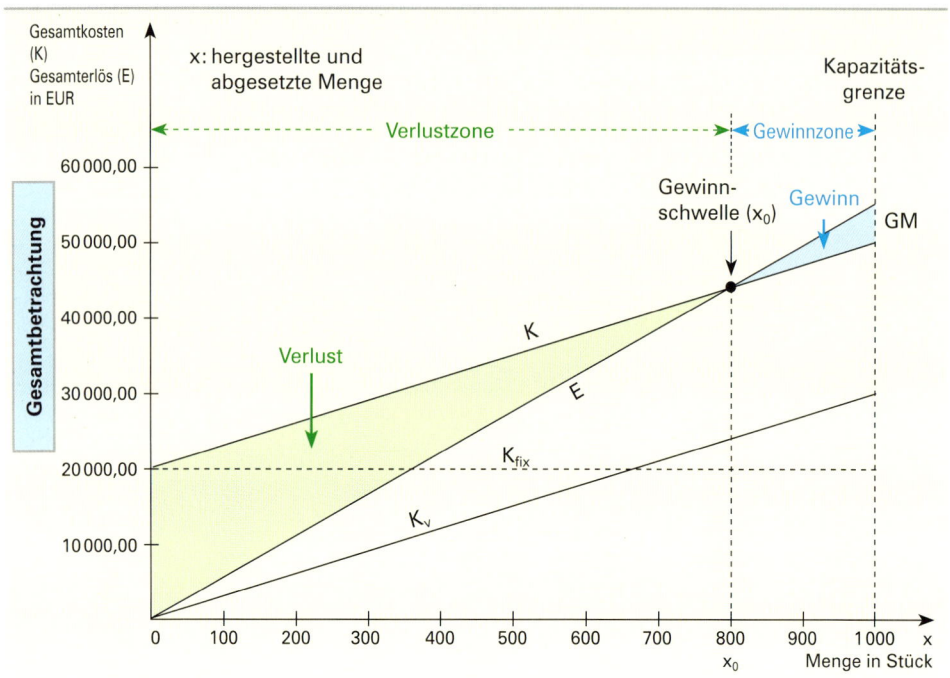

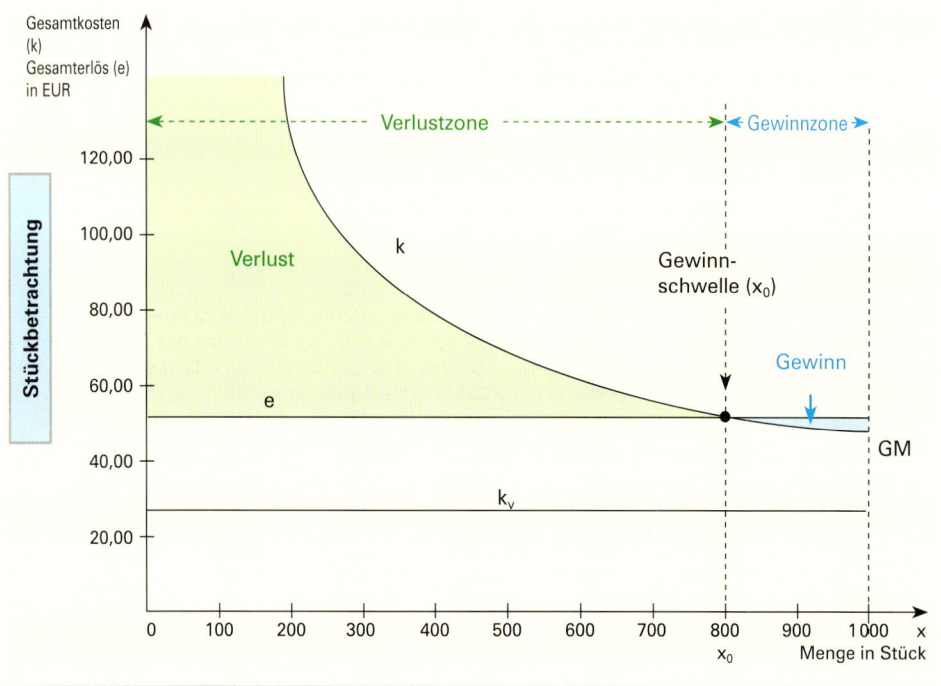

79 Die Metallwerke AG Mannheim stellen Bohrmaschinen für den Handel her. Der Verkaufspreis der Bohrmaschinen CD 80 beträgt 322,00 EUR. Bei voller Auslastung kann das Unternehmen monatlich 960 Bohrmaschinen herstellen. Die fixen Kosten betragen monatlich 65 520,00 EUR, die variablen Kosten je Bohrmaschine belaufen sich auf 231,00 EUR.

Aufgabe:

Ermitteln Sie, bei welcher Produktionsmenge die Gewinnschwelle liegt!

80 Die Hartmut Hug KG in Argenbühl stellt Spielpuppen für Kinder her. Eine Puppe wird für 80,00 EUR verkauft. Bei vollkommener Ausnutzung der Kapazität können insgesamt 500 Puppen produziert werden. Die Produktion erfolgt nur nach Bestellung. Die Kostenstruktur verläuft linear.

Die Fixkosten betragen 10 000,00 EUR/Monat. Die variablen Stückkosten betragen konstant 40,00 EUR.

Menge	Gesamtkosten			Stückkosten			Gesamterlös	Gesamt-	
x	K_{fix}	K_v	K	k_{fix}	k_v	k	E	gewinn	verlust
100	10 000,00				40,00				
200									
300									
400									
500									

Aufgaben:

1. Ergänzen Sie die angegebene Tabelle!
2. Berechnen Sie die Gewinnschwelle!
3. Ermitteln Sie das Gewinnmaximum!
4. Berechnen Sie, bei welcher Produktionsmenge ein Gewinn von 3 520,00 EUR erzielt wird!
5. Stellen Sie die Funktionen E, K, K_v und K_{fix} grafisch dar!
6. Erläutern Sie, wann das Gewinnmaximum erreicht ist:
   6.1 theoretisch,
   6.2 praktisch!

81 Einer Möbelfabrik wird ein Regal, das sie bisher selbst produziert hat, zum Preis von 46,00 EUR angeboten. Der Verkaufspreis beträgt 50,00 EUR. Die Höhe der Eigenproduktion schwankt je nach den Bestellungen. In den Monaten April bis einschließlich August dieses Jahres wurden in der Kosten- und Leistungsrechnung folgende Zahlen ermittelt:

Monat	Stückzahl x	Gesamtkosten K	K_{fix}	K_v	k	e	E	G/V	g/v
April	70	4 500,00							
Mai	125	6 700,00							
Juni	210								
Juli	390								
August	185								

Aufgaben:

1. Vervollständigen Sie die Tabelle!

2. Berechnen Sie die Gewinnschwelle!

3. Erklären Sie die betriebswirtschaftliche Bedeutung der Gewinnschwelle!

4. Ermitteln Sie, ab welcher Produktionsmenge für den Betrieb der Fremdbezug des Regals günstiger wäre!

82 Die Kostenanalyse für eine Fertigungsanlage ergibt folgendes Bild:

April: Hergestellte Menge 3 400 Stück, Gesamtkosten 273 000,00 EUR

Mai: Hergestellte Menge 3 600 Stück, Gesamtkosten 282 000,00 EUR

Der Verkaufserlös beträgt je Stück 77,00 EUR.

Aufgaben:

1. Ermitteln Sie die variablen Stückkosten, die Gewinnschwelle und den damit erzielbaren Umsatz!

2. Berechnen Sie, bei welchem Umsatz ein Gewinn von 11 200,00 EUR erreicht wird!

83 Die Kapazitätsgrenze eines Einproduktbetriebs liegt bei einer Ausbringungsmenge von 56 000 Stück.

An fixen Kosten fallen monatlich 168 000,00 EUR an; die variablen Kosten betragen 10,36 EUR/Stück. Das Produkt wird für 17,08 EUR/Stück netto verkauft.

Aufgaben:

1. Ermitteln Sie die Gewinnschwelle!

2. In der Vollkostenrechnung wurde ein Stückgewinn von 1,54 EUR ermittelt.

    Berechnen Sie, wie viel Stück im kommenden Monat hergestellt werden müssen, damit dieser Stückgewinn erzielt wird!

3. 3.1 Es soll ein neues Fertigungsverfahren eingeführt werden, bei dem zwar die fixen Kosten je Monat um 35 % höher, die variablen Kosten dagegen je Stück um 30 % niedriger sein werden.

    Ermitteln Sie, ab welcher Ausbringungsmenge sich die Einführung des neuen Verfahrens lohnt!

    3.2 Berechnen Sie bei dem neuen Produktionsverfahren den Stückgewinn an der Kapazitätsgrenze!

84 Die im Januar 20.. gegründete PC-PROFI-GmbH baut ausschließlich Notebooks vom Typ „PROFI Pentium". Bei normaler Ausnutzung der Kapazität können 6 000 Stück/Monat gebaut werden. Das Unternehmen kalkuliert den Preis auf der Basis der Selbstkosten bei einer Produktion von 4 800 Stück/Monat zuzüglich eines Gewinnzuschlages von $16^2/_3$ %. Es liegt ein linearer Gesamtkostenverlauf vor.

Folgende Zahlen sind gegeben:

Monat	Produktion (Stück)	Gesamtkosten (EUR)
August	1 520	2 480 000,00
September	2 000	2 960 000,00

Aufgaben:

1. Berechnen Sie das Betriebsergebnis für den Monat September!

2. Berechnen Sie, bei welcher Stückzahl/Monat der Betrieb kostendeckend arbeitet!

3. Die Unternehmensleitung strebt einen Gewinn in Höhe von 1 Mio. EUR an. Berechnen Sie die dafür erforderliche Produktionsmenge!

7 Wahlthema: Bewertung und Entlohnung der Arbeitsleistung

7.1 Lohngerechtigkeit

Das Problem des **gerechten Lohns** ist nicht nur eine gesellschaftliche, sondern auch eine betriebswirtschaftliche Frage, denn eine von den Mitarbeitern als gerecht empfundene Entlohnung beeinflusst die Zufriedenheit und die Arbeitsleistung positiv.

> Der **Lohn (das Gehalt)** ist die Vergütung (der Preis) für die Arbeitsleistungen des Arbeitnehmers.

Die Entlohnung einer Arbeitskraft wird von dieser dann als gerecht empfunden, wenn bei der Berechnung des Arbeitsentgeltes drei Kriterien berücksichtigt werden:

1. Kriterium

Anforderungen des Arbeitsplatzes

Sie bestimmen den Schwierigkeitsgrad der Arbeit an diesem Arbeitsplatz. Dieser wird möglichst objektiv ermittelt durch

Arbeitswertstudien

Die Ergebnisse der Arbeitswertstudien führen letztlich dazu, dass die Entlohnung **anforderungsgerecht** ist. Dieser Anteil der Entlohnung findet sich wieder im

2. Kriterium

Persönliche Leistung der Arbeitskraft

Um die tatsächlich erbrachte Leistung der Arbeitskraft zu beurteilen und sie mit jener der anderen Arbeitskräfte vergleichbar zu machen, braucht es als Bemessungsgrundlage eine „Normalleistung". Dies wird ermittelt durch

Arbeitszeitstudien

Die Ergebnisse der Arbeitszeitstudien führen dazu, dass die Entlohnung **leistungsgerecht** ist. Dieser Aspekt der Entlohnung drückt sich aus im

Grundlohn   **Leistungslohn**

3. Kriterium

Soziale Verhältnisse

Diese finden ihre Berücksichtigung durch **soziale Zuschläge**.
(Diese werden zum Teil von Unternehmen erbracht, überwiegend jedoch vom Staat durch die Anwendung unterschiedlicher Steuerklassen.)

7.2 Begriff und Notwendigkeit der Arbeitsstudien

Aufgabe der Arbeitsstudien ist es,

- Arbeitsvorgänge aller Art systematisch zu untersuchen und Verbesserungen einzuführen **(Arbeitsablaufstudien)**,[1]
- durchschnittlich erforderliche Arbeitszeiten zu ermitteln **(Arbeitszeitstudien)**,[1]
- die Schwierigkeitsgrade von Arbeitsaufgaben festzustellen **(Arbeitswertstudien)**.

Hauptträger der Arbeitsstudien in der Bundesrepublik Deutschland ist der Verband für Arbeitsstudien – REFA – e. V.[2] Die Arbeitsstudien stützen sich auf die Erkenntnisse der Arbeitswissenschaften und deren Teilgebiete wie z. B. Arbeitsphysiologie, Arbeitspsychologie, Betriebssoziologie und Arbeitspädagogik.

Die **Notwendigkeit der Arbeitsstudien** ergibt sich aus zweierlei Sicht:

- Der **Mitarbeiter** hat Anspruch auf einen Arbeitsplatz, der unfallsicher ist, der ihm angepasst ist (z. B. griffgerechte Ausführung von Geräten und Hebeln, körpergerechte Höhenlage des Arbeitstischs usw.) und der schwere körperliche Arbeit und/oder eine Überlastung der Sinnesorgane auf ein Mindestmaß beschränkt. Außerdem führt eine objektive Bewertung der Ansprüche, die der jeweilige Arbeitsplatz an den Mitarbeiter stellt, zu einer gerechteren Entlohnung.
- Der **Betrieb** in einer marktwirtschaftlichen Ordnung muss ständig rationalisieren, d. h. Kosten sparen und/oder die Leistung erhöhen, um konkurrenzfähig zu bleiben. Die menschengerechte Gestaltung von Arbeitsplätzen und die leistungsgerechte Entlohnung tragen zur Leistungssteigerung bei.

7.3 Arbeitswertstudien

7.3.1 Begriff Arbeitswertstudien

- **Arbeitswertstudien** sind Verfahren, die den **Schwierigkeitsgrad einer Arbeit** innerhalb eines Betriebs oder eines Industriezweigs ermitteln, vergleichen und bewerten.
- Der ermittelte „Arbeitswert" dient als Grundlage einer **anforderungsabhängigen Lohndifferenzierung.**

7.3.2 Methoden der Arbeitsbewertung

7.3.2.1 Summarische Arbeitsbewertung

Kennzeichen der summarischen Arbeitsbewertung ist, dass der Arbeitsplatz als **geschlossene Einheit,** also summarisch, erfasst und mit anderen Arbeitsplätzen im Unternehmen hinsichtlich der Schwierigkeiten und Belastungen verglichen wird. Man unterscheidet zwei Verfahren zur summarischen Arbeitsbewertung: das **Rangfolgeverfahren** und das **Katalogverfahren.**

---

1 Auf die Arbeitsablaufstudien sowie die Arbeitszeitstudien wird im Folgenden nicht eingegangen. Der Lehrplan sieht die Behandlung dieser Themen nicht vor.

2 REFA: frühere Bezeichnung für Reichsausschuss für Arbeitszeitermittlung.

(1) Rangfolgeverfahren

Hierbei handelt es sich um eine **globale Bewertung** der einzelnen im Betrieb anfallenden Arbeiten von den leichtesten bis zu den schwierigsten Arbeiten. So legt z. B. eine Kommission, die aus Mitgliedern der Geschäftsleitung und des Betriebsrats bestehen kann, fest, in welcher Reihenfolge die Arbeitsplätze etwa eines Portiers, eines Lohnbuchhalters, einer Sekretärin, eines Lagerbuchhalters oder eines Disponenten eingestuft werden. Das Rangfolgeverfahren ist damit eine einfache, dafür aber sehr subjektive Methode, den Arbeitsplatz zu bewerten (siehe Beispiel 1).

Beispiel 1:

Arbeit A ist schwieriger als B	Folge →	1. Arbeit A
Arbeit A ist schwieriger als C		2. Arbeit B
Arbeit B ist schwieriger als C		3. Arbeit C

Beispiel 2:

Gruppe	Lohngruppen-Definition	Lohnschlüssel
1	Arbeiten einfacher Art, die ohne vorherige Arbeitskenntnisse nach kurzer Anweisung ausgeführt werden können und mit geringen körperlichen Belastungen verbunden sind.	75 %
2	Arbeiten, die ein Anlernen von 4 Wochen erfordern und mit geringen körperlichen Belastungen verbunden sind.	80 %
3	Arbeiten einfacher Art, die ohne vorherige Arbeitskenntnisse nach kurzer Einweisung ausgeführt werden können.	85 %
4	Arbeiten, die ein Anlernen von 4 Wochen erfordern.	90 %
5	Arbeiten, die ein Anlernen von 3 Monaten erfordern.	95 %
6	Arbeiten, die eine abgeschlossene Anlernausbildung in einem anerkannten Anlernberuf oder eine gleichzuwertende Ausbildung erfordern.	100 %
7	Arbeiten, deren Ausführung ein Können voraussetzt, das erreicht wird durch eine entsprechende ordnungsgemäße Berufslehre (Facharbeiten); Arbeiten, deren Ausführung Fertigkeiten und Kenntnisse erfordert, die Facharbeiten gleichzusetzen sind.	108 %
8	Arbeiten schwieriger Art, deren Ausführung Fertigkeiten und Kenntnisse erfordert, die über jene der Gruppe 7 wegen der notwendigen mehrjährigen Erfahrung hinausgehen.	118 %
9	Arbeiten hochwertiger Art, deren Ausführung an das Können, die Selbstständigkeit und die Verantwortung im Rahmen des gegebenen Arbeitsauftrags hohe Anforderungen stellt, die über die der Gruppe 8 hinausgehen.	125 %
10	Arbeiten höchstwertiger Art, die hervorragendes Können mit zusätzlichen theoretischen Kenntnissen, selbstständige Arbeitsausführung und Dispositionsbefugnis im Rahmen des gegebenen Arbeitsauftrags bei besonders hoher Verantwortung erfordern.	130 %

Quelle: Bröckermann, Reiner: Personalwirtschaft, 4. Aufl., S. 265.

(2) Katalogverfahren

Diese Methode legt aufgrund von katalogisierten Beispielen (z. B. Lohngruppen-Definition) den Arbeitswert fest. Die Katalogbeispiele müssen eindeutig und klar beschrieben sein. Für jedes Beispiel wird ein bestimmter Arbeitswert ermittelt. Der Nachteil des Katalogverfahrens ist, dass die betriebliche Arbeitssituation aufgrund der unaufhörlichen technisch-wirtschaftlichen Weiterentwicklung sehr bald von den einmal fixierten Richtbeispielen abweicht. Hinzu kommt, dass die mannigfaltige Wirklichkeit kaum in einer begrenzten Zahl von Richtbeispielen einzufangen ist (siehe Beispiel 2, S. 235).

7.3.2.2 Analytisches Verfahren

(1) Aufbau des Genfer Schemas

Das **analytische Arbeitsbewertungsverfahren** zerlegt zunächst die verschiedenen Tätigkeiten in ihre unterschiedlichen Anforderungen und Belastungen. Anschließend werden die aufgelisteten Anforderungen und Belastungen einer Tätigkeit jeweils für sich bewertet und die Teilwerte in Zahlen oder Punkten ausgedrückt. Die Addition der Bewertungspunkte stellt den **Arbeitswert** der Tätigkeit dar.

Auf der internationalen Tagung über Arbeitsbewertung wurde in Genf im Jahr 1950 ein allgemeines Schema für Merkmalsgruppen festgelegt **(Genfer Schema)**. Danach wird die zu bewertende Arbeit nach **vier Hauptmerkmalen** unterteilt: **Fachkönnen, Belastung, Verantwortung** und **Umwelteinflüsse**. Jedem Merkmal wird eine Höchstpunktzahl zugeteilt. So können für Fachkenntnisse höchstens 7, für Geschicklichkeit 4, für Belastung 11, für Verantwortung 10 und für Umwelteinflüsse 13 Punkte gewährt werden.

Jeweilige Punktzahl	I Fachkönnen		II Belastung		III Verantwortung			IV Umwelteinflüsse				
	Erforderliche Fachkenntnisse — Berufsausbildung, Berufserfahrung	Geschicklichkeit — Handfertigkeit	geistige Beanspruchung	körperliche Beanspruchung	für Werkstücke und Betriebsmittel	für die Gesundheit anderer	für die Arbeitsgüte	Temperaturbeeinflussung	Öl, Fett, Schmutz und Staub	Gase, Dämpfe, Erschütterungen	Unfallgefährdung	Lärm, Blendung, Lichtmangel, Erkältungsgefahr
1	Anweisung bis 6 Wochen	gering	gering	zeitweise mittel	mittel	mittel	mittel	mittel	gering	mittel	mittel	mittel
2	Anlernen bis 6 Monate	mittel	zeitweise mittel	dauernd mtitel	hoch	hoch	hoch	hoch	mittel	hoch	hoch	hoch
3	Anlernen mindestens 6 Monate und zusätzliche Berufserfahrung	hoch	dauernd mtitel	dauernd hoch	sehr hoch	sehr hoch	sehr hoch		hoch			sehr hoch
4	abgeschlossene Anlernausbildung und zusätzliche Berufserfahrung	höchste	dauernd hoch	dauernd sehr hoch	ganz außergewöhnlich				sehr hoch			
5	abgeschlossene Facharbeiterausbildung		dauernd sehr hoch	dauernd ganz außergewöhnlich								
6	abgeschlossene Facharbeiterausbildung mit besonderer Berufserfahrung		dauernd außergewöhnlich									
7	abgeschlossene Facharbeiterausbildung und höchstes fachliches Können											

Genfer Schema

Die Vorgehensweise bei der analytischen Arbeitsbewertung wird am Beispiel der Arbeit eines Reparaturschlossers gezeigt. Grundlage ist die **Arbeitsplatzbeschreibung,** die die Ansprüche eines Arbeitsplatzes an die geistigen und körperlichen Fertigkeiten und Fähigkeiten des Mitarbeiters darlegt.

Auszug aus der **Arbeitsplatzbeschreibung für einen Reparaturschlosser**: „Bei den erforderlichen Fachkenntnissen werden eine dreijährige Handwerkerlehre und eine zwei- bis fünfjährige zusätzliche Berufserfahrung vorausgesetzt. Zur Durchführung von Reparaturen an den Produktions- und Ausrüstungsmaschinen wird eine mittlere Geschicklichkeit verlangt. Die geistige Beanspruchung ist sehr hoch, da häufige Denktätigkeit erforderlich ist. Die Arbeiten sind z. T. nur mithilfe eigener Überlegungen durchführbar (z. B. Lesen von Zeichnungen). Die Anforderungen an Muskeln sind hoch, weil Arbeiten mit anstrengender Körperhaltung anfallen. So sind z. B. schwere Werkstücke handzuhaben, Treppen und Leitern zu begehen und Arbeiten mit statischer Belastung durchzuführen.

Die Verantwortung für die Betriebsmittel ist durchschnittlich, da die Möglichkeit der Verursachung von Schäden gering ist. Jedoch besteht bei fehlerhafter Durchführung der Reparaturarbeiten eine hohe Möglichkeit zur Schädigung der Gesundheit anderer. Der Reparaturschlosser hat einen sehr großen Einfluss auf den Arbeitsablauf, da eine schnelle Durchführung von Reparaturen Stillstände und Ausschuss vermeidet.

Die Tätigkeit des Reparaturschlossers unterliegt verschiedenen negativen Umwelteinflüssen. In der Regel arbeitet er zwar nicht unter extremen Temperaturverhältnissen. Jedoch sind die Arbeiten abwechselnd in geschlossenen Räumen und im Freien durchzuführen, sodass die Erkältungsgefahr groß ist. Hinzu kommt die Blendung beim Schweißen.

Die Verschmutzung durch Öle, Fette und Rost ist hoch. Außerdem sind erhebliche Belästigungen durch Lärm und Erschütterungen bei Arbeiten an den Maschinen und in der Werkstatt gegeben …"

Mithilfe des Genfer Schemas lässt sich der Arbeitsplatz des Reparaturschlossers folgendermaßen bewerten:

Arbeitsplatzbewertungsbogen	Arbeitsplatz-Nr. 62	
	Bewertung	
Anforderungen	Höchst-punktzahl	Ist-punktzahl
I. Erforderliches Fachkönnen		
Berufsausbildung und Berufserfahrung	7	7
Geschicklichkeit	4	2
II. Anstrengung		
– geistige Beanspruchung	6	4
– körperliche Beanspruchung	5	4
III. Verantwortung		
– für Werkstücke und Betriebsmittel	3	2
– für die Gesundheit anderer	4	3
– für die Arbeitsgüte	3	2
IV. Umwelteinflüsse		
– Temperaturbeeinflussung	2	1
– Öl, Fett, Schmutz und Staub	4	3
– Gase, Dämpfe, Erschütterungen	2	2
– Unfallgefährdung	2	2
– Lärm, Blendung, Lichtmangel, Erkältungsgefahr	3	3
Summe der Punkte (Arbeitswert)	**45**	**35**

(2) Berechnung des Lohnsatzes nach dem analytischen Verfahren

Lohn = Lohnsatz beim Arbeitswert 0 + Arbeitswert · Steigerungsfaktor

Für die **Berechnung des Lohnsatzes** werden folgende Abkürzungen verwendet: Lohnsatz: L　　　　　　　Arbeitswert: A Lohnsatz beim Arbeitswert 0: L_0　　　Steigerungsfaktor: f	$L = L_0 + A \cdot f$
Der **Steigerungsfaktor (f)** ergibt sich, indem die Differenz zwischen minimalem Lohnsatz (L_{min}) und maximalem Lohnsatz (L_{max}) durch die Arbeitswertspanne des Betriebs dividiert wird. Die **Arbeitswertspanne** ist der Unterschied zwischen dem höchsten Arbeitswert (A_{max}) und dem niedrigsten Arbeitswert (A_{min}). Es gilt also:	$f = \dfrac{L_{max} - L_{min}}{A_{max} - A_{min}}$
Der **Lohnsatz beim Arbeitswert 0** kann wie folgt errechnet werden:	$L_0 = L_{min} - A_{min} \cdot f$

Beispiel:

Wir greifen auf das Beispiel der Arbeitsplatzbeschreibung für einen Reparaturschlosser zurück (S. 237). Für die Lohnberechnung liegen folgende Daten vor: minimaler Lohnsatz 9,50 EUR, maximaler Lohnsatz 20,00 EUR, Arbeitswert des Arbeitsplatzes 35, Mindestarbeitswert 10, Höchstarbeitswert 45.

Aufgabe:

Berechnen Sie den Lohnsatz bei Arbeitswert 35!

Lösung:

Berechnung des Steigerungsfaktors:	$f = \dfrac{20 - 9{,}50}{45 - 10} = \underline{\underline{0{,}3}}$
Berechnung des Lohnsatzes beim Arbeitswert 0:	$L_0 = 9{,}50 - 10 \cdot 0{,}3 = \underline{\underline{6{,}50}}$
Berechnung des Lohns für den Reparaturschlosser:	$L = 6{,}50 + 35 \cdot 0{,}3 = \underline{\underline{17{,}00}}$

Ergebnis:

Der Lohnsatz des Reparaturschlossers beträgt 17,00 EUR.

7.3.3　Bedeutung der Arbeitsbewertung

Sowohl die summarische als auch die analytische Arbeitsbewertung differenziert (unterscheidet) die Lohnhöhe nach den **Anforderungen des Arbeitsplatzes** (anforderungsabhängige Lohndifferenzierung). Insofern trägt sie zu einer gerechteren Entlohnung bei. Sie sagt aber noch nichts darüber aus, was der einzelne Mitarbeiter an seinem Arbeitsplatz tatsächlich leistet. Die **tatsächliche Arbeitsleistung** hängt vom Charakter, der Leistungsfähigkeit und vom Leistungswillen des Mitarbeiters ab. Sie kann nur insoweit bewertet werden, als sie äußerlich erkennbar ist. Merkmale sind z.B. Sorgfalt, Fleiß und Arbeitsgeschwindigkeit.

Soll die **Leistung** des einzelnen Mitarbeiters bei der Lohnfindung ebenfalls berücksichtigt werden, müssen Leistungsgrad und Istleistung ermittelt werden.

Ergibt die Istleistung eines Mitarbeiters einen Leistungsgrad von 120 %, dann liegt seine Vergütung auch um 20 % über einer Vergütung bei Normalleistung.

Zusammenfassung

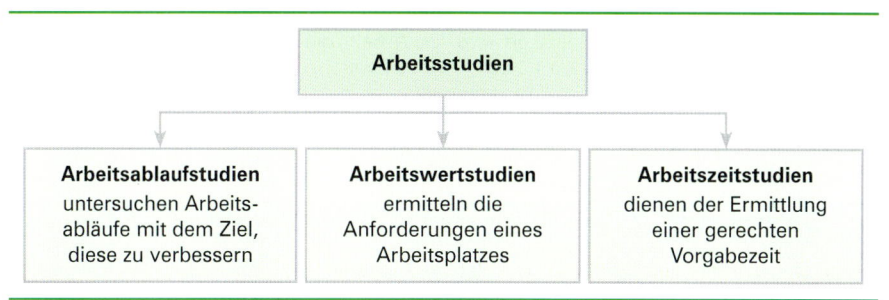

- **Arbeitswertstudien** ermitteln den **Schwierigkeitsgrad** einer Arbeit und sind Grundlage für die Entlohnung an einem bestimmten Arbeitsplatz. Bewertet wird nicht die Person, sondern der Arbeitsplatz.
- **Summarische Verfahren** bewerten den Arbeitsplatz als Ganzes. Hierzu gehören das **Rangfolgeverfahren** und das **Katalogverfahren**.
- **Analytische Verfahren** bewerten den Arbeitsplatz aufgrund bestimmter Merkmale. Die vier Hauptmerkmalsgruppen des **Genfer Schemas** sind geistiges und körperliches **Können**, geistige und körperliche **Belastung**, **Verantwortung** und **Umwelteinflüsse**.

Übungsaufgaben

85
1. Begründen Sie die Notwendigkeit von Arbeitsstudien aus der Sicht der Arbeitnehmer!

2. Begründen Sie die Notwendigkeit von Arbeitsstudien aus der Sicht des Betriebs!

3. Nennen Sie die Hauptaufgabe der Arbeitswertstudien!

4. Beschreiben Sie kurz das summarische und das analytische Bewertungsverfahren!

5. Begründen Sie, welche der genannten Methoden Sie für die beste halten!

6. Erläutern Sie, warum die Arbeitsplatzbeschreibung eine Voraussetzung für eine gute Arbeitsplatzbewertung ist!

7. Äußern Sie begründet Ihre Meinung, ob die Mitarbeiter eines Betriebs bei der Arbeitsplatzbewertung ein Mitspracherecht besitzen sollen! Nennen Sie Gründe, die dafür und solche dagegen sprechen!

8. Erläutern Sie, ob die Arbeitsplatzbewertung bereits etwas über die Leistung des einzelnen Arbeitnehmers aussagt!

86 In einem Industriebetrieb werden drei Arbeitsplätze mit 25, 30 und 32 Punkten gemäß dem Genfer Schema bewertet. Die niedrigste betriebliche Punktzahl beträgt 12, die höchste betriebliche Punktzahl 45. Der minimale Lohnsatz beträgt 16,00 EUR, der maximale Lohnsatz 26,56 EUR.

Aufgaben:

1. Berechnen Sie die Lohnsätze für die drei Arbeitswerte!
2. Stellen Sie eine Grafik auf, in der die Abhängigkeit zwischen Lohnsatz und Arbeitswert gezeigt wird!

   Lösungshinweis:

   Tragen Sie auf der x-Achse den Arbeitswert, auf der y-Achse die Höhe des Lohnsatzes ein!

7.4 Entlohnungssysteme

7.4.1 Überblick

Nach der Berechnung der Bruttolöhne werden folgende **Lohnformen (Entlohnungssysteme, Entlohnungsformen)** unterschieden:

Leistungslohn i. w. S.				
Zeitlohn (Tag-, Wochen-, Dekadenlohn, Monatslohn, Monatsgehalt, Jahresgehalt)	Leistungslohn i. e. S. (Lohnanreizsysteme)			
	Akkordlohn (Stücklohn)			Prämien- lohn
	Geld- akkord	Zeit- akkord	Sonstige Formen d. Akkordlohns	

7.4.2 Zeitlohn

Beim Zeitlohn erfolgt die Entlohnung nach der **Dauer der Arbeitszeit, unabhängig** von der **erbrachten Leistung.** Die Arbeitszeit wird in der Regel nach Stunden (Stundenlohn) oder nach Monaten entlohnt.

- Leistungsanreize sind nicht möglich (z. B. Portier, Restaurierungen, Aufsicht).
- Leistungsanreize sind nicht sinnvoll (z. B. Herstellung von qualitativ hochwertigen Gütern, die Sorgfalt und Präzision bedingen; Fernfahrer).
- Leistung ist nicht messbar (z. B. Bürotätigkeit, Forschung, Lehrtätigkeit).
- Leistung kann nicht beeinflusst werden (z. B. Fließbandarbeit mit festem Zeittakt).

Typische Anwendungsgebiete für den Zeitlohn sind:

$$\text{Bruttolohn} = \text{Anzahl der Zeiteinheiten} \cdot \text{Lohnsatz je Zeiteinheit}$$

Zeitlohn		
	Vorteile	**Nachteile**
Arbeitgeber	▪ Geringer Verwaltungsaufwand. ▪ Weniger Krankheitsfälle durch geringeren Leistungsdruck. ▪ Weniger Ausschuss. ▪ Gute Arbeitsqualität. ▪ …	▪ Zeitvorgaben werden voll ausgenutzt. ▪ Leerlaufzeiten werden nicht zur Arbeit genutzt. ▪ Trägt Risiko der Leistungsbereitschaft des Arbeitnehmers. ▪ Verstärkte Mengen- und Qualitätskontrollen erforderlich. ▪ Keine Mehrproduktion, da der Leistungsanreiz fehlt. ▪ …
Arbeitnehmer	▪ Kein starker Zeitdruck. ▪ Kann auf Qualität geachtet werden. ▪ Sicheres Einkommen. ▪ …	▪ Wird als ungerecht empfunden, wegen unterschiedlicher Leistungen. ▪ Sorgfältige und gewissenhafte Arbeit wird nicht belohnt. ▪ Kein Mehrverdienst durch erhöhte Leistung. ▪ …

7.4.3 Akkordlohn

7.4.3.1 Voraussetzungen für eine Akkordentlohnung

Beim Akkordlohn erfolgt die Entlohnung nach der vollbrachten Leistung der Mitarbeiter, die messbar und überprüfbar sein muss. Akkordlohn wird hauptsächlich in der Produktion gezahlt, denn hier treffen die Voraussetzungen für eine Akkordentlohnung am ehesten zu.

Die **Voraussetzungen** der auf die Leistungseinheit bezogenen Entlohnung sind:

- Der **Arbeitsumfang** muss genau festlegbar sein (z. B. Zahnräder fräsen).
- Die **Arbeitszeit bei Normalleistung** muss exakt ermittelt werden können (z. B. durch Arbeitszeitstudien).
- Die **Arbeitsgeschwindigkeit** muss ganz oder zumindest teilweise vom Arbeitenden beeinflusst werden können (z. B. Fliesen legen). Folglich sind vollautomatisierte Fertigungsabläufe nicht akkordfähig.
- Die **Arbeitsgänge** müssen sich wiederholen, d. h., die zu fertigende Stückzahl darf nicht zu klein sein.

7.4.3.2 Einzelakkord

(1) Wichtige Begriffe

Beim Einzelakkord geht es darum, die Arbeitsleistung eines **einzelnen Mitarbeiters** zu entlohnen.

16 Speth u. a. - ISBN 978-3-8120-0520-3

Die Höhe des Akkordlohns wird zunächst durch den **Akkordrichtsatz** bestimmt. Der Akkordrichtsatz besteht aus zwei Komponenten:[1]

- dem **Grundlohn (Mindestlohn),** der meist dem Stundenlohn entspricht, den Zeitarbeiter für die gleiche oder ähnliche Arbeitsverrichtung beziehen. Der Grundlohn ist von der **Lohngruppe** abhängig, die tariflich vereinbart ist.

Das Verhältnis der Lohngruppen wird über **Lohngruppenschlüssel** bestimmt.

- dem **Akkordzuschlag,** der in der Regel 15 bis 25 % des Grundlohns beträgt. Die Höhe des Akkordzuschlags ist in der Regel tariflich festgelegt.

$$\text{Akkordrichtsatz} = \text{Grundlohn} + \text{Akkordzuschlag}$$

(2) Geldakkord (Stückgeldakkord)

Beim Geldakkord wird ein fester Geldsatz pro Einheit (z.B. Stück) vergütet. Den Geldsatz bezeichnet man als **Stückgeld** oder **Stückakkordsatz**.

$$\text{Stückgeld (Stückakkordsatz)} = \frac{\text{Akkordrichtsatz}}{\text{Normalleistung/Stunde}}$$

Der **Bruttolohn** errechnet sich beim Geldakkord wie folgt:

$$\text{Bruttolohn} = \text{Stückgeld (Stückakkordsatz)} \cdot \text{Stückzahl (Istleistung)}$$

Beispiel:

Der Grundlohn eines Drehers beträgt 16,00 EUR je Stunde. Es wird ein Akkordzuschlag von 20 % gezahlt. Die Vorgabezeit wurde auf 24 Minuten festgelegt.

Aufgaben:

1. Berechnen Sie den Bruttolohn eines Drehers an einem Arbeitstag, wenn dieser 25 Stück je Arbeitstag fertigt!

2. Berechnen Sie den effektiven Stundenlohn des Drehers, wenn ein Arbeitstag 8 Stunden beträgt!

Lösungen:

Zu 1.:

Akkordrichtsatz:	Grundlohn je Stunde	16,00 EUR
	+ Akkordzuschlag (20 %)	3,20 EUR
		19,20 EUR

Normalleistung je Stunde: $\dfrac{60}{24}$ = 2,5 Stück/Std.

Stückgeld: $\dfrac{19,20}{2,5}$ = 7,68 EUR/Stück

Bruttolohn je Arbeitstag: 7,68 EUR/Stück · 25 Stück = 192,00 EUR

Zu 2.:

Effektiver Stundenlohn: 192,00 EUR : 8 Stunden = 24,00 EUR/Std.

---

1 Komponente: Bestandteil.

(3) Zeitakkord (Stückzeitakkord)

Beim Zeitakkord wird den Beschäftigten für jedes gefertigte Stück eine im Voraus festgelegte Zeiteinheit, die **Vorgabezeit (Zeitakkordsatz, Zeitsatz),** vorgegeben und mit dem Preis pro Minute **(Minutenfaktor)** vergütet.

$$\text{Bruttolohn} = \text{Stückzahl} \cdot \text{Vorgabezeit} \cdot \text{Minutenfaktor}$$

$$\text{Vorgabezeit} = \frac{60 \text{ Minuten}}{\text{Normalleistung/Stunde}}$$

$$\text{Minutenfaktor} = \frac{\text{Akkordrichtsatz/Stunde}}{60}$$

Beispiel:

Es werden die im vorangegangenen Beispiel angegebenen Zahlen zugrunde gelegt.

Lösung:

Minutenfaktor: $\dfrac{19,20}{60} = \underline{0,32 \text{ EUR}}$

Bruttolohn je Arbeitstag: 25 Stück · 24 Min. · 0,32 EUR = $\underline{192,00 \text{ EUR}}$

(4) Akkordlohnformen der Praxis

Die Praxis hat seit Einführung der Monatslöhne zahlreiche betriebsindividuelle Modelle der Akkordlohnberechnung entwickelt. Diese Modelle sind grundsätzlich wie folgt aufgebaut:

Beispiel:

Frau Schmitt hat einen Monatslohn (Grundlohn) von 1 600,00 EUR. Er wird auch bei Minderleistung bezahlt.

Die Vorgabezeit je Werkstück beträgt 30 Minuten. Da die monatlichen Arbeitsstunden schwanken (unterschiedliche Zahl der Arbeitstage, Feiertage, Betriebsferien usw.), werden die monatlichen Sollstunden den Arbeitnehmern vorgegeben. Damit liegt auch die **Sollleistung (Normalleistung)** fest.

Ein „Normalmonat" wird mit 160 Arbeitsstunden festgelegt. Das bedeutet, dass von einer **Normalleistung** von 320 Werkstücken ausgegangen wird. Dies entspricht einer Normalleistung von 2 Stück je Stunde. Frau Schmitt fertigt im Normalmonat Mai 352 Werkstücke. Sie erbringt eine Mehrleistung von 10 %, was einem Faktor von 0,1 entspricht.

Der Monat Juli hat aufgrund der Betriebsferien nur 80 Arbeitsstunden. Damit beträgt die Normalleistung 160 Werkstücke. Frau Schmitt fertigt im Monat Juli wiederum 10 % mehr, also 176 Werkstücke.

Den Faktor, mit dem die Mehrleistung zu gewichten ist, bezeichnet man als **Umrechnungsfaktor.**

Aufgabe:

Berechnen Sie den Lohn von Frau Schmitt für die Monate Mai und Juli!

Umrechnungsfaktor Monat Mai: $\frac{160}{160} = \underline{1}$ Umrechnungsfaktor Monat Juli: $\frac{80}{160} = \underline{0,5}$

Der Lohn von Frau Schmitt beträgt

im Mai:	1 600,00 EUR + 1 600,00 EUR · 0,10 · 1	= 1 760,00 EUR
im Juli:	1 600,00 EUR + 1 600,00 EUR · 0,10 · 0,5	= 1 680,00 EUR

Erläuterung:

Obwohl Frau Schmitt im Mai und im Juli jeweils eine Mehrleistung von 10 % erbringt, erhält sie unterschiedliche Leistungszuschläge (Mai: 1 600,00 · 0,1 · 1 = 160,00 EUR, Juli: 1 600,00 · 0,1 · 0,5 = 80,00 EUR). Grund: Der Umrechnungsfaktor, mit dem die Mehrleistung zu gewichten ist, hat sich halbiert, weil sich die Zahl der Arbeitsstunden im Juli halbiert hat.

Für die Berechnung des Monatslohns gilt folgende Formel:

$$\text{Monatslohn} = \text{Grundlohn} + \text{Grundlohn} \cdot \text{Mehrleistung in \%} \cdot \text{Umrechnungsfaktor}$$

$$\text{Umrechnungsfaktor} = \frac{\text{Arbeitsstunden des jeweiligen Monats}}{\text{Arbeitsstunden des Normalmonats}}$$

Akkordlohn		
	Vorteile	**Nachteile**
Arbeitgeber	▪ Bindung der Bezahlung an die Leistung. ▪ Arbeitsablauf kann optimal gestaltet werden wegen Vorgabezeiten. ▪ Entlockt dem Arbeitnehmer hohe Anstrengung. ▪ Zieht fähige Arbeitnehmer an. ▪ Kann den Gewinn erhöhen. ▪ Lohnkosten je Stück sind festgelegt, dadurch zuverlässige Kalkulation. ▪ …	▪ Hoher Aufwand für die Ermittlung der Vorgabezeiten. ▪ Unruhe im Betrieb durch ständige Diskussion über Vorgabezeiten. ▪ Qualität kann unter der erhöhten Mengenleistung leiden. ▪ Kostenerhöhung durch qualitätssichernde Maßnahmen. ▪ Kann zu höherem Krankenstand und Arbeitsunfällen führen. ▪ …
Arbeitnehmer	▪ Höherer Leistungsanreiz. ▪ Kann die Höhe des Arbeitsentgelts selbst beeinflussen. ▪ …	▪ Schwankendes Erwerbseinkommen. ▪ Gefahr steigender Erwartungen bzw. Ansprüche des Arbeitgebers ausgesetzt. ▪ Gesundheitliche Schäden möglich. ▪ …

7.4.3.3 Gruppenakkord

Beim **Gruppenakkord** besteht eine Lohnvereinbarung mit einem Team (einer Arbeitsgruppe). Der gemeinsam verdiente Akkordlohn wird unter den Mitgliedern der Gruppe aufgeteilt.

Für die **Aufteilung** des Mehrverdienstes bei Teamarbeit können folgende Gesichtspunkte maßgebend sein:

- gleichmäßige Verteilung,
- Verteilung nach Lohngruppen,
- Verteilung nach Alterseinstufung oder
- Verteilung mithilfe eines Leistungsfaktors, der vom Akkordführer festgelegt wird.

Das **Zahlpunktsystem** ist eine Form des Gruppenakkords, das bei der Fließfertigung angewandt wird.

Ein wesentlicher **Vorteil** des Gruppenakkords ist der Zusammenhalt und die gegenseitige Kontrolle der Gruppenmitglieder. **Nachteil** des Gruppenakkords ist, dass die schwächeren Gruppenmitglieder überfordert werden und es so zu Spannungen in der Gruppe kommt.

> **Beispiel:**
>
> Die gesamte am Montageband arbeitende Belegschaft wird zu einer Gruppe zusammengefasst. Die zusammengebauten Erzeugnisse werden gezählt und verrechnet. Der „Zahlpunkt" ist in diesem Fall das Ende des Fließbands, an dem die fertigen Stücke abgenommen werden. Ein Einzelakkord ist nicht anwendbar, weil dem Einzelnen das Arbeitstempo durch das Fließband aufgezwungen wird.

7.4.4 Prämienlohn

Bei der Prämienentlohnung wird zu einem vereinbarten Grundlohn noch eine Zulage, die **Prämie,** gewährt. Dabei ist zu unterscheiden, ob die Prämie für **qualitative** (gütemäßige) **Arbeitsleistungen** und/oder **quantitative** (mengenmäßige) **Arbeitsleistungen** gezahlt wird.

(1) Prämienlohn für qualitative Arbeitsleistungen (Arbeitsgüte)

Je nach Art der Qualität der Leistungen werden folgende Prämienarten unterschieden:

Güteprämien	Sie werden z. B. gewährt bei Verringerung des Ausschusses.
Stoffausbeute-prämien	Sie werden für eine hohe Ausbeute wertvoller Roh-, Hilfs- und Betriebsstoffe sowie Halbfabrikate gewährt.
Nutzungsprämien	Sie werden für eine gute Maschinenausnutzung gezahlt.
Ersparnisprämien	Sie sollen einen Anreiz zur Einsparung von Hilfs-, Betriebs- und Rohstoffen sowie Energien geben.
Terminprämien	Sie werden bei eiligen Aufträgen gezahlt, falls die Termine eingehalten oder unterschritten werden.

(2) Prämienlohn für quantitative Arbeitsleistungen (Arbeitsmenge)

Hierbei handelt es sich um den Prämienlohn im eigentlichen Sinne, weil er – wie der Akkordlohn auch – die mengenmäßige Arbeitsleistung erhöhen soll. Das mengenbezogene Prämienlohnverfahren wird anhand des **Prämienlohnsystems nach Halsey** erläutert.

Bei diesem System erhält der Mitarbeiter neben dem Grundlohn eine Prämie von $33^1/_3$ bis 50 % des Zeitlohns, der durch Unterschreiten der Vorgabezeit erspart wird. Der Profit aus der Mehrleistung wird also zwischen Arbeitgeber und Arbeitnehmer geteilt. Die Lohnkosten je Stück nehmen mit zunehmender Leistung ab.

Beispiel:

In einem Betrieb wird 10 Stunden am Tag gearbeitet. Die Vorgabezeit je Werkstück beträgt eine Stunde. Der Stundenlohn (Grundlohn) beläuft sich auf 20,00 EUR. Die Prämie wird auf 50 % des ersparten Zeitlohns festgesetzt.

Aufgaben:

1. Stellen Sie die Entwicklung des Bruttolohns je Tag dar, wenn ein Mitarbeiter seine

Tagesleistung wie folgt steigert: 10, 12, 14, 16, 18 und 20 Stück je Tag!

2. Berechnen Sie die Lohnstückkosten bei den vorgegebenen unterschiedlichen Tagesleistungen!

3. Berechnen Sie den Stundenlohn bei den unterschiedlichen Tagesleistungen!

Lösungen:

Zu 1. bis 3.:

Istleistung (Stück)	Arbeitszeit (in Std.)	Ersparte Zeit (in Std.)	Grundlohn (EUR)	Prämie 50 % des Stundenlohns (EUR)	Taglohn (EUR)	Lohnstückkosten (EUR)	Stundenlohn (EUR)
10	10	–	200,00	–	200,00	20,00	20,00
12	10	2	200,00	20,00	220,00	18,33	22,00
14	10	4	200,00	40,00	240,00	17,14	24,00
16	10	6	200,00	60,00	260,00	16,25	26,00
18	10	8	200,00	80,00	280,00	15,56	28,00
20	10	10	200,00	100,00	300,00	15,00	30,00

Prämienlohn		
	Vorteile	**Nachteile**
Arbeitgeber	▪ Leistungsverhalten der Arbeitnehmer kann gezielt gesteuert werden, z. B. auf bessere Qualität oder kürzere Durchlaufzeiten. ▪ Gefahr der Überbelastung kann durch unterproportionale Prämienkurven vermieden werden. ▪ Die Mehrleistung der Arbeitnehmer wird zwischen Arbeitgeber und Arbeitnehmer aufgeteilt. ▪ Kann zu einer Gewinnsteigerung beitragen. ▪ …	▪ Ist aufwendig abzurechnen. ▪ Durch das für den Arbeitnehmer schwer nachvollziehbare Abrechnungssystem kann der Arbeitsfrieden gefährdet werden. ▪ Konflikte zwischen den Arbeitnehmern. Unter Umständen müssen einzelne Arbeitnehmer auf Prämien verzichten, weil andere Arbeitnehmer mangelhaft zuarbeiten. ▪ …
Arbeitnehmer	▪ Leistungsanreiz durch Prämie. ▪ Bessere Identifizierung mit dem Arbeitsergebnis, da am Erfolg beteiligt. ▪ …	▪ Die Mehrleistung kommt nicht in vollem Umfang zur Geltung. ▪ Schwankendes Leistungsentgelt. ▪ Lohnabrechnung schwer nachvollziehbar. ▪ …

Teilweise überschneiden sich die Vor- und Nachteile des Prämienlohns mit denen des Akkordlohns.

- Beim **Zeitlohn** wird die Entlohnung bestimmt durch die **Arbeitszeit** und dem **Lohn je Zeiteinheit**.

- Beim **Akkordlohn** wird die Entlohnung durch die **erbrachte Leistung** bestimmt.

- Beim **Einzelakkord** erfolgt die Berechnung des Akkordlohns getrennt für jeden Mitarbeiter.

- Beim **Gruppenakkord** wird der Akkordlohn für eine ganze Gruppe ermittelt. Das Problem hierbei besteht in einer gerechten Verteilung des Gesamtlohns auf die Gruppenmitglieder.

- **Akkordrichtsatz** = Grundlohn + Akkordzuschlag.

- Der **Akkordzuschlag** ist eine Vergütung für die Bereitschaft, unter Akkordbedingungen zu arbeiten.

- Beim **Geldakkord (Stückgeldakkord)** ist die Basis der Lohnberechnung die Vergütung je Mengeneinheit.

  Bruttolohn = Stückgeld · Stückzahl (Istleistung)

- Zur Ermittlung des **Zeitakkords (Stückzeitakkords)** benötigt man folgende Werte:

  - Vergütung je Minute bei Normalleistung (Sollleistung)

    $$\text{Minutenfaktor} = \frac{\text{Akkordrichtsatz}}{60}$$

  - Vorgabezeit je Stück

    $$\text{Vorgabezeit} = \frac{60 \text{ Minuten}}{\text{Normalleistung}}$$

  Mithilfe des Minutenfaktors und der Vorgabezeit lässt sich der Bruttolohn wie folgt ermitteln:

  Bruttolohn = Stückzahl · Vorgabezeit · Minutenfaktor

- Da die monatlichen Arbeitsstunden aufgrund von Feiertagen, unterschiedlicher Zahl der Arbeitstage usw. schwanken, ist eine Anpassung des Leistungszuschlags an die schwankende Normalleistung des Monats erforderlich. Dies geschieht über **Umrechnungsfaktoren**.

- Beim **Prämienlohn** wird zum vereinbarten Grundlohn noch eine **Prämie** für quantitative und/oder für qualitative Arbeitsleistungen bezahlt, z. B. für Arbeitsqualität, Verringerung des Verschnitts, Maschinennutzung oder Termineinhaltung.

87 Wir greifen auf das Einführungsbeispiel auf S. 243 zurück:

Angenommen, die Monatsarbeitsstunden betragen im Januar 90, im Februar 150 und im März 120 Stunden. Frau Schmitt fertigt im Januar 198, im Februar 315 und im März 230 Werkstücke.

Aufgabe:

Berechnen Sie ihre Monatslöhne von Januar bis März!

88 Die Schwarz Elektro GmbH stellt elektrische Mess- und Regelgeräte her. Hauptumsatzträger ist die Schwarz-Zeitschaltuhr, mit der die Ein- und Ausschaltzeiten von Elektrogeräten vorprogrammiert werden können. Dieses Gerät wird in mehreren Ausführungen in größeren Stückzahlen hergestellt. Die einzelnen Bauteile werden bezogen bzw. vollautomatisch hergestellt. Die Zeitschaltuhren werden aus rund 25 Bauteilen von jeweils einem Montagearbeiter komplett zusammengesetzt.

Die Geschäftsleitung steht zurzeit vor folgenden Problemen:

– Der Absatz hat in den letzten Monaten mengenmäßig stark zugenommen. Die Lieferfristen für die Zeitschaltuhren haben sich verlängert.

– In dieser Zeit häufen sich auch die Reklamationen von Kunden. Die Zeitschaltuhren sind des Öfteren unzuverlässig.

– Ausländische Konkurrenten drücken den Preis von Zeitschaltuhren. Die Geschäftsleitung hält es für wichtig, die Lohnkosten in der Fertigung zu begrenzen.

Bisher wurden Montagearbeiter im Stundenlohn bezahlt. Es wird die Entlohnung im Akkordsystem angeregt.

Aufgaben:

1. Beschreiben Sie zwei Vor- und Nachteile der beiden genannten Lohnformen für die Arbeitnehmer und für den Arbeitgeber!

2. Entscheiden Sie begründet unter besonderer Berücksichtigung der vorgenannten Probleme (Reklamationen, Lieferfristen, Lohnkosten), welche Lohnform für die Schwarz Elektro GmbH am besten geeignet ist!

3. Für eine im Akkord zu entlohnende Arbeit wird bei der Schwarz Elektro GmbH eine Vorgabezeit von 12 Minuten pro Stück festgesetzt. Der Akkordrichtsatz des Arbeiters beträgt 18,00 EUR. Der Arbeiter fertigt 1 000 Stück.
   3.1 Berechnen Sie den Bruttolohn des Arbeiters!
   3.2 Ermitteln Sie den Leistungsgrad des Mitarbeiters und seinen effektiven Stundenlohn, wenn er zur Durchführung des Auftrags 160 Stunden benötigte!

4. Die Geschäftsleitung der Schwarz Elektro GmbH beschließt, die Montage der Zeitschaltuhren in Teamarbeit (Gruppenarbeit) montieren zu lassen. Mehrleistung soll in Form eines Prämienlohns vergütet werden.
   4.1 Erklären Sie, was unter Prämienlohn zu verstehen ist!
   4.2 Erläutern Sie die Probleme, die bei der Bruttolohnberechnung der Mitarbeiter des Teams entstehen können!

89 In der Maschinenfabrik Raimann GmbH soll das Prämienlohnsystem eingeführt werden. Der Grundlohn beträgt 16,20 EUR, die Vorgabezeit je Werkstück 20 Minuten. Es werden 8 Stunden je Tag gearbeitet.

Aufgaben:

1. Berechnen Sie den Lohn eines Mitarbeiters je Tag, wenn er alternativ 24, 25, 26, 27, 28, 29 und 30 Stück je Tag herstellt und das Prämienlohnsystem nach Halsey bei 50 %iger Prämie zugrunde gelegt wird!

2. Stellen Sie die Ergebnisse grafisch dar!

3. Berechnen Sie den täglichen Bruttolohn bei den oben genannten alternativen Leistungen, falls Akkordlohn gezahlt wird! (Akkordrichtsatz 19,44 EUR je Stunde.)

4. Die Maschinenfabrik Raimann GmbH stellt zum 1. Oktober 20.. Herrn Moosbrucker als neuen Mitarbeiter ein. Er wird als Arbeiter an der Stanzmaschine beschäftigt.
   4.1 Geben Sie drei Gründe an, warum für diese Tätigkeit Akkordlohn infrage kommen kann!
   4.2 Nennen Sie zwei mögliche Nachteile des Akkordlohns für den Arbeitnehmer!
   4.3 Nennen Sie die zwei Berechnungsarten, die für den Akkordlohn möglich sind!
   4.4 Nennen Sie zwei Tätigkeiten, für die sich der Akkordlohn besonders eignet!
   4.5 Nennen Sie zwei mögliche Vorteile des Akkordlohns für den Arbeitnehmer!
   4.6 Erläutern Sie, wie sichergestellt wird, dass der Verdienst des Arbeitnehmers nicht zu gering wird, wenn er die Zeitvorgaben unverschuldet überschreitet!

5. Grenzen Sie den Prämienlohn vom Akkordlohn ab!

6. Nennen Sie Lohnformen, die sich für die Fließbandfertigung eignen!

8.1 Tarifvertrag

8.1.1 Sozialpartner

(1) Überblick

Die Gründung von **Gewerkschaften** und **Arbeitgeberverbänden** ist ein in Artikel 9 III GG ausdrücklich verbrieftes Recht. Da – zumindest kurz- und mittelfristig – die Interessen der Arbeitnehmer denen der Arbeitgeber zuwiderlaufen können, sind **beide** Interessenvertretungen dazu aufgerufen, auf einen Interessenausgleich, der in der Regel ein Kompromiss sein wird, hinzuwirken. Ihre Aufgabe ist also, für einen **sozialen Ausgleich** Sorge zu tragen. Gewerkschaften und Arbeitgeberverbände als Tarifpartner werden daher auch als **Sozialpartner** bezeichnet.

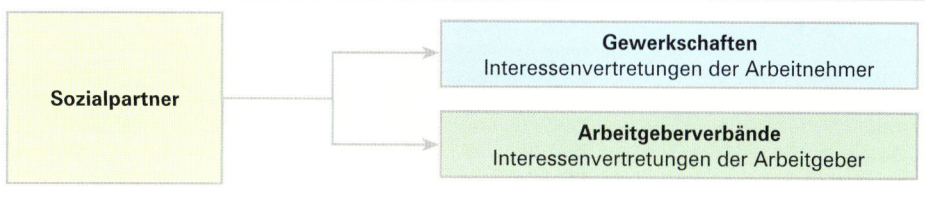

(2) Arbeitgeberverbände

Die Arbeitgeberverbände bildeten sich bereits in der zweiten Hälfte des letzten Jahrhunderts als Gegenpol zu den Gewerkschaften. Sie waren anfangs reine Interessenverbände der Unternehmer, um den Forderungen der Gewerkschaften z.B. nach höheren Löhnen, Tarifverträgen und Verkürzung der Arbeitszeit zu begegnen. Die Aufgabenstellung der Arbeitgeberverbände hat sich seitdem erweitert. Neben den **lohnpolitischen** und **arbeitsrechtlichen Aufgaben** befassen sich die Arbeitgeberverbände auch mit **sozialpolitischen Fragen** wie z.B. der Berufsausbildung und Fortbildung, der Altersversorgung, der Vertretung von Unternehmerinteressen bei der Sozialgesetzgebung, der Mitwirkung bei der Selbstverwaltung der Sozialversicherungsträger und der Öffentlichkeitsarbeit.

Die **Zusammenschlüsse der Unternehmen** zu Arbeitgeberverbänden erfolgt sowohl auf **fachlicher Ebene** (z.B. Hauptverband des Deutschen Einzelhandels e.V.) als auch auf **regionaler Ebene** (z.B. Einzelhandelsverband Metall Baden-Württemberg). Die Mitgliedschaft ist freiwillig. Der Spitzenverband der Arbeitgeberverbände ist die **Bundesvereinigung der Deutschen Arbeitgeberverbände (BDA),** die als Dachorganisation die gemeinschaftlichen, über den Bereich eines Landes oder eines Wirtschaftszweigs hinausgehenden sozialpolitischen Interessen der Arbeitgeber wahrnimmt.

(3) Gewerkschaften

Den Arbeitgeberverbänden stehen die **Gewerkschaften** gegenüber. Die Gewerkschaften sind die **Interessenvertretung der Arbeitnehmer.** Sie sind insbesondere durch folgende Kriterien gekennzeichnet:

Koalitionsfreiheit	Die Arbeitnehmer haben die Freiheit, Gewerkschaften zu bilden, ihnen beizutreten oder auch fernzubleiben.
Unabhängigkeit	Die Gewerkschaften sind unabhängig vom Staat, von Arbeitgebern, von politischen Parteien und Weltanschauungen.
Kampfbereitschaft	Die Gewerkschaften sind bereit, ihre Forderungen gegebenenfalls mithilfe eines Arbeitskampfs durchzusetzen.

Die wichtigsten **Ziele der Gewerkschaften** sind die **Erhöhung der Lohnquote,**[1] die **Verbesserung der Arbeitsbedingungen,** die **Hebung des Ausbildungsstands** der Arbeitnehmer und die **Verringerung der Arbeitslosigkeit.**

In der Bundesrepublik Deutschland gibt es mehrere große Arbeitnehmerorganisationen. Die größte und bedeutendste ist der Deutsche Gewerkschaftsbund, der die Dachorganisation für 8 Einzelgewerkschaften bildet. Zu den neben dem DGB und seinen Einzelorganisationen bestehenden Arbeitnehmerorganisationen zählen der Deutsche Beamtenbund (DBB), der Christliche Gewerkschaftsbund (CGB) und der Deutsche Bundeswehr-Verband.

8.1.2 Tarifvertragliche Regelungen

(1) Tarifautonomie – Tarifvertragsparteien – Tarifvertrag

Das Recht der Tarifpartner, selbstständig und ohne staatliche Einmischung Arbeitsbedingungen (z.B. Löhne, Urlaubszeit, Arbeitszeit) vereinbaren zu können, nennt man **Tarifautonomie.**[2] Tarifpartner – auch **Tarifparteien** oder **Sozialpartner** genannt – sind die **Gewerkschaften** und die **Arbeitgeberverbände.** Sie haben die Tariffähigkeit [§ 2 TVG]. Die Vereinbarungen werden im Tarifvertrag festgeschrieben.

Der **Tarifvertrag** ist ein Kollektivvertrag zwischen den Tarifparteien, in dem die Arbeitsbedingungen für die Berufsgruppen eines Wirtschaftszweigs einheitlich für eine bestimmte Dauer festgelegt werden. Er bedarf der **Schriftform** [§ 1 TVG].

Der Tarifvertrag regelt neben dem Einzelarbeitsvertrag die Arbeitsverhältnisse. Er enthält **Mindestbedingungen,** die der Arbeitgeber **nicht unterschreiten** darf, von denen er aber **zugunsten der Arbeitnehmer** abweichen kann.

---

1 Die Lohnquote ist der prozentuale Anteil der Arbeitnehmereinkommen am Gesamteinkommen (Volkseinkommen).

2 Autonomie: Unabhängigkeit, Selbstständigkeit.

(2) Gliederung der Tarifverträge nach dem Inhalt

Lohn- und Gehalts-tarifverträge	In ihnen sind die getroffenen Vereinbarungen über Lohn- bzw. Gehaltshöhe enthalten. Dabei werden die Arbeitnehmer nach ihrer Tätigkeit in bestimmte Lohn- bzw. Gehaltsgruppen eingeteilt.[1] Jeder Lohn- bzw. Gehaltsgruppe wird ein bestimmter Lohnsatz bzw. ein bestimmtes Gehalt zugeordnet. Löhne und Gehälter sind in der Regel weiterhin nach Alter und Ortsklassen differenziert. Ferner können Zuschläge, z.B. nach Betriebszugehörigkeit oder nach dem Schwierigkeitsgrad der Arbeit, vereinbart sein.
Manteltarifverträge	Sie enthalten solche Arbeitsbedingungen, die sich über längere Zeit nicht ändern, z.B. Kündigungsfristen, Urlaubsregelungen, Arbeitszeitvereinbarungen, Nachtarbeit, Sonn- und Feiertagsarbeit, Lohn- und Gehaltsgruppen. Sie werden auch Rahmentarifverträge genannt.

(3) Geltungsbereich des Tarifvertrags

■ Flächentarifverträge

Flächentarifverträge sind Tarifverträge, die für mehrere Orte, Bezirke, ein oder mehrere Bundesländer oder für das gesamte Bundesgebiet verbindlich sind.

Angesichts von Arbeitslosigkeit werden die Flächentarifverträge zunehmend flexibler (beweglicher) gestaltet. Sogenannte **Tariföffnungsklauseln** sollen es den Betrieben, denen es wirtschaftlich nicht besonders gut geht, ermöglichen, ihre Belegschaft für eine bestimmte Zeit (z.B. für ein Jahr) bis zu einem vereinbarten Prozentsatz **unter Tarif** zu bezahlen **(Entgeltkorridor)**. Die konkreten Vereinbarungen werden dann zwischen Betriebsrat und Arbeitgeber ausgehandelt.

Tariföffnungsklauseln können auch eine Flexibilisierung der Arbeitszeit zum Ziel haben, weil dadurch längere Betriebszeiten ermöglicht werden. Die **Arbeitszeitkorridore** (z.B. 30 bis 40 Wochenstunden bei jährlich festgelegter Gesamtarbeitszeit) ermöglichen es den Betrieben, die Arbeitszeit flexibel (beweglich) zu gestalten und dadurch Arbeitskosten zu sparen.

Beispiel:

Entgeltkorridor: Tariföffnungsklausel

Zur Sicherung der Beschäftigung und/oder Verbesserung der Wettbewerbsfähigkeit am Standort Deutschland, insbesondere auch bei wirtschaftlichen Schwierigkeiten, können Arbeitgeber und Betriebsrat mit Zustimmung der Tarifvertragsparteien für Unternehmen und Betriebe befristete Betriebsvereinbarungen bis zu 10% von den bezirklichen Tarifentgelten abweichende niedrigere Entgeltsätze vereinbaren. Diese mit Zustimmung der Tarifvertragsparteien betrieblich abweichend festgelegten Entgeltsätze gelten als Tarifentgeltsätze.

Beschäftigungssichernd und wettbewerbsverbessernd sind unter anderem beschäftigungserhaltende und beschäftigungsfördernde Investitionen am Standort, die Vermeidung von Entlassungen, die Vemeidung der Verlagerung von Produktion, sonstiger Aktivitäten oder Investitionen ins Ausland oder die Vermeidung von Ausgliederungen.

(Auszug aus dem Bundesentgelttarifvertrag der Chemischen Industrie West. Abgeschlossen zwischen der IG Chemie und dem Bundesarbeitgeberverband Chemie.)

---

1 Die Festlegung der Gehaltsgruppen sowie deren Tätigkeitsmerkmale sind im Manteltarifvertrag (Rahmentarifvertrag) enthalten.

■ **Allgemeinverbindlichkeit**

Grundsätzlich gilt der Tarifvertrag nur für organisierte Arbeitnehmer und Arbeitgeber, die Mitglied der Gewerkschaft bzw. im Arbeitgeberverband sind.

Das Bundesministerium für Arbeit und Soziales kann einen Tarifvertrag im Einvernehmen mit einem aus je drei Vertretern der Spitzenorganisationen der Arbeitgeber und Arbeitnehmer bestehenden Ausschuss auf Antrag einer Tarifvertragspartei für **allgemein verbindlich** erklären. Mit der **Allgemeinverbindlichkeitserklärung** gelten die Bestimmungen des Tarifvertrags auch für die nicht tarifgebundenen Arbeitnehmer und Arbeitgeber [§ 5 TVG]. In der Regel werden jedoch auch ohne Allgemeinverbindlichkeitserklärung die nicht organisierten Arbeitnehmer[1] nach den Rechtsnormen der Tarifverträge behandelt (Grundsatz der Gleichbehandlung).

(4) Wirkungen des Tarifvertrags

Tarifbindung	Die Mitglieder der Tarifvertragsparteien sind an die Vereinbarungen des Tarifvertrags gebunden. Dies bedeutet, dass die Inhalte des Tarifvertrags für die Betroffenen insofern unabdingbar sind, als sie **Mindestbedingungen** für die Arbeitsverhältnisse darstellen (z.B. Mindestlöhne, Mindesturlaubstage). Grundsätzlich unbeschränkt zulässig ist hingegen die Vereinbarung günstigerer Arbeitsbedingungen (z.B. übertarifliche Löhne), als sie der Tarifvertrag vorschreibt.[2]
Friedenspflicht	Während der Gültigkeitsdauer eines Tarifvertrags dürfen keine Arbeitskampfmaßnahmen (Streiks, Aussperrungen) ergriffen werden.
Grundsatz der Nachwirkung	Nach Ablauf des Tarifvertrags (nach Kündigung oder nach Ablauf der vereinbarten Dauer) gelten seine Rechtsnormen weiter, bis sie durch einen neuen Tarifvertrag ersetzt werden.

8.1.3 Entstehen eines Tarifvertrags

① Forderungen

In den Betrieben, in Versammlungen der Gewerkschaftsmitglieder, der Vertrauensleute und der Vertreter werden mögliche Forderungen diskutiert. Die Tarifkommissionen beantragen beim Gewerkschaftsvorstand, die laufenden Tarifverträge zu kündigen und empfehlen Höhe und Struktur der Forderungen. Über diese Anträge beschließt der Gewerkschaftsvorstand. Der Tarifvertrag wird mit der entsprechenden Kündigungsfrist gekündigt. Vier Wochen vor Ablauf des Tarifvertrags werden die Forderungen der Gewerkschaft dem Arbeitgeberverband mitgeteilt.

② Verhandlungen

Die Tarifkommission bildet eine Verhandlungskommission. Die Verhandlungen beginnen zwei Wochen vor Ablauf des Tarifvertrags. Ein oder beide Partner können das Scheitern der Verhandlungen erklären.

---

1 Nach dem Grundgesetz [Art. 9 III] besteht zwar das Recht, Mitglied bei einer Arbeitnehmer- oder Arbeitgebervereinigung zu werden (Koalitionsfreiheit; Vereinigungsfreiheit), nicht aber die Pflicht (negative Koalitionsfreiheit). Nicht organisierte Arbeitnehmer sind demnach solche, die keiner Gewerkschaft angehören. Da sie i.d.R. in den Genuss der Vorteile kommen, die die Gewerkschaft erkämpft hat, werden sie von den Gewerkschaften als „Trittbrettfahrer" bezeichnet.

2 Die Abweichungen müssen jedoch nach dem **Tarifvertrag** gestattet sein.

3	**Friedenspflicht**

Vier Wochen nach Ablauf des Tarifvertrags endet die Friedenspflicht, die während der Laufzeit des Tarifvertrags gilt.

Nach Ablauf der Friedenspflicht werden die Verhandlungen fortgesetzt. Nötigenfalls unterstützen Gewerkschaftsmitglieder die Verhandlungen mit Warnstreiks, Demonstrationen und Aktionen.

4	**Scheitern der Verhandlungen**

Die Tarifkommission oder der Vorstand der Gewerkschaft können das Scheitern der Verhandlungen erklären. In diesem Fall stellt die Tarifkommission einen Antrag auf Urabstimmung und Streik an den Vorstand der Gewerkschaft. Zu diesem Zeitpunkt kann auch die **Schlichtung** angerufen werden.

4	**Positives Verhandlungsergebnis**

Beide Tarifparteien erreichen in Verhandlungen ein Verhandlungsergebnis und stimmen zu. Die Tarifkommission nimmt das Verhandlungsergebnis an.

5	Es gilt der neue **Tarifvertrag.**

5	**Urabstimmung, Festlegen des Streikbeginns, Streik,[1] Aussperrung[1]**

- Entscheiden sich **mindestens 75 %** der aufgerufenen Gewerkschaftsmitglieder in einer Unternehmung für Streik, so legt der Vorstand der Gewerkschaft den Streikbeginn fest. Das Arbeitskampfmittel der Arbeitgeber gegen den Streik ist die Aussperrung.
- Während des Streiks gibt es **weitere Tarifgespräche.** Es kann auch die „Besondere Schlichtung" angerufen werden. Liegt ein Verhandlungsergebnis vor, gibt es darüber eine erneute Urabstimmung.
- Entscheiden sich **mindestens 25 %** der aufgerufenen Gewerkschaftsmitglieder für die Annahme, so steht der **neue Tarifvertrag.**

6	**Schlichtung**

Das Schlichtungsverfahren muss von beiden Tarifparteien gewollt sein, wenn es zustande kommen soll. Am Ende steht der **neue Tarifvertrag.**

8.1.4 Vorteile der Tarifverträge für Arbeitnehmer und Arbeitgeber

Wichtige Vorteile von Tarifverträgen für Arbeitnehmer und Arbeitgeber sind in der nachfolgenden Übersichtstabelle zusammengestellt.

Vorteile für den Arbeitnehmer	**Vorteile für den Arbeitgeber**
■ Sicherung der Mindestarbeitsbedingungen (Mindestlohn, Urlaubsgeld, Kündigungsschutz usw.) für die Laufzeit des Tarifvertrags.	■ Einheitliche Kalkulationsgrundlage durch einheitliche Lohn- und Gehaltstarife für die Dauer des Tarifvertrags.
■ Gleichstellung der Arbeitnehmer mit gleichen Tätigkeiten, gleichen Berufserfahrungen und gleicher Verantwortung (Schutz vor willkürlicher Behandlung).	■ Einschränkung der Konkurrenz innerhalb der Branchen bezüglich der Personalanwerbung, geringere Fluktuation in Zeiten der Vollbeschäftigung.

---

1 Vgl. hierzu S. 254.

8.1.5 Arbeitskampf

Können sich die Tarifparteien nicht einigen, kann es zu einem Arbeitskampf kommen. Mittel des Arbeitskampfes sind:

■ auf Seiten der Gewerkschaften ───→ **der Streik**

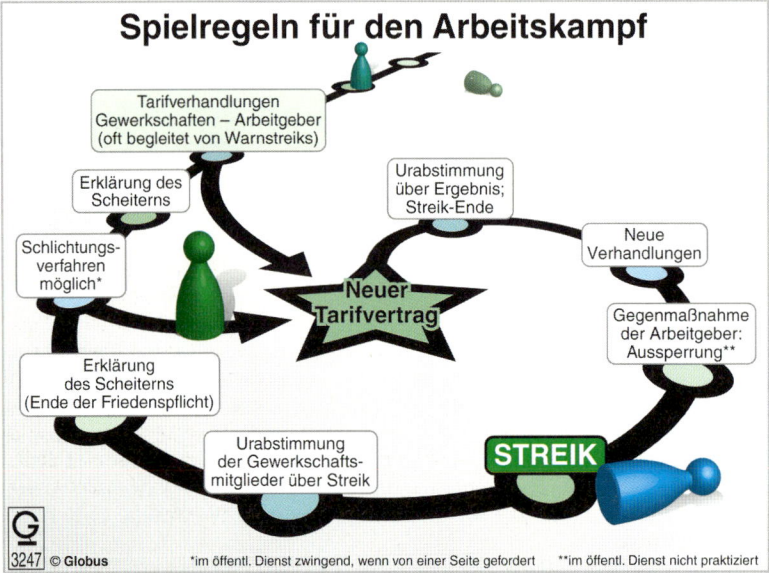

■ auf Seiten der Arbeitgeber ───→ **die Aussperrung**

Erläuterung der Begriffe Streik, Aussperrung, Schlichtung:

■ Unter **Streik** versteht man die **gemeinsame Arbeitseinstellung mehrerer Arbeitnehmer** mit dem Ziel, nach Durchsetzung bestimmter Forderungen die Arbeit wieder aufzunehmen. Da dem Streik keine Kündigung der Arbeitsverhältnisse vorausgeht, bleiben diese auch während des Streiks erhalten.

■ **Aussperrung** bedeutet, dass die Arbeitnehmer durch den Arbeitgeber gemeinschaftlich daran gehindert werden, zu arbeiten (im Gegensatz zum Streik, bei dem die streikenden Arbeitnehmer nicht arbeiten wollen).

■ Die **Schlichtung** hat die Aufgabe, zur Verhinderung bzw. zur Beendigung von Streiks beizutragen.

Zusammenfassung

■ **Sozialpartner** sind die Gewerkschaften einerseits und einzelne Unternehmen oder Arbeitgeberverbände andererseits.

■ Lohnerhöhungen und Arbeitsbedingungen werden zwischen den Tarifpartnern (Gewerkschaften und Arbeitgeberverbänden) ausgehandelt und im **Tarifvertrag** festgelegt.

■ **Tarifautonomie** ist das Recht der Tarifpartner, selbstständig und **ohne** staatliche Eingriffe Löhne und Arbeitsbedingungen vereinbaren zu können.

- Gliederung der Tarifverträge:

  - Nach dem **Inhalt** unterscheidet man in **Manteltarifverträge** und in **Lohn-** und **Gehalts- tarifverträge.**

  - Nach den **individuellen Ausgestaltungsmöglichkeiten** gliedert man die Tarifverträge in **starre** und in **offene (flexible) Tarifverträge.**

  - Nach dem **Tarifpartner** unterscheidet man in **Haustarife, Verbandstarife** und **Branchen- tarife.**

- Ablauf von Tarifverhandlungen:

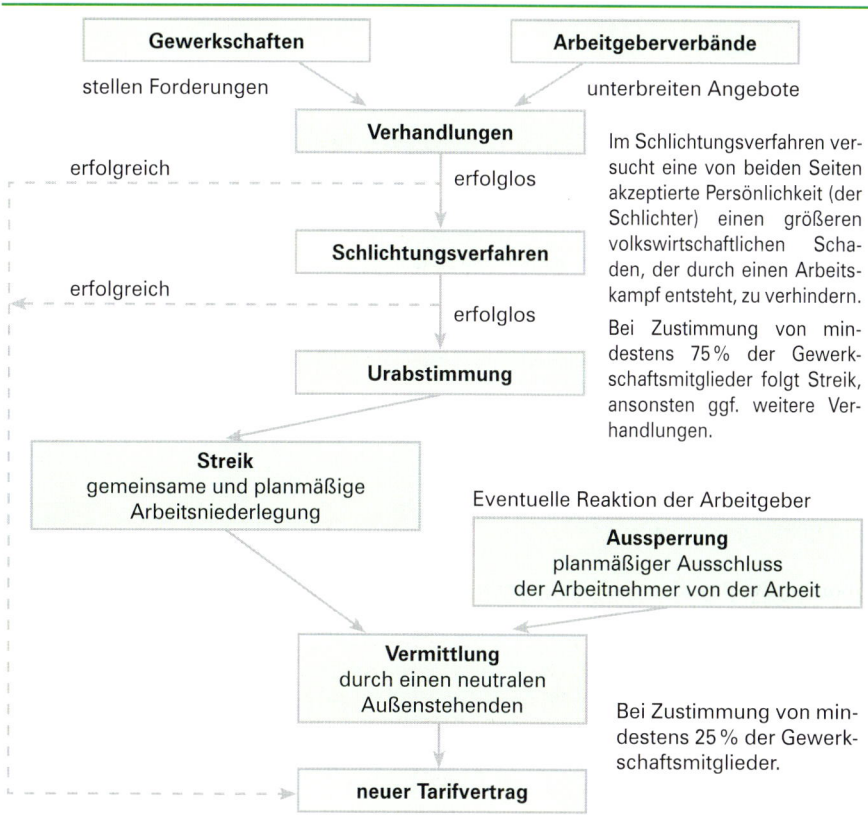

Übungsaufgaben

90
1. Erklären Sie den Begriff Sozialpartnerschaft!

2. Beschreiben Sie kurz die Lohnbildung in der Bundesrepublik Deutschland!

3. Erläutern Sie kurz folgende Begriffe!

   3.1 Tarifvertrag,   3.3 Allgemeinverbindlichkeit,   3.5 Manteltarif,

   3.2 Tarifautonomie,   3.4 Unabdingbarkeit,   3.6 Lohn- bzw. Gehaltstarif.

4. Nennen Sie Vorteile, die Tarifverträge für Arbeitnehmer und Arbeitgeber bringen!

5. 5.1 Erläutern Sie, welche Bedeutung die Entscheidung, Tarifverträge für allgemein verbindlich zu erklären, für die Arbeitnehmer hat!

    5.2 Beschreiben Sie, worin der Hauptunterschied zwischen einem Haus- oder Firmentarif und dem Verbandstarif liegt!

6. Erklären Sie, was unter Streik und Aussperrung zu verstehen ist!

7. Die Belegschaft der Industriewerke Unruh AG hat gegen den Willen der Gewerkschaft seit drei Tagen die Arbeit niedergelegt. Sie will ein höheres Urlaubsgeld erzwingen. Die Geschäftsleitung kündigt den drei führenden Streikorganisatoren.

    Aufgabe:

    Stellen Sie die Rechtslage dar!

8. Eine Gewerkschaft hat fristgemäß den laufenden Tarifvertrag gekündigt. Mit den Arbeitgebern ist keine Einigung in Sicht. Muss es nun zwangsläufig zum Streik kommen?

    Aufgabe:

    Begründen Sie Ihre Meinung!

9. Der Elektrogerätehersteller Karl Klar KG zahlt seinen Angestellten grundsätzlich 10 % mehr als der Tarifvertrag vorsieht. Lediglich dem Neuling Lahm will er zunächst das Tarifgehalt zahlen.

    Aufgabe:

    Prüfen Sie, ob diese beiden Maßnahmen zulässig sind!

91 In einer Pressemitteilung verlangt der Hauptverband des Deutschen Einzelhandels e. V. einen maßvollen Tarifabschluss, um neue Arbeitsplätze schaffen zu können. Er appelliert[1] dabei an die Bundesregierung, diese Forderung zu unterstützen. Der Pressesprecher der Bundesregierung lehnt diese Forderung mit dem Hinweis ab, die Bundesregierung habe keine Möglichkeit, direkt in Tarifverhandlungen einzugreifen.

Aufgaben:

1. 1.1 Geben Sie an, wer die Tarifverträge abschließt!

    1.2 Begründen Sie, ob die Bundesregierung rechtlich die Möglichkeit hat, in Tarifverhandlungen einzugreifen!

    1.3 Nennen Sie zwei Gründe die dafür sprechen, dass der Staat nicht in Tarifverhandlungen eingreifen soll!

2. Der neue Lohntarifvertrag im Einzelhandel sieht eine Gehaltssteigerung von 2,5 % vor.

    2.1 Nennen Sie die Voraussetzungen, unter denen ein Unternehmen seinen Mitarbeitern 2,5 % mehr Gehalt zahlen muss!

    2.2 Prüfen Sie, ob alle Mitarbeiter Anspruch auf die 2,5 %ige Gehaltserhöhung haben!

92 1. Der Angestellte Kurt Rot will seinen Arbeitskollegen Karl Schwarz zum Eintritt in die Gewerkschaft bewegen. Kurt argumentiert u. a. damit, dass die Lohnquote in den letzten Jahren dank der Lohnpolitik der Gewerkschaften stark angestiegen sei. Karl meint hingegen, dass die Lohnquote über den Lebensstandard der Arbeitnehmer überhaupt nichts aussage. In einem rein sozialistischen Land sei die Lohnquote 100 % und trotzdem könne es dort den Werktätigen erheblich schlechter gehen als in kapitalistischen Ländern.

    Nehmen Sie Stellung!

---

1 Appell: Aufruf, Weckruf.

2. Schlagzeile einer Zeitung: „Der Verteilungskampf beginnt wieder!" Erklären Sie, was hier gemeint ist!

3. 3.1 Betrachten Sie zunächst nebenstehende Karikatur! Beschreiben Sie, was der Zeichner hier ausdrücken will!

   3.2 Erläutern Sie, wie sich der Lohn in einer Wirtschaft bilden würde, in der es keine Gewerkschaften und Arbeitgeberverbände gibt!

   3.3 Begründen Sie, ob die sich auf solchen freien Arbeitsmärkten (siehe Frage 3.2) ergebenden Arbeitslöhne höher oder niedriger als die von den Gewerkschaften ausgehandelten Mindestlöhne wären!

Mahlzeit　　　　　　　　　　　　Handelsblatt: Bensch

8.2 Betriebliche Mitbestimmung

8.2.1 Betriebsverfassung und Unternehmensverfassung

Die betriebliche Leistung ist auf das Zusammenwirken aller Produktionsfaktoren, vor allem „Arbeit" und „Kapital" zurückzuführen. Hieraus leitet sich der Anspruch der Arbeitnehmer auf Mitbestimmung ab. „Quod omnes tangit, ab omnibus comprobetur" – was alle betrifft, sollte auch von allen mitbestimmt werden! So befanden bereits die alten Römer.

In der Bundesrepublik Deutschland umfasst die Mitbestimmung der Arbeitnehmer zwei Ebenen:

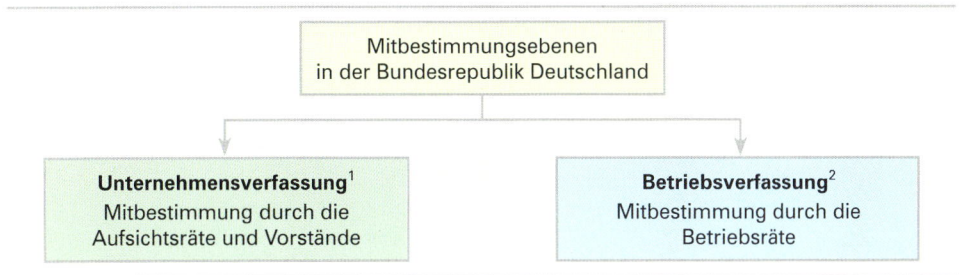

Mitbestimmungsebenen in der Bundesrepublik Deutschland

Unternehmensverfassung[1]
Mitbestimmung durch die Aufsichtsräte und Vorstände

Betriebsverfassung[2]
Mitbestimmung durch die Betriebsräte

---

1 Die **Unternehmensverfassung** gilt für Kapitalgesellschaften (z. B. Aktiengesellschaft, GmbH). Sie ist in folgenden Gesetzen geregelt: Gesetz über die **Drittelbeteiligung der Arbeitnehmer im Aufsichtsrat [DrittelbG 2004]**. Es gilt für kleine Aktiengesellschaften mit i. d. R. mehr als 500 bis 2 000 Arbeitnehmern.
Gesetz über die **Mitbestimmung der Arbeitnehmer [MitbestG 1976]**. Es gilt für große Aktiengesellschaften mit i. d. R. mehr als 2 000 Arbeitnehmern.

2 Die **Betriebsverfassung** wird durch das **Betriebsverfassungsgesetz [BetrVG]** geregelt.
Für sogenannte **Tendenzbetriebe** (z. B. unmittelbar und überwiegend politisch ausgerichtete Zeitungsverlage) und Religionsgemeinschaften gilt das BetrVG nicht oder nur eingeschränkt.

257

17 Speth u. a. - ISBN 978-3-8120-0520-3

8.2.2 Betriebsrat

(1) Begriff, Zusammensetzung und Wahl des Betriebsrats

■ **Begriff Betriebsrat**

> Der **Betriebsrat** ist eine Vertretung der Arbeitnehmer gegenüber dem Arbeitgeber.

■ **Zusammensetzung und Wahl des Betriebsrats**

In Betrieben mit in der Regel mindestens **fünf ständig wahlberechtigten Arbeitnehmern,** von denen **drei wählbar** sind, **kann** ein Betriebsrat gewählt werden.

- ■ **Wahlberechtigte Belegschaftsmitglieder**[1] sind vor allem Arbeiter, Angestellte und Auszubildende des Betriebs sofern sie das 18. Lebensjahr vollendet haben.

- ■ **Wählbar** sind alle wahlberechtigten **Arbeitnehmer,** die mindestens sechs Monate dem Betrieb angehören.[2]

Der Betriebsrat bleibt **vier Jahre** im Amt.

Die **Anzahl der Mitglieder eines Betriebsrats** richtet sich an der **Anzahl der wahlberechtigten Mitglieder im Betrieb** aus. Je mehr Mitarbeiter ein Betrieb hat, desto mehr Mitglieder umfasst der Betriebsrat. In Betrieben mit 5 bis 20 wahlberechtigten Arbeitnehmern besteht der Betriebsrat aus mindestens einer Person. Bei mehr als 20 Arbeitnehmern besteht der Betriebsrat aus mindestens drei Mitgliedern.

Ab einer bestimmten Betriebsgröße sind Mitglieder des Betriebsrats von der beruflichen Tätigkeit freizustellen.

Beispiel:
In Betrieben mit in der Regel 200 bis 500 Arbeitnehmern ist mindestens ein Betriebsrat von seiner beruflichen Tätigkeit freizustellen.

(2) Rechte des Betriebsrats

Die im Betriebsverfassungsgesetz geregelte Mitbestimmung umfasst vier Stufen.

Rechte des Betriebsrats	Erläuterungen	Beispiele
Informations-recht	Der Betriebsrat hat einen Anspruch auf rechtzeitige und umfassende Unterrichtung über die von der Geschäftsleitung **geplanten betrieblichen Maßnahmen.**	Information über geplante Neu-, Um- und Erweiterungsbauten, Einführung neuer Arbeitsverfahren und Arbeitsabläufe oder Veränderung von Arbeitsplätzen. Der Arbeitgeber hat mit dem Betriebsrat die vorgesehenen Maßnahmen und ihre Auswirkungen auf die Arbeitnehmer zu beraten.

---

1 Das Recht, wählen zu können, nennt man **„aktives Wahlrecht".** („Aktiv sein" bedeutet „tätig sein"; wer wählt, „tut etwas".)

2 Das Recht, gewählt zu werden, bezeichnet man als **„passives Wahlrecht".** (Wenn jemand „passiv" ist, geschieht etwas mit ihm, er lässt etwas mit sich tun. Beim „passiven" Wahlrecht wird also jemand gewählt.)

Rechte des Betriebsrats	Erläuterungen	Beispiele
Beratungsrecht	Der Betriebsrat hat das Recht, aufgrund der ihm gegebenen Informationen seine **Auffassung gegenüber dem Arbeitgeber** darzulegen und **Gegenvorschläge** zu unterbreiten. Eine Einigung ist jedoch nicht erzwingbar.	Personalplanung (gegenwärtiger und künftiger Personalbedarf), Sicherung und Förderung der Beschäftigung, Ausschreibung von Arbeitsplätzen, Rationalisierungsvorhaben, Einschränkung oder Stilllegung von Betriebsteilen, Zusammenschluss von Betrieben, Änderung der Betriebsorganisation.
Mitwirkungsrecht	Der Betriebsrat besitzt ein **Vetorecht (Widerspruchsrecht).** Es umfasst vor allem die „personellen Einzelmaßnahmen" wie Neueinstellungen, Eingruppierungen in Lohn- und Gehaltsgruppen und Versetzungen von Arbeitskräften. Auch bei Kündigungen hat der Betriebsrat ein Widerspruchsrecht. Die volle Mitbestimmung bei personellen Einzelmaßnahmen besteht in Unternehmen mit in der Regel mehr als zwanzig wahlberechtigten Arbeitnehmern.	Angenommen, einem jungen Arbeitnehmer wird fristgemäß gekündigt. Der Betriebsrat widerspricht. Dieser Widerspruch führt **nicht** zur Aufhebung der Kündigung. Gibt die Geschäftsleitung nicht nach (hat z.B. der Spruch der Einigungsstelle zugunsten des Gekündigten keinen Erfolg), muss der Fall vom Arbeitsgericht geklärt werden. Unter Umständen sichert der Widerspruch die Weiterbeschäftigung des gekündigten Arbeitnehmers bis zur endgültigen gerichtlichen Entscheidung. Hier dürfen Einstellungen und Versetzungen nur mit Zustimmung des Betriebsrats erfolgen. Verweigert der Betriebsrat die Zustimmung, kann der Arbeitgeber das Arbeitsgericht anrufen. Das Arbeitsgericht kann die Zustimmung des Betriebsrats ersetzen.
Mitbestimmungsrecht	Die Mitbestimmung ist **zwingend.** Dies bedeutet, dass der Arbeitgeber bestimmte Maßnahmen **nur mit Zustimmung des Betriebsrats** durchführen kann. Diese eigentliche Mitbestimmung steht dem Betriebsrat vor allem in sogenannten „sozialen Angelegenheiten" zu, soweit eine gesetzliche oder tarifliche Regelung nicht besteht.	Arbeitszeitregelung, Zeit, Ort und Art der Auszahlung der Arbeitsentgelte, Aufstellung allgemeiner Urlaubsgrundsätze und des Urlaubsplans, Einführung der Arbeitszeitüberwachung (z.B. Stempeluhren), Regelung der Unfallverhütung, Form, Ausgestaltung und Verwaltung der Sozialeinrichtungen (z.B. Kantine, Kinderbetreuung), Zuweisung und Kündigung von Betriebswohnungen, betriebliche Lohngestaltung und der Abschluss der Betriebsvereinbarung.

Informationsrecht

Beratungsrecht
(vor allem in wirtschaftlichen Angelegenheiten)

Mitwirkungsrecht
(vor allem in personellen Einzelmaßnahmen)

Mitbestimmungsrecht
(vor allem in sozialen Angelegenheiten)

weitergehendes Recht

(3) Zusammenarbeit von Arbeitgeber und Betriebsrat

Grundsätzlich gilt, Arbeitgeber und Arbeitnehmer sollen vertrauensvoll zusammenarbeiten. Sie sollen mindestens einmal im Monat zusammentreten, um bei strittigen Fragen eine Lösung zu finden. Dabei verpflichtet das Betriebsverfassungsgesetz die Parteien dazu, mit ernstem Willen zur Einigung zu verhandeln und Vorschläge für die Beseitigung von Meinungsverschiedenheiten zu machen.

Zu beachten ist, dass das weitergehende Recht des Betriebsrats immer das weniger weitgehende Recht einschließt. So umfasst das Mitbestimmungsrecht i. e. S. in sozialen Angelegenheiten zugleich die Mitwirkung, die Beratung und – als Voraussetzung – die Information.

Der Betriebsrat hat in jedem Kalendervierteljahr eine **Betriebsversammlung** einzuberufen, die während der Arbeitszeit stattfindet. In der Betriebsversammlung berichtet der Betriebsrat über seine Tätigkeit und der Arbeitgeber z. B. über die wirtschaftliche und soziale Lage des Betriebs sowie über den betrieblichen Umweltschutz. Betriebsversammlungen sind **nicht öffentlich.**

Der **Arbeitgeber** ist zu den Betriebsversammlungen unter Mitteilung der Tagesordnung **einzuladen.** Er ist berechtigt, in der Versammlung zu sprechen.

8.2.3 Unmittelbare Rechte der Belegschaftsmitglieder nach dem Betriebsverfassungsgesetz

Das Betriebsverfassungsgesetz regelt nicht nur die Rechte und Pflichten des Betriebsrats bzw. des Arbeitgebers, sondern legt darüber hinaus bestimmte unmittelbare Rechte der einzelnen Arbeitnehmer fest:

(1) Recht auf Unterrichtung

Der Arbeitgeber hat die bei ihm beschäftigten Arbeitnehmer über deren Aufgabe und Verantwortung sowie über die Art ihrer Tätigkeit zu unterrichten. Über Veränderungen in ihren Arbeitsbereichen sind die Arbeitnehmer rechtzeitig zu unterrichten.

(2) Recht auf Anhörung

Die Arbeitnehmer haben das Recht, in allen betrieblichen Angelegenheiten, die ihre Person betreffen, von den zuständigen Stellen des Betriebs gehört zu werden. Sie sind berechtigt, Vorschläge für die Gestaltung ihrer Arbeitsplätze und die Arbeitsabläufe zu machen. Darüber hinaus können die Arbeitnehmer verlangen, dass ihnen die Berechnung und Zusammensetzung ihrer Arbeitsentgelte erläutert und mit ihnen die Beurteilung ihrer Leistungen sowie die Möglichkeiten ihrer beruflichen Entwicklung im Betrieb erörtert werden. Die Arbeitnehmer können ein Mitglied des Betriebsrats hinzuziehen.

Das Recht auf Anhörung umfasst:

Einsicht in die Personalakten	Alle Arbeitnehmer haben das Recht, in die über sie geführten Personalakten Einsicht zu nehmen. Sie können (müssen aber nicht) ein Mitglied des Betriebsrats hinzuziehen [§ 83 BetrVG].
Beschwerderecht	Alle Arbeitnehmer sind berechtigt, sich bei den zuständigen Stellen des Betriebs zu beschweren, wenn sie sich vom Arbeitgeber oder von Arbeitnehmern des Betriebs benachteiligt, ungerecht behandelt oder in sonstiger Weise beeinträchtigt fühlen [§ 84 BetrVG]. Der Betriebsrat hat die Beschwerden der Arbeitnehmer entgegenzunehmen und bei berechtigten Beschwerden beim Arbeitgeber auf deren Abhilfe hinzuwirken [§ 85 BetrVG].

8.2.4 Betriebsvereinbarung

Betriebsvereinbarungen sind Absprachen zwischen Arbeitgeber und Betriebsrat. Die **schriftlich** niedergelegte und von beiden Seiten unterzeichnete Betriebsvereinbarung wird auch **Betriebsordnung** genannt [§ 77 II BetrVG].

In den Betriebsvereinbarungen werden den Arbeitnehmern meistens unmittelbare und zwingende Rechte gegenüber dem Arbeitgeber eingeräumt, auf die nur mit Zustimmung des Betriebsrats verzichtet werden kann. Arbeitsentgelte und sonstige Arbeitsbedingungen, die durch Tarifvertrag geregelt sind oder üblicherweise geregelt werden, können nicht Gegenstand einer Betriebsvereinbarung sein, es sei denn, dass ein Tarifvertrag den Abschluss ergänzender Betriebsvereinbarungen ausdrücklich zulässt. Durch Betriebsvereinbarungen können insbesondere zusätzliche Maßnahmen zur Verhütung von Arbeitsunfällen und Gesundheitsschädigungen, die Errichtung von Sozialeinrichtungen und Maßnahmen zur Förderung der Vermögensbildung beschlossen werden.

Ein Sonderfall der Betriebsvereinbarung ist der **Sozialplan**. Er stellt eine vertragliche Abmachung zwischen Arbeitgeber und Betriebsrat über den Ausgleich oder die Milderung wirtschaftlicher Nachteile dar, die der Belegschaft als Folge geplanter Betriebsänderungen entstehen (z. B. Lohnminderungen, Versetzungen, Entlassungen).

Beispiele:

Betriebsänderungen sind z. B. Einschränkungen oder Stilllegung des ganzen Betriebs oder von Betriebsteilen, Änderung des Betriebszwecks, Betriebsverlegung, Zusammenschluss mit anderen Betrieben, grundlegende Änderung der Betriebsorganisation oder der Betriebsanlagen.

Der Sozialplan enthält z. B. Regelungen über Ausgleichszahlungen an entlassene Arbeitnehmer, Umzugsbeihilfen bei Versetzungen an andere Orte, Umschulungsmaßnahmen oder Zuschüsse bei vorzeitiger Pensionierung älterer Mitarbeiter.

- Die **Mitbestimmung der Arbeitnehmer** auf betrieblicher Ebene erfolgt durch den **Betriebsrat.**

- Der **Betriebsrat** ist eine Vertretung der Arbeitnehmer gegenüber dem Arbeitgeber. Wahl, Zusammensetzung und Aufgaben des Betriebsrats sind im Betriebsverfassungsgesetz [BetrVG] geregelt.

- **Wahlberechtigte Arbeitnehmer** sind Arbeiter, Angestellte und Auszubildende, sofern sie das 18. Lebensjahr vollendet haben.

- Die **Stufen der betrieblichen Mitbestimmung (Rechte des Betriebsrats)** im weiteren Sinne sind:

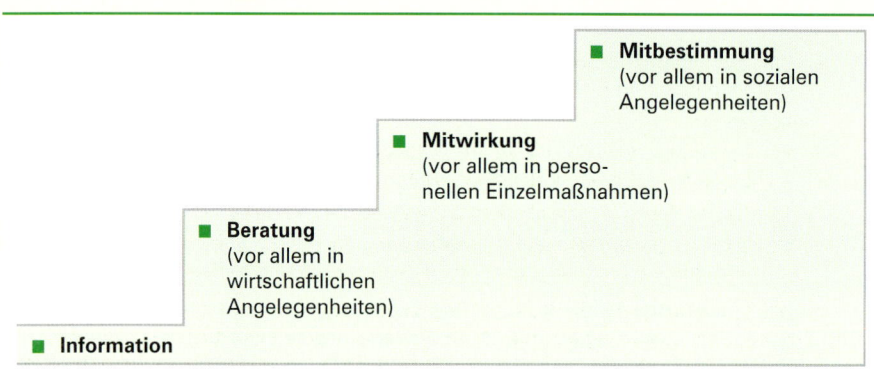

- **Mitbestimmung**
  (vor allem in sozialen Angelegenheiten)

- **Mitwirkung**
  (vor allem in perso- nellen Einzelmaßnahmen)

- **Beratung**
  (vor allem in wirtschaftlichen Angelegenheiten)

- **Information**

- **Betriebsvereinbarungen** sind Absprachen zwischen Arbeitgeber und Betriebsrat zur Regelung vor allem sozialer Angelegenheiten. Die schriftlich niedergelegte Betriebsvereinbarung heißt auch **Betriebsordnung.**

Übungsaufgaben

93 Ein Textilunternehmen beschäftigt 50 Mitarbeiter. Die Mitarbeiter beschließen, einen Betriebsrat zu wählen.

Aufgaben:

1. Begründen Sie, ob sich der Geschäftsinhaber dem Wunsch der Belegschaft widersetzen kann!
2. Nennen Sie vier Rechte des Betriebsrats!
3. Geben Sie für das Mitwirkungsrecht und das Mitbestimmungsrecht des Betriebsrats jeweils zwei Beispiele an!

94 In der Unruh AG sind 420 Arbeitnehmerinnen und Arbeitnehmer beschäftigt. Der Vorstand versucht mit allen Mitteln, die Bildung eines Betriebsrats zu verhindern.

Aufgaben:

1. Nennen Sie die Mitbestimmungsform, zu der die Einrichtung eines Betriebsrats zählt!
2. Unterscheiden Sie aktives und passives Wahlrecht!

3. Die Einrichtung eines Betriebsrats soll dazu beitragen, Konflikte zwischen der Arbeitnehmer- und der Arbeitgeberseite zu vermeiden, zu mildern oder gar zu lösen. Nennen Sie einige Konflikte!

4. Die Mitbestimmung des Betriebsrats umfasst mehrere Ebenen (Stufen).

   4.1 Nennen Sie die Ebenen!

   4.2 Führen Sie mindestens je drei Beispiele an!

5. Die Belegschaft der Unruh AG sieht in der Mitbestimmung allgemein nur Vorteile, die Geschäftsleitung nur Nachteile.

   5.1 Nennen Sie mindestens zwei Vor- und Nachteile!

   5.2 Erläutern Sie, ob die Vor- oder die Nachteile überwiegen!

95 1. Die Schuhfabrik Moosbrucker OHG beschäftigt ständig 50 Arbeitnehmer, darunter 8 Arbeitnehmer im Alter zwischen 18 und 25 Jahren. Ein Betriebsrat besteht bisher nicht.

   Aufgaben:

   1.1 Begründen Sie, ob die Voraussetzungen für die Wahl eines Betriebsrats und einer Jugend- und Auszubildendenvertretung erfüllt sind!

   1.2 Geben Sie an, für welche Zeit der Betriebsrat gewählt wird!

   1.3 Nennen Sie zwei Angelegenheiten, in denen der Betriebsrat ein Informationsrecht besitzt und zwei Angelegenheiten, in denen er die Geschäftsleitung beraten kann!

2. Die Geschäftsleitung der Schnell OHG hat den Angestellten Bückling zum Leiter der Rechnungswesenabteilung ernannt. Der Betriebsrat widerspricht. Er sähe an dieser Stelle lieber das langjährige Gewerkschaftsmitglied Blau. Prüfen Sie, ob sich der Betriebsrat durchsetzen können wird!

3. Herr Knifflig, seit langen Jahren im Betrieb angestellt, hat sich um die neue Stelle als Verkaufsleiter beworben. Er fällt durch. Nunmehr verlangt er Einsicht in die Personalakten. Stellen Sie die Rechtslage dar!

4. Ohne Anhörung des Betriebsrats führt die Otto Türk GmbH neue Arbeitszeiten ein. Der Betriebsrat widerspricht dieser Anordnung. Prüfen Sie, ob die Anordnung trotzdem wirksam ist!

5. In einer Diskussion meint der Auszubildende Knut, dass die Mitbestimmung in den Betrieben zur Demokratie gehöre. Formulieren Sie Ihre Ansicht!

6. Die Mitarbeiterin Isolde Mennig wird in den Betriebsrat der Industriewerke Mannheim AG gewählt.

   Aufgaben:

   6.1 Nennen Sie das besondere Recht, das sie mit dieser Wahl in Bezug auf ihr Dienstverhältnis erworben hat!

   6.2 Nennen Sie vier Beispiele, bei denen der Betriebsrat ein volles Mitbestimmungsrecht hat!

   6.3 Isolde Mennig erhält Tarifgehalt. Stellen Sie dar, wer die Höhe ihres Tarifgehalts ausgehandelt hat!

8.3 Arbeitsgerichtsbarkeit

(1) Instanzen

Die Arbeitsgerichtsbarkeit wird durch **Arbeitsgerichte, Landesarbeitsgerichte** und das Bundesarbeitsgericht in Erfurt ausgeübt.

(2) Zuständigkeit

Sachlich ist das Arbeitsgericht **(erste Instanz)** z. B. für alle Streitigkeiten aus dem Arbeitsverhältnis zwischen Arbeitgebern und Arbeitnehmern (Arbeiter und Angestellte sowie die zu ihrer Berufsausbildung Beschäftigten, aber keine Beamten) zuständig. Die Parteien können den Rechtsstreit vor den Arbeitsgerichten selbst führen, sich von den Vertretern der Verbände (Gewerkschaften, Arbeitgeberverbände) oder von Rechtsanwälten vertreten lassen **(Parteifähigkeit).**

Örtlich zuständig ist grundsätzlich das Gericht, in dessen Bezirk sich der Erfüllungsort aus dem Arbeitsverhältnis befindet. Erfüllungsort ist die Arbeitsstätte des Arbeitnehmers, z. B. der Niederlassungsort des Unternehmens, dessen Zweigniederlassung oder der Ort einer staatlichen Verwaltung.

(3) Instanzen der Arbeitsgerichtsbarkeit

Erste Instanz ist das **Arbeitsgericht.**

Die **Landesarbeitsgerichte** sind die **zweite Instanz,** die **Berufungssachen** gegen das Urteil der ersten Instanz, also der Arbeitsgerichte, behandeln. Es besteht **Anwaltszwang,** sofern die Parteien sich nicht durch die Verbände vertreten lassen wollen. Das Wesen der **Berufung** besteht darin, dass die Parteien neue Tatsachen vorbringen können, sodass der gesamte Rechtsstreit von neuem verhandelt wird. Berufung ist grundsätzlich nur möglich, wenn

- bei vermögensrechtlichen Streitigkeiten der Streitwert 600,00 EUR übersteigt oder
- die Berufung im Urteil des Arbeitsgerichts zugelassen ist oder
- es sich um Rechtsstreitigkeiten über das Bestehen, das Nichtbestehen oder die Kündigung eines Arbeitsverhältnisses handelt.

Gegen Beschlüsse der Arbeitsgerichte kann gleichfalls beim Landesarbeitsgericht **Beschwerde** eingelegt werden.

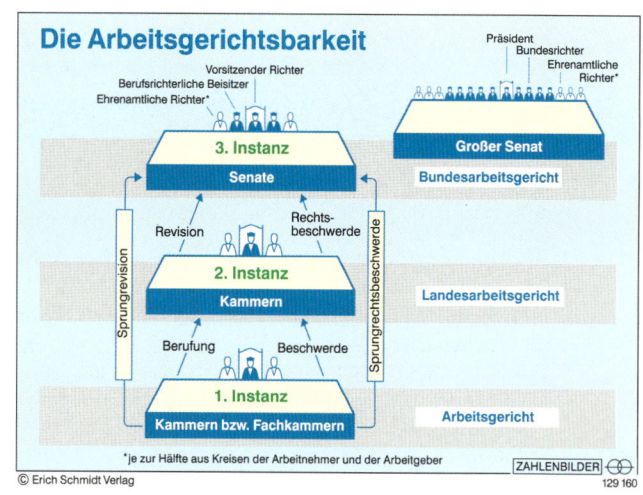

264

Gegen ein Endurteil bzw. gegen einen Beschluss eines Landesarbeitsgerichts kann unter bestimmten Voraussetzungen **Revision** bzw. **Rechtsbeschwerde** beim **Bundesarbeitsgericht** (mit Sitz in Erfurt) eingelegt werden. Beim Bundesarbeitsgericht besteht Anwaltszwang. Die Revision kann – im Unterschied zur Berufung – nicht mit neuen Tatsachen begründet werden, sondern lediglich damit, dass das Urteil des Gerichts einer niederen Instanz z. B. auf der Verletzung einer oder mehrerer Rechtsvorschriften (Rechtsnormen) beruhe. Die Revision ist z. B. zulässig, wenn diese im Urteil eines Landesarbeitsgerichts oder im Beschluss des Bundesarbeitsgerichts wegen der grundsätzlichen Bedeutung des Streitfalls oder wegen Meinungsverschiedenheiten verschiedener Arbeitsgerichte zugelassen ist.

Zusammenfassung

- **Zuständigkeit der Arbeitsgerichte:**
  - **Sachlich zuständig** bei Streitigkeiten zwischen Arbeitgeber und Arbeitnehmer/Auszubildenden, zwischen Tarifparteien, zwischen Arbeitgeber und Betriebsrat.
  - **Örtlich zuständig** ist grundsätzlich das Gericht, in dessen Bezirk sich der Erfüllungsort aus dem Arbeitsverhältnis befindet.

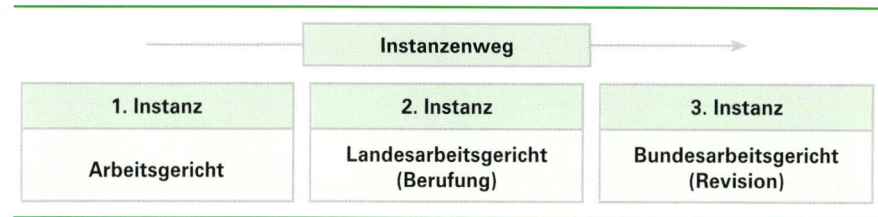

1. Instanz	2. Instanz	3. Instanz
Arbeitsgericht	Landesarbeitsgericht (Berufung)	Bundesarbeitsgericht (Revision)

- **Berufung** gegen ein Urteil bedeutet, dass die Parteien neue Tatsachen vorbringen können, sodass der gesamte Rechtsstreit neu verhandelt wird.
- Die **Revision** kann nicht mit neuen Tatsachen begründet werden, sondern lediglich damit, dass das Urteil des Gerichts einer niedrigeren Instanz z. B. auf der Verletzung einer Rechtsvorschrift beruht.

Übungsaufgabe

96   1. Lina Spät aus Karlsruhe hat ihr Arbeitsverhältnis bei der Spar & Sam OHG in Mannheim aufgegeben. Wegen des noch ausstehenden Weihnachtsgelds in Höhe von 1 200,00 EUR will sie ihren früheren Arbeitgeber verklagen.

   Aufgabe:

   Geben Sie ihr einen rechtlichen Rat!

   2. Die Kassiererin Lang-Finger hat Schwierigkeiten. Ihr fehlen schon zum dritten Mal einige 50-Euro-Scheine in der Kasse. Der Chef kürzt ihr Gehalt um 10 % mit der Drohung, sie fristlos zu entlassen, wenn noch einmal ein Kassenfehlbestand auftreten sollte. Frau Lang-Finger will wegen der Gehaltskürzung gegen ihren Arbeitgeber klagen.

   Aufgabe:

   Nennen Sie das zuständige Gericht!

   3. Beschreiben Sie den Instanzenaufbau der Arbeitsgerichtsbarkeit! Erörtern Sie hierbei kurz die örtliche und sachliche Zuständigkeit der Gerichte!

Stichwortverzeichnis